Theory and Practice of Online Therapy

온라인 상담의 이론과 실제

개인 · 가족 · 집단 · 조직을 위한
온라인 심리상담 / 심리치료 / 컨설팅

Theory and Practice of Online Therapy

온라인 상담의
이론과 실제

편저자

하임 와인버그 Haim Weinberg
아넌 롤닉 Arnon Rolnick

주요 저자

팻 옥든 Pat Ogden
줄리/존 가트맨 Julie/John Gattman
몰린 레쉬 Molyn Leszcz

공역

신인수 현채승 김아름 홍상희 최문희

개인·가족·집단·조직을 위한
온라인 심리상담/심리치료/컨설팅

씨아이알

일러두기

1. 각주는 모두 역자 주이고, 미주와 '표'의 주석은 모두 저자 주이다.
2. 원서에서 이탤릭체로 강조한 부분은 고딕, 이탤릭 또는 따옴표로 표시하였다.
3. 인명, 지명 등을 포함한 외국어는 원어의 발음에 가깝게 표기하는 것을 원칙으로 하되 이미 널리 통용되어 굳어진 표기는 예외적으로 그대로 사용하였다.
4. 'therapy'는 치료나 상담, 심리치료, 심리상담 등 다양하게 옮겼다.
5. 'videoconferencing'은 맥락에 따라 화상만남 또는 화상회의로 옮겼다.

온라인 패러다임과 깊이 있게 접촉하기 위하여

신: 신인수 (기획, 1부 중 4~6장, 「시작하는 글」 및 「끝맺는 글」)
현: 현채승 (1부 중 1~3장 및 7장)
김: 김아름 (2부 8~12장)
홍: 홍상희 (3부 13~17장)
최: 최문희 (4부 18~22장)

신 먼저 제가 이 온라인 상담의 번역 프로젝트를 시작하게 된 계기를 말씀드리면, COVID-19 사태도 물론 계기가 되었지만 감각운동심리치료(SP) 연구소 미국 본부에서 코로나 사태와 관련하여 더욱 힘들어하는 내담자들을 어떻게 온라인상에서 도울 것인지에 대한 특강을 이 책의 4장 내용을 토대로 진행하였는데, 마침 국내 SP 트레이닝을 주관하는 측에서 이 부분의 번역을 제게 의뢰해주셨습니다. 팻 옥든 선생님이 창안하신 감각운동심리치료는 특히 신체심리적인 요소가 중요한 부분을 차지하고 있는데, 이를 온라인으로 진행할 수 있다면 다른 접근들은? 저는 이런 생각을 하게 되었고 이 내용이 포함된 이 책의 가치가 소중하게 여겨졌고, 한국 사회에 소개하면 좋겠다는 생각에서 번역을 추진하게 되었습니다. 한편 이 책의 번역 자체가 오로지 온라인만으로 이루어졌다는 사실도 흥미롭고요, 심지어는 이 프로젝트의 몇 분은 제가 그전에는 전혀 모르던 분들이었는데, 소개를 통해서 합류하게 되었다는 사실이 이 번역 프로젝트의 독특한 점이기도 합니다. 저로서는 온라인 작업의 새로운 가능성을 몸소 실감하는 계기가 되었습니다.

그리고 저희가 이렇게 「역자 토크」를 해보자고 제가 아이디어를 낸 건, 본서의 편저자들이 「시작하는 글」에서 기본적인 지향점이나 이슈들, 예를 들어 온라인 심리상담 등에서의 현존, 용어, 오프라인 상담과의 동일성 대 차별성, 치료환경 등에 대해 간략히 설명하고는 있지만 실제로 어떠한 내용들이 포함되어 있는지에 대해서는 좀 더 안내가 필요하다는 생각이 들어서입니다. 1부는 현채승 선생님과 제가, 2부는 김아름 선생님, 3부는 홍상희 선생님 그리고 4부는 최문희 선생님께서 번역을 담당해주셨습니다. 먼저 1부의 앞 장들 일부를 번역해주신 현채승 선생님께 부탁드리겠습니다. 해당 부분의 대략적인 내용과 인상 깊었던 부분들을 소개해주시면 고맙겠습니다.

현 1부는 전체의 서문과도 같은 것인데요, 주된 메시지는 온라인 상담의 정당성이랄까요? 온라인 상담을 마치 대면 상담의 대안처럼 여기고 정통이 아닌 것으로 생각하는 경향이 있지만, 그렇지 않다는 것이죠. 현대 심리치료 시초에 프로이트가 편지를 주고받으면서 원격으로 정신분석했던 것을 비대면 심리치료의 시작이라고 본다면 더욱 그렇겠죠. 치료자와 내담자가 반드시 같은 공간에 함께 있어야만 심리치료가 이루어지는 것은 아니라는 것, 비대면 상담이 하나의 온전한 치료 분야로서 부족함이 없다는 것을 여러 가지 방식으로 설명하고 입증도 하고 있어요. 1부에서요. 그리고 저에게 인상적인 부분은 가상성에 대한 것이었습니다. 심리치료에서 **가상성**을 활용하는데, 예를 들면 내면화된 과거의 인물이 있고, 그 대상을 다른 사람에게 투영해서 역동이 일어나는데, 그게 다 가상이잖아요. 상담에서 누구나 전이와 역전이를 생각하지만, 온라인 **가상성**에 대해 깊은 생각은 안했던 것 같아요. 이 책을 읽으면서 이 부분을 다시 한번 생각해보게 되었어요. 그리고⋯ 다른 한 가지는, 비대면 상담에서 고려해야 하는 규칙에 대한 부분이었어요. 아주 구체적인 상담협약들이 필요하게 된 것이죠. 온라인 상담은 대면하지 않기 때문에, 더 주의해야 하는 것이 있어요. 무엇을 사전에 고려해야 하는지, 내담자에게 무엇을 고지해야 하는지, 이런 것들을 촘촘하게 계획해야 해요. 저도 기관에서 상담을 하고 있어서 꼼꼼하게 사전 협약을 맺는 편이거든요. 역시 그런 것들을 이 책에서도 세심하게 짚어주는 게 좋았어요. 아, 그리고, 이 책은 COVID-19 이전에 출판된 책이에요. 저는 사실 코로나로 인해 대면이 불가능해져서 온라인 상담에 관심을 갖게 됐어요. 그런데 원격 치료는 의료나 상담 영역에서 훨씬 이전부터 논의되던 것이거든요. 어떤 것은 논의가 시작되었지만 관심받지 못하고 활발하게 진행되지 않다가, 어떤 계기로, COVID-19 같은 생각하지 못한 일이 생겼을 때 갑자기 혁신적으로 진전되는 것 같아요. 변화가 갑자기 이루어지는 게 아니고 새로운 것을 선도하는 사람이 항상 있었구나 하는 생각도 했어요. 제 자신의 유연성과 개방성에 대해서도 생각해보았고요. 이런 점이 인상적이고 재미있었어요.

신 1부의 앞부분을 잘 소개해주셔서 감사드립니다. 저는 본문 중에서는 4∼6장을 번역하였는데요, (4∼6장의 내용은⋯) 자, 이제 커플과 가족을 다루고 있는 2부를 번역해주신 김아름 선생님께 소개를 좀 부탁드리겠습니다.

김 사실 저는 학회 발표로 책 전체를 훑어볼 기회가 있었어요. 제가 기억하는 인상적인 부분들이 제 파트에서 나온 건지 [웃음] 책의 다른 어느 부분에서 나왔던 건지 되게 헷갈리는 상황이긴 합니다. 제가 번역했던 내용을 통해 온라인 상담을 개인상담으로만 접해봤던 제 경험에서는 알 수 없었던 부분에 대해 많이 알게 됐습니다. 커플이 함께 온라인 상담을 하게 될 때는 화면이 훨씬 더 쪼개지고, 치료자가 한 번에 한 사람에게 귀를 기울이는 게 아니라 두 사람에게 귀를 기울여야 하고, 그리고 앉는 자리를 세팅할 때에도 커플들이 각자의 단말기를 사용해서 접속하게 할 것인지, 아니면 두 사람이 같은 화면에 나오도록 자리를 배치할 것인지 등 다양한 쟁점이 있더라고요. 또 이 쟁점에 대해 가족 및 커플 치료의 학파마다 입장이 조금씩 다를 수 있다는 점이 흥미로웠어요. 인터뷰가 실렸던 **가트맨** 박사 같은 경우는 <u>커플들의 초기평가를 되게 중요하게 여기기 때문에 온라인으로는 시작하지 않는다, 항상 오프라인으로 충분한, 인텐시브한 그 과정을 거친 이후에만 진행</u>하신다더라고요.

신   3일 정도 연속으로 만나는 것 같습니다.

김   네, 그 과정을 거친 경우에만 온라인으로 만난다라는 점이 인상 깊었고, 온라인으로 하기 때문에 이용할 수 있는 여러 도구들, 예를 들어 가트맨 박사의 경우 생리학적인 정보들을 수치로 확인해서 활용하는 것에 되게 관심도 많고 그에 대한 어떤 연구실 세팅을 따로 준비하고 있을 정도라고 해요. 대표적으로는 심장 박동수를 체크하여 생리적으로 활성화된 정도를 세션 내내 추적하며 그 정보를 치료에 활용하는 거예요. 19달러짜리 맥박 산소 측정기를 내담자 몸에 붙이고 심장 박동수가 어느 이상으로 올라가게 되면 알람을 통해 치료자와 내담자가 내담자의 생리적 각성 수준을 바로 점검하는 거지요. 이것이 온라인으로 치료가 이루어지는 경우 훨씬 손쉬울 수 있다는 것을 번역을 하며 알게 됐습니다. 그리고 또 온라인으로 진행하기 때문에 원거리 커플이라든가 한자리에 살지 않는 커플의 경우에도 커플치료를 받을 수 있게 되었다, 그런 점에서 온라인 상담이라는 것이 지리적인 한계를 극복하게 해준 것, 그리고 신체적으로 이동이 어려운 사람도 상담에 접근할 수 있게 해주는 것, 이런 것들을 장점으로 꼽았습니다. 하지만 반면 온라인으로 세팅이 바뀌면서 접근이 제한되는 인구도 생기는 것 같습니다. 제가 학회에서 발표했을 때 앞선 발표자, 사회복지학을 전공하신 분이라 입장 차이도 있었겠지만, 그 발표자는 온라인 상담으로 상담의 많은 부분이 옮겨가면서 오히려 배제되는 인구들이 생긴다, 예를 들어 청소년 같은 경우에는 이제 데이터가, 어디서나 와이파이를 사용할 수 있는 게 아니고 자신이 단말기로 데이터를 사용할 수 있는 것 자체가 한정적일 때 청소년들이 '데이터 거지'라고 쓰는 표현을 언급하며 그런 계층에게는 온라인 상담이 접근하기 쉬운 옵션이 아니라는 점을 지적하셨어요. 또한 제가 아는 상담자가 만나고 있는 성매매 청소녀들의 경우, 상담을 할 수 있는 안전한 자기만의 공간을 찾기가 굉장히 어렵다, 그래서 벤치 같은 데서 접속해서 상담을 하는 경우들이 있다고 해요. 또 가정폭력이 있는 여성의 경우에도 집이라는 공간이 그렇게 안전한 공간이 아니기 때문에 온라인으로 상담할 공간을 구현하기에는 어려움이 있다고도 들었고요. 그래서 저는 한번 상상해봤어요. 앞으로는 상담이 온라인 중심으로 진행된다면 어떤 공간을 마련해서 독서실처럼 스터디룸처럼 만든 후에 내담자들이 그 공간에서 온라인으로 상담자와 연결될 수 있는 공간이 있었으면 어떨까 그런 생각이 들더라고요.

신 네, 신선한 아이디어네요.

현 저도 비슷한 생각을 했어요. 비대면 상담을 원하는 내담자들에게 사적인 공간에서 온라인에 접속할 것을 요구하거든요. 그런데 그게 안 되는 경우가 있어요. 내 방이 없거나 디바이스가 없거나 온라인 접속을 할 수 없는 경우가 생기더라고요. 비대면 상담이 대면상담보다 접근성이 더 좋다고는 하지만, 사각지대는 항상 있는 거예요. 김아름 선생님 말씀이 진짜 맞아요.

신 네, 흥미롭게 생생한 현실을 말씀해주셔서 고맙습니다. 저도 학회 차원에서 그러한 온라인 상담이 가능한 부스를 여러 지역 곳곳에 설치하는 것도 좋지 않을까 생각해보는데요, 수천 개의 심리상담 자격증이 남발되는 현실에서 잘 훈련된 학회 상담자들이 온라인 상담을 제공해주는, 물론 상담자는 다른 공간에 있는 것이죠, 그런 부스가 시민들의 심리상담에 대한 인식을 개선하는 데도 도움을 줄 수 있지 않을까 생각합니다. 한편 지난 일년간 코로나 사태가 지속되면서 많은 사람들이 엄청나게 이러한 환경에 적응하고 있는 상황인데요, 온라인 상담을 다룬 이 책이 코로나 사태 이전에 나온 것이라 가치가 떨어지는 것 아닌가 하는 생각이 들 수도 있는데요, 김아름 선생님은 어떻게 생각하시나요?

김 아까도 잠깐 언급이 되었지만, 지금의 상황이 강제적으로라도 온라인으로 옮겨갈 수밖에 없는 거고, 그랬을 때 이 책이 갖고 있는 메시지는 여전히 가치 있다고 여겨져요. 저는 이 책에서 마음에 들었던 부분이, 오프라인에서 하는 세팅을 어떻게 온라인에서 구현할 것인가를

<u>고민하는 것이 아니라 온라인 상담은 독특한 특징을 지닌 아예 다른 상담이라 생각하고 접근한다는 거예요.</u> 제가 하고 있는 프로젝트에서 소아 청소년을 위한 소매틱 집단 프로그램을 만들고 있는데, 처음에는 학교로 찾아가서 하는 세팅을 염두에 두고 만들었다가 코로나가 이렇게 터지고 나서, 이걸 온라인으로 해보자 하고 보니 거기서 쓸 수 있는 프로그램이 거의 없는 거예요.

신 하하, 그래요.

김 아, 이건 다시 새로 만들어야 되는 거구나. 이거를 그대로 온라인에서 어떻게 할까를 고민하는 게 아니라 차라리 이 온라인의 특성을 이용해야 한다는 게 피부로 느껴지더라고요. 프로그램을 베타테스트할 때, 이런 에피소드도 있었어요. 오프라인에서는 사람들이 서로 손을 잡고, 우리가 같이 숲을 이룬다는 이미지를 상상하는 프로그램이었어요. 숲에서 나무들이 흩날릴 때마다 서로의 손을 스치는 동작인데 그걸 상상하며 각자의 공간에서 해보자고 하니까, 참가자들이 한번 두번 자기 손을 서로 스치는 동작을 하더니 한 분이 갑자기 손을 카메라 앞으로 가까이 가져왔어요.

신 오, [손을 카메라 가까이에 대면서] 이렇게. [웃음]

김 그러면 내 화면 속 누군가의 손이 크게 보이잖아요? 그러자 너 나 할 것 없이 사람들이 춤을 추면서 자기 손을 스친 다음 카메라도 스치고, 그러자 참가자들의 얼굴에 미소가 더 커지는 걸 목격했어요. 아, 이 방식은 생각해보지 못했는데, 사람들이 **연결감**을 위해서 즉석에서 창의적으로 무언가를 만들어내는구나. 되게 감동적이면서도 되게 의미심장했던 그런 기억이 있어요. 또, 소매틱 집단을 할 때 나의 자원들, 가시볼이나 스트레스볼 같은 거 있잖아요. 스트레스 받았을 때 막 이렇게 주무르는 인형 등 활용할 수 있는 몇 가지를 이렇게 파우치에 담아서 각참가자들한테 이렇게 택배 발송을 하고, 각자의 자리에서 이렇게 해보자 하는 아이디어를 냈는데, 예산이 없어서 진행은 못했네요. [웃음]

신 [웃음] 앞으로 실현 가능성이 있는 좋은 아이디어네요. 현 선생님께서는 어떻게 생각하시나요, 이 책이 여전히 효용성이 있다고 생각하시나요?

현 네. 물론이죠. 우선 아직도 비대면 상담은 낯설어요. 이제는 무척 익숙해졌지만 여전히 새로운 것이에요. 저는 온라인 상담에 대한 논의가 여러 차원에서 좀 더 활발해질 필요가 있다고 생각하고요, 직접 경험뿐 아니라 지식이나 연구도 더 많아져야죠. 이 책이 온라인 상담에 대한 인식을 깊게 하는 데 도움이 된다고 기대해요. 한국 책이 아니다보니 한국적인 게 반영되지 못한 게 아쉽지만요.

신 사실 이 토크가 그런 한국적인 걸 반영하고픈 욕구에서 출발한 측면도 있거든요. 그래서 제가 알기론 현 선생님 계신 학교에서는 그전부터 온라인 상담을 하고 계셨다고 들었는데, 코로나 이전부터 하고 계셨던 건가요?

현 아니요. COVID-19 때문에 20년 3월부터 시작했어요.

신 그럼 온라인 상담을 하며 경험한 것들 중에서 우리와 나누고 싶은 것들이 있으신가요?

현 온라인 상담이 내담자에 대해 더 많은 것을 알 수 있게 해주는 점이 있어요. 온라인 상담을 해보기 전에는 생각하지 못했던 것이에요. 예를 들면, 카메라에 가깝게 있으면 얼굴이 화면에 꽉 차보이거든요. 얼굴을 크게 만들어서 공간이 보이지 않게 화면을 채우는 분이 있고, 멀리 앉아 얼굴을 작게 만드는 분도 있죠. 화면 필터를 사용해서 가상 공간을 만드는 분도 있어요. 가상 공간의 내용도 다 다르고요. 반면에 현실 공간을 그대로 다 보여주려는 분도 있거든요. 화분에 핀 꽃도 보여주고 자취방 벽에 곰팡이나 거미줄을 다 보게 하는 분도 있어요. zoom 화면공유 기능으로 일기도 보여주고요, 어떤 분은 친구에게 카톡 메시지가 왔는데, 그 자리에서 바로 답장채팅도 하고요. 화상 상담에선 그렇게 하는게 쉬우니까요. 대면 상담에서는 경험하기 어려운 것들을 화상 상담에서 하게 되거든요. 내담자에 대해 많은 것을 더 직접적으로 경험하는 것이죠. 그래서 비대면 상담에서의 구조화가 꼭 필요한 것이기도 하고요. 이런 상황들을 어떻게 상담적으로 활용할 것인지가 상담자의 몫이겠죠. 그리고… 집단상담도 온라인으로 진행했었는데 구조화된 집단이었어요. 사전 안내를 충분히 했고요, 참여자들이 재밌어 하고 좋아했어요. zoom에 소회의실 기능을 충분히 자주 활용했어요. 각 소회의실에 항상 코리더가 들어갔고요. 전반적으로 참여자 피드백이 좋았어요. 성공적인 온라인 집단을 경험하고 나니, 집단 리더와 코리더 모두가 온라인 상담에 대해 긍정적이게 됐죠. 아쉬웠던 점은 어느 분의 와이파이 연결이 좋지 못했거든요. 그 분 혼자 자꾸 연결이 끊어졌었어요. 이런 문제를 어떻게 보완할 수 있는지 모르겠어요. 그리고 pc나 노트북은 화면이 커서 괜찮은데, 모바일로 접속하는 분들은 화면이 작아요. 작은 화면에 여러 명의 얼굴이 들어있어서 다른 참여자들의 얼굴을 잘 볼 수 없는 분도 있었어요. 소그룹 참여할 땐 괜찮은데 전체 집단이 다 모일 때 한 화면에 모든 집단원의 얼굴이 나오지 않는 점도 불편한 점이었어요. 모니터를 두 개씩 쓰는 경우는 많지 않으니까요. 상담자들의 온라인 상담 경험이 다양하게 축적되면 여러 가지를 사전에 고려하고 대처할 수 있게 될 것으로 기대해요. 이것이 온라인 상담 역량이 되는 것이겠죠.

신　네, 이 책에서도 상담자들이 온라인 역량을 갖추도록 훈련을 받아야 한다는 대목이 나오는데, 우리 학회 차원에서도 그러한 노력이 필요한 것 같습니다.

현　한 가지 더 말씀드리면, 내담자들은 개인 공간이면 아무데서나 접속을 할 수 있지만, 기관 상담사들은 출근하도록 했거든요. 온라인 상담이라고 해도 상담사들은 상담실에서 접속하도록 했어요. 모든 상담사들이 자신의 온라인 환경을 완벽하게 조절할 수 있는 것이 아니라고 생각해요. 내담자들이 자신의 온라인 환경을 온전히 통제할 수 없다면 상담사들도 마찬가지일테니까요. 제가 수련생 교육을 온라인으로 진행했었을 때 예상하지 못한 일이 생겼었어요. 수련생의 가족이 갑자기 방으로 들어와서 말을 걸기도 하고, 화면에 제 얼굴을 한참 쳐다보기도 하더라고요. 상담실에서는 이런 일이 생기지 않잖아요. 온라인 상담을 할 때 고려해야 하는 점이에요.

신　네, 통제 가능한 부분들이 있고 통제할 수 없는 부분들이 있군요. 감사합니다.

홍　집단상담에 대해 쓰신 분들 중 와인버그, 그리고 **얄롬**과 함께 집단정신치료 교재를 쓰신 **레쉬**라든가 하는 분들이 과정중심 치료자들이신데요, 온라인 심리상담에서 그러한 것들이 어떻게 진행되는가에 대한 설명이 되게 특색이 있었던 거 같아요. 또 그런 부분들이 실재하지 않고서는 뭐랄까 집단상담의 내용의 문제가 아니라 되게 중요한 부분이, 과정이 어떻게 드러나고 있는가, 어떻게 작업을 해서 어떻게 효과가 있을 것인가에 대한 작업들을 경험 없이 할 수 있는 게 아닌데, 경험이 많은 와인버그 선생이 먼저 얘기를 해준 부분이 있었고, 그래서 사실, 예를 들어 그걸 보고 나서 그 이후로 예시들을 되게 많이 봤거든요. 뭐냐면 각자의 개인적인 공간에서 접속을 하다 보니까 개인적인 공간 뒤에 나타나는 배경이라든지, 애완동물이 이렇게 다니면서, 고양이죠, 바운더리 침해가 어디까지인가 이런 것들의 의미가 온라인과 오프라인이 다를 수가 있지만 그걸 다루지 않고 넘어갔을 때 어떤 문제라고 하기는 그렇지만, 우리가 온라인과 오프라인이 다르기 때문에 우리가 주목하지 않는 것들 중에서 이제 이런 것들을 더 신경써야 되지 않을까 하는 것들에 대한 작은 예시들이 나오지만 그게 그렇게 작지 않았던, 그렇게 유용했던 것들이 있었고, 또 다른 것은 저희가 코로나 때문에 온라인 상담하면서 이제 마치 이 화상 상담에만 얘기가 집중이 되었는데, 그 챕터의 특징 중의 하나가, 다른 저자들인데, 온라인 상담과 관련해서, 오프라인 외의 온라인이라고 칭해질 수 있는 그런 상담들을 가지고 학위논문, 박사논문 쓰신 분들인 거 같아요. 라울 베임버그라는 분인데, 단순히 화상으로 하는 집단뿐만이 아니라, 게임을 하고 그 게임을 가지고 온라인 가상현실에서 만나서 하는 집단과 오프라인 집단에서 같이 이렇게 병행하는 것이라든지, 아니면 실제로 오프라인에서 전통적인 형식으로 하는데 온라인 게시판이나 문자를 이용한다든지 이런 식으로, 어떻게 보면 전통 상담에서는 좀 이렇게 위험할 수 있다거나 아니면 그렇게 했을 때 이거는, 저희가 어쨌든 규칙들이 있잖아요. 그 집단들에서 밖에서는 만나지 않는다, 이런 것들이 있는데, 그런 것들을 깨는 되게 **혁신적인 방법들**이 이전부터 있었구나, 그런 것들이 이런 효과가 있었구나, 알려주는 것이 있어서 지금 어쨌든 다들 느끼시겠지만 환경적으로 우리가 바뀌지 않으면 안 되는 시기인데, 여러 아이디어를 내준 것들이 되게 도움이 많이 되고, 실제로 제 주변에서 그런 자료들이 필요하다고 말씀하셔서, 조금만 기다리시라고 [웃음] 조금만 기다리시면 이 책이 나온다고 얘기를 하고 있습니다.

신 그렇게 도움 받으신 아이디어들 중 두세 가지만 말씀해주실 수 있을까요?

홍 제가 온라인 집단에 참여한 적이 있고 주로 개인상담을 온라인으로 하고 있는데요, 실제로 상담에 적용해보진 않았던 것 같은데, 이 뒷배경이 나타내는 어떤 것들에 대해 민감하게 생각해보게 되었던 것 같아요. 접속을 할 때 상담자에게 드러내고 싶은 어떤 모습들 중의 하나가 뒷배경이고, 저도 내가 왜 이런 뒷배경을 만들고 있을까 [웃음] 하는 생각을 해보긴 하는데, 그런 것들이 하나가 있고, 그리고 말로 설명하기에는 생각이 아직 선명하지는 않은데 온라인, 어쨌든 기술적인 것에 대한 것들이 도움이 많이 되었던 것 같아요. 제가 줌을 가지고 많이 안 해봤기 때문에 … 아, 어떤 게 있었냐 하면, 줌에서 갤러리 보기가 있고, 발표자 보기 이런 것들이 있잖아요, 그런 모드들. 그러니까 어떨 때 어떤 것을 활용하는 게 더 좋다라든지 그런 것들을 가지고 참여한 사람들에게, 이게 상담이 아니라 교육의 장면에서 쓴 거긴 하지만, 말하는 사람을 더 잘 보기 위해 발표자 보기로 함께 돌려서 하자라든지와 같이 기술적인 것들을 적용하는 데 도움이 많이 되었던 거 같아요.

신 네, 고맙습니다. 최문희 선생님은 컨설팅 파트를 번역하시면서 도움을 받은 것들이 어떤 것들이 있으세요?

최 일단 조직 컨설팅 분야이기 때문에 주제가 거의 **화상회의**를 다루는 게 주됩니다. 분산된 조직들 간의 **소통**을 어떻게 해야 할 것인가 하는 것이죠. 그중에서 가장 강조하는 게 기술적인 요소들에 대해서 강조를 많이 하고 있습니다. 화면의 구성, 인터넷 상황 등에서 고려할 요소들, 제가 상담이나 회의를 진행하는 가운데 공감하는 부분들이 많았고요. 그다음에, 우리가 보통 화상회의가 이런 실질적으로 만나는 회의의 보조수단으로 보통 인식되어 왔는데, 이제는 완전히 다른 개념으로서 쓸 수 있는 회의다 그런 생각이 들었고요, 그중에 특히 한 장점은 화상회의를 통해서 표정 변화를 더 상세하게 볼 수 있다는 겁니다. 그러면서 사람들의 반응이나 이런 것들을 알 수 있고요, 그다음에 지금도 우리 녹화하고 이러지만, 이런 기능들을 활용해가지고 회의에 대해 되짚어볼 수 있는 그런 것들을 강조한 부분들이 와닿았습니다. 그다음에 이 책에서는 화상회의만을 하는 것보다는 대면회의 및 대면교육과 화상회의를 혼합해서, 예를 들면 강의나 이런 부분들은 화상회의로 하고, 실제로 만나서 토의하는 부분들은 대면으로 하고, 이런 부분들을 많이 소개해놓았습니다. 처음에는 보조수단으로 쓸 수 있겠구나 생각했는데, 이 연구들은 대부분 코로나 사태가 본격화되기 전에 이미 이루어지고 있었던 것들 같고요, 코로나 사태 이후에는 여기서 화상회의만의 어떤 본연의 기능, 혹은 장점, 그런 부분들을 조금 더 발달시켜야 되지 않겠나, 고유한 하나의 회의 영역으로 발전시켜야 되겠다 그런 생각이 들었어요. 그래서 실제로 지금 뭐 교육이나 이런 것들은, 저도 외국 교육을 가고 그러면, 아예 온라인으로 교육을 하고 이런 것들이 자리를 잡았더라고요. 그러다보니까, 저 역시 마찬가지지만, 세미나나 이런 게 예전에는 뭐 위치가 떨어져 있고 그러면 시간 때문에 어느 한쪽만을 선택할 수밖에 없었는데, 이제는 여러 개 참여할 수도 있고 그래서 오히려 이런 것들이, 화상회의도 도입될 때를 보면 더 자주 볼 수 있겠다, 예전에는 여러 가지 절차도 필요하고 경비도 필요하고 그랬는데, 이제는 오히려 소통이 원활해지지 않을까, 저는 그런 생각도 해봤습니다. 그리고 아까 말씀드렸지만 화면이 주는 여러 가지 심리적 의미 그런 것들이 있지요. 공간에서 가까워졌을 때, 멀어졌을 때, 이런 것들이 아 그럴 수 있겠구나, 이런. 실제 오프라인 공간에서 느끼는 그런 심리적인 느낌들을 온라인에서도 우리가 조금 예민하게 캐치하고 그런 아이디어들이 도움이 되었습니다.

신 이 책이 코로나 이전에 쓰여졌잖아요, 최 선생님. 그런데 코로나 이후에 굉장히 온라인이 많이 사용되고 있는데, 이 시점에서도 이 책이 여전히 유효한 측면이 있다면 어떤 것이 있을까요?

최 아까 말씀드렸듯이 제 파트에서는 회상회의의 고유한 기능들이 약간 보조적으로 보였었어요. 메인으로 다루어지는 것이 아니라, 화상이라는 방법을 통해서도 할 수 있다, 이런 부분들이었는데, 거기서 던지는 여러 가지 문제제기라든가 이런 것들이 조직의 회의를 활성화하는 것들이라든지, 소통을 더 원활하게 하기 위해서는, 회의의 고려 요소에 대해 맨 마지막 장에 나와 있는데 그런 것들, 그리고 실수했던 사례들과 함께 이런 것들이 대안이 될 수 있을 거다 하는 것들이 유용한 것 같습니다. 코로나 이전에 온라인 상담/컨설팅이 본격화하기 전에 언급한 부분들이어서 조심스레 제안한 것들이 있지만 이러한 것들이 현재 좋은 아이디어인 것들이 상당히 있습니다.

신 네, 좋은 말씀 해주셔서 감사합니다. 홍 선생님, 이 책이 코로나 이전에 쓰여졌는데, 여전히 많은 부분들이 유용하다고 보시나요?

홍 네. 많은 측면들이 유효하다고 생각하고요, 집단상담에서는 특히 하임버그 선생이 이스라엘 출신인 것 같은데요, 미국에 있고 그러니까 전세계에 있는, 이스라엘뿐만 아니라 영어로 소통할 수 있는 그런 학생들을 가르치는 경험들이 많아서, 혼합이 아니라 온라인만으로 진행했던 경험이 있다보니까 그런 내용들을 잘 보여주고 있어요. 그런 사항들을 고민하는 지점들이 있어요. 그리고 온라인 상담하고 오프라인 상담하고 뭐가 다르냐라고 했을 때, 크게 다르지는 않지만, 우리가 개인상담에서 집단상담을 하게 될 때 추가 교육이 필요하듯이, 기존의 전통적인 집단상담을 하다가 온라인으로 넘어가려면 추가적인 교육이 필요하다고 얘기하고 있는데, 그게 충분히 구체화되지는 않았던 거 같아요. 이런 걸 생각하고는, 아직은 뭐랄까 일화들을, 예시들을 제공하면서 하지만 더 정리가 되어야 하고 더 세분화되어야 되겠지만, 그럼에도 불구하고 어쨌든 이미 경험을 통해서, 아까 최문희 선생님이 말씀하신 부분이 여기도 적용이 되는데, 물리적인 거리라는 어떤 장벽을 좀 뛰어넘으면서도 진행이 되는 것, 하지만 또 그 물리적인 거리나 시간 차이 이런 것들이 영향을 미치는 그런 것들에 대해서, 글쎄요, 제가 다른 챕터들을 철저히 읽지는 못했지만 그래도 경험에 바탕했을 때 되게 자세하게, 지금껏 나온 것 중에서는 많이 하신 분이구나 그런 생각이 들어서, 그런 것들을 우리가 충분히 고려할 수가 있고, 그리고 또 한국 상황에서, 코로나 상황에서 추가적인 우리의 노력이 필요하겠지만, 우리가 발판으로 삼기에는 되게 든든한 내용이라는 생각이 들더라고요.

신 (우리가 편집할 구체적인 내용들을 열거해주시면 좋을 것 같습니다.)

신 감사합니다. 혹시 집단상담을 온라인으로 한국에서 진행하시는 것에 대해 좀 더 말씀해주실 수 있을까요?

홍 네, 집단상담을 온라인으로 진행하시는 분들이 이미 계시고요, 일부는 꺼려하시기도 하더라고요. 저도 오프라인으로 하던 집단을 온라인으로 옮기려고 하는데 몇 가지 고려해야 할 포맷들이 있어서요. 꿈이라는 재료를 가지고 집단을 하려는 것이었어요. 과정도 분명히 중요한데, 과정을 중요하지 않다고 할 수 없지만, 어쨌든 꿈에 대해서 각자 이렇게 나누고 그것에 대해서 서로 또 공유하고 의논하는 것이 중요한 부분이긴 해서, 아, 온라인이어도 되는구나, 그런 느낌이 있었고, 제가 준비하려고 하는 것들은 이제 여성의 삶을 중심으로 해서 여성 집단원들이 주가 될 거고, 여성의 삶으로서 경험한 것들 중 자신이 다시 다루고 싶은 것들, 그러니까 가부장제나 이런 것들을 가지고 다시 다루고 싶은 것을 집단으로 다루는 건데, 하다 보면 약간 트라우마틱한 경험들이나 이런 것들이 나올 수 있어서, 저 혼자 다루기…, 그런 예시들이 나오거든요, 집단을 하다가 갑자기 뭔가에 트리거가 되어서 불안 수준이 높아지는 내담자를 어떻게 할 것인가, 데리고 나가서 안정화하도록 할 수도 없고. 그런 경우가 고민이 되던 찰나에 동료 상담자 선생님이 같이 하시겠다 해서… 그리고 (온라인에서) 방을 나눌 수가 있잖아요. (소회의실) 네, 소회의실. 그러다보니까 그런 기능을 사용해서, 만약 트리거가 돼서 안정화가 필요한 내담자가 있을 경우 동료 상담자가 옆으로 분반해서 데리고 가서 하면 되겠구나. 그런 아이디어를 던져준 게 이 책이었어요. 그럴 때 어떻게 할 것인가. 아직 저도 살짝 두려운 거 같아요. 그렇지만 한번 시도를 해볼 수 있겠다 그런 생각이 들어서 그렇게 하려고 계획 중이에요. 그런 아이디어들을 사실 많이 얻었고, 저도 막막했었는데, 어, 온라인에서는 안 해봤는데 오프라인에서는 뭐가 다를까 이런 질문들을 많이 던져줬던 거 같아요, 이 책이.

현   소회의실 아이디어는 정말 좋은 거 같아요. 코리더가 소그룹을 맡도록 하는 건 항상 고려할 필요가 있을 것 같아요.

홍   사실은 전화를 쓸 수도 있을 거 같아요. 인터넷이 불안정할 때는 제가 전화를 하거든요. 그런 것은 비상 상황이잖아요, 상담 중에 각성이 높아지는 것. 여러 가지 아이디어들이 있을 수 있을 것 같아요.

현   전화가 좀 더 직접적이라고 보시나요?

홍   만약에 소회의로 못가게 된다면 전화도 쓸 수 있지 않을까 하는 거죠. 뭐가 더 낫고 못하고 한 것보다도요. 직접적일 수는 있겠네요. 그런데 거기까지는 구체적으로 생각을 안 해봤어요.

신   각성이 높아진 내담자가 일 대 일로 좀 더 케어받는다는 느낌을 받을 수 있겠네요.

홍   간혹 그런 내담자들이 있을 수 있어서요. 걱정이 되는 부분들이 그런 거 같아요. 집단할 때 크게 문제는 없는데, 온라인에서 기술적인 문제만 보장이 된다면 큰 문제가 없는데, 그 부분이 상담자로 준비를 해야 되는 부분이라는 생각이 들더라고요. 내담자를 안정화시키거나 이래야 될 때 어떻게 해야 할까 그런.

신 혹시 온라인 개인상담은 경험이 있으신가요?

홍 네, 요즘 많이 하고 있어요. 오프라인 하다가 온라로 돌리기도 하고, 지방이라서 멀어서 처음부터 온라인으로 시작하는 경우도 있고요.

신 (그 경험에 대해서는 나중에 좀 더 넣어주세요.)

홍 집단상담 파트에 나오는 내용처럼 오프라인으로 진행하는 개인 상담과 비슷하면서도 다른면이 있어요. 인터넷이 안정적이기만 하다면 상담을 진행하는 데 있어서 큰 차이는 못느끼고 있는데요. 몇 가지 다른게, 내담자가 자신이 접속할 공간을 선택을 하기 때문에 가끔은 내담자가 있는 곳이 상담하기에 충분히 안전하고 개인적인 공간인가하는 생각이 드는 경우가 있어요. 물론 개인적인 공간에서 접속해달라고 미리 안내를 하지만, 상담자가 보기에 그렇지 않은 곳에서 내담자가 접속하는 경우가 있어서요. 물론 그것을 다루면서 내담자가 안전에 대해서 어떤 기준을 가지고 있는지 어떻게 안전을 확보하는지 하는 중요한 주제에 대해 다루게 되기도 하지만요. 아까 다른 선생님이 말씀하셨던것 같긴 한데, 그래서 내담자가 어디에서 접속하는가가 상담자가 신경쓰는 중요한 부분이 되는 것 같아요. 그리고 저는 내담자의 알아차림과 수용을 촉진하기 위하여 다양한 색깔의 보자기 세트를 내담자에게 주고 구체적인 경험이나 감정을 표현해보라고 할 때가 있어요. 강력한 효과가 있어서 제가 즐겨 쓰는데, 온라인으로 하면 그 도구를 사용할 수 없어서 아쉬울 때가 있어요. 다양한 색깔과 모양을 자신의 경험을 탐색하고 표현하는 데 쓸 수 있는 컴퓨터 프로그램이 나온다면 이런 아쉬움이 사라질 것 같긴 한데 당장은 쓸 수가 없으니 그 점이 많이 아쉽습니다.

신 저도 온라인으로 일반 내담자분들과 만나기도 하고, 때로는 제가 진행한 심리치료 도서 강독모임에 참여해주셨던 심리상담자 선생님들께서 간혹 내담자 경험을 요청하셔서 진행하는 경우들이 종종 있었는데요, 사실 온라인이나 오프라인이나 치유의 본질적인 내용은 그대로 현존한다는 느낌을 받습니다. 이제 마이크를 옮겨서 최문희 선생님께 여쭙겠습니다. 최 선생님께서는 온라인 컨설팅 경험이 있으신가요?

최 개인상담은 온라인으로 진행해봤지만, 집단교육은 많이 진행해봤습니다. 주로 줌 기능을 활용해서, 예를 들어 채팅이나 투표 등을 활용해서 일방적으로 하기보다는 소통하기 위해 노력했습니다. 줌 기능들이 많이 도움이 됩니다. 사람들이 신기해하기도 하고 해서 알려드리기도 하고요. 이와 관련해서 우리가 온라인에서 세팅이 주어지는 것만 하는데요, 소품이라든가 활용해서 상담의 목적에 맞게 활용하여 공유하여 연결되어 있다는 걸 전달하는 게 어떨까 합니다.

홍 실제로 어떤 물건을 준비해서, 택배로 해서요? [웃음]

최 공통 코드가 되는 것들을 준비하는 거죠. 온라인으로 하다 보니 접촉이 부족하다는 느낌이 있는데, 감정이 올라올 때 뭔가 쓰담쓰담 할 수 있는 게 옆에 있으면 온라인 상담에서 오는 접촉에 대한 부족감을 보완할 수 있지 않을까 싶습니다.

현 저는 심지어 오프라인에서도 활용해야겠다는 생각을 했어요. 인형이나 쿠션 같은 것을 상담실에 구비해놓고 내담자에게 쥐어보도록 해봐야겠다는 생각이 들어요.

신 말씀하신 것들이 제가 번역한 4장과 관련 있습니다. 여기서 수천 킬로
미터 떨어진 곳에 있는 치료자와 내담자가 작은 소품을 활용하여 위안
을 받는 도구로 사용하는 예시가 나왔습니다.

최 이미 소개되어 있었군요. [웃음]

신 우리가 마칠 시간이 되었는데요, 이 말씀은 꼭 하셔야 되겠다 하는 것
들이 있는지요.

김 네, 저는 아까 얘기에 보태자면 책에는 나오지 않았는데, 제가 개인상
담을 하면서 느끼는 바는, 상담을 시작하고 종료할 때 오프라인 상담
에 비해서 트랜지션이 너무나 짧잖아요. 상담 시작은 오히려 상담자
를 만나서 상담자가 같이 만나서 끌고 가니까 괜찮은데, 저는 세션을
종료할 때가 굉장히 어렵더라고요. 그러니까 갑자기 화면이 꺼지고
났을 때… 이게 버튼 하나로 끝나니까요. 의자를 빼고 일어나서 안녕
히 계세요, 인사도 하고, 문 앞에서 한 번 더 인사도 하고, 내담자는 복
도를 걸어가면서 자기 일상으로 돌아가는 공간들이 있는데, 온라인
상담은 그게 전혀 없잖아요. 화면이 딱 꺼지면 바로 돌아오는 거예요.
그래서 저는 온라인 상담을 하면서는 종료를 할 때 시간을 훨씬 더 많
이 확보하는 게 중요하겠다는 생각이 들더라고요. 조금 더 일찍부터
종료에 대한 준비를 하는 거죠. 제가 학회에 발표할 때 토론자로 나섰
던 어떤 정신과 의사 선생님께서는 단계적으로, 화면이 꺼지면 전화
로 한 번 더 하는 그런 제안도 해주시더라고요. 그런 완충에 대한 다양
한 고민들이 있어야 되겠다 그런 생각입니다.

신 네, 좋은 생각인 것 같습니다. 저도 꼭 상담이 아니더라도 회의를 하거

나 그럴 때 사람이 갑자기 '뿅' 하고 사라지니까 약간 이상한 느낌이 들더라고요. 화면이 좀 서서히 사라지게 하는 그런 게 있으면 어떨까 하는 생각도 해보았어요.

김 그거도 되게 좋겠네요. PPT에서 하는 것 같은.

신 또 제가 심리상담이나 웨비나를 진행할 때는 내담자나 참여자 분들이 먼저 화면을 종료하고 나가실 때까지 저는 머물러 있고는 합니다. 그렇게 하는 게 그분들에게 더 안정감을 줄 것 같아서요.

김 그리고 이거는 어떤 분에게 들은 얘기인데, 우리가 직접 대면했을 때보다 온라인으로 대면했을 때 더 많이 얼음 상태가 되더라고요. 표정이나 이런 것도 좀 굳고, 몸도 굳고, 그래서 어떤 분은 짐볼gymball에 앉아서 움직여가면서, 그러니까 프리즈freeze되지 않는 상태가 되도록 하는 걸 제안해주시기도 했는데, 온라인 상담에서는 그렇게 얼어붙기를 방지하는, 몸을 좀 더 움직이게 한다거나, 아니면 내담자들의, 책에서도 나오는데, 침묵을 상담자들이 오래 견뎌줄 수가 없다, 단절에 대한 염려 때문에. 그래서 저는 내담자가 침묵하고 있을 때 가슴 부위를 열심히 봐요. 숨을 쉬고 있나. 쉼 쉬는 게 느껴지면, '아, 인터넷이 끊어진 건 아니구나' 이런 거를 좀 파악할 수 있게, 어깨나 이런 부위를 열심히 보면서. 프리즈나 이러한 것들과 연결해서 그러한 사소한 노하우들이 생기는 것 같습니다.

신 좋은 팁이네요. 저도 작년에 코로나가 한창일 때 트라우마 치료자로 유명하신 재니나 피셔Janina Fisher 선생의 강의를 들을 기회가 있었는데요, 그분 말씀이 이렇게 코로나로 집에 있어야만 하는 내담들을 위해서 치료가 온라인으로 진행될 때는 치료자가 표정이나 동작을 보다 더 크게 해서 내담자들을 북돋아줄 필요가 있다는 제안을 해주시더라고요.
이제 마쳐야 할 것 같군요. 바쁘신 가운데도 이 프로젝트에 참여해주
신 역자 선생님들께 감사드립니다. 초유의 사태로 온라인 심리상담
에 대한 책을 온라인에서만 만나서 작업을 진행하였는데요, 부디 출
간 무렵에는 오프라인에서 면대면으로 뵐 수 있기를 기대해봅니다.
아울러 제가 색인 작업을 진행하면서 용어를 가급적 통일시키기 위하
여 사전 허락 없이 조정한 점 양해 부탁드립니다.

심리치료를 받는 내담자들도 마찬가지이지만 현재와 같은 어려움들
이 있을 때 가장 고통을 받는 분들은 가장 취약한 위치에 있는 분들인
것 같습니다. 하루 빨리 코로나 사태도 진정이 되고, 또 코로나 사태가
마치 죽비처럼 인간의 정신을 차리게 한 측면들을 함께 면밀히 살펴서
사람들 간의 상생뿐만 아니라 모든 생물, 무생물까지와도 함께 **공존공
생**하려는 노력이 시급히 요청되는 시대인 것 같습니다. 구체적으로는
기후위기와 같은 글로벌 이슈에서부터 **차별금지법**과 같은 우리 사회
의 이슈까지 두루 관심을 기울여야 할 필요가 있을 것 같습니다.

끝으로 본 프로젝트의 계기를 만들어주셨던 이정명 선생님, 온라인
상담에 대해 학회에서 발표할 기회를 주셨던 신차선 선생님과 박영선
학회장님, 정신분석 분야의 용어 번역과 이해에 도움을 주신 임말희
선생님, 세심한 편집 및 교정 작업을 해주신 최장미님, 그리고 흔쾌히
출간을 허락해주신 김성배 대표님께 감사의 말씀을 전합니다.

---

* 이 「역자 토크」는 2월 말에 온라인으로 진행되었고, 이후에 온라인상으로 공동 보완
및 편집 작업을 하였습니다.

CONTENTS

2부

온라인 커플 및 가족 치료

쇼샤나 헬먼·아넌 롤닉

4부

온라인 조직컨설팅

라케프 케렛-카라바니 · 아넌 롤닉

시작하는 글

시작하는 글

하임 와인버그Haim Weinberg · 아넌 롤닉Arnon Rolnick

> 바다는 육지를 가르지만 영혼을 가르지는 못한다.
>
> ～ 뮤니아 칸Munia Khan, 시인

우리가 빠르게 변화하는 세상에서 변화의 과정을 어지럽게 겪고 있다고 말하는 것은 진부한 표현이라 할 수 있다.

노벨상 수상자인 대니얼 카너먼Daniel Kahneman(2017)은 의료, 자문, 조직 행동의 세계가 전반적으로 기술 그리고 특히 인공지능에 의해서 중대한 변화를 겪게 될 것이라고 믿고 있다.

우리는 임상심리학자이자 심리치료자로서 이러한 변화를 호기심 어린 눈으로 지켜보고 있으며, 이러한 변화들이 우리의 삶에 어떠한 변화를 가져올 것인지에 대하여 주의를 기울이면서 열정적으로 검토하고 있다. 우리는 그러한 동일한 관찰 지점에서 —한편으론 열정을, 다른 한편으론 비판적 시각을 갖고— 본서를 편집하고 집필하였다.

본서의 특별한 점들 중 하나는 일대일 상호작용 및 개인 심리치료뿐만 아니라, 다중 참여자의 상호작용에 대해서도 다루고 있다는 점이다. 일대 일 차원에서의 원거리 치료에 대해서는 상당히 많이 논의되어 왔고(Scharff, 2018), 독자들은 다양한 논문과 저술에 축적되어 있는 지식을 본서 각 장의 뒷부분에 있는 참고문헌에서 확인할 수 있을 것이다. 인간의 상호작용 및 심리치료에는 종종 일대일보다 더 많은 양식들이 존재한다. 커플치료 및 가족 치료는 우리가 그러한 확장을 위하여 선택한 사례이다. 집단치료 는 분명 덜 비싸면서도 효과적이지만, 한날한시에 한 무리의 사람들을 모으는 게 기술적 실천적 차원에서 어려움이 있다는 것을 집단치료자들은 알고 있다. 따라서 우리는 원거리 집단치료의 가능성에 대하여 논의하는 것이 중요하다는 것을 알게 되었다.

본서의 일부는 심리치료 작업과 관련하여 함께 포함시키기에는 분명 혁신적이고 비전통적이라고 할 수 있는데, 원격 조직 컨설팅 부분이 그것 이다. 이 부분을 소개하는 이유는 두 가지이다. 첫째, 조직에서의 집단작 업이 임상에서의 집단치료보다 훨씬 많이 보급되어 있다는 사실을 인정 해야만 한다. 더욱이 조직에서는 일반적인 팀 작업에서의 대인관계 그리 고 특히 원거리 작업에서의 대인관계 측면의 중요성을 무시하는 경향이 있다. 조직에서 벌어지는 온라인 작업의 대인관계 차원을 중요시하는 것 이 본서의 과제 중 하나이다.

우리는 본서에서 온라인 화상만남 치료online videoconference therapy에 가 장 크게 초점을 맞추고 있음을 강조하고 싶다. 몇 개의 장에서 문자 기반 치료를 논의하고 있기는 하지만, 우리의 주요한 관심은 회기를 '실제와 보 다 가깝게' 만들어주는 보다 진보된 기술들에 두고 있다. 예를 든다면 전화 회기는 수십 년 동안 실행되어 왔다. 하지만 그러한 활용은 매우 제한되어 있었고, 언제나 대면 치료에 종속된 것으로 인식되었다. 이는 화상만남의 경우 사실이 아니다. 화상만남은 전통적인 면대면face-to-face(f2f) 만남의 대체를 위협하고 있다.

이론적·실천적 질문들

본서에서 우리는 온라인 심리치료 및 컨설팅의 이론적·실무적 측면 모두를 다루고자 하였다. 현재의 몇몇 저술 및 논문들은 이러한 측면의 어느 한쪽에만 초점을 두고 있다(예: 에식Essig과 러셀Russell(2017)은 이론에 대해서, 데릭−펄럼보Derrig-Palumbo와 자인Zeine(2005)은 실천에 대해서). 이론적 이해와 특정한 학설에서 실천적 고려사항들은 파생되어 나온다. 예를 들면, 면대면 집단치료에서 집단 지도자가 항상 같은 의자에 앉아야 하는가 여부는 이론적 지향에 달려 있다. 정신역동 접근에서는 안전한 환경이 매우 중요해서, 집단 치료자는 동일한 의자에 머무름으로써 투사를 허용해야만 한다. 하지만 인본주의 접근에서는 본보기modeling와 유연함이 더욱 중요하기에 자리를 바꾸는 게 권장된다. 단순히 실무적인 문제처럼 보이는 것들은 사실 이론적인 고려사항들에 의해 영향을 받게 된다. 온라인 문제를 고려해볼 때 이러한 동일한 문제는 집단 작업을 위하여 선택하는 기술에 영향을 미칠 수도 있다. 오늘날 대부분의 프로그램들은 집단 치료자나 컨설턴트가 화면 위에서 지도자와 참여자의 특정 '자리'의 선택권을 부여하지 않고 있다.

본서 전반에 걸쳐 편집자와 저자는 관찰하는 위치에 있다. 우리는 다음과 같은 이분법에 빠지지 않으려고 노력하였다: 원거리 심리치료는 좋은 것인가 나쁜 것인가? 이러한 치료작업들은 전통적인 심리치료와 유사한가, 아니면 상이한가? 더욱이 연구자로서 우리는 원격 심리치료가 효과적인지 여부의 문제뿐만 아니라, 몸 없는non-body 치료작업 또는 다른 위치locations에서의 치료작업의 존재를 고려할 때 치료에서 작동하는 기제에 대해 우리는 무엇을 배울 수 있을까?' 같은 문제에도 흥미를 갖고 있다. 원거리 치료작업으로의 전환은 다양한 치료요인들을 분해하게 만든다. 몸이 멀리 떨어져서 하는 심리치료가 가능하다는 사실은 치료의 필수조건에 대한 전통적인 가정들에 대하여 의문을 제기하게 만든다. 예를 들어, 정신역동 심리치료의 주요 용어인 안아주기holding는 실제로 모성적인 손길에 ─아기를 안고 품어주는 것에─ 기초하고 있다Winnicott(1971). 원거리 치료에서는 '실제로' 안기hugs가 불가능할뿐더러, 때로는 치료자가 팔 없는 어머니처럼 보인다.

　최근 수십 년 간 심리치료 이론 분야에서 이루어진 변화를 조망해보면, 볼비Bowlby의 애착이론이 돋보인다. 오늘날 거의 모든 심리치료 접근들이 그의 개념적 접근의 일부를 활용하고 있다. 스럽 등Sroufe et al.(2005)은 "애착은 '지금까지 조사된 것들 중에서 아마도 가장 중요한 발달 개념'으로 간주될 수 있다"고 주장한다. 근접성proximity은 볼비 이론의 핵심용어이다. 아동은 자신을 보호하고 돌봐줄 수 있는 부모와 가까이 있기를 바란다. 여기에서 치료자 또한 내담자의 애착 상처를 치유하기 위하여 가까이 있어야 한다는 가정이 도출된다. 문제는 가까이 있다는 게 오로지 물리적/신체적인 것만을 의미하는가 여부이다. 볼비가 근접성에 대해 이야기했을 때, 그는 '같은 장소에 있는' 것을 의미했을까? 해석에 기반하는 이론들은 신체적인 가까움이라는 요소를 크게 강조하지 않지만, 애착 기반 접근들 일부에서는 이러한 요소를 무시할 수 없고, 따라서 원거리 치료작업의 타당성에 의문을 제기하게 된다. 이 질문을 벼려보면, 우리가 신체적 근접성 없이 어린 아동을 돌보는 걸 생각할 수 있을까? 우리는 진정으로 원거리 심리치료가 가능하고 효과적이라고 믿지만, 아주 어린 아이들에게 알맞다고는 거의 생각할 수 없다.

신체적 현존physical presence에 대한 질문은 현대의 대인관계 신경생물학 이론이라는 참조틀에서는 더욱더 타당하다. 앨런 쇼어Alan Schore(2003), 대니얼 시겔Daniel Siegel(1999), 루이스 코졸리노Louis Cozolino(2013) 등의 이러한 이론들은 신체적 현존에 기반하는 상호조절mutual regulation의 중요성을 강조한다. 예를 들어 이러한 이론들은, 치료에서 효과가 있는 것은 단지 말뿐만이 아니라 뇌 대 뇌, 신체 대 신체의 상호조절이라고 주장한다. 이러한 이론들은 때로는 우뇌에서 우뇌로의 소통에 초점을 맞추고, 때로는 말초신경계에 초점을 맞춘다. 예를 들어 스티븐 포지스Stephen Porges(2011)의 경우, 치료는 치료자가 환자에게 제공하는 안전을 경험하는 것에 기반하고 있다고 주장한다. 포지스의 의견에 따르면, 신체적 근접성 상태에 있는 두 사람은 타인과 가까이 있는 게 안전한지 여부를 점검하는 기제를 즉각 활성화한다. 그의 다미주신경이론Polyvagal theory의 주요 부분은 그러한 목적을 위하여 타인의 목소리와 얼굴에 집중하는 신경계 기제를 확인해내는 것이다. 표면적으로 이러한 이론들은 타인의 몸을 조율하기 위한 현존하는 몸이 없는 경우 상호조율이 불가능하다고 보기 때문에 원거리 심리치료의 타당성에 의문을 제기할 것이다. 자세히 살펴보면 포지스의 중요한 변수 중 하나는 바로 얼굴(특히 윗부분)이다. 하지만 얼굴 표정은 고해상도의 온라인에서 보다 뚜렷해져서, 같은 상담실에서의 치료 장면에서보다 더욱 분명하게 보일 수도 있다. 반면, 원거리 치료작업에서는 보통 얼굴만 보이는데, 자세, 앉음새, 호흡 그리고 다양한 운동신경 움직임에 대한 중요한 정보들이 사라져버린다. 냄새와 페로몬pheromones 또한 중요한데, 온라인에서는 놓치게 된다.

이러한 이론적 문제들 일부는 분명한 실천적 함의가 있다. 몇 명의 저자는 가족, 집단, 조직의 온라인 세팅에서 유대관계의 체험을 창출할 해법을 제안하고 있다. 예를 들어, 어떤 이들은 화면에서 더 멀리 떨어져 앉을 것을 권장한다. 이러한 목적을 위하여 각 부문에 몇 쪽씩을 추가하여 다시 관찰 및 통찰적인 입장에서 원거리 치료작업을 위하여 가능한 최고의 실행방안들을 다루고 있고, 제안된 모든 방안의 장점과 단점을 논의한다.

우리는 온라인 치료자들이 다루어야 할 주요한 이론적 실천적 문제들을 요약하였다. 우리가 고려할 주제 목록은 다음과 같다.

1. 현존: 온라인 심리치료에 대해 저술하는 저자들은(예: Lemma, 2017; Russell, 2015; Weinberg, 2014) 모두 현존에 대한 질문에 초점을 맞추고 있다. 가상공간에서 현존을 창출하는 것이 가능한지, 현존이 몸을 얼마나 필요로 하는지에 대하여 궁금해한다. 현존은 심리치료에서 실제로 긍정적인 성과를 내기 위해서 필수적이다. 그럼에도 불구하고 이 용어는 그 의

미를 파악하기가 상당히 어렵다. 젤러Geller와 그린버그Greenberg(2012)는 이러한 주제와 관련한 그들의 책에서 치료적 현존이 치료적 관계 그리고 더 나아가 효과적인 치료의 근본적인 기본 특성이라고 주장한다. 그들은 치료자의 온전한 자기whole self가 내담자 또는 집단과 만남encounter을 갖는 그 순간에 다양한 수준 —신체, 정서, 인지, 영성— 에서 온전히 존재하는 것이 치료적 현존이라고 말한다. 치료적 현존은 치료자가 온전한 자기로 내담자와 관계를 맺으면서 마음에 이기적인 목적이나 목표 없이 내담자와 함께, 내담자를 위하여 그 순간에 온전히 존재하는 것으로 정의된다(Craig, 1986).

'면대면face-to-face'이라는 용어는 '서로의 시야 또는 현존 안에 존재하는 것'을 의미한다. 전통적으로 신체적 현존을 의미하는데, 소통의 참가자들이 동일한 물리적 공간에 존재하기 때문이다. 하지만 우리가 가상공간으로 옮겨갔을 경우, 특히 우리가 화상만남을 활용할 때, 현존은 다른 의미를 획득한다. 치료적 관계에 아주 중요한 온라인 현존은 어떤 것일까? 타인의 현존은 대개 타인의 목소리를 듣고 타인의 얼굴과 몸을 보는 가운데 느끼게 된다. 전통적으로 현존은 몸을 관여시키는 것이기는 하지만, 실제로는 이러한 신체의 현존은 주관적인 현존을 지원할 따름이다.

치료자의 현존은 그의 몰입, 열정, 주의, 정서적 관여, 레브리,[1] 재연

1　레브리rêvrie: 조현병 환자들에 대한 정신분석 치료에 크게 공헌한 영국의 정신분석가인 윌프레드 비온이 개진한 개념으로 프로이트의 '고르게 떠도는 주의'에 상응할 만한 개념으로 유아의 정서 상태에 공감적으로 열려 있는 어머니의 마음 상태를 말함. (역주)

enactment에 들어갈 준비를 수반한다(Grossmark, 2007). 이는 온라인에서 여전히 실행될 수 있다. 레마Lemma(2017)에 따르면, 현존은 의도를 행위 action로 성공적으로 변형시키는transforming 것에 대해 지각하는 것이고, 행위는 우리가 신체적으로 방출하는 것들에 한정되지 않는다. 이는 가 상공간에서도 분명히 일어날 수 있다. 하지만 온라인 소통의 한계를 고 려하면서 어떻게 의도intention를 행위action로 변형시킬 수 있을지에 대 하여 특별히 초점을 맞추는 것이 필요할 수도 있다.

2. 용어: 우리는 온라인, 특히 화상을 사용하는 심리치료에 대한 올바른 용 어가 어떤 것이어야 할지 생각해보았다. 이테라피e-therapy인가(정확치 는 않지만, 치료에 이메일email을 사용한다는 것을 암시하므로), 아니면 온라인 치료online therapy인가? 분명 '가상 치료virtual therapy'는 아니라고 할 수 있는데, 이러한 치료가 오직 가상적임을 의미하기 때문이다. 그리 고 모든 참가자들이 같은 방에 현존하는 치료를 우리는 어떤 용어로 부 르는가? 최근 표현인 면대면f2f으로 부르는 것은 화상치료video therapy에 서도 서로 얼굴과 얼굴을 맞댄다는 사실을 무시하는 것이다(그리고 때 로는 화상치료가 더 낫기도 한데, 얼굴을 확대해서 볼 수 있다는 사실 때문이다). 우리는 본서의 저자들 역시 이러한 문제와 씨름하고 있다는 것을 알고 있었다. 그래서 우리는 통일된 용어를 강요하지 않고, 각각의 저자가 자신의 용어를 사용하는 것을 허용하기로 결정하였다. 이반 젠 센Ivan Jensen과 도나 데니스Donna Dennis(20장)는 연관 작업collocated work이 라고 불렀으며, 캐서린 허틀라인Katherine Hertlein과 라이언 얼Ryan Earl(10 장)은 온라인 치료에 대하여 일반적인 용어를 사용해서 '인터넷을 통한

서비스Internet-delivered service'라고 불렀다. 리오라 트럽Leora Trub과 대니엘 매갈디Danielle Magaldi(11장)는 '대면 치료in-person treatment'라고 불렀으며, 놀라 덴트Nuala Dent(21장)는 동일한 물리적 장소에서의 집단 모임을 나타내기 위하여 '면대면face-to-face'을, 기술을 통한 집단 모임을 나타내기 위하여 '온라인'이라는 용어를 선택하였다. 덴트는 다음과 같이 적었다.

> 이렇게 다른 면대면 모임을 구분해줄 단어들을 찾아본다. '신체' 와 '가상'으로 구분할 수 있었지만, 이는 한쪽이 진짜이고 다른 한쪽이 진짜가 아님을 암시하게 된다. 화상회의 모임을 '온라인' 으로 기술하는 것은 모든 구성원이 같은 방에 있는 모임은 '오프 라인'('단절'을 의미함−옮긴이)임을 시사하게 된다.

3. 온라인 심리치료는 동일한 치료인가 상이한 치료인가?: 온라인 심리치 료에 대한 문헌에서 지속되고 있는 논쟁은 우리가 사람과 직접 접하면 서 작업하는 것과 동일한 치료인가, 아니면 다른 치료인가라는 의문에 초점이 맞춰져 있다. 셰리 터클Sherry Turkle은 에식Essig 및 러셀Russell(2017) 과의 인터뷰에서 이렇게 말한다. "기술은 새로운 자기self 상태를 창출합 니다. 온라인에서의 친밀감은 진짜이지만 새로운 역동으로 움직입니 다."(242) 토드 에식Todd Essig(개인 교신, 2017)은 온라인 치료가 효과가 있다는 사실에 동의하지만, 대면 치료와는 다른 과정들을 포함한다고 주장한다. 정신역동 치료들 전반에서 토대가 되는 특정한 과정들 ─암 묵적 과정들에 대한 정신분석적 경청analytic listening 및 주의attention와 같 은 것들─ 은 기술적 중재를 조건으로 할 때 불가피하게 변화하고 수정

된다. 우리가 기준을 낮추게 됨으로써 화면 위에서 일어나는 일들이 효과가 있는 것으로 인정받게 될 것을 그는 우려한다. 그와 러셀은 원거리 치료작업이 주는 매혹적인 편의 때문에 '현장 치료local therapy'라 부르는 것에 존재하는 독특한 그 무엇을 임상가들이 망각하거나 평가절하해서는 안 된다고 주장한다.

우리는 온라인 심리치료가 "동일한 것인가" 또는 "상이한 것인가"로 분열되는 것은 비생산적이라고 생각한다. 그래서 우리는 유사성과 차별성 모두 보는 걸 선호한다. 예를 들면, 와인버그Weinberg(2014)는 온라인 관계가 다른 종류의 친밀감intimacy을 관여시킨다고 주장하면서 그것을 E-친밀감E-ntimacy이라는 용어로 불렀다. 이는 헐리우드 영화들이 찬양하는, 그리고 자기개방과 프라이버시에 기초하는 '그대는 내 안으로 들어와 본다네into-me-you-see'²와 같은 그런 것이 아니다. 가상공간에서는 프라이버시가 보장되지 않기에 우리는 친밀감에 대해 새로운 방식으로 다시 생각해봐야 한다: "**프라이버시 없는 친밀감은 친밀감의 의미를 새롭게 만들어낸다.**"(Turkle, 2011: 171) 온라인 E-친밀감은 대집단에서 발전하는 그런 종류의 친밀감에 더욱 유사하며(15장 참조) 응집성 — '우리임we-ness'— 과 소속감의 분위기에 기초하고 있다.

온라인 심리치료에서 차이가 있는 과정의 또 다른 예는 치료 및 관계의 종료와 종결에 대한 그 의미이다. 우리는 과거에는 치료가 가능하지 않았던 환경(다른 나라로의 이주와 같은 상황)에서 치료를 계속 진행할

---

2 가수 케이티 페리Katy Perry의 노래 제목으로 빠르게 발음하면 'intimacy'(친밀감)처럼 들린다.

수 있다. 따라서 온라인 치료와 온라인 연결은 인간이 갖는 시간과 공간의 한계를 극복할 수 있다는, 즉 어디에 있든 원할 때는 언제든지 우리의 관계를 지속할 수 있다는 환상을 끝없이 갖게 만든다.

4. 더 **"진짜같이"** 만들자고?: 온라인 치료가 대면 치료작업과 얼마나 유사한가 또는 차이가 있는가라는 앞서의 질문과 관련하여, 문제는 우리가 온라인 치료를 '실제' 경험에 가능한 한 얼마나 가깝게 만들길 바라는가 하는 것이다. 우리의 상담실 환경을 그대로 복제하길 바라는 어떤 접근이라면, 온라인 정신분석에서 분석가가 화면 뒤에 있을 때에도 환자가 여전히 카우치 위에 누워 있어야 한다고 주장할 것이다. 이것은 너무 경직되고 우스꽝스럽기까지 하다는 게 우리의 의견이다. 이러한 문제는 화면에 가까이 앉아서 우리의 얼굴만 보이도록 할 것인지, 아니면 컴퓨터에서 어느 정도 거리를 유지함으로써 우리가 상담실에서 하듯이 우리의 몸이 보이도록 할 것인지 여부와 같은 의사결정에 영향을 끼친다 (실무 가이드라인에서 화면과의 거리 문제를 다룰 것이다). 한 측면에서는 우리가 환자를 대면할 때 존재하는 그러한 기본적인 환경을 구현하려고 노력해야 하겠지만, 온라인 치료가 몇 가지 다른 환경을 요구하는 다른 미디어라는 사실을 언제나 고려해야만 한다.

5. **초점 유지의 필요성**: 우리는 "온라인 환경은 체험을 통한 학습을 지원하는 심리적 공간을 창출하고 유지하기 위하여 보다 많은 시간과 에너지의 투입을 요구할 수도 있다"(날라 덴트, 21장)는 주장에 동의한다. 현존을 유지하기 위하여 ―초점을 맞춘 상태를 유지하고 다른 자극들에 의해 산만해지지 않기 위하여(화면상에서든 치료자의 환경에서든)― 치

료자는 빈틈없는 알아차림과 함께 특별한 노력을 기울여야 한다.

6. **몸과 분리된 자기**disembodied self: 많은 저자들이 온라인에서의 몸과 분리된 상호작용disembodied interaction에 대해 지적하였다. 이는 부분적으로만 사실이다. 각 참여자는 여전히 몸을 갖고 있고, 컴퓨터 앞에 앉아 있으면서 몸을 감지할 수 있으며, 이는 우리 상담실에서 (카우치 위에 앉거나 누워 있는) 환자와 함께 같은 공간에 앉아 있는 것과 다를 것이 없기 때문이다. 레마Lemma(2017)는 스카이프Skype를 통한 치료를 '체현된 현존embodied presence'으로 언급하고 있는데, 그 이유는 "가상공간에서 우리는 여전히 체현된 상태에 있다. 바뀐 것은 우리 자신의 체현 및 타인의 체현에 대하여 우리가 경험하는 것이다."라고 말하고 있기 때문이다 (92). 온라인 의사소통을 하는 가운데 구성원 모두는 자신의 감정, 고통, 몸의 불편과 욕구를 느낄 수 있다. 잃어버리고 있는 것은 몸 대 몸의 의사소통이다. 잃어버리는 이유는 다음 두 가지가 있는데, 1. 몸의 일부(대개 머리와 어깨)만 보이고 대부분은 가려진다, 2. 화면이 장벽을 만들어내서 우리가 같은 물리적 공간에 있을 때 (의식적으로 또는 무의식적으로) 알아차리게 되는 신체의 신호에 민감해지거나 냄새를 맡거나 할 수 없게 된다. 몸 전체의 3차원 의사소통을 2차원 의사소통으로 축소시키고 만다. 그래서 타인의 몸을 감지하는 우리의 능력의 무언가가 진정 축소되어버린다. 하지만 어느 정도 실행을 해가면서 더욱 집중하게 됨에 따라 우리는 여전히 환자의 신체 감각에 대한 힌트를 얻을 수 있다. 또는 단순히 그들에게 자신의 몸을 어떻게 느끼는지 물어볼 수 있다. 팻 옥든Pat Ogden과 보니 골드스틴Bonnie Goldstein(4장)은 온라인에서 몸을 어

떻게 활용할지에 대한 훌륭한 예시를 보여준다. 그리고 루이스 애런 Lewis Aron과 개릿 아틀라스 Galit Atals(2장)는 그들의 인터뷰에서 몸의 실존에 대한 흥미로운 일화를 제공한다.

7. **치료 세팅** setting: 치료자는 보통 상담실, 가구, 대기실, 티슈, 물과 같은 치료 세팅을 제공한다. 러셀 Russell(2015)이 지적하듯이 온라인 치료에서 그 세팅은 더 이상 치료자에 의해 제어될 수 없다. 이는 치료자가 안전한 환경을 보장하는 능력을 상실했다는 것, 그리고 "안전한 경계를 유지하고 환자가 환경에서 필요한 걸 제공하는 것의 상당 부분"(17)이 환자의 어깨에 달려 있다는 것을 의미한다. 환자가 우리 상담실에 오면 우리가 공간의 경계를 보호할 수 있고 그들이 환경에서 필요한 걸 제공할 수 있는 그러한 전통적인 상황으로부터의 이러한 변화는 작은 변동이 아닌데, 불행히도 온라인으로 작업하는 많은 치료자들이 이를 무시하고 있다. 연속성, 일관성, 담아주기를 제공하기 위하여 설정되어 있는, 심리치료 구조에서 구체적이고 주관적인 요소들의 조합이 심리치료 세팅이다. 안정되고 안전한 환경은 환자로 하여금 자신의 마음을 원하는 만큼 탐색하고 표현할 수 있도록 해준다. 심리치료 세팅의 요소들은 상담실을 제외하고도 회기 시간 및 기간, 빈도, 요금, 결석과 취소, 중지, 의사소통, 비밀보장 및 다수의 사항들을 포함한다.

치료 세팅은 정신역동 치료에서 중요한 주제이고 그 중요성에 대해 많은 논문이 제출되었다. 프로이트는 자신의 기술적技術的인 저술에서 분석 세팅을 결정하는 규칙들을 상세히 설명한다: 그러한 규칙에는 시간적 측면(시간, 만남의 길이 및 빈도 등), 공간적 측면(장소 및 상담실 환경), 재정적 측면, 그리고 분석가의 입장(절제abstinence, 중립성, 익명성)이 포함된다. 프로이트에 따르면 세팅은 정신분석의 과정이 일어나도록 해주는 일정한 변수들의 집단이라고 결론내릴 수 있다. 랭스Langs(1998)는 정신분석이 이루어지는 환경과 구조에 대해서만 저서 한 권을 집필하였다. 블리거Bleger(1967)는 분석 상황이 하나의 과정으로 정의되지만, 어떤 과정이든 안정된 변수를 필요로 하는데, 그것이 환경이라고 덧붙인다. 그는 환경이 파괴되었을 때만 우리가 알아차리게 된다고 덧붙이고 있다. 모델Modell은 다음과 같이 적고 있다.

> 정신분석 환경은 흔히 공유하고 있는 발달상의 갈등을 경험하게 되는 어떤 의존을 재창출하는 … 불특정한 … [구조]이다. 이러한 갈등에는 의존 대 자율의 상실에 대한 두려움, 그리고 융합에의 소망 대 '삼켜짐'의 두려움이 포함된다. 이러한 갈등은 자기self의 안전과 온전성을 보존하고자 하는 욕구의 맥락에서 발생한다. (Modell, 1988: 587-588)

모델(1989)은 자궁같이 따뜻하고 안전하며, 담아주는 공간을 창출하는 것 —환자를 상담실 밖의 괴로운 현실에서 보호해주는 것— 을 치료적 환경으로 보았다. 환경의 기능에 대해서 상당히 광범위한 저술이 있고, 담아주기containment를 제공하고 전이와 무의식적 과정이 나타나게 해주는 필수적인 배경으로 고려된다.

위니코트Winnicott(1971)는 환자가 분석가를 '활용use'할 수 있는 공간을 창출하는 것이 안전한 환경이라고 보았다. 그는 상담실이 환자의 몸의 연장이고, 따라서 치료자는 환자의 필요에 맞추어 이러한 환경을 구비해야 한다고 기술하였다. 온라인 환경에서는 이러한 식으로 갖출 수 없는 게 명백하다. 컴퓨터로 매개되는 치료에서 우리는 환자의 필요에 맞추어 환경을 조정할 수 없고, 침범이 없는 안전한 환경을 보장할 수 없으며, 환경에 대하여 1순위의 책임을 지지 않는다. 우선적으로 이러한 사실을 인정해야만 하는데, 불행히도 많은 온라인 심리치료자들이 이를 무시하고 있다. 이를 인정하는 것은 표준 협약의 변화를 어느 정도 요구하는데, 이는 환자가 자신의 목적에 맞게 환경을 관리하는 걸 확실히 하도록 하기 위해서이다(본서의 실천적 조언 부분 참조). 그다음 우리는 환경이 달라져도 심리치료가 여전히 효과가 있는지 그리고 그것이 동일한 치료인지에 대해 스스로 자문해봐야 한다. 온라인 치료에 대한 저자들의 견해가 여기서 달라진다. 칼린 러셀Colleen Russell(2015)은 "안전하게 안아주는 환경은 화면 대 화면의 관계에서 전통적인 방식으로는 확보될 수 없다"(74)라고 명확히 기술하고 있다. 그리고 뒤에 온라인 치료에 대하여『정신분석 조망Psychoanalytic Perspectives』의 특별판을 토드 에식(2017)과 공동편집하면서 온라인으로 진행하는 심리치료를 비판하면서, "원거리에서 일상적으로 화면을 통해 치료하는 사람들은 치료자를 앱과 프로그램으로 대체하고자 하는 기술 사업자들의 욕구에 자기도 모르게 복무하고 있는 것이다"(135)라고 주장한다. 하지만 가일리 에이거Gily Agar는 본서(5장)에서 환자는 온라인에서 자신의 욕구를 돌볼 책임이 있다는 사실은 더 많은 자립self-reliance을 고취하고 환자의 내적 자원들을 신뢰한다는 메시지를 전달한다고 주장한다.

8. **배경 정보를 무시하는 것**: 대다수의 치료자들은 자신들이 환경을 제어하지 못하고 안전한 환경을 창출할 수 없다는 사실뿐만 아니라, 대면 치료에서는 결코 무시하지 않았을 다수의 미묘한 사건과 경과를 온라인에서는 무시하게 된다. 컴퓨터가 놓여 있는 탁자 위를 걸어 다니는 고양이가 시시때때로 화면 위에 자신의 꼬리를 내보이는 게 좋은 예이다. 만약 환자가 치료 회기에 고양이를 상담실로 데려왔다면 우리는 그러한 상황을 결코 묵과하지 않을 것이다. 그리고 아마도 이러한 현상의 의미를 탐색하려고 할 것이다. 아주 이상스럽게도 우리 대부분은 이러한 현상을 온라인에서는 무시하면서 새로운 환경의 일부로서 그대로 받아들인다.

본서의 에필로그에서 우리는 여기 모든 부문에 축적된 지식을 모아서 치료 및 조직의 상호작용이 장차 어떻게 진화할 것인지에 대하여 생각해본다. 그러한 논의 중 일부는 현존하는 기술들의 점증하는 구심성centrality을 지적하면서 과거 수세기 넘는 동안 익숙했던 '구식old' 상호작용으로 우리가 되돌아갈 수 있을지를 생각해본다. 우리가 직면하고 있는 가속화한 변화의 속도를 고려해볼 때, 본서가 출간된 이후 곧 진부하게 보일 수도 있다는 것을 우리는 너무나 잘 알고 있다. 예를 들어, 진화하는 기술은 아마도 미래의 어느 시점에 3차원 만남 그리고 더 나아가 접촉의 느낌까지도 허용하게 될 것이다.

참고문헌

Bleger, J. (1967). Psycho-analysis of the psycho-analytic setting. In J. Churcher and L. Bleger (Eds), *Symbiosis and Ambiguity: A Psychodynamic Study*. London: Routledge, 2012.

Cozolino, L.J. (2013). *The Social Neuroscience of Education: Optimizing Attachment & Learning in the Classroom*. New York: W.W. Norton & Company. 김유미 역.『교육에서의 사회신경과학: 올바른 배움과 애착기반의 학급 만들기』학지사. 2017.

Craig, P.E. (1986). Sanctuary and presence: An existential view of the therapist's contribution. *The Humanistic Psychologist, 14*, 22–28.

De Las Cuevas, C., Arredondo, M., Cabrera, M., Sulzenbacher, H., & Meise, U. (2006). Randomized clinical trial of telepsychiatry through videoconference versus face-to-face conventional psychiatric treatment. *Telemedicine and e-Health, 12*, 341–350.

Derrig-Palumbo, K., & Zeine, F. (2005). *Online Therapy: A Therapist's Guide to Expanding Your Practice*. New York: Norton.

Dunstan, D.A., & Tooth, S.M. (2012). Treatment via videoconferencing: A pilot study of delivery by clinical psychology trainees. *The Australian Journal of Rural Health, 20*, 88–94.

Essig, T., & Russell, G.I. (2017). A note from the guest editors. *Psychoanalytic Perspectives, 14*(2), 131–137.

Frueh, B.C., Monnier, J., Yim, E., Grubaugh, A.L., Hamner, M.B., & Knapp, R.G. (2007). A randomized trial of telepsychiatry for post-traumatic stress disorder. *Journal of Telemedicine and Telecare, 13*, 142–147.

Geller, S.M., & Greenberg, L.S. (2012). *Therapeutic Presence: A Mindful Approach to Effective Therapy*. APA publications.

Grossmark, R. (2007). Theedge of chaos: Enactment, disruption, and emergence in group psychotherapy. *Psychoanalytic Dialogues, 17*(4), 479–499.

Grubaugh, A., Cain, G.D., Elhai, J.D., Patrick, S.L., & Frueh, B.C. (2008). Attitudes toward medical and mental health care delivered via telehealth applications among rural and urban primary care patients. *Journal of Nervous and Mental Disease, 196*, 166–170.

Kahneman, D. (2017). A keynote lecture for Israeli Psychological association meeting, Tel Aviv, Israel.

Langs, R. (1998). *Ground Rules in Psychotherapy and Counseling*. London: Karnac.

Lemma, A. (2017). *The Digital Age on the Couch*. New York: Routledge. Modell, A.H. (1988). The centrality of the psychoanalytic setting and the changing aims of treatment. *The Psychoanalytic Quarterly, 57*(4), 577–596.

Modell, A.H. (1989). The psychoanalytic setting as a container of multiple levels of reality: A perspective on the theory of psychoanalytic treatment. *Psychoanalytic Inquiry, 9*, 67–87.

Porges, S. W. (2011). *The Polyvagal Theory: Neurophysiological Foundations of Emotions, Attachment, Communication, and Self-regulation*. New York: W.W. Norton.

Russell, G.I. (2015). *Screen Relations*. London: Karnac.

Scharff, J.S. (2018). *Psychoanalysis Online 4: Teleanalytic Practice Teaching and Clinical Research*. New York: Routledge.

Schore, A.N. (2003). *Affect Dysregulation and Disorders of the Self*. New York: WW Norton & Company.

Siegel, D. (1999). *The Developing Mind*. New Yok: Guilford Press. 방희정 외 공역. 『마음의 발달(2판)』 하나의학사. 2018.

Sroufe, A., Egeland, B., Carlson, E., & Collins, A. (2005). Placing early experiences in developmental context. In K. Grossman, K. Grossman, E. Waters (eds) *Attachment from Infancy to Adulthood*. New York: Guilford Press, pp. 48–70.

Turkle, S. (2011). *Alone Together: Why We Expect More from Technology and Less From Each Other*. New York: Basic Books. 이은주 역. 『외로워지는 사람들: 테크놀로지가 인간관계를 조정한다』 청림출판. 2012.

Turkle, S. (2015). *Reclaiming Conversation: The Power of Talk in a Digital Age*. New York: Penguin Press. 황소연 역. 『대화를 잃어버린 사람들: 온라인 시대에 혁신적 마인드를 기르는 대화의 힘』 민음사. 2018.

Turkle, S., Essig, T., & Russell, G.I. (2017). Afterword: Reclaiming psychoanalysis: Sherry Turkle in conversation with the editors. *Psychoanalytic Perspectives, 14*(2), 237–248.

Weinberg, H. (2014). *The Paradox of Internet Groups: Alone in the Presence of Virtual Others.* London: Karnac.

Winnicott, D.W. (1971). *Playing and Reality.* London: Karnac. 이재훈 역.『놀이와 현실』한국심리치료연구소. 1997.

1부

온라인 상담에 대한
전반적 고려사항

하임 와인버그Haim Weinberg · 아넌 롤닉Arnon Rolnick

1 전반적인 고려사항에 대하여
인터넷 기반 치료의 원칙들

아넌 롤닉Arnon Rolnick

무거운 마음으로 컴퓨터 앞에 앉아
　그녀의 스카이프 연결을 기다린다.
그녀와 나 사이에는 일곱 시간 그리고 큰 바다가 가로놓여 있다.
먼 나라로 이주하는 첫 주부터 원거리 상담을 지속하자는
　그녀의 요청을 나는 받아들였다.
나는 항상 그녀에게서 거리감, 무용함 그리고 분리감을 느꼈다.
원격 기술이 우리를 더욱 어색하게 할 것으로 예상한다.
거절했으면 좋았을 텐데.
그녀를 더 잘 보기 위해 몸을 앞으로 기울이며 연결 아이콘을 클릭했다.
갑자기, 그녀의 얼굴이 내 앞 화면에 떠오른다.
그녀의 크고 반짝이는 눈동자를 보니,
　숨결까지도 느껴지는 것만 같다.
우리 사이에 얇은 화면 하나가 있을 뿐이다.
그저 입맞춤 하나의 거리일 뿐이다.
　　　「온라인 치료」, 로니 프리쇼프Roni Frischoff 지음

유명한 공상과학science-fiction 작품 두 편의 일부분을 소개하는 것으로
제1부의 첫 장을 시작하고자 한다. 하나는 아이작 아시모프Isaac Asimov의 SF

소설 『벌거벗은 태양The Naked Sun』이고 다른 하나는 영화 『그녀Her』이다.

『벌거벗은 태양』에서 아이작 아시모프는 사람이 상호작용하는 두 가지 방식을 묘사하였다. 하나는 직접 보는 것seeing, 즉 얼굴과 얼굴을 맞대고 만나는 것이고, 다른 하나는 무언가를 통해 보는 것viewing, 즉 기술적 디바이스를 통해 마주하는 것이다.

지구인 남성 경찰의 모니터 화면에 다른 행성에서 온 어떤 여성이 벗은 채로 나타났다. 그 여성은 지구인 경찰 베일리Baley에게 이와 같은 자신의 행동은 평소에 그녀가 사람을 직접 대면해서는 하지 않았을 행동이라고 말했다. 베일리는 지금 자신이 그녀를 직접 보고 있다고 대답하면서, 직접 대면하는 것과 스크린을 통한 것이 어떻게 다른지 물어보았다. 그녀는 다음과 같이 대답하였다.

"아니요, 나를 직접 보고 있는 게 아니죠. 나의 이미지를 보고 있을 뿐이죠. 당신은 나를 무언가를 통해 보고 있는 거예요."
"그게 무슨 차이가 있는 거죠?"
"천지차이죠."

★★★

영화 『그녀』의 감독은 상호작용에 대한 색다른 미래의 개념을 보여주고자 하였다. 그것은 두 사람 사이의 상호작용이 아니라, 한 사람과 컴퓨터 한 대의 상호작용을 보여주려는 것이었다. 영화 초반부에 컴퓨터 여성 사만다Samantha와 인간 남성 시어도르Theodore가 서로 대화를 나눈다. 사만다는 프로그래머들이 수백만 가지 성격 특성을 구성하여 본인을 만들었지만 그녀 역시 인간처럼 경험을 통해 성장한다고 설명한다. 영화 후반부에서 시어도르는 사만다와의 관계에 대해 이야기하면서 인간적인 방식으로 표현하자면 밤에 그들이 침대에 '함께 있을' 때 그는 '끌어안고' 있는 느낌을 받는다고 말한다.

앞에 나오는 SF 작품 두 편을 통해 상호작용의 형태가 어떻게 변화하고 있는지 그리고 심리치료 세계가 이런 변화에 어떻게 대처하고 있는지에 대한 논의를 촉발하고자 하였다.

이 장에서는 심리치료가 새로운 기술의 발전과 어떻게 상호작용하는지에 대해 살펴보고자 한다. 전문심리치료 분야의 역사가 길지 않기 때문에 심리치료를 구성하는 것이 정확하게 어떤 것인지에 대한 논쟁이 여전히 진행되고 있는 것이 사실이다. 이 와중에 현대 기술과 인터넷은 확실히 심리치료의 세계에 이전과는 다른 충격을 주었다.

심리치료를 위한 인터넷 사용의 가능성은 상담현장에 근본적인 딜레마를 마주하게끔 하였다. 한편으로는 상담을 받을 수 없었던 사람들과 치료자를 찾을 수 없는 문제를 가지고 있던 사람들이 상담에 더 쉽게 접근할 수 있게 된 반면, 다른 한편에서는 성공적인 심리치료에는 사람 사이의 접촉이 반드시 필요하다는 신념을 위협하게 된 것이다.

다음에 이어질 부분에서는 서로 상반되는 치료적 접근 방식의 차이로 인해 이 분야의 이론과 연구들이 얼마나 서로 다른 방향으로 발전하게 되었는지를 설명할 것이다. 우리는 치료 분야의 중요한 두 가지 관점에 대해 설명하고자 한다. 하나는 변화를 얻기 위한 근본적인 요소로서 치료적 관계를 강조하는 것이고, 다른 하나는 치료 기법을 치료의 중심 요소로 제시하는 것이다.

이 책은 심리치료자, 치료적 집단의 리더 그리고 조직 컨설턴트를 아우르는 비교적 광범위한 전문가들을 대상으로 하기 때문에 심리치료 분야에 대하여 간단히 개관하는 것으로 시작하겠다.

심리치료의 두 가지 접근 방식

여러 해 동안 심리치료 분야는 두 개의 서로 다른 진영으로 나뉘어져왔다. 두 진영 사이의 주된 차이는 목표하는 변화를 만들어내는 심리치료의 치료적 요인에 대한 관점의 차이였다(Omer & London, 1988 참조).

우리는 한 그룹을 "기법 진영Techniques Camp"이라 하고 다른 그룹을 "관계 진영Relationship Camp"이라 부르고자 한다. 각 진영은 변화를 야기하는 중심 요인을 서로 다르게 보고 있으며 따라서 '시작하는 글'에서 설명한 바와 같이 원격 치료에 대한 그들의 태도도 서로 다를 것이다.

기법 진영

기법 진영은 치료 방법의 중요성을 강조한다. 치료법의 원형을 명시하고 있으며 특정한 개입방법들을 변화의 동력으로 강조한다. 예를 들면 인지행동치료Cognitive Behavioral Therapy(CBT)로 기법 진영을 쉽게 설명할 수 있을 것이다. CBT는 명확하고 잘 정의된 일련의 개입 방식들이며 치료방법의 원리까지도 설명하고 있다.

원격 상담으로의 전환이 기법 진영의 치료방식에 어느 정도 영향을 미칠 것인지를 설명할 만한 예시도 다양하게 찾을 수 있을 것이다. 예를 들어 CBT를 주된 기법으로 하는 인지치료사는 자동적 사고를 찾고, 찾아낸 자동적 사고를 활용하여 내담자 행동의 원인이 되는 핵심 신념이나 조직된 도식schema을 식별해낸다. 그리고 자동적 사고나 신념을 찾아내기 위해 ABC 모델이라는 기법을 적용한다(A=발생사건Activating Event; B=신념/사고Belief/thought; C=정서 및 행동 결과emotional and behavioral Consequence).

이 치료방식은 치료법 이름에서 나타나듯이 환자의 상태를 개선하기 위해 고안된 일련의 행동적 개입을 사용한다. 근육 이완을 통해 신체를 진정시키는 방법은 CBT에서 여러 해 동안 사용한 근본적인 기법이었고 지금까지도 사용하고 있다. 비록 최근에는 이러한 요소들의 중요성을 과소평가하는 경향이 있지만 그러한 기법들은 여전히 치료자들이 사용하는 기본적인 도구들이다. CBT의 제3세대에 접어들면서 이러한 방식을 고수하려는 경향은 다소 감소했다. 그러나 수용전념치료Acceptance and Commitment Therapy와 마음챙김mindfulness접근에서는 궁극적으로 호흡과 바디스캔bodyscan 모두를 강조한다.

CBT를 간략하게나마 설명한 것은 기법 진영의 본질을 강조하기 위함이다. 이제 원격으로 상담을 하고자 할 때 이러한 기법들을 온라인으로 변환하는 것이 가능한지 그리고 가능하다면 어떻게 할 수 있는지에 대한 질문을 하게 된다.

기법 진영은 고전적인 CBT를 넘어 다른 많은 접근법을 포함한다는 것을 기억해야 한다. 여기에는 DBT[1]와 같은 행동적 접근뿐 아니라 수용전념[참여]치료Acceptance and Commitment Therapy(ACT)와 같은 방식도 포함된다.

관계 진영

관계 진영의 지지자들은 치료적 관계를 목표하는 변화를 촉진하는 중요한 치료 요인으로 간주한다. 이 진영은 정신적 문제의 기원과 발달에 관

---

1   변증행동치료Dialectical Behavior Therapy: 변증법적 행동치료, 변증법행동치료, 다이어렉티컬 행동치료 등으로도 번역하고 있다.

한 일련의 가설들을 가지고 있는데, 특히 생애 초기 인물의 중요성에 초점을 맞춘다. 어느 개인의 생애 초기 인물들은 그 개인의 세계관을 형성하는 중요한 인물이 된다. 개인이 어린 시절에 겪는 중요한 경험들이 성인이 된 이후의 삶의 모습을 형성한다고 가정하는 것이다. 이러한 접근 방식은 신생아가 부모와의 관계를 발전시키면서 반드시 겪게 되는 과정에 대한 프로이트Freud 학파의 사고와 가설로부터 비롯되는 것으로 이해되고 있다. 이 진영은 해를 거듭하며 진화해오면서 이제는 애착 과정들, 즉 아이가 부모와 안정적인 애착 패턴을 경험하는 정도를 매우 중요한 것으로 강조한다.

따라서 관계 진영은 과거에 맺은 관계가 현재 겪는 심리적인 문제의 근원이라고 가정한다. 그러므로 관계를 재구성하고 치료사와의 새로운 관계를 통해 문제를 교정하는 것이 치료의 중심 요소이다. 이 가정을 바탕으로 하여 환자와 치료자 사이의 관계 특성을 탐구하는 치료적 접근법이 개발되었다. 이것은 전이 개념, 즉 환자가 과거의 중요한 인물과의 경험에 기초하여 현재 치료자와 관계를 맺는다는 것과 같은 개념을 설명하는 데 도움이 된다.

정신역동 전문가들은 한때 "환자가 가진 문제의 근원을 발견하기" 위해 관계를 해석하는 데 많은 중점을 두었는데, 최근 몇 년 사이에는 치료자와 환자의 관계를 그 자체로 치료적이라고 인식하는 경향이 증가하고 있다.

관계 진영이 자주 활용하는 중요한 개념으로는 "안아주기holding"와 "담아주기containing"가 있다. 비록 이 용어들이 서로 다른 의미를 가지고 있지만, 둘 다 관계 안에서 지지하고 수용하는 것의 중요성을 내포한다. 따라서 관계 진영은 안아주기와 담아주기가 인터넷을 통한 의사소통 및 비인격적인 모니터 화면을 통해 전달될 수 있는지에 대한 질문에 집중할 것이다.

두 진영의 인터넷 사용 방식

양 진영이 채택해온 인터넷 기반 치료에 대한 접근 방식이 서로 다르다고 해서 놀랄 일은 아니다. 각 진영은 인터넷 기반 치료의 발달에 서로 매우 다른 접근 방식을 취해왔기 때문이다. 인터넷을 이용하는 심리치료에 대한 중요한 연구 간행물들을 살펴보면 각 진영은 원격 치료와 관련된 주제들에 대해 상대 진영과는 일치하지 않는 독자적인 접근법을 개발해왔다.

때때로 치료 과정을 컴퓨터와 통신의 세계로부터 분리하려고 시도하는 관계 진영보다는 기법 진영이 기술을 더 많이 사용할 가능성이 높기 때문에 기법 진영이 먼저 원격 개입의 적용을 상담에 구현하고 문서화할 것으로 예상했을 수도 있다. 그러나 놀랍게도 원격 치료법에 대해 먼저 저술한 것은 관계 진영의 인물이었다. 하나의 일화로서 프로이트는 환자와 가끔 편지를 교환하였는데, 이것을 원격 치료의 시초로 볼 수 있겠다.

정신역동의 세계에서는 항상 환경을 중요하게 생각한다. 카우치에 누워 있는 것과 치료자를 마주보고 대면하는 것이 동일한 치료방식인지 여부를 의제로 하는 연구가 수백 건이나 저술될 만큼 치료환경은 중요한 주제이다(Grotstein, 1995 참조). 다시 말해, 면대면 상호작용의 중요성은 아주 오랫동안 연구되어온 주제이다.

아마도 처음으로 관계 진영에서 원격 치료 주제를 직접 다룬 것은 치료사들에게 전화기가 처음 소개된 시점이었을 것이다. 치료사들은 환자가 출장 중에 치료실을 방문할 수 없을 때 어떻게 치료를 계속해야 하는지에 대한 문제를 다루기 시작했다(Saul, 1951 참조). 당시 치료사들은 치료 회기를 일주일에 4~5회 정도 진행해야 한다고 믿었기 때문에 이것은 중요한 문제였다. 환자를 직접 대면하지 않고 전화로 회기가 진행되는 것과 환자가 카우치에 누워 치료자와 눈을 마주치지 않는 것이 크게 다르지 않다고 여겨졌기 때문에 정신분석가들에게 전화기 사용이 받아들여졌을 것이다.

그러나 전화를 사용한 정신분석 방식에 대한 반대도 상당했다. 예를 들어 아르젠티에리Argentieri와 멜러Mehler(2003)는 이런 방식은 합당한 정신분석으로 볼 수 없고 그저 "보조적 치료일 뿐"이라는 보수적-전통적 입장을 대변했다. 어쨌든 중국처럼 먼 나라에 있는 치료자들에게도 정신분석을 가르치고 훈련해야 할 필요성이 있었기 때문에 이 진영의 구성원들은 "규칙을 어기고" 감히 수퍼비전을 원격으로 진행하였다. 나중에는 정신분석을 공부하려는 학생들을 대상으로 하는 원격 정신분석까지도 수행하게 되었다. 또 다른 기술의 발달에는 시각영상적 이미지를 확실하게 개선한 스카이프Skype 소프트웨어의 도입이 있었다. 여기에는 더 뛰어난 화질을 가능하게 하고 따라서 더 나은 품질의 통신을 가능하게 하는 인터넷의 속도 증가가 뒷받침했다. 원격 치료로의 전환은 관계 진영을 특징짓는 근본 이론과 원리에 대한 명백한 도전이 되었고, 따라서 인터넷을 통한 원격 치료의 정당성과 원격 진료 선택 가능성에 대한 방대한 문헌과 논의는 필연적인 것이었다. 이 주제에 관하여 이미 꽤 많은 연구물이 저술되었다. 저서에는 『원격 정신분석Distance Psychoanalysis』(Calino, 2011), 『스크린을 통한 관계Screen Relations』(Russell, 2015), 『디지털 시대의 카우치The Digital Age on the

Couch』(Lemma, 2017) 등이 있고, 저널에는 『정신분석의 조망Psychoanalysis Perspectives』(특별호, 2017) 등이 있다. 이 주제에 대한 가장 인상적인 작업은 의심할 여지없이 2013년부터 2018년 사이에 출판된 네 권의 저서 시리즈인 『온라인 심리치료Psychotherapy Online』(Scharff, 2013, 2015, 2016, 2018)이다. 각 권은 원격 치료의 중요성과 그것이 치료적 관계에 어떤 영향을 미치는지에 대한 흥미로운 논의로 이루어져 있다.

관계 진영에서 수많은 저술과 연구를 수행하였음에도 불구하고 이 주제에 대한 양적 연구는 많이 이루어지지 않았다. 원격 치료에 대한 정신분석가들의 태도에 대한 질적 분석과 연구도 여전히 부족하다.

기법 진영은 인터넷 사용이 제공하는 가능성들을 무시하지 않는다. 면대면 치료를 위해 개발된 기법들을 온라인 심리치료에 활용할 때 그것이 치료자와 환자의 관계에 방해가 될 수 있다는 점을 크게 문제 삼지 않는다. 이들은 온라인 치료에 무엇을 어떻게 활용할 것인지에 대해 초점을 맞춘다. 예를 들어, 앨버트 엘리스Albert Ellis는 데릭−펄럼보Derrig-Palumbo와 자인Zeine의 저서 『온라인 심리상담Online Therapy: A Therapist's Guide to Expanding Your Practice』(2005)의 서문에 다음과 같이 썼다. "심리치료에서 하나의 신화에 불과한 것이 있는데 …… 내담자와 관계를 잘 형성하기 위하여 뛰어나게 공감하고 지지하고 수용해야만 한다는 것, 그리고 그들을 반드시 면대면으로 만나야 한다는 것이다. 이러한 주장은 넌센스다!"(xi)

그러므로 이 분야에서 수행된 많은 작업들이 얼굴을 마주보는 화상회의face to face video meetings에 대한 것이라기보다는 오히려 CBT 기법을 인터넷용으로 전환하는 것에 초점을 맞추고 있다는 것은 놀라운 일이 아니다.

사실 기법 진영의 주요 초점은 인터넷을 사용함으로써 그들이 입증한 치료 방법을 더 널리 보급하는 길을 찾는 것이라고 말할 수 있을 것이다.

버락Barak, 클라인Klein과 프라우드풋Proudfoot(2009)은 온라인 심리치료의 주요 영역들을 구별하여 목록화하였다. 버락이 제시한 온라인 치료 목록에서 화상만남videoconferencing 방식은 그저 하나의 예시일 뿐이고, 일반적인 온라인 치료 방식에는 속하지 않는다. 어쨌든, 기법 진영 덕분에 짧은 기간 동안 인터넷 기반 치료의 다양한 측면에 대한 수백 개의 연구가 수행되었다는 점은 매우 주목할 만한 것이다. 이 분야의 주요 저널인『인터넷 치료개입Internet Interventions』의 편집자인 게라드 안데숀Gerharrd Andersson은 단 몇 년 동안 이 분야에서 200개 이상의 무작위 대조 연구가 진행되었다고 밝혔다(Andersson, 2018).

이 책이 취하고 있는 접근 방식

이 책의 편집자들은 많은 길이 로마로 이어지는 것처럼 많은 심리치료 기법들이 개인의 안녕에 기여할 수 있다고 믿는다. 그러나 우리는 타인으로부터 치료를 제공받는 것과 컴퓨터 기반 자조 프로그램을 사용하는 것은 서로 완전히 다른 것이라고 믿는다. 따라서 우리의 접근 방식은 기법 진영의 원리와 관계 진영의 원리를 통합하는 새롭고 흥미로운 방법을 모색하는 것이다.

최근 몇 년 동안 "혼합개입blended interventions"이라고 부르는 보다 복합적인 모델들이 대두되었다. 이는 면대면 상호작용과 컴퓨터 기반 자조 프로그램을 통합한 치료 방식이다(Fitzpatrick et al., 2018). 때로는 환자와 치료자가 같은 치료실에서 직접 대면하여 만나기도 하지만 원칙적으로 환자는 온라인으로만 치료자를 볼 수 있다. 치료자는 환자에게 행동인지 기법을 훈련할 수 있는 사이트를 소개할 수 있으며, 일단 환자가 이를 연습한 후에 다시 치료자와 화상으로 만나서 진행하는 치료회기로 복귀할 수 있다.

우리 두 저자는 모두 분석적 접근 방식의 전문가들이지만 각각은 심리치료를 보다 효과적으로 만들기 위해 기법을 확장하는 독특한 방법을 모색하였다. 예를 들어 하임 와인버그는 영상이나 음성을 사용하지 않는 방식으로 인터넷을 활용하는 여러 집단 개입 방식에 대해 연구하였다. 아넌 롤닉은 CBT나 바이오피드백biofeedback에 기반을 둔 자조 기법을 내담자가 스스로 연습할 수 있도록 하는 프로그램을 개발했다. 이렇게 우리는 화상 만남 이외의 대안적 방법들을 먼저 탐색하였다. 우리는 대인관계적 만남이 없는 개입 방식이 면대면 개입과 마찬가지로 효과적이라는 증거에도 불구하고(Andersson, 2018) 이것이 완전히 다른 차원의 경험을 하게 하는, 전혀 다른 유형의 개입 방식이라는 점을 강조하고 싶다. 우리가 비록 이러한 방식의 훈련에서 기술이 차지하는 비중이 커지고 있다고 강력하게 강조하고 있지만, 같은 공간이나 영상을 통해 서로를 보며 만남을 갖는 것은 컴퓨터를 기반으로 혼자 연습하는 것과는 다른 중요한 특성을 가지고 있다고 확신한다. 한편으로 우리는 기법적 측면과 관계적 측면을 분리해서 생각할 필요가 없다고 제안한다. 효과적 치료는 때로는 효과성이 입증된 구조화된 개입에 의해 얻을 수도 있고 또 치료자와 환자의 관계를 치료의 중심 요소로 발전시킴으로써 얻을 수도 있다고 믿는다.

요컨대, 많은 연구들이 인간의 개입을 수반하지 않는 소프트웨어가 효과적이고 심지어 치료동맹을 맺을 수도 있다는 것을 보여주고 있다. 이것이 가능성을 가진 새로운 형태의 개입 방식이라고 믿는다. 그러나 둘 이상의 사람이 관련되는 경우, 즉 부부나 가족 치료, 집단 치료, 또는 기업 상담에서는 어떠한 개인적인 만남도 없이 진행되는 컴퓨터 치료가 효과적일 수 있다고 생각하기는 어렵다.

목욕물 버리다 아기까지 버리지 말라[2]: 비디오 기반 소통을 재고하기

셰리 터클Sherry Turkle은 1980년대 초 온라인 상호작용을 연구한 최초의 연구자 중 한 명이다. 연구 초반에는 컴퓨터가 우리 삶 속에서 수행하는 역할에 매우 열정적인 관심을 두었다. 터클은 온라인 속 세상을 사람들이 일상에서는 잘 드러내지 않는 속내를 쉽게 드러내는 공간으로 보았다(『스크린 위의 삶』, 1995 참조). 그러나 기술이 발전함에 따라 온라인에서의 상호작용이 사람 간의 의사소통에 미칠 수 있는 위험성을 발견하고 흥미를 잃게 되었다(『외로워지는 사람들』, 2012 참조).

이 장의 서두에 제시된 공상과학 장면들을 떠올려보라.『벌거벗은 태양』

---

2   목욕물 버리다 아기까지 버리지 말라Don't throw out the baby with the bathwater: 영어 속담으로 '빈대 잡다 초가삼간 태우지 말라'는 우리말 속담과 비슷한 뜻이다. (역주)

에서처럼 사람이 더 이상 다른 사람을 직접 만나지 않거나, 영화『그녀』에서처럼 로봇이나 컴퓨터 운영체제와의 애정 관계를 추구할 가능성은 심리치료자나 심리상담자에게는 경종을 울리는 일이다.

터클은 저서『대화를 잃어버린 사람들』(2015)에서 사람들이 대화나 만남보다 문자 메시지를 보내는 것을 얼마나 더 좋아하는지에 대해 이야기한다. 우리는 이러한 관찰과 함께 상호소통conversation을 재개하라는 그녀의 권고에 동의한다. 또한 그녀가 기법 진영에 보내는, "사람과 기계는 상호 교환interchangeable될 수 없다"는 메시지에 동의한다. 터클은 로봇과 인간의 상호작용에 대한 방대한 연구를 수행했으며 타인과의 감정적 상호작용을 로봇이 대체할 수 있다는 가능성을 우리에게 경고해 왔다.

앞에서 언급했듯이, 우리는 기법 진영이 컴퓨터나 로봇이 "심리치료"를 제공하는 내용의 영화『그녀』에 묘사된 것과 같은 상황으로 우리를 이끌 수도 있다는 터클의 의견에 동의하는 편이다. 그러나 터클과 달리 우리는 '목욕물 버리다 아기까지 버리지 말라'고 제안하고 싶다. 소중한 것을 놓쳐서는 안 된다. 우리는 사람과 사람의 상호작용과 애플리케이션을 활용한 개별 자조훈련을 모두 포함하는 병용개입 또는 혼합개입이 인간의 고통을 줄이는 통합적이고 강력한 수단이 될 수 있다고 믿는다.

그러나 터클은 온라인 및 영상 기반 심리치료의 모든 형태에 반대하는 매우 극단적인 입장을 취하고 있다. 그녀는 심리치료자들이 오늘날의 디지털 문화에 맞서 신체적 현존의 가치를 수호하는 결정적 역할을 해야 한다고 주장한다. 터클은 심리치료 저널『정신분석의 조망Psychoanalytic Perspectives』(2017)과의 인터뷰에서 "분석가들은 화면을 통한 관계가 치료 작업에 어떤 영향을 미칠지에 대해 연구하고 있지만, 나는 온라인 심리상담이 심리치료의 본질을 바꿀 수 있을 만큼 그렇게 대단하다고 생각하지 않는다."고 말했다.

여기에서 터클의 관점과 자연으로 돌아가자는 장자크 루소Jean-Jacques Rousseau의 관점을 비교하지 않을 수 없다. 루소는 인류가 자연 상태에서 벗어날수록 더 나빠질 것이라고 믿었다. 인간은 선천적으로 자유롭고 지혜롭고 선하기 때문에 문명이라는 부자연스러운 한계에 의해 왜곡되지 않을 때, 인간의 본능과 감정은 좋은 삶을 살기 위한 자연의 목소리이자 안내라고 가르쳤다.

이 책은 이와는 다른 관점을 취한다. 루 아고스타Lou Agosta가 이 책의 제 3장에서 쓴 바와 같이 "온라인 소통이라는 지니Genie[3]는 이미 호리병 밖으로 나왔다. 시계를 과거로 되돌리는 것은 불가능하다. 미래는 이미 온라인과 오프라인의 전이를 해석하고 관리할 수 있는 자의 것이다."라는 관점을 취한다. 아고스타는 이미 공감에 대한 저서를 몇 권 집필한 바 있는데(Agosta, 2010; 2018 참조), 공감이 인터넷을 통해 전달될 수 있는지에 대한 주제를 다루었다. 그는 공감을 형성하는 것들이 무엇인지 분석하였고 화상 회기에서도 공감 과정을 촉진할 수 있다고 주장한다.

그리하여 제1부에서는 터클의 주장을 다시 살펴보겠다. 우리는 사람의 소통에 있어서 얼굴이 지닌 역할의 중요성에 초점을 맞춘 포지스Porges(2011)의 입장을 채택하였다. 그는 다미주신경 이론polyvagal theory에서 인간은 표

---

3   지니Genie는 아랍 종교에서 '영귀'적 존재로서 『아라비안 나이트』에도 등장한다. (위키백과 참조)

정과 억양으로 서로를 조절한다고 지적하였다. 온라인 상담의 독특한 특징 중 하나는 실제 대면 상담에서 보는 것보다 화면으로 보는 상담자와 내담자의 얼굴이 더 선명하고 더 크게 보인다는 점이다. 스카이프를 15년 이상 사용한 경험을 통해 이전에 치료실에서 직접 내담자를 보던 것보다 화상 회기에서 화면을 통해 얼굴 감정 반응을 훨씬 더 선명하게 볼 수 있다는 것을 알게 되었다.

옥든Ogden과 골드스틴Goldstein은 신체 지향적인 정신치료를 주로 하는 치료자들인데, 제4장에서 이 부분에 대해 저술하였다. 그들은 환자의 움직임, 몸짓과 자세와 관련된 주제를 포함하여 우리의 조망을 확장시켜주고 있다.

> 치료자와 내담자가 함께하는 치료적 여정의 효과는 언어적인 서사뿐만이 아니라 신체적인 서사 —자세, 움직임, 표정이 전하는 이야기— 에도 신중하게 주의를 기울임으로써 증대될 수 있다. 화상만남은 몸의 지혜를 개척하기 위해 이번 장에서 탐색한 창조적인 적용 방법들을 사용하여 효과적으로 활용될 수 있다. 그리고 내담자에게 과거의 상처를 치유하고 새로운 능력을 개발하는 소중한 수단이 될 수 있다.(이 책의 제4장)

제4장에서는 어떻게 관계 진영이 기법 진영과 통합될 수 있는지에 대한 훌륭한 사례를 제시할 것이다. 감각운동심리치료는 관계 진영과 더 관련이 깊지만, 그들의 실용적인 제안점들은 심리치료에서 다양한 기법을 사용하는 좋은 예를 보여준다.

개릿 아틀라스Galit Atlas 및 고故 루이스 애런Lewis Aron과의 인터뷰(이 책의

제2장)에서 정신분석가들이 아무런 거리낌 없이 원거리 치료에 대해 논하는 모습을 볼 수 있다. 이들은 자유롭고 현대적인 관점에서 오랜 경력에서 비롯된 분석적 사고를 발휘하는 능력을 보여주었다. 애런은 심리치료에서 관계이론 운동의 주도적인 지지자로 평가되며 정신분석학의 역사에 관한 저술활동을 많이 하였다. 그는 온라인 심리치료를 분명하게 지지한다. 아틀라스는 심리치료에서의 섹슈얼리티sexuality에 관한 저술(2017)을 많이 하였는데, 원격 심리치료에서 신체가 명백히 부재한다는 사실 때문에 "겁먹지"는 않는다고 하였다. 애런은 근대에 그가 진행했던 교육 및 수퍼비전 활동의 많은 부분이 원격으로 이루어지고 있다는 점을 밝혔다.

관계 진영과 기법 진영 모두 온라인 수퍼비전을 수행한다. 페닝턴Pennington, 패튼Patton, 캐터파이어Katafiasz는 심리치료에서의 사이버 수퍼비전에 대해 저술하였다(제6장). 그들은 독자들이 전문적인 가이드라인, 연구, 이론의 맥락 안에서 사이버 수퍼비전의 개념에 어떻게 접근할 수 있는지를 생각해보도록 격려하였다.

가일리 에이거Gily Agar가 저술한 제5장에서는 온라인 치료의 이점에 대한 신선한 관점이 제시되고 있다. 에이거는 온라인 치료에 꽤 많은 장점이 있다고 하였다. 그녀는 「클리닉이 온라인보다 유리한 건 없다」에서 원격 심리치료에 존재할 가능성이 더 높은 전이의 몇 가지 중요한 측면에 대해 설명하고 있다.

아이작 아시모프로 돌아가보자. 그는 화상만남의 기술이 우리를 보다 덜 인간적이고 덜 친밀하게 만들 것이라고 예측했다. 이 책, 특히 이 장의 목표는 기술이 우리의 인간성을 훼손하지 않도록 하는 방법을 찾아내는 것이다. 셰리 터클을 인용해서 말하자면 우리는 대화를 되찾고 심리치료의 확산을 증진시키기 위해 영상을 통한 상호작용의 방법을 모색하는 것이다. 제1부의 마지막 장에서는 실제적인 고려사항들을 기술하였다. 이는 우리가 심리치료에서 기대하는 인문학적 요소가 영상을 통한 상호작용에서도 유지되도록 보장하는 것을 목적으로 한다.

참고문헌

Agosta, L. (2010). *Empathy in the Context of Philosophy*. London: Palgrave Macmillan.

Agosta, L. (2018). *Empathy Lessons*. Chicago: Two Pears Press.

Andersson (2018). Internet interventions: Past, present and future. *Internet Interventions 12*: 181–188.

Argentieri, S., & Mehler, J.A. (2003). Telephone 'analysis': 'Hello, who's speaking?' *Insight 12*: 17–19.

Asimov, I. (1991). *The Naked Sun*. New York, Toronto, London, Sydney, Auckland: Bantam Books. 정태원 역. 『벌거벗은 태양』 고려원미디어. 1992.

Atlas, G. (2017). *The Enigma of Desire: Sex, Longing, and Belonging in Psychoanalysis*. New York: Routledge.

Barak, A., Klein, B., & Proudfoot, J.G. (2009). Defining internet-supported therapeutic interventions. *Annals of Behavioral Medicine 38*: 4–17.

Carlino, R. (2011). *Distance Psychoanalysis*. Karnac Books. London.

Debrig-Palumbo, K., & Zeine, F. (2005). *Online Therapy: A Therapeutic Guide to Expanding Your Practice*. New York: Norton.

Grotstein, J.D. (1995). A reassessment of the couch in psychoanalysis. *Psychoanalytic Inquiry: A Topical Journal for Mental Health Professionals*, 15(3): 396–405.

Her (2013). Jonze, S., director [Film]. 『그녀』 스파이크 존스 감독의 영화. 2013.

Fitzpatrick, M., Nedeljkovic, M., Abbott, J.-A., Kyrios, M., & Moulding, R. (2018) "Blended" therapy: The development and pilot evaluation of an internet facilitated cognitive behavioral intervention to supplement face-to-face therapy for hoarding disorder. *Internet Interventions 12*: 16–25.

Lemma, A. (2017). *The Digital Age on the Couch*. New York: Routledge.

Omer, H. and London, P. (1988). Metamorphosis in psychotherapy: End of the systems era. *Psychotherapy: Theory, Research, Practice, Training 25*(2): 171–180.

Porges, S.W. (2011). *The Polyvagal Theory: Neurophysiological Foundations of Emotions, Attachment, Communication, and Self-regulation*. New York: W.W. Norton.

Russell, G.I. (2015). *Screen Relations*. London: Karnac.

Saul, L.J. (1951). A note on the telephone as a technical aid. *Psychoanalytic Quarterly*, 20: 287–290.

Scharff (2013). *Psychoanalysis Online*. London: Karnac.

Scharff (2015). *Psychoanalysis Online 2*. London: Karnac.

Scharff (2017). *Psychoanalysis Online 3*. London: Karnac.

Scharff (2018). *Psychoanalysis Online 4*. London: Routledge.

Turkle, S. (1995). *Life on the Screen: Identity in the Age of the Internet*. New York: Simon & Schuster.

Turkle, S. (2012). *Alone Together: Why We Expect More from Technology and Less From Each Other*. New York: Basic Books. 이은주 역.『외로워지는 사람들: 테크놀로지가 인간관계를 조정한다』청림출판. 2012.

Turkle, S. (2016). *Reclaiming Conversation: The Power of Talk in a Digital Age*. New York: Penguin Books. 황소연 역.『대화를 잃어버린 사람들: 온라인 시대에 혁신적 마인드를 기르는 대화의 힘』민음사. 2018.

2 루이스 애런 및 개릿 아틀라스와의 인터뷰

아넌 롤닉Arnon Rolnick

G = 개릿 아틀라스Galit Atlas
L = 루이스 애런Lewis Aron
H = 하임 와인버그Haim Weinberg
A = 아넌 롤닉Arnon Rolnick

H   제가 첫 질문을 시작하겠습니다. 우리가 온라인 상담의 효과성을 인
     정한다면… 온라인 상담의 효과가 일반 상담의 효과와 비슷한 것으로
     보이는데, 그렇다면 이 점에 대해 우리는 어떻게 설명할 수 있을까요?
     신체는 인간에게 매우 중요한 것인데, 신체가 없는 상담이 효과적이
     라는 것을 어떻게 설명할 수 있을까요?

G   저는 이렇게 말씀드리고 싶습니다. 온라인 상담에서도 신체는 존재
     합니다. 양상이 좀 다르고, 형식도 좀 다르겠지만 분명히 말씀드릴 수
     있습니다. 방금 하신 말씀을 들으니 어떤 이야기가 떠오르는데요, 제
     가 스카이프skype로 진행하던 상담이었습니다. 그 여성 내담자는 우루
     과이 사람이었고 저는 뉴욕에 있었습니다. 어느 순간 그분의 개가 갑
     자기 짖었습니다. 그러자 그분이 일어나 걸어 나갔고요, 제 눈에 그분

의 생식기vagina가 보였습니다. 그분은 하의를 완전히 벗고 있었던 거죠. 말하자면, 온라인 상담에 신체가 존재하지 않는다는 것은 정확한 표현이 아닙니다. [웃음]

L 저는 온라인 상담이나 분석치료 경험이 많지는 않습니다만, 온라인 스터디 그룹을 많이 운영하고 있습니다. 제가 진행하는 스터디 그룹 모임의 1/3은 온라인으로 진행하고 있어요. 저는 스터디 그룹을 온라인으로 진행하는 것을 무척 좋아합니다. 항상 줌Zoom을 사용하고 있고요. 이에 대한 제 경험은 이렇습니다. 줌을 통한 스터디 그룹 모임에서도 대면해서 진행할 때와 마찬가지로 절대적인 친밀함과 연결감을 느낍니다. 때로는 온라인으로 진행할 때 더 많이 느끼기도 한다는 것을 말씀드리지 않을 수가 없네요. 왜냐면 저는 모든 구성원의 얼굴을 바로 제 눈앞에서 보고 있는 것 같이 느끼거든요.

A 수퍼비전에 대해서는 어떻게 생각하세요?

L 수퍼비전을 많이 하고 있지는 않아요. 그런데 만약 선생님께서 주로 카우치에 누워 있는 내담자를 보아왔다면 그분의 얼굴을 볼 기회는 별로 없었을 테지요. 그리고 매우 제한적인 앵글에서만 카우치에 누워 있는 내담자의 신체를 볼 수 있었을 것입니다. 그런데 스카이프나 줌을 통한 작업으로 전환하면 내담자의 신체를 치료실에서 보던 것보다 더 많이 볼 수도 있습니다. 카우치에 눕는 방식이 아닌 대면 상담을 하고 있다 해도 마찬가지예요. 지금처럼 우리가 서로 온라인으로 바라볼 때 저는 두 분의 얼굴을 매우 또렷하게 볼 수 있어요. 만약 두 분이 제 치료실에 있었다면 주변에 이런저런 물건들도 놓여 있었겠죠. 여기에서 저는 두 분의 얼굴과 상반신 정도만 볼 수 있어요. 화면에 떠 있

네요. 사실 저는 온라인으로 치료 작업을 할 때 컴퓨터에서 조금 떨어져서 의자에 등을 기대고 앉아요. 왜냐면 화면에 가득한 그들의 얼굴 속에 파묻히고 싶지 않거든요. 아무튼 온라인 심리상담에 신체적 요소가 없다는 건 사실과 달라요. 그리고 저도 개릿 선생님과 비슷한 내담자 이야기가 하나 있어요. 금융업에 종사하는 여행을 많이 하는 어느 남성분이었어요. 그분은 상담 시간을 지키기 위해 현지 시간으로 새벽 1시 또는 새벽 3~4시에 전화하기도 했어요. 저와의 약속 시간을 맞추려고 그렇게 일찍 일어나는 거였어요. 그분은 파자마나 티셔츠 같은 것을 입고 있기도 했고요, 침대에 앉아 있기도 했죠. 오직 상담시간 때문에 일어나셨던 것이죠. 저는 제가 원하는 것 이상으로 그분의 신체를 보게 되었었죠.

G 때로는 지나치게 가깝게 느껴지기도 하네요. 걱정되는 점이 있는데요, 어떤 상담자는 내담자에게 너무 많이 노출되는 점을 우려하기도 합니다. 우리만 내담자를 너무 가깝게 보는 것이 아니니까요. 우리가 그것을 얼마나 잘 통제할 수 있는지가 더 걱정스럽습니다. 그리고 온라인 상담을 할 때 우리가 자신의 모습을 화면에서 본다는 것도 생각할 점이에요.

A 맞아요. 그 부분에 대해 뭔가 말씀하고 싶으신가요? 우리가 우리의 모습을 보게 된다는 사실에 대해서요.

G 그것은 상당히 흥미로운 부분이에요. 저는 이전에는 그런 생각을 해본 적이 없었어요. 저는 가끔 내담자가 저를 보는 대신 본인을 바라보는 것을 알게 돼요. 그리고 제가 어떤 내담자하고는 그분들보다 제 자신을 더 많이 본다는 것도 알게 됐어요. 이 점에 대해 분석하고 이해할

필요가 있을 것 같아요.

L   그래요. 선생님께서 그 말씀을 시작하면서부터 저는 제 모습을 계속 보게 되네요.

G   알고 있어요. 머리카락을 다듬으셨죠? 그리고 알게 된 것이 더 있어요. 방금 대화할 때 우리가 어떻게 보이는지에 대해서 더 많은 알아차림이 있지 않았나요? 그렇죠?

H   맞아요. 진짜 그래요.

G   저는 화면에서 빠져 있는 것들을 놓치고 싶지 않아요. 어떤 것은 화면에 보이지 않는게 사실이에요. 이를테면 내담자가 속옷을 입지 않고 화면 앞에 앉아 있을 수도 있는데, 저는 그 사실을 전혀 몰라요. 그렇죠? 제 질문은요, 화면 속에 있는 게 뭐냐는 거예요. 저는 지금 여기에 휴대폰을 들고 앉아 있어요. 마침 누군가 저에게 문자를 보내오면 저는 그 문자를 살짝 확인할 수도 있는 거예요. 그렇죠? 제 생각엔 여기에서 대두되는 주제는 화면의 일부만 볼 수 있을 때 상담의 경계를 어떻게 유지하느냐는 점이에요.

L   이 점과 관련해서 휴대폰 사용에 대해 다시 생각하게 돼요. 저는 인터넷이 나타나기 이전부터 전화 상담을 했어요. 저는 스카이프나 줌을 통한 상담이 전화만 사용할 때보다 내담자에게 더 집중이 잘 된다는 것을 발견했어요. 전화는 오직 소리만 들을 수 있는데, 그러면 제 마음이 좀 더 흐트러지고 다른 데 신경을 쓰거나 나른 일을 하려는 유혹을 받아요. 줌으로 할 때는 더 집중하게 돼요.

G   맞아요.

A   그런데 궁금한 점이 있어요. 어쩌면 선생님은 마음이 잠깐 다른 데로

가는 걸 원하는 경우도 있을 거예요. 무슨 말인지 아시죠?

H   글쎄요. 저는 좀 다른 것 같아요. 루이스 선생님은 어떻게 생각하시나요? 저는 마음이 흐트러지는 것은 레브리[1] rêvrie하고는 다르다고 생각해요. 그저 산만해지는 거죠.

L   그래요.

A   저는요, 우리가 화면으로부터 조금 떨어져 앉는 것을 생각해봐야 할 것 같아요. 여러분은 저의 신체 부분을 더 많이 보게 되는 거죠. 개릿 선생님, 저는 선생님의 가슴부터 위로만 볼 수 있어요. 그 아래도 보고 싶네요. 좀 더 뒤로 물러앉는다면 기분이 어떠실까요? [아넌이 화면에서 멀리 움직임]

G   그런데요, 선생님이 뒤로 물러나 앉으니 저는 거슬리네요. 왜냐면 더 멀리 있는 것처럼 느껴져요. 다시 돌아와 앉으시길 부탁드려요. 몸은 더 많이 볼 수 있었는데, 얼굴은 덜 보이는 것 같았어요.

H   개릿 선생님이 중요한 것을 지적해주셨네요. 여기에서 중요한 주제는 화면에 보이는 환경을 치료실 환경 조건과 거의 동일한 수준으로 복사하고 싶은지 아닌지의 문제에요. 카우치에 눕는 것과 카메라를 머리 위에 설치하는 것에 대해서는 어떻게 생각하세요?

L   그것은 서로 다른 것이에요. 내담자를 바라보는 수단과 방식을 바꾼다고 해서 해결될 문제가 아닙니다. 내담자 머리 뒤를 카메라로 본다는 그 생각은 정말 이상하군요. 카메라로 내담자의 머리만 보는 것과

---

1   「시작하는 글」의 역주 1(p. 9) 참조. (역주)

치료실에 선생님과 내담자가 함께 있으면서 내담자가 카우치에 누워 있는 것을 보는 것은 서로 다른 것입니다. 선생님은 현장에서 무엇이 일어나고 있는지에 대한 전반적 이해와 관점과 맥락을 알고 계실 테니까요. 저는 이 두 가지 환경 방식은 서로 다르다고 생각해요. 이 점을 보다 확실하게 하는 것은 시간이 좀 걸릴 것 같고 실험도 필요할 것 같아요. 모든 가능성을 생각해야 할 것 같네요.

　조너선 슬래빈Jonathan Slavin이라고 아실지도 모르겠는데, 이분이 인터넷 작업을 많이 하시거든요. 저보다 경험이 많으셔서 저에게 알려 주셨는데, 내담자와 작업할 때 화면에서 조금 물러나 앉으라고 알려 줬어요. 그분은 헤드폰과 마이크를 사용하는데, 그 이유는 컴퓨터 내장 마이크에 가까이 대고 말하지 않기 위해서예요. 멀찍이 떨어져 앉기 위해 헤드폰과 마이크를 쓰는 거죠. 저는 그분 말씀이 옳다고 생각해요. 이렇게 하면 화면에 얼굴만 크게 나타나지 않게 되죠. 얼굴 말고는 보이는 게 없는 화면은 멀어지고 싶은 마음을 들게 하니까요. 머리와 머리를 맞대야 하는 것은 침입적으로 느낄 수도 있거든요. 뭐가 더 나은지 정답은 없겠지만요. 이 모든 게 옵션이 될 수 있어요. 치료실에 있는 내담자들은 어느 의자에 앉을지, 소파에 기댈지, 아니면 일어나 위치를 바꿀지를 선택할 수 있을 거예요. 이와 마찬가지로 줌이나 다른 새로운 기술을 사용할 때 어떤 사람은 약간 뒤로 가는 게 편하게 느껴지겠죠. 이것이 내담자들에게 무슨 의미를 지니는지를 우리가 앞으로 더 연구하고 조사하고 이해해야 할 주제가 되겠지요.

H　　더 논의할 필요가 있겠군요.

L　　그렇죠.

H 우리는 크고 작은 차이점들을 너무 쉽게 무시하곤 해요. 저는 그런 차이점들을 그냥 넘기지 말아야 한다고 생각해요. 개릿 선생님과 아넌 선생님이 방금 대화하신 것처럼 차이점들에 대해 논의해야죠. 만약 상대방이 치료자나 내담자였다면 우리는 그런 것들을 이야기하고 다루었을 거예요. 얼마나 가깝게 보이기를 원하는지 또는 내가 뒤로 물러나 앉아도 괜찮겠는지, 이런 식으로요.

G 저는 항상 말하려고 노력해요. 아시죠? 화면은 다르기 마련이니까요. 그렇죠? 저는 항상 내담자에게 물어봐요. 정확히 어디에 있는지, 주변을 저에게 보여주고 싶은지 아닌지에 대해서요. 왜냐면 온라인이지만 제가 그분들의 침실에 있기도 하고 어떤 때는 호텔에 있기도 하잖아요. 때로는 어떤 사람이 방으로 들어올 때도 있어요.

H 이것은 이야기해야 할 주제 같네요. 다른 사람들이 방으로 들어온다는 의미는 우리가 상담 환경을 전혀 통제할 수 없다는 것이죠. 이것이 온라인 상담에서의 가장 큰 차이점 중의 하나이겠어요.

G 맞아요.

H 여기에 대해 말씀 나누고 싶으신지 궁금한데요, 정신분석에서 치료 환경은 매우 중요하잖아요. 갑자기 우리는 원하는 대로 상담 환경을 만들 수 없게 됐어요. 왜냐면 다른 사람이 걸어 들어오니까요. 이 점에 대해 어떻게 생각하세요?

L 예전에 제가 내담자와 작업하던 때에 이 문제가 이슈였던 적이 있었습니다. 이 점에 대해 내담자와 이야기했었어요. 내담자가 업무 출장으로 멀리 떠났을 때 한 시간 정도 상담을 위한 시간을 낼 수 있다면 상담하기 위한 사적인 공간을 찾을 수 있겠는지에 대해서요. 그리고 찾아

낸 공간이 사생활 보호가 충분히 되는 곳일지에 대해서도요. 누가 대화를 엿들지 않을까 하는 염려에 대해서도요. 만약 호텔 방이 프라이버시가 보장되는 공간이라는게 확인된다면 좋겠지요. 하지만 대학생의 경우 이 문제는 좀 더 복잡합니다. 많은 대학생들이 고향에 있는 상담자들과 이야기를 나눈 경험이 있을 거잖아요? 그들은 고등학교 때나 대학 입학 이전에 상담을 시작했을 거예요. 그리고 대학에 간 다음에도 기존에 상담했던 상담자와 상담을 지속하기를 바랍니다. 하지만 지금 그들은 기숙사에 있고 룸메이트도 있을 거예요. 룸메이트가 방으로 들어오지 않을 시간에 맞춰 전화할 수 있는지, 룸메이트가 치료 작업에 도움을 줄 수 있는지 그들이 어떻게 확신할 수 있을까요? 왜냐하면 언제 줌에 연결할 것인지는 그 룸메이트와 상의해야 할 문제이니까요. 이런 것들이 실제로 항상 떠오르는 문제들이었습니다.

G 우리는 옛날 방식으로 되돌아갈 수는 없을 거예요. 못 돌아가요. 특히 젊은 세대는요. 20대나 30대들은 스카이프나 줌을 어디서든 사용하거든요. 만남이나 업무회의 목적으로 온라인에 접속합니다. 온라인 데이트도 합니다. 온라인에서 성관계도 맺어요. 그들은 모든 것을 온라인에서 합니다. 자기 자신을 보는 것까지도 포함해서요. 이것은 새로운 방식이 되어버렸어요. 아시다시피 생각지도 못했던 어떤 것이 이미 되어버렸습니다.

H 제 생각은요, 우리가 치료실의 환경 조건을 똑같이 베끼고 싶은지, 뉴미디어라는 것을 얼마나 이해하고 싶은지의 문제로 되돌아가는 것 같습니다. 우리는 이것을 다른 방식으로 받아들일 필요가 있습니다. 마치 똑같은 것인 양 생각하지 말아야 할 것 같아요.

G   그래요.

L   아시겠지만, 돌이켜보면, 우리가 수행한 일들 가운데 많은 것들이 역사적 우연에 의한 경우가 많습니다. 프로이트 시절 신경과 의사들은 특정한 방식으로 치료실을 운영했습니다. 그들은 특정한 방식의 수익 모델을 가지고 생계를 꾸렸습니다. 프로이트가 말하기를, 치료실을 꾸민 방식, 비용을 부과하는 방식, 치료 수칙을 수립한 방식은 모두 그가 비엔나에서 훈련받던 시절에 가정교사나 음악교사들이 하던 방식을 따른 것이라고 했어요. 그 당시 비엔나에서 이루어지는 규범을 그냥 따른 것이죠. 그리고 우리는 여전히 그 방식이 마치 거룩한 의례인 것처럼 따르고 있습니다. 세상은 변했는데도요. 그렇다고 해서 지금 당장 새로운 규범을 만들자는 것은 아닙니다. 그리고 제 느낌상 정책들이 어떻게 될 것인가를 파악하는 것조차도 시기상조 같아요.

우리는 아직 충분하게 경험하지 못했어요. 그리고 우리는 교육자로서 사람들을 격려하면 좋겠습니다. 한쪽으로 치우쳐진 채 그대로 있지 말고 더 많은 실험을 하라고요. 훈련생들은 훈련 받는 동안 이런 것들에 대해 쉽게 말을 꺼낼 수 없습니다. 훈련자에게 합당한 것으로 여겨지지 않기 때문에요. 수련 세미나에서도 말할 수 없고 수련감독에게도 말하지 못합니다. 이것이 온전하게 옳은 방식으로 여겨지지 않으니까요. 나는 오히려 수련생들이 분석 훈련을 받는 동안 이런 자료들을 가져와서 수퍼바이저와 함께, 동료와 함께 비교해보는 기회를 가지라고 격려합니다. 온라인으로 내담자와 작업할 때의 느낌이 어떤지, 내담자가 치료실로 왔을 때는 느낌이 어떤지, 내담자와 함께 산책하는 느낌은 어떤지, 이런 것들을 훈련 안으로 가져오라고요. 바깥에만 두지 말고요. 만약 이런 것들을 바깥에만 둔다면, 그리고 그것이 규칙을 어기는 것이라면, 우리는 그것에 대해 작업하고 배울 기회를 결코 가질 수 없을 테니까요. 우리 스스로 자신이 이런 것들에 대해 어떻게 느끼는가를 탐색하는 기회도 없을 테고요. 우리 중 일부에게는 이 방식이 좋지 않은게 될 수도 있을 겁니다. 또 다른 일부에게는 아주 훌륭한 작업 방식이 될 수도 있을 것이고요.

H 괜찮다면 몇 가지 질문을 하고 싶습니다. 논의를 활발하게 만들기 위해 반대 입장을 말해 볼게요. 예를 들어, 온라인 치료에서는 내담자가 분석가를 실제로 파괴할 수 없다는 것을 아시죠? 위니코트Winnicott[2] 학파의 관점에서 생각한다면 이 문제에 대해 어떻게 말할 수 있을까요?

G 어째서 내담자가 분석가를 파괴할 수 없다고 생각하시는지요? 그들은 버튼 하나만 누르면 모든 것을 파괴할 수 있어요.

H 그것이 서로 똑같은 거라고 생각하시는 거예요? 목을 잡고 조르고 싶어 하는 것과 버튼을 누르는 것이 같다고요?

G 여러 방법들이 있을 거예요. 저는 그것이 완전히 똑같다고 생각합니다. 다른 형태이긴 하지만요. 당연히 내담자는 분석가를 파괴할 수 있습니다. 어쩌면 달라 보일지라도 결국 같은 거예요. 미치는 영향이 같고, 충격도 같으니까요. 다른 형태일 뿐이죠.

H 네, 좋습니다.

L 내담자들은 실제로도 치료실에서는 할 수 없는 일들을 온라인에서는

---

2 'Winnicott'는 국내에서 위니코트, 위니컷, 위니콧 등으로 소개되었는데, 영국인이었던 'Winnicott'의 발음은 '위니코트'가 가장 가깝다.

할 수 있습니다. 내담자가 구글Google에 접속해 검색하고 정보를 찾아 치료사의 사생활에 접근할 수 있어요. 내담자들은 모든 방식을 동원해서 파괴적인 것들을 충분히 할 수 있어요.

H 좋아요. 좋습니다. 그렇다면, 실제로 파괴적 충동이 가득한 느낌을 느끼기 위해 물리적 접촉이 필요한 것은 아니겠군요. 그렇다면 반대 입장은 어떻습니까?

L 선생님께서 일부러 악역을 맡아 반대 의견을 내는 것을 알고 있어요. 그런데 우리는 지금 매우 이분법적으로 논의를 진행하고 있어요. 일부는 직접 만나고 나머지는 온라인으로 만나는 방식으로 회기를 조성하는 게 아니라, 매번 온라인으로만 계속 만나는 것을 상정하고 이야기하고 있어요. 만약 누군가를 온라인으로 만난다면, 같은 양만큼 대면 접촉도 하는 것이 가치 있는 일이라고 분명하게 생각합니다. 그러니까 저는 이 주제를 완전히 대체적인 관점으로 바라볼 필요는 없다고 생각해요.

H 네, 감사합니다. 좋은 답변이네요. 저는 다시 악역을 계속하겠습니다. 내담자가 포옹을 원할 때 온라인에서는 불가능합니다. 온라인에서는 진짜 포옹과 같이 내담자가 원하는 것들을 얻지 못하지 않나요?

G 네, 그렇습니다만… 경우에 따라 다를 것 같습니다. 만약 포옹이라면 그것은 경계의 문제인데요, 제 내담자 중 한 분은 치료실을 나가면서, "이것을 포옹이라고 생각해주세요"라는 말을 했습니다. 제가 아주 좋아했었어요. 다시 한번 말씀드리자면, 그것은 경우에 따라 다릅니다. 포옹을 하는 것이 경계를 무너뜨리는 것일까요? 아니면 내담자를 위로하기 위해 환상을 활용하는 하나의 방식일까요? 온라인에서 우리

가 찾아볼 수 있는, 포옹을 대신할 만한 다른 방법은 무엇일까요? 저는 어떤 면에서 이것이 분석에서와 정확하게 일치하는 느낌을 받습니다. 만약 어떤 사람에게 포옹의 욕구가 있다면, 충족하는 방법을 찾을 것입니다. 우리는 그것을 보게 되겠지요. 포옹을 통해 충족할 수 없다면 다른 방식으로 요구를 충족할 것입니다. 그것은 그저 다른 양상일 뿐입니다.

L   그것이 정확하게 똑같다고 주장할 사람은 없을 것 같습니다. 차이점이 있을 것이고 어떤 때라도 장점과 단점이 있을 거예요. 그래서 저는 그것이 정확히 동일하다는 주장은 아니라고 생각합니다. 문제는 효과적인 수단이 되기 위해 필요한 것들을 어느 정도 얻을 수 있는가 하는 것이고, 어떤 것들은 실제로 상당히 다르게 보일 수도 있고 다르게 나타날 수도 있다는 것입니다.

H   네, 저도 같은 결론입니다. 조금 더 논의해보면 좋겠습니다. 성적 전이에 대해서는 어떻게 생각하십니까?

G   솔직하게 말씀드려서, 저는 그것이 모두에게 항상 맞는지에 대한 결론을 내리지 못했습니다. 제 개인적인 경험으로는 성적인 전이는 온라인에서 실제로 더 강렬해질 수 있는 것 같습니다.

H   흥미롭네요.

G   심지어 포르노도 마찬가지예요. 모든 종류의 성적 교환에 대해 생각해보면요, 그것이 개인적인 것만은 아니고 조금 객관화될 수 있습니다. 그리고 제 생각에는 실제로 어떤 사람들은 대면 상황에서 무언가를 억압할 수 있어요. 가끔은요. 특히 제가 대면해서 만나는 내담자와 온라인 내담자를 비교해볼 때 직접 대면하는 것보다 온라인의 경우에

좀 더 성적 전이가 많은 것 같아요. 신체가 부재한다는 것과 멀리 떨어져 있다는 것, 그리고 우리가 서로 만질 수 없다는 사실에 대해 말씀하신 내용을 다시 생각해보게 됩니다.

H   환상도 더 많이 작용하겠지요.

G   그리고 제 생각엔 더 안전할 것 같습니다. 그렇죠? 이것이 가장 기본인 것 같습니다. 성적인 주제가 나타날 때 조금 더 안전할 것 같습니다. 아무 일도 일어나지 않을 테니까요.

H   네, 좋습니다. 애런 선생님, 하실 말씀이 있으십니까?

A   네, 대인관계 신경생물학interpersonal neurobiology의 관점에서 생각한다면 모든 것은 몸을 통해 진행되고요, 아시다시피 우반구 대 우반구right hemisphere to right hemisphere 치료방식[3]이 강조될 것입니다. 이것을 우리의 논의에 포함시킨다면 어떻게 해석해볼 수 있을까요?

L   저는 새로운 이론에 뒤처지지 않기 위해 최신 연구들을 지속적으로 배워나가는 것을 좋아합니다. 구체적으로는 마크 솜스Mark Solms[4]를 읽는 것을 좋아하고요. 제 생각에 신경심리학의 많은 부분이 극단적으로 단순하게 이해되고 있는 것 같아요. 우뇌 대 우뇌 소통 방식right brain to right brain communication이라는 것이, 단순하게 사람들이 얼굴을 맞대

---

3   우뇌 대 우뇌 치료right brain to right brain therapy: 신경심리학자 앨런 쇼어Allan Schore
     의 인용구. 애착을 기반으로 정서에 초점을 맞춘 치료기법이다. 우반구의 정보처리
     및 정보저장에 대한 것과 좌반구의 경험방식과 치료에 미치는 영향에 관한 이론을
     말한다.

4   남아공 신경심리학자. 정서를 담당하는 신경 핵이 뇌 기저부에 선천적으로 존재한
     다고 설명하며, 정신분석과 현대 신경과학을 상호 연결하여 설명한다.

고 눈을 직접 마주치는 것이 필요하다는 식으로 너무 쉽게 도매금으로 인식되는 것 같습니다. 다시 말하지만 그것은 부적절하고 성급한 결론입니다. 지나친 일반화라고 생각합니다. 어떤 내담자들에게는 이것이 필요할 수 있고, 또 어떤 내담자에게는 이 방식이 왜 유용한가를 설명하는 근거가 될 수는 있습니다. 그러나 이것이 일반적이고 누구에게나 맞는다고 생각하지 않습니다. 그리고 무엇이 좋은지, 무엇이 일반적인 작동 방식인지에 대해 결론내리는 것에 매우 신중해야 한다고 생각합니다. 사람들은 마치 정신분석의 "치료적 행위therapeutic action" 가 사람들이 낫게 되는 유일한 방법인 것처럼 말합니다. 저는 항상 다양한 치료적 행위가 아주 많이 존재한다고 여깁니다. 그것이 모든 사람에게 똑같이 효과가 있는 것은 아닙니다. 치료 방법은 서로 다른 사람들에게 서로 다른 방식으로 작용합니다. 어떤 사람들에게 어떤 방식이 효과가 있고 다른 사람에게는 다른 방식이 효과적일 수 있습니다. 그리고 우리는 다양하고 복합적인 실험을 할 필요가 있습니다. 따라서 저는 우뇌가… 그렇다는 설명에 설득당하지 않습니다. 그것이 편견이라서가 아니라 너무 단순한 방식으로 사용되기 때문입니다. 사람들의 우뇌는 좌뇌와 연결되는 경향이 더 많습니다.

H 다시 반대 입장의 질문을 드려야겠습니다. 어떤 사람들은 온라인에서 만들어지는 친밀감은 동일하지 않다고 생각합니다. 실제로 우리는 동일한 친밀감을 만들 수 없습니다. 루이스 선생님은 다르게 느끼시는 것 같은데요, 저는 이 질문을 분명하게 하고 싶습니다.

G 저는 어디서나 친밀감을 만들 수 있습니다.

H 개릿 선생님, 동의합니다.

G 그런데 저는 조금 더 추가해서 말씀드리고 싶은 것이 있습니다. 저에게는 다양한 모습들이 있습니다. 저의 자기상태self-state는 작가로서, 또는 어머니로서 또는 치료자로서, 아마도 온라인에서도 서로 다르다고 말할 수 있습니다. 각각의 자기상태의 모습에 얼마나 익숙한지에 따라 달라진다고 생각합니다. 저는 온라인을 많이 이용하기 때문에 온라인으로 여러분을 보는 것이 별로 불안하지 않고 드문 일도 아닙니다. 만약 내가 온라인에 접속하는 것이 처음이었다면 좀 더 불안했을 것이라고 생각합니다. 우리에게 익숙하거나 익숙하지 않은 것이 무엇이며, 분석가로서 우리에게 더 많이 불안하게 하거나 덜 걱정하게 하는 것은 무엇일까요?

H 좋은 대답을 주셨습니다. 왜냐하면 그것은 자기상태의 개념을 이용해서 관계적 접근 방식의 참조틀을 불러왔기 때문입니다. 우리는 온라인상의 자기상태를 가지고 있습니다. 그렇다면 온라인 상담을 이해하거나 이용하는 데 도움이 될 수 있는 다른 관계적 아이디어나 개념을 생각해보셨나요? 실연enactment이나 공동 구성co-construction 같은 그런 것들 말이죠.

L 제 생각에는요, 방금 머리에 떠오른 것인데요, 모든 개념들이 온라인에서도 동일한 방식으로 적용될 것 같습니다. 온라인에서든 아니든, 사람들은 결국 실연enact할 것입니다. 사람들은 인생의 이야기를 각색하고 연기하고 시나리오를 만들겠죠. 각자 배역을 맡아서 대상관계 시나리오에 따라 행동할 것입니다. 직접 대면했을 때와 동일하게 온라인에서도 그렇게 할 것입니다. 저에게 매체의 개념은 분석 환경과 분석 단계, 잠재력의 공간이나 과도기적 공간에 대한 전반적으로 생

각하게 합니다. 우리가 보통 프레임frame 또는 세팅setting이라고 생각하는 것까지 확장시킨 매체의 특징에 대해 생각해보면 말이지요. 이런 생각은 프레임과 세팅을 보다 역동적인 것으로 만듭니다. 그 사람이, 또는 두 사람이 그것을 어떻게 사용하는가에 따라 상황은 시시각각 달라집니다. 만약 내담자가 교육 목적으로 기꺼이 이것을 사용하기로 한다면, 제가 보기엔 훈련과 교육의 관점에서 잠재적 이득과 실질적 이득이 있을 것 같습니다. 사람들이 테이프로 녹음하는 것과 같은 방식으로요. 물론 이렇게 하면 더 많이 노출됩니다. 가족상담 분야에서 이것은 규준이 되어 있습니다. 그래서 이것이 문화라는 것입니다. 그리고 이것은 내담자에게 제시되는 방식에 대한 것입니다. 저는 해럴드 설Harold Searle의 업적에 대해 많이 가르쳐왔습니다. 그는 라이브 수퍼비전과 촬영 작업을 매우 열렬하게 지지하는 분인데요, 그분이 이런 말을 했습니다. "(과거의 방식은) 전문성과 기술을 가르치기 위한 방법치고는 매우 이상한 방법이다. 교육 담당 분석가 말고는 아무도 누가 무엇을 하는지 알지 못한다."라고요. 이 지점에 우리가 아직 탐색조차 해보지 못한 훈련에 대한 가능성이 있을지도 모르겠어요.

A 사실 녹화하는 것은 너무 간단해서, 여기 카메라를 둘 필요도 없습니다. 그냥…

L 지금 선생님의 경험에서, 제 경험이기도 한데요, 줌이라는 매체는 우리 인식 속에 사라져버리고 없습니다. 저는 우리가 함께 이 방에서 대화를 나누고 있는 것처럼 느껴집니다. 저는 우리가 같은 방에 함께 앉아서 대화를 했더라도 지금보다 더 친밀하거나 강력하거나 명료한 대화를 했을 거라고 생각하지 않습니다.

H 그래서 그 매체가 매우 빠르게 눈에 보이지 않게 되는 것입니다. 우리는 마치 매체를 통하고 있지 않은 것처럼 느낍니다. 그 기술에 문제가 발생하기 전까지는요.

G 하지만 이런 대화는 직접 만나서 나눌 수도 있습니다. 제 사무실 옆방에서 보수 공사를 했는데, 하루 종일 드릴 작업을 하고 있었습니다. 저는 경험적으로 기술적 문제는 점점 줄어들고 있는데, 공간에서 발생하는 물리적인 문제는 여전히 많다고 느꼈습니다. 한 달 전에 제 사무실에 누수가 있었거든요. 회기 중에 물이 떨어져서 물이 들어온 것처럼 됐었습니다. 방 한가운데로요. 온라인 기술에 있어서 그렇게 눈에 드러나 보이는 기술적 문제는 없습니다. 그렇지 않나요?

A 제 생각에 루이스 선생님은 정신분석의 변화에 관해 말씀해주실 좋은 입장에 있으신 것 같습니다. 정통적인 방식에 머무는 것과 변화시키는 것, 그리고 그것을 다루는 것에 관한 모든 질문들에 대해서요.

L 정통파 대 재건주의의 문제네요.

A 맞습니다. 그래서 선생님께서 이것에 대해 무언가 말씀하실 수 있는지 궁금합니다. 인터넷 상담이 정신분석이 겪고 있는 변화의 한 단계에 불과한 것인지, 그런 것이요.

L 프로이트는 전화로 대화하는 것을 좋아하지 않았습니다. 심지어 친구들 그리고 가족과 통화하는 것도 좋아하지 않았습니다. 그는 편지를 쓰는 방식을 더 선호했습니다. 그래서 정신분석학의 가장 시초부터 매체는 중요한 것이었습니다. 프로이트에게 있어서 편지는 친밀감과 직접성을 가진 것이었습니다. 그리고 쓰고 있는 내용에 대해 생각하고 수정할 기회도 가질 수 있는 것이었지요. 이것은 전화로는 할

수 없는 것이죠. 그는 전화라는 기술을 좋아하지 않았고 심지어 수술 받기 직전에도 전화 거는 걸 싫어했습니다. 말을 할 수 없어서가 아니었고, 전화하는 걸 좋아하지 않았기 때문이었습니다. 제 생각에 여기에서 생각해야 할 가장 큰 주제의 하나는 정신분석이 어느 정도로 우리 문화의 일부가 되었는지, 문화에 내재되어 있는지, 우리 문화에서 작용하기 위해 얼마나 문화에 적합해야 하는지와 같은 것입니다. 그리고 정신분석이 문화로부터 얼마나 멀리 떨어져 있어야 하는지와 같은 것입니다. 만약 우리가 문화를 온전히 채택한다면, 우리에게는 그 문화를 비판할 공간이 없을 것입니다. 반면에, 우리가 아주 멀리 떨어져 있다면 우리는 문화권 사람들과 무관해지는 것이겠지요. 저에겐 이렇게 보입니다. 우리는 최적의 한계 거리의 관점으로 이야기하는 것입니다. 우리는 거리를 두어야 할 필요가 있지만 동떨어질 정도로 너무 멀리 있어서도 안 되는 것입니다. 그리고 저는 이렇게 말하는 것을 거부합니다. "아, 그건 다른 것입니다. 정신분석을 무시하는 것입니다. 그것은 합당하지 않아요."라고 말하는 것을요. 이런 태도는 우리를 문화로부터 멀리 떨어지게 만듭니다. 더 이상 관련이 없어지는 것이죠. 그러나 반면, 우리가 아무 거리낌 없이, 비판도 없이 완전하게 적응해버리면, 문화의 일부가 되는 것이고 비판적인 태도를 잃어버리는 것이죠. 저에게 있어서 정신분석의 진화는 항상 관계적이고 변증법적이고, 문화의 일부이면서 동시에 문화로부터 떨어져 있는 것입니다.

H   선생님은 "문화"라는 단어를 "온라인 심리치료"로 대체할 수도 있을 것 같습니다. 제 생각에 그것은 우리의 인터뷰에 있어 훌륭한 핵심 요

점이 될 수 있을 것 같습니다. 네, 제 생각에 선생님께서 그것을 훌륭하게 표현하신 것 같습니다.

저는 마지막으로 도발적인 질문을 던지려고 합니다. 선생님께서 말씀하신 내용 그리고 우리가 나눈 대화 내용으로 보아, 어떤 것을 조정할 필요가 분명 있을 것 같습니다. 아마 대개 실용적인 것들이겠지요. 급진적인 아이디어 하나를 꺼내보겠습니다. 온라인 치료에 대한 새로운 이론을 개발할 필요성에 대한 것입니다. 실용적인 주제를 넘어서는 것이겠네요. 분명히 온라인 상담이 대면 상담과 완전히 똑같지는 않다고 생각하실 것입니다. 이 점에 대해 어떻게 생각하십니까? 온라인 정신분석에 보다 적합하고 보다 관련성이 높은 새로운 이론의 필요성에 대해서요.

L   새로운 이론이라⋯. 그것이 무슨 말씀인지 여쭤보아야 할 것 같습니다. 무엇에 대한 새로운 이론입니까? 치료적 행위에 대한 이론을 말씀하시는 건지요? 기법에 대한 이론? 마음에 대한 이론? 발달에 대한 이론? 병리에 대한 이론?

H   사실 기법technique에 대한 이론 그 이상이지요. 우리가 대화한 모든 것을 고려하자면, "이것을 해야 한다, 저것을 해야 한다"는 식으로 세부적인 것뿐만 아니라 더 넓은 관점에서 더 많이 이해해야 합니다. 예를 들어 친밀감에 대해서 말하자면 저는 개릿 선생님이 옳다고 생각하는데요, 우리가 친밀감을 만든다면 언제 만드는지, 어디에서 만드는지는 중요하지 않습니다. 그러나 온라인에서 만드는 친밀감은 무언가 조금 다를 수도 있을 것 같습니다. 우리는 이론적 측면에서도 이것에 대해 이야기를 나눌 필요가 있습니다.

G 완전히 동의합니다. 우리에겐 충분한 데이터가 없습니다. 제가 말씀 드리는 모든 것은 저의 개인 경험에서 나온 것입니다. 제가 친밀감에 대해서 이야기할 때도 저는 제 경험을 말씀드렸습니다. 저는 내담자에게도 친밀감의 경험에 대해 묻지 않았습니다. 그래서 우리가 대화하는 모든 것은 어떤 면에서 매우 제한적입니다. 우리에게는 더 많은 데이터와 더 많은 연구와 더 많은 이론과 모든 것이 더 많이 필요합니다. 그러므로 저는 선생님의 의견에 완전히 동의합니다. 우리는 충분히 알고 있지 못해요. 연구해야 합니다. 이것이 무엇을 의미하는지 더 확실하게 알아야 합니다.

L 어떤 이야기가 떠오릅니다. 20여 년 전에 제가 뉴욕대학에서 박사후 과정을 시작했을 때인데, 제가 리스트서브listserv[5]를 사용하는 방식을 소개했습니다. 그때가 리스트서브 프로그램이 처음 나왔을 때입니다. 그 당시에는 새롭게 개발된 것이었습니다. 정신분석 치료 기관에는 연세 드신 분들이 많은 편입니다. 그래서 보다 나이가 많으신 분들 가운데에는 새로운 방식에 대한 저항이 많았습니다. 이메일과 리스트서브를 사용하기로 한 것 그리고 출판 방식의 소식지를 더 이상 배부하지 않기로 한 것에 대한 저항이 컸습니다. 우리는 모두가 문서형태로 받아볼 수 있도록 우편으로 배부하던 소식지를 리스트서브를 통한 방식으로 전환하기로 했습니다. 처음에 사람들은 매우, 매우 불안

---

5 전자 메일 목록에 메시지를 작성, 관리 및 배포하는 소프트웨어 프로그램. 이 프로그램을 통해 회원 개인이 전체 그룹과 의사소통을 할 수 있고 뉴스레터 또는 공지의 배포 목록으로 사용가능한 프로그램이다.

해했습니다. 다수의 연세 드신 분들은 이메일을 통해 등록하는 방식에 찬성하지 않았습니다. 그러한 방식이 공동체를 덜 직접적이고 덜 친밀하게 만들 것이기 때문이고, 모든 것이 기술적으로 이루어질 것이고 그러면 우리는 더 이상 서로 만나지 않게 될 것이기 때문이라고 주장했습니다. 그런데 지금 그것은 공동체 전체를 하나로 연결하는 것이 되었습니다. 심지어 누가 상해를 입었다거나 누군가가 사망한 것과 같이 깊은 개인적인 내용의 경우에도 우리는 즉시 전체 공동체에 소식을 전달할 수 있고, 모두가 알고 있듯이 모든 사람들이 조의를 표하고 기념할 수 있게 되었습니다. 인터넷은 공동체를 덜 직접적인 것으로 만드는 효과는 없었고, 사실 훨씬 더 일관성 있는 공동체로 만드는 결과를 가져왔습니다. 이것을 예측할 수 없었던 것입니다. 그리고 바로 이 점이 중요하다고 생각합니다. 이러한 신기술에 대해 이야기할 때… 스티브 미첼Steve Mitchell은 심리상담에 있어서 가장 큰 비밀은 얼마나 많은 시도와 시행착오가 있는가라는 것에 있다고 말하곤 했는데요, 저는 여기에 그것이 관련이 있다고 생각합니다. 우리는 시행착오가 필요합니다. 그것이 우리가 배우는 방법입니다.

G 저는 마지막으로 한 가지 덧붙이고 싶습니다. 온라인 심리치료에 대한 불안감이 많다는 것이 분명합니다. 그리고 이것이 우리가 다루고 있는 주요 사항이지요. 선생님들이 경험이 많으시니까 여쭤보겠습니다. 제 생각에 그 불안은 어쩌면 (인류의) 패배에 대한 것일지도 모릅니다. 저는 2년 전에 뉴욕 타임즈New York Times와 모바일 심리치료 앱에 대해 인터뷰한 적이 있습니다. 그때 어떤 이스라엘 회사가 심리치료 앱을 개발했거든요. 모든 불안은 기술이 우리 인간을 대신할 수 있다

는 사실 때문이라고 저는 믿습니다. 심리상담뿐 아니라 모든 것에서 그렇습니다. 오늘 저는 학부모ー교사 회의에 참석했는데, 어느 선생님이 말하길, 머지않아 교사가 필요 없게 되고, 모든 것이 온라인으로 이루어지게 될 것이라고 했습니다. 만약 무언가 불안하다면 그것은 기술이 그저 도구일 뿐만 아니라 우리를 대체할 수 있는 어떤 것이 될 수 있다는 점에 대해 불안한 것입니다. 그리고 심리치료자를 대신하는 심리치료 앱에 대한 모든 생각들도 마찬가지입니다. 마음속에서 앱이 치료자를 대신하게 될 거라고 생각하는 것입니다.

L　그것은 소멸의 불안감annihilation anxiety이겠네요.

G　네, 소멸의 불안입니다.

H　네, 두 분 모두 중요한 주제를 짚어주셨습니다. 저도 동의합니다. 루이스 선생님, 리스트서브는 놀라운 지원 장치이고 공동체에 도움을 주는 기기이자 도구입니다. 아시는지 모르겠는데요, 저도 22년 동안 집단 심리치료와 관련하여 리스트서브를 감독·관리·실행했습니다. 그것은 정말 놀라운 연결 기기가 되었습니다. 또 한 가지 선생님께서 언급하신 불안감에 대해 저도 하고 싶은 말이 있습니다. 전화기가 발명되었을 때 신문에 "그것은 재앙이다. 사람들은 서로 만나는 것을 멈추고 전화 통화만 할 것이다. 우리는 연결을 잃어버리게 될 것이다."라는 기사를 썼다는 것입니다. 이것이 바로 같은 불안감입니다.

이제 감사를 표시하고 싶습니다. 이야기를 나누어 정말 즐거웠습니다.

A　저도 즐거웠습니다. 화면에서 우리가 매우 가깝게 느껴졌고 여러분의 존재를 느꼈습니다. 대화 내용도 훌륭했습니다. 우리 저서에 정말 잘 활용할 수 있을 것 같습니다. 감사합니다.

3 사이버 공간에서의 공감
호리병 밖으로 나온 지니

루 아고스타Lou Agosta

진정한 인간관계의 토대로서의 공감

공감을 짧게 설명하면, 다른 사람의 경험을 경험하는 것이고 그 사람의 경험에 관한 데이터를 수집하는 방식이기도 하다. 공감은 상대방으로 하여금 자신이 이해받고 있는지를 알게 하는 반응 방식이자 상대방을 이해해가는 깊은 과정이다.

공감을 조금 더 길게 설명하자면, 공감하는 사람의 "타인의 경험에 관한 경험"은 대리적인 경험이라는 것이다. 여기에서 주목할 어휘는 "대리적vicarious"이라는 것이다. 대리 경험은 공감적 수용의 한 형태로서 상대방의 경험에 대해 열린 자세를 취하는 것이다. 그것은 상대방의 경험과 하나로 합쳐지는 것은 아니고, 마치 영화나 연극을 보러 가거나 어떤 소설이나 이야기를 읽거나 누군가 자신의 삶에 대해 얘기하는 것을 들을 때처럼, 상대방의 경험을 듣는 사람이 다시 떠올려보는 것[표상representation]이다. 이러한 대리 경험은 공감적인 이해, 해석, 반영을 통해 더욱 진전될 수 있다.

공감적 이해는 공감하는 데 필수적인 것이다. 공감적 이해는 인지와 사고를 필요로 하지만 단순히 생각하는 것은 아니다. 공감적 이해는 잠재된 가능성에 대한 이해를 필요로 한다는 점에서 실존적이다. 불안하거나 우울하거나 기분이 상해서 상담을 받으러온 사람이 표현하는 심란한 마음 안에도 숨겨진 가능성이 있다. 그러한 마음에서 벗어나 번영의 길로 들어서는 돌파구가 존재할 가능성이 있는 것이다. 공감적 이해는 웰빙well-being으로의 전환 가능성을 파악하고 치료 작업을 하도록 작용한다.

공감적 해석이란 보통사람들이 흔히 공감이라고 생각하는 바로 그것이다. 조금 불완전하더라도 상대방의 입장이 되어 그 사람의 관점을 취하고, 마치 그 사람의 처지가 "된 것처럼" 할 수 있는 데까지 그 순간을 최대한 파악하는 것이다. 공감적 해석은 "마치" 자신이 상대방이 된 것처럼 상대방을 명시적이고 분명하게 표현하도록 작용한다. 공감적 해석은 이해하기와 다른 것이 아니고, 듣는 사람이 상대방을 이해하고 더 나아가 그 사람의 입장을 분명하게 밝혀주기까지 하는 것이다. 명시적으로 표현해주는 것은 특히 서로 다른 성격이나 상황으로 인해 상대방과 자신을 연결하기 어려운 경우에는 더 중요하다.

공감적 반영은 공감 과정을 완전하게 하는 매우 중요한 것이다. 어느 시점에 공감을 하려는 사람은 상대방의 이야기를 들으면서 자신이 무엇을 파악했는지를 상대방에게 전달하려고 노력해야 한다. 공감적 반영은 상대방이 경험한 것을 나도 경험하면서 상대방의 용기나 끈기, 인간성 등을 인정하는 간결한 표현일 수 있을 것이다. 이렇게 대화에 관한 반응적 자료를 상대방에게 부가하여 제공함으로써 나의 공감적 반영을 상대방에게 전달하고 상대방이 나의 공감적 반영을 타당화하거나 무효화할 수 있는 기회를 제공한다. 이렇게 공감적 수용, 공감적 이해, 공감적 해석, 공감적 반영의 과정은 하나의 순환 주기를 형성한다. 만약 자신이 제시한 공감적 반영이 정확하지 않거나 불완전하다면, 다시 처음으로 돌아가 그 과정을 반복하는 것이다. 이 공감 과정의 정의는 그림 3.1에 요약되어 있다(공감에 대한 이러한 정의를 적용하는 것과 관련한 자세한 내용은 Agosta 2010, 2013, 2014, 2015, 2018 참조).

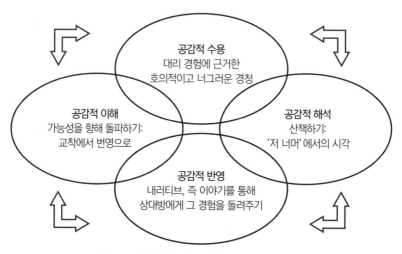

그림 3.1 공감이 작용하는 방식. 공감의 네 가지 단계

공감을 위와 같이 정의하면서, 이 장의 나머지 부분에서는 다음의 네 가지 조합에 공감을 적용하며 발생하는 변형과 장애물을 탐색하고자 한다. (1) 1 : 1 대면 심리치료, (2) 대면 집단 심리치료, (3) 온라인 1 : 1 심리치료, (4) 온라인 집단 심리치료.

여기서 "온라인"이란 스카이프Skype나 구글그룹Google Groups처럼 화면으로 다른 사람의 영상 이미지를 볼 수 있는 인터넷 기반의 소통 매체를 사용하는 것으로 규정되고 예시되었다는 점을 밝힌다.

교육적 관점에서 1) 개인적 공감, 2) 집단에서의 공감, 3) 온라인에서의 개인적 공감, 4) 온라인 집단에서의 공감의 순서로 설명하면 이해하기 쉬울 듯하다. 말하자면, 전통적인 일대일 대화 상담 회기에서는 사람들이 눈앞에 신체적으로 현존하므로 서로가 서로에게 완전히 집중한다는 인상을 받을 수 있다. 그러나 "집단"을 형성하기 위해 인원이 추가로 늘어나면 치료자의 자원과 주의는 분산되고, 사람들은 점차 서로에게 덜 집중하게 된다. 더 나아가 온라인으로 진행하거나 집단에 인원이 늘어나 개인의 존재감이 약해지면 서로에 대한 집중은 더 희석되고 약화된다. 이와 같은 순서의 흐름은 개인들이 개별적 관계를 맺는 정통적인 것으로부터 시작하여, 온라인에 접속하여 개별적으로 멀어지는 비정통적인 것으로 확대되는 진행 방향처럼 보일 것이다. 하지만 실제로는 전혀 그렇지 않다. 여기에서 중요한 단어는 그렇게 "보인다"는 것이고 그것은 그저 "허수아비"처럼 실체가 없는 것이다.

공감에 대한 통상적인 생각은―특히 심리치료 공동체에서― 한 사람이 다른 사람에게 경청할 때와 같이, 대략 어느 정도 효과가 있는 심리기제로서 그 의미가 축소된 것이다. 이러한 이해가 잘못된 것은 아니지만 분명 완전한 것도 아니다. 공감을 심리기제로서 생각하는 것에서 하나의 존재 방식으로서의 현상학적 공감으로 전환한다면, 공감은 관계 맥락을 온전히 포괄하는 것으로 확장된다. 공감은 공동체의 근본인 상호주관성의 토대를 형성한다. 공감은 어떠한 사회적 환경에서든 진정한 인간관계의

한 형식이다. 결과적으로 개인 및 집단, 오프라인 및 온라인 등 각 환경에서 독특한 방식으로 공감이 나타나고, 이렇게 나타난 공감은 성공하기도 하고 실패하기도 한다. 온라인에 접속하는 것은 심리치료의 정통성에 대한 새로운 도전이 되기도 하지만, 우리가 온라인에 접속한다고 해서 마치 인간관계가 갑자기 분열되는 것은 아니다. 온라인 연결은 인간 사이의 관계성에 대하여 상대적으로 새로운 가능성을 여는 것이다. 인간은 생존과 번영을 다양한 방식으로 성공시키거나 왜곡하거나 저항하기 위해 온라인 환경을 이용하거나 오용하게 될 것이다.

오프라인 상담과 온라인 상담, 그리고 개인상담과 집단상담 사이에 장점과 단점 ―절충점들trade-offs― 이 분명히 존재한다. 우리는 이제 각 방식의 절충점을 탐색할 것이다.

첫 번째 요점은 인간은 본인이 속해 있는 모든 상황에서 공감적이라는 사실을 강조하는 것이다. 예외는 없다. 인간은 심지어 공감 스위치를 끄기로 결정하고 공감하지 않으려 노력하는 상황에서도 공감적이다. 예를 들어, 총알과 폭탄이 난무한 전투에서 살아남고 싶을 때, 감정을 차단하는 것이 생존에 유익하다고 판단할 때에도 사람들은 공감적이다. 두 번째 요점은 사이버공간의 온라인 '가상' 집단에서도 공감이 나타날 뿐만 아니라 (우리가 앞으로 보게 되듯이), 이러한 '가상성virtuality'은 이미 존재하고 있었고, 대면해서 진행되는 개인상담 및 집단상담 안에 살아 있다는 점이다. 이것을 "전이transference"라고 부른다. "지금 여기"를 지향하는 모든 치료법은 내담자의 느낌과 행동의 패턴을 활성화한다. 활성화되는 전이의 내용은 주로 과거 경험과 부모로부터 시작하여 오늘날까지 내담자의 패턴에 부정적인 방식으로 살아남은 것들이다. 이것이 바로 사람들이 상담에 오는 이유인 것이다! 마지막 요점은 공감이 개인, 집단, 오프라인, 온라인 등 모든 상황에서 다양한 방식으로 성공하거나 실패한다는 것이다.

개인은 집단의 일부이고 집단은 개인의 일부이다

공감은 집단 수준에서 개념화하기 어렵기로 악명 높다. 나는 단일한 집단정신이 현실성 있거나 실현 가능한 것이라고 믿지도 않고 지지하지도 않는다. 오히려 모든 개인은 내면에 구별되는 "타인other person"을 품고 있다. 이것은 조지 허버트 미드George Herbert Mead의 "일반화된 타자generalized other"1(Mead, 1934) 개념과 비슷한 것이다. 개인이 집단에 참여하는 동안 집단도 개인에 참여한다. 집단은 다양한 구성원들의 반응들을 조율하는 기능을 수행하면서 개인 안에 살아 있다. 그 결과 집단 구성원들은 신뢰받거나 두려움의 대상이 된다. 즉, 환영받거나 외면당하게 된다. 개인은 집단의 일부이고, 집단은 개인의 일부이다.

이제 이 점을 대면 집단 안에서의 상호작용이라는 측면에서 생각해보자. 어빈 얄롬Irvin Yalom(2005)이 개발하고 상세히 기술한 집단 심리치료 방식을 예로 들어보자. 자발적이고 비정형적이며 자유롭게 상호작용하는 집단(Yalom, 2005: 137)은 치료자뿐만 아니라 참여자들도 서로 직접 관계

---

1 일반화된 타자generalized other: 자아에는 '주체로서의 자아'와 '대상으로서의 자아'가 공존한다. 일반화된 타자는 '대상으로서의 자아'에 해당하는 것으로, 타인이 보는 나를 의식하는 자아가 내면에 있다는 것이다.

를 맺는 다수 대 다수의 상호작용을 목표로 한다. 집단 환경에서 공감적 수용, 공감적 이해, 공감적 해석, 공감적 반영이 일대일에서 다수 대 다수 관계로 이어진다. 그러나 적어도 집단 초기에는 공동체 맥락에서 일대일 공감대가 발생하는데, 이것은 성공하기도 하고 실패하기도 한다.

실용적 이유로, 여기에서 우리는 "집단정신group spirit"의 문제나, 집단에 참여하지 않고 따로 떨어져 있는 구성원에 대한 문제를 해결하려고 시도하지는 않을 것이다. 우리의 권고 지침은 오히려 서비스 수준 협약 또는 집단 규범의 관점으로 접근하려는 것이다. 집단의 규칙, 즉 참여 규칙의 예를 들면 다음과 같다: 어떤 문제나 주제에 대해 토론하기 위해 집단에 시간을 요청하기, 모든 순간에 자신의 감정을 솔직하고 진솔하게 표현하기, 모두가 동시에 말하지 않고 교대로 말하기, 모두가 말하려고 할 때는 멈추고 순서를 협상하기, 한 번에 한 사람씩 말하기, 어떤 사람에게 다른 사람의 느낌을 전달하지 말고 차라리 자신의 감정을 표현하기, 일인칭으로 말하기 ―"나는 이렇게 느낀다", "나는 이렇게 생각한다", "나는 이렇게 믿는다", "나는 동의하지 않는다" 등(여기서 제시된 목록은 예시일 뿐이며 완전한 것이 아니다).

집단 참가자들은 모두 같은 입장의 동료라고 할 수 있다. 그들은 목표를 향해 나아가지 못하게 하는 감정적 제약과 자기 파괴적 행동이라는 각자의 이슈와 한계를 가지고 심리치료를 받으러 온다. 그런데 집단 참가자들은 결코 훈련을 받은 치료자들이 아니다. 참가자들이 집단에 참여할 때 전문가 수준의 공감적 반응을 보이는 경우보다 그렇지 못한 경우가 더 많을 것이다. 그러나 여기 지면이 한정되어 있으므로 우리는 곧장 집단치료의 이점에 대한 논의로 들어가겠다. 만약 치료자가 내담자 벤Ben에게 "벤, 의미 만들기 심리기제가 무리하게 작동하고 있네요. 당신은 지금 루스Ruth가 화를 낸 거라고 꾸며내고 있네요."라고 말한다면 벤은 "알아들을" 수도 있고 아닐 수도 있다. 그런데 만약 집단 안에서 비슷한 또래인 조셉Joseph이 같은 말을 한다면, 그의 말은 벤으로 하여금 다시 깊게 생각하게 만드는 영향력을 미칠 수도 있다. 이것은 치료자라는 "권위 인물"에게는 주어지지 않는 것이다. 게다가 어떤 사람은 집단 전체를 향해 어떤 기분이 드는지, 어떻게 생각하는지를 물어볼 수도 있다. 또 어떤 사람은 루스를 향해 이렇게 물을지도 모른다. "정말 화가 났었나요? 아니면 그냥 소화불량 때문에 표정이 좋지 않았던 것인가요?" 물론, 이 질문에 대한 어떤 반응도 아주 깊은 차원의 진실은 아닐 수 있다. 하지만 그 집단에 일관성과 진정성이 있다면 벤은 이전에는 인식하지 못했던 새로운 가능성을 경험하게 될 수도 있다. 이후 치료 작업은 모두에게 도움이 될 것이고 특히 벤을 위해 전개될 것이다.

그런데 어떤 개입은 개입목적과 정확도의 중요성이 갑자기 줄어들기도 한다. 어쩌면 벤이 루스에게 로맨틱한 매력을 느꼈기 때문에 뭔가 불편해졌고, 그 마음을 부인하기 위해 분노를 루스에게 돌린 것일 수 있다. 만약 그렇다면, 이제 우리는 무엇이 집단을 보다 강력하게 만드는지를 생각하게 된다. 과정 지향의 지점에 도달한 것이다. 한 단계 높은 차원으로 올라가서 집단 안에서 일어난 상호작용이 집단 밖의 삶에서 동일하게 일어날 때, 그 사람의 상호작용 패턴이 어떻게 반복되는지를 살펴보아야 한다. 보다 분명하게 알기 위해서 그러한 역학관계는 치료 장면에서보다는 실생활의 경험으로부터 직접 가져와야 한다. 그렇게 하기 위해 집단의 진행이나 전개를 늦출 수도 있다. 어빈 얄롬(Yalom, 2005: 150)이 지적했듯이 집단 과정은 집단 동력의 근원이자 세포이다. 이는 집단 접근 방식의 가치가 더 높아지는 데 기여한다. 이제 이 과정을 온라인으로 전환해보자.

호리병 밖으로 나온 지니

일대일 대면 상담을 시작하기로 한 첫 날에, 부득이하게 치료실에 올 수 없게 되었지만 상담을 시작하기를 원하는 내담자가 있었다. 치료자가 그 내담자와 원격 상담을 하기 위해 스카이프를 켰을 때, 지니Genie는 호리병 밖으로 나오게 된다. 독자들은 『아라비안 나이트 천일야화1001 Arabian Nights』를 기억할 것이다. 지니는 매우 강력한 힘을 가졌고 통제가 거의 불가능한 트릭스터trickster이다. 지니에게 소원을 비는 것은 까다로운 일이고, 신중하지 않으면 엉뚱한 소원을 말하게 되어 주어진 소원 3개를 전부 낭비하게 된다. 이 비유에서 지니는 스카이프나 구글그룹과 같은 인터넷 기술을 뜻한다. 지니는 이전에 없던 새로운 편리함과 여유를 제공하면서, 복잡성, 속박, 심지어 저항까지 함께 불러일으킨다. 『아라비안 나이트』의 주인공 알라딘Aladdin은 지니의 자기애를 자극하여 속인 다음 다시 호리병 속에 들어가도록 해야 했다. 알라딘은 "지니, 당신이 과연 그렇게 전능할까요? 아닐걸요. 당신같이 거대한 몸집을 가진 생명체는 요렇게 작은 병에 들어가는 것이 힘들 것 같군요."라고 도발했다. 지니는 자기애에 손상을 입었고, 자신의 능력을 과시하기 위해 작은 병 속에 들어갈 수 있다는 것을 입증해버렸다. 알라딘은 얼른 뚜껑을 닫았고, 지니는 병 속에 갇혔다! 그러나 인터넷과 온라인 소통 도구의 경우, 시계를 되돌릴 수는 없을 것으로 보인다.

그러나 좋은 소식도 있다. 사람의 얼굴이 정서적으로 매우 중요한 부분이라는 점이다. 그리고 화면을 통해 "실물"을 만나는 것이 비록 대면해서 직접 살펴보는 경험에 비해 섬세하지는 못하지만, 얼굴의 미세표정은 화면을 통해서 오히려 더 잘 볼 수 있다. 실로, 온라인을 통해 보이는 얼굴 모습이 실제로 보는 것보다 풍부하지 못할 것이라는 예측은 정확한 것이 아니다. 화면에는 단 하나의 얼굴만 나타나기 때문에 보는 사람은 그 얼굴만 집중해서 상세하게 볼 수 있는 것이다. 이 지점에서 신체적 현존bodily presence과 상상계the imaginary 사이의 가치를 비교하는 주제가 대두된다.

이제 온라인으로 소통할 때, 직접 대면하는 실제성이 결여된다는 비판은 힘을 잃게 될 것인데, 그 이유가 우리의 예상을 뛰어넘는다. 이 비판이 힘을 잃은 이유는 온라인 미디어에 실제성이 충분하기 때문이 아니고, 오히려 직접 대면하는 상담에 상상계, 록 상징성 그리고 상상의 것들과 비현실성irreality이 처음부터 끝까지 철저하게 개입되어 있기 때문이다. 비현실성은 상징적이고 상상적이고 허구적인, 실재는 아니지만 과거와 미래에 대한 진실의 일부, 그리고 가상성을 모두 포함한다. 이것들은 실제로 존재하지 않으면서도 현실에 영향을 미치는 것이다.

대면하는 심리치료에서 중요한 것, 상징과 상상에 관한 것, 바로 전이를 빼놓을 수 없다. "전이"의 기본 정의는 치료실 또는 온라인의 가상공간에서 물리적으로 존재하지 않는 사람, 즉 과거의 대상(사람)과의 정서적 관계를 다시 경험하는 것이다. 우리가 기술 미디어에서 "가상성"이라고 부르는 것도 상징적이고 상상된 전이 관계에 비현실적 차원을 더해주는 것이다. 그렇다. 마셜 매클루언Marshall McLuhan이 쓴 유명한 내용처럼 미디어는 분명 메시지[2]이고, 이제 미디어는 온라인 치료의 도래와 함께 무엇보다 전이 그 자체가 되었다. 그 메시지는 이제 줄이 그어진 "빼서쟈"로 나타난다. 온라인 기술 자체가 전이의 재료이자 대상이 된다.

우리는 사이버 공간 없이도 심리치료 현장 자체에서 가상현실이 발생할 수 있다는 사실을 떠올릴 수 있다. 특히 정신역동 치료에서 전이는 과거나 미래의 인물이나 사실을 "마치" 치료자와 관련 있는 것처럼 활성화시키는 것인데, 그것은 물리적 현재에서 일어나는 것이 아니다. 길을 건널 때 좌우를 살펴 차에 치이지 않도록 조심해야 한다는 것, 또는 특정한 방식의 행동 기법 같은 것들은 확실히 알 수 있는 것이다. 그러나 우리는 관계가 어떻게 작용하는지 또는 어떤 의미의 의사소통을 하고 있는지 그 실체를 잘 안다고 지나치게 확신한다. 이런 것들은 우리가 생각하는 것보다 훨씬 더 모호한 것이다. 공포와 같은 정서가 지닌 의미를 다른 사람은 알기 어려운 것이다. 그 정서를 느끼는 사람의 마음 속에서 생성된다는 것이 그 무엇보다 더 진실이다.

가상현실 체험용 고글VR goggle은 온라인 집단상담 과정의 일부분은 아니지만, 공포증이나 이와 관련된 주제를 다루는 내담자를 위한 개인 심리

---

2 마셜 매클루언Marshall McLuha의 저서 『*Understanding Media: The Extensions of Man*』
   (1946; 김성기/이한우 역. 『미디어의 이해: 인간의 확장』 민음사. 2002) 참고. 미디어
   가 전달하는 내용은 미디어 기술과 분리될 수 없다는 것이다. 같은 뉴스라도 문서
   매체와 영상 매체가 동일하게 전달되지 않는다. 미디어 자체가 인식에 영향을 주는
   것이다. 따라서 미디어는 메시지가 되는 것이다.

치료에서 많이 사용되고 있다.[1] 예를 들어, 비행을 두려워하는 사람이 치료실에서 VR 고글을 쓰고 가상으로 공항에 가서 비행기에 탑승하고, 가상으로 활주로에 착륙하는 것이 현실에서 직접 체험하는 것보다 훨씬 쉬울 것이다. 그다음 단계는 개인별 신체 조건 ―사마귀 등 뭐든지― 을 닮은 아바타를 만들고 나서, 온라인 가상현실 집단회기에서 다른 사람의 아바타들을 만나는 것이다. 이와 같은 방식의 심리치료는 모든 감정적, 정신적 문제들을 다룰 수 있는 새로운 가능성들을 열어준다. 하지만 이러한 주제는 본 논문의 범위를 넘어선다.

여기에서의 요점은 다음과 같다. 1905년경에 시작되었을 대면 심리치료에 어떻게 가상현실("가상성virtuality")이 이미 존재했는지를 살펴보기로 한다. 내담자와 정신역동 치료자 사이에 사용된 기술이 영어나 또는 다른 자연어를 사용하는 대화가 유일한 경우에도 그 둘의 대화에 이미 가상현실이 녹아 있었다는 느낌을 강하게 갖는다. 예를 들어 프로이트Freud의 유명한 내담자 꼬마 한스Little Hans가 말horse 공포증을 겪었을 때, 프로이트는 다음과 같이 해석하였다. 말에 대한 공포심은 아버지의 남성성을 위험하게 여기는 한스의 두려움을 상징한다. 한스는 그동안 인식하지 못했지만 사랑했던 아버지를 향한 경쟁적 적대감을 직면한 것이다. 하지만 적개심을 표출하는 것은 여러 가지 이유로 용납될 수 없었다. 자신을 돌봐주는 아버지에게 의존하고 있었고, 어머니를 향한 애정의 경쟁자인 아버지를 "미워하면서도" 동시에 사랑했기 때문이다. 또한 한스는 버릇없이 굴어서 아버지에게 벌 받는 것도 두려워했다. 그래서 한스의 적개심은 상징적인 대상인 말에게로 향하게 되었다. 한스의 증상들(이는 심리적 고통을 일종의 간접적인 "가상현실"로 표출한 것)은 현실적으로 그에게 힘을 실어 주었다. 온 가족이 한스를 돕기 위해 문자 그대로 뛰어다니며 "프로이트 교수님"에게 도움을 청하고 자문을 받고 있었기 때문이다. 요컨대, 한스의 가상현실 ―여기에서는 따옴표 없음― 은 말이 그저 말인 것이 아니라, 아버지를 대리하는 가상성이자 아버지의 강한 남성성의 한 형태라는 것이다. 그러므로 이제 상상된 상징적 관련성이라는 가상현실에 헤드셋과 스마트폰을 이용한 새로운 모의 가상현실 시나리오를 더해보자. VR 기술이 있기 전부터 행동주의자들을 비롯한 모든 분야의 치료자들은 내담자들이 두려워 하는 비행기 탑승을 상상해보도록 요청하였다. 내담자의 상상력을 활성화시키는 방식으로 VR을 상담에 활용한 것이다. 누군가는 가상현실을 거부하기 위해 일부러 온라인에 접속하지 않으려 하겠지만, 가상성은 사람이 다른 생명체를 상상하며 상징화를 할 수 있는 한 계속해서 저절로 따라오는 것이다.

미디어는 메시지 전이이다.

온라인 기술에 대한 전이는 온라인으로 수행하는 치료(개인치료와 집단치료 둘 다)에서 치료 과정의 걸림돌이자 실현 도구가 된다. 기술 자체는 눈에 보이지 않는다(방 안의 코끼리를 보지 못한다는 속담이 있다). 마셜 매클루언의 "미디어는 메시지이다"라는 슬로건에서 메시지라는 단어에 가로줄을 그은 것은 다분히 의도한 것이다. 이러한 "미디어 방정식"은 우리가 사람과 관계 맺을 때 거리감, 관심, 어떤 존경심을 가지고 인간적 면모에 닿으려고 하듯이, 미디어와도 그렇게 연결된다는 뜻이다(Byron

Reeves and Clifford Nass, 1996/2002 참조). 기술 덕분에 치료자가 내담자의 마음을 읽을 수 있게 된다는 판타지는 이제 처음 등장했을 때만큼 억지스럽게(또는 편집증에 한정된 것으로) 느껴지지 않게 되었다.

실수를 하는 게 인간이듯 작동을 완전히 멈출 수 있어서 인터넷이다! 기술은 아주 공평해서 누구나 언제든지 온라인 기술의 중단을 경험할 수 있다. 기술이 만들어낸 가능성 덕분에 새로운 차원의 취약성이 나타나기 시작하였다. 내가 온라인 상담을 새로 시작하게 될 예비 내담자와 대화하던 때의 일이다. 온라인 회기가 중단되면 내가 다시 전화를 걸겠다고 설명했다. 그 내담자의 호소 문제 중 하나는 분노였는데, 그는 세상을 향한 분노를 호소하고 있었다. 그런데 만약 알 수 없는 이유로 예측하지 못하게 온라인 연결이 갑자기 멈추고 대기 상태가 되더니 연결이 끊어졌다고 생각해보자. 다시 연결하려고 하지만 성공하지 못하고, 불안이 엄습해오는 절망적인 상태에서 컴퓨터를 재부팅하는 시간은 더 오래 걸릴 것이다. 유선전화를 시도하지만 내담자는 전화를 받지 않고 음성 메시지로 전환된다. 화가 많이 나셨나? 핸드폰이 접속이 됐다 안 됐다 하는 건가?(핸드폰은 전화보다 더 발전된 기술 아니었나!) 이 관계는 다시 회복될 수 없을 것이다. 공감은 되살아날 기회를 잃었다. 치료 규범에 대한 추가적인 권고사항은 무엇일까? 온라인 상담을 시작하기 전에 컴퓨터를 재부팅하여 메모리 캐쉬memory cache를 삭제하고 메모리와 연결성과 같은 컴퓨터 자원을 점검하도록 한다. 유선전화와 휴대전화 번호를 모두 사용할 수 있도록 한다. 또한 온라인 서비스가 중단될 경우 어떻게 다시 연결할 것인지 이런 부분에 대해 명시적으로 합의하도록 한다. 마치 치료사로서 상황들에 대처할 준비를 갖고 있지 못한 듯한 자세로 임하라! 사항은 별로 없어 보일 정도로, 새로운 도전은 나타나기 마련이다. 일정 관리, 비용, 체계, 상담 동의(협약), 위기관리 등 심리상담자는 인터넷 안내 데스크 역할까지 담당하게 된 것이다. 이것은 심리치료자의 직무에 없던 것들이다.

개인상담이나 집단상담에서 온라인 전이에 대한 근본 규칙

오프라인에서 사람이 하는 일은 온라인에서도 할 수 있다. 일반화해서 말하자면, 경험적으로 사람이 오프라인에서 하는 모든 일은 온라인에서도 할 수 있다. 개인적 만남이 이루어지는 비전자적non-electronic 세상에서 사람이 하는 것은 무엇이든 온라인에서도 한다. 그렇기 때문에 온라인 집단상담은 원래의 집단상담이 효과가 있는 만큼 효과가 있다. 그러나 온라인은 때때로 제약이 없고 자유로운 자기표현을 조장하기도 한다. 내가 하고 싶은 말을 마음대로 하거나 도발적으로 행동해도 아무도 나를 때릴 수 없다. 온라인에서는 그런 식의 안전함을 느낄 수 있다. 한편, 온라인에서 오히려 자기표현이 억제되기도 한다. 사람이 우표 크기만큼 작게 보이는 화면에 대고 이야기를 해야 하는 비현실적 감각 때문에 자기표현이 어렵기도 하다. 하지만 일반적으로, 만약 어떤 사람이 수줍음을 탄다면, 그 사람은 온라인에서도 수줍어 할 것이다. 만약 그 사람이 못되고 괴롭히는 사람이면, 온라인에서도 남을 괴롭힐 것이다. 그런데 여기에 미묘한 차이가 있다. 온라인 세계는 익명성의 느낌을 증가시킬 수 있다. 이것은 분명 인정할 수밖에 없는 것이고 소셜 네트워킹 이전 시절부터 지적됐던 것이다. 『뉴요커The New Yorker』 잡지의 유명한 만화에 이런 내용이 있었다. 개가 컴퓨터 단말기 앞에 앉아 타이핑하고 있는 삽화에 "인터넷에서는 아무도 당신이 개라는 사실을 알지 못한다."라는 문구가 적힌 만화다. 충격적이지만, 페이스북facebook이나 SNS에서는 새로 지어낸 가짜 정체성을 사용하는 경향이 있는 것이 사실이다. 하지만 실시간으로 상대방의 움직임을 보면서 소통하는 방식으로 온라인에서 즉각 연결되는 경우는 표현 전달에 생기를 불어넣을 수가 있다. 그럼에도 불구하고 온라인 환경의 익명성과 비인격성으로 인해 제약 없이 행동하려는 사람들을 규제하기 어렵다. 온라인에서는 자신의 행동의 결과를 직접 책임지지 않을 수 있기 때문에 진심이든 아니든 "모든 것을 내 멋대로" 말할 수 있는 것이다. 그곳에 나를 지켜보는 다른 사람이 없다. 말하자면, 그와 같은 책임질 결과의 부재는 안전한 대면 심리치료의 독창적인 특징으로 여겨져 왔다. 심리치료 회기에서 내담자는 결과가 어찌될 것인지를 상정하지 않고 정서 작업의 일환으로써 분노 감정을 상상해보기도 한다. 하지만 여기에서 말하고자 하는 요점은 온라인 환경이 특정 개인의 탈억제dis-inhibition를 증폭시킬 수 있다는 것이다. 이것은 직접 대면하는 회기에서와는 전혀 다르다. 그렇다. 어떤 사람이 온라인 집단에서 아무도 자신을 신체적으로 해칠 수 없기 때문에 대면보다 더 안전하다고 느낄 수 있겠지만, 그것은 스스로를 속여 안전과 신뢰의 문제를 더 쉽게 회피해버리는 어리석음을 범하게 될 수도 있는 것이다.

그러므로 우리는 이렇게 질문하고자 한다. 온라인에서 스스로를 속이는 것이 더 쉬운가? 더 쉬운 것은 아니고 다른 것이다. 사람들은 진실로 교활하다. 그들은 잘 "숨긴다." 만약 학대를 받았거나 부당한 대우를 받았다면 내적 갈등이 발생할 것이다. 사람들은 부끄러움을 느끼는 동시에 속상함을 숨기고 생존자로서 인식되고 공감받기를 원한다. 사람들은 대면 집단에서도 뭔가를 "숨긴다." 그리고 온라인에서는 새로운 변종 스타일의 "숨김"이 가능해진다. 대면 회기에서 전화를 끄거나 무음하는 것에 동의하는 것처럼, 온라인에서도 짖어대는 강아지나 우는 아기를 문 밖에 두어야 한다. 예를 들어 어떤 사람이 자신의 수치심과 억압을 극복하기 위해 2분 동안 깊은 감정 덩어리를 쏟아냈다. 그런데 아뿔싸, 마이크가 "음소거" 되어 있는 바람에 아무도 듣지 못했다. 이 사람의 인생에서 일어나는 일과 이 얼마나 유사한가? 광야에서 울부짖는 목소리와 같지 않은가. 이 사람은 날마다 자신이 기여하는 만큼 인정받지 못한다고 느낄 것이다. 이것은 반드시 하나의 차원으로 다뤄져야 하고, 이 사람의 인생의 주제가 기술technology로 전이되었음을 파악하는 그러한 과정의 차원에서 해석되어야 한다.

선사禪師, Zen master라면 컴퓨터 시스템의 행동이 "텅 비어 있고 무의미하다"는 사실을 이해할 것이다. 그러나 중요한 것은 우리가 그것을 무언가 의미 있는 것으로 만드는 것이다. 여기서 "그것"은 비인격적이고, 암묵적이며, 배경에서 간과되는 것으로서 살아가는데, 우리는 손을 뻗어 공감적 관계를 구축하려는 시도에서 자동화된 시스템의 자의적 행동에 의미를 투사하는 것이다. "텅 비어 있고 무의미"하지만, 틀림없이 확실하게 예상할 수 있는 것이 있다. 이를테면, 교통 체증, 자동차 열쇠 분실, 냄새 나는 부엌 쓰레기가 난무하는 실제 세상에서 살아가는 가장 취약하고 의존적인 사람들은 현실과 똑같은 방식으로 기술과 연결될 것이다. 이들은 온라인 회기에 참여하는 기술에 대해 무력하고 의존적일 것이다. 그들은 "우연히" 엉뚱한 버튼을 누를 것이다. 명확하고 깨끗한 통신을 가능하게 해 주는 헤드폰을 작동시키지 못하거나 오디오 에코를 줄이는 데 필요한 제어장치를 찾을 수 없을 것이다. 어떤 사람은 음소거 상태에서 자신의 마음을 쏟아낼 것이다. 어떤 사람은 울림을 제거하지 못할 것이고 볼륨을 조절하지 못해 윙윙거리는 소리를 계속 듣게 될 것이다. 어쩌면 이것은 그들 과거의 메아리가 아닐까?

우리는 증상 측면에서 완전히 새로운 차원의 행동실수나 말실수를 보게 될 것이다. 배우자와 다툰 뒤 생일 선물로 받은 꽃병이나 부엌 가전제품을 떨어뜨려 부서뜨리는 경우가 얼마나 많은지 알고 있는가. 이것이 의도적인 것은 아니지만, 복합감정과 양가감정, 그리고 숨어 있는 감정의 갈등으로 인한 준의도적인 것이다. 온라인에서 가장 흔한 "실수"는 "기술적 어려움"으로 인한 것이다. 감정과 결부된 것이 일어날 때 그 사람이 사용하는 인터넷 서비스가 중단되는 사건이 "공교롭게도" 발생한다. 다시 한번 말하지만, 의도적인 것은 아니지만 자신도 모르게 버튼을 잘못 누르는 일이 발생한다.

온라인에서 공감적 관계의 가능성을 변화시키는 기술

여전히 타인이 신체적으로 현존하며 곁에 머무는 것이 "최상의 표준gold standard"으로 남아 있다. 인간은 몸을 부여받은[체현된] 생명체embodied creatures 이다. 철학자 비트겐슈타인Wittgenstein은 인간의 몸은 인간의 영혼이 그린 가장 훌륭한 그림이라는 유명한 말을 했다. 2차원의 얼굴 사진에서도 미세한 표정을 볼 수 있지만, 크기는 실물보다 훨씬 줄어든다. 마찬가지로, 대화할 때 두 손을 앞으로 뻗어 맞잡는 몸짓은 공감적 표현이지만 온라인에서는 그 모습을 보는 시각 정보가 크게 감소한다(Chu 외., 2013 참조). 신체언어를 거의 읽을 수 없을 정도로 전반적인 신체의 배치구도가 잘 파악되지 않는 것이다. 냄새 역시 다른 사람의 존재 흔적을 확인하는 결정적이고 강력한 방식인데, 이것도 온라인 모드에서 쉽게 사라진다.

195cm의 키에 몸무게가 114kg인 덩치 큰 사람과 만나야 하는데, 그 사람이 무척 화가 나 있다면, 그 사람과의 만남은 감정적으로 매우 도전적인 상황이 될 것이다. 공감을 하려는 사람은 타인의 상한 마음에 대한 민감성과 함께, 그 사람의 속상한 마음이 고조되어 폭력으로 바뀔 수 있다는 것에 대한 자신의 두려움까지도 다루어야 한다. 그런 의미로 온라인 환경은 사람들이 물리적으로 분리된 공간에 있다는 점에서 안전한 수단이 된다. 폭력 가능성은 더 이상 존재하지 않게 되고 일반적으로 그것은 좋은 일이다. 반면, 행동화에 이르도록 고조될 암묵적 가능성이 없다면 그러한 것에 대한 숙달을 보여줄 기회도 갖지 못하는 것이다. 이를테면, "그래요, 저는 덩치가 크지요. 하지만 난 스스로를 통제할 수 있어요. 그러니 당신은 '추가적인' 조치를 취할 필요가 없어요."라는 식의 대화는 일어나지 않을 것이다.

온라인 세계에서는 다른 사람의 물리적 존재에 대한 감각이 무뎌진다. 온라인에서는 신체가 현실 공간을 얼마나 차지하는지 알게 되는 것과 같은 방식의 알아차림이 일어나지 않는다. 예를 들어 과체중인 사람에 대한 편견이 있는 치료자 앞에 과체중인 사람이 물리적으로 나타날 때 그 사람은 치료사의 정면과 중앙에 현존한다. 다르게 위장할 방법이 없다. 그러나 그 사람이 화상으로 연결되면 체격은 아무 상관없어진다. 이 점은 현실 공간에서의 편견을 없애고 공감의 폭을 넓혀 치료를 진행할 수 있게 한다는 점에서 좋은 일이다. 한편, 그러한 편견이 현존한다면 치료자가 자신의 역전이에 대해 숙달하고 공감적 만남의 진정성을 확대할 수 있을 것이다.

아무리 미디어가 진보해도, 대면 상담회기에서 마주보는 사람을 통해 경험하는 인간의 체현된 자기embodied self는 공감 관계를 작동하게 하는 강력한 동력이 된다. 치료실 카우치에 혼자 누워 있더라도 치료자의 음성이라는 상상적 자질에 의해 전이가 활성화될 때(눈앞에 보이는 존재가 없더라도) 내담자는 어깨 너머 물리적으로 현존하는 인간의 소리를 듣는다. 치료자의 호흡, 살짝 움직일 때 의자가 삐걱거리는 소리, 치료자가 이동하느라 몸을 움직이는 것, 코를 훌쩍이는 것, 배가 꼬르륵 거리는 것 모두를 감지한다. 이것이 무슨 소리이겠는가? 그것은 인류가 공유하는 본연의 실존하는 소리들이다. 우리는 이 모든 것이 그 자체로 치유적인지에 대해 논의할 수 있을 것이다. 어쨌든 그것들은 분명히 공감적 관계 맺기empathic relatedness를 발생하게 하는 구조와 틀의 일부이다. 온라인 환경의 비체현적disembodied 특성은 개인회기나 집단회기나 상관없이 온라인 접근법의 주요한 단점 중 하나이다.

만약 7명이 같은 방 안에 동그랗게 앉아 있다면, 말하기 위해 음소거 기능을 끄는 버튼을 누르거나 손바닥 아이콘을 눌러 말하고 싶은 의도를 표현할 필요가 없다. 그저 주위를 둘러보고 자발적이고 자유로운 비구조화 상태에서 상호작용하는 언어로 대화에 끼어들고자 할 것이다. 온라인에서는 아무 말도 하지 않으면 마치 구석에 놓여 있는 라디오처럼 존재하지 않는 것과 같다. 말 없이 조용한 온라인 심리치료자는 마치 없는 것과 같고 힘도 잃어버린다. 이와 대조적으로 얄롬이 대규모 대면 집단 회기에서 턱수염을 쓰다듬으며 조용하게 앉아 있는 모습을 상상해보라. 그는 그 공간에서 강한 존재감을 지닌 채 있는 것이다. 이 장면이 화면에 우표 크기로 축소되면 존재의 힘도 줄어든다. 누군가는 이렇게 말할지도 모른다. "그러면 2m짜리 스크린을 구하는 것은 어떨까?" 좋은 생각이다. 어쩌면 그것이 해법이 될 수도 있을 것이다. 하지만 그것을 구현할 만큼의 투자는 재정적·기술적 한계 기준을 크게 넘는다. 차라리 교통체증을 무릅쓰고 충분한 시간적 여유를 가지고 치료자를 찾아가는 것이 더 간단할 것이다.

온라인 환경에서는 신체적 차원은 축소되고 가상성은 확장된다. **공감적 수용은 감소**하고 **공감적 이해와 해석은 확장**된다. 결론적으로 말하자면 성공으로 가는 경로를 따라 모든 과정에서 공감은 유지되는데, 서로 다른 차원의 공감이 강조된다는 점이다. 온라인 집단 규범은 사람들이 같은 물리적 공간에서 둘러앉아 있을 때 발생하는 규범과 다른가? 내 생각에 온라인 집단은 구조화되지 않고 자발적이고 자유롭게 상호작용하는 것과는 반대로 "순서" 지키기를 선호하는 것으로 보인다. 온라인 화면에 보이는 얼굴 표정의 모든 세부사항을 다 볼 수 없기 때문에, 누군가가 의사표현의 순간을 기다리는 모습이나 감정적으로 폭발하기 직전의 모습을 충분히 공감적으로 읽어내지 못할 것이기 때문이다. 온라인에서는 그냥 나가버리는 것이 더 쉽다. 단지 "종료" 버튼을 클릭하고 인터넷 연결이 끊어진 것처럼 행동하면 된다. 이것은 정말 쉽지 않은 문제이다. 만약 누군가가 정말로 당장 나가야만 한다면 진짜로 그렇게 할 수 있다. 이것은 하나의 예시이고, 온라인 모드에서 집단의 규범이 어떻게 변화하게 될지에 대한 의문을 전반적으로 갖게 만든다.

　온라인 공감에서 독특한 점은 기술이 어떻게 관계 가능성을 변환시키는지를 인정하는 것이다. 온라인 환경에서는 기술적 요소로 인해 공감적 수용을 위한 신체 존재의 필요성이 "감소"한다. 오히려 타자에 대해 "먼 곳"에서 일어나는 일을 상상하는 공감적 해석의 필요성이 더욱 중요해진다. 요점은 공감의 모든 측면이 온라인 상담에 나타나지만 기술적 제약으로 인해—공감 가능성의 측면에서— 공감적 수용보다 공감적 해석이 강조된다는 것이다. 기술은 내담자와 치료자 모두에게 양가성, 복잡한 감정, 정신적·정서적 갈등을 표현할 수 있는 새로운 방법을 제공한다. 온라인에서 발생하는 "프로이트 학파"의 행동실수, 말실수 그리고 (지금 살펴본) 기술적 실수를 단순히 무시하면 안 된다는 점에 주의해야 한다. 집단에서의 개인은 스스로 말하고 표현하며, 그렇게 함으로써 그들의 무의식 또한 스스로를 표현할 기회를 갖는다. 쉽게 말하자면, 사람들에게는 의식의 사각지대가 있다. 서로 상호작용할 때 그 사각지대에서 실수가 일어나는 것이다. 그와 같은 것들이 집단 내 사람들에게도 강력하게 존재하는 것이고, 말한 사람을 제외한 집단 내 모든 사람에게 무의식의 증거물이 되는 것이다. 그리고 그것은 곧 실수한 사람에게 지적하고 알려주는 동료의 힘이 된다. "보세요, 지금과 같이 대치하는 순간에 낭신이 기술 조작을 잘못한 것은 단순히 우연이라고 할 수 없어요. 이 점을 천천히 바라보실래요?" 심리치료자는 이러한 증상적인 동작과 행동을 소급해서 해석할 수 있도록 기술적 사용법에 관한 기본적인 훈련(강사이자 학생으로서)을 받을 필요가 있다. 이는 과정을 온라인 과정으로서 탐구하고 조사함으로써 치료를 진전시키는 방법이며, 개인 또는 집단의 온라인 심리치료에서도 일관된다. 온라인 소통이라는 지니는 이미 호리병 밖으로 나왔고, 시계를 되돌리는 것은 불가능한 선택이다. 미래는 오프라인과 온라인 양쪽에서 전이를 해석하고 관리할 수 있는 사람들의 것이다.

주석

1 www.psious.com(심리치료사를 위한 VR 고글을 홍보하는 주목할 만한 스타트업) 참조. 저자 루 아고스타는 이 스타트업 회사와 재정적인 관련성이 없다고 밝히면서, 이 회사에 대한 2016년 블로그 포스팅을 소개했다. ―"사이어스에서의 공감에 대한 소문A Rumour of Empathy at Psious": https://tinyurl.com/jyuxedq

참고문헌

Agosta, L. (2010). *Empathy in the Context of Philosophy.* London: Palgrave Macmillan.

Agosta, L. (2014). *A Rumor of Empathy: Rewriting Empathy in the Context of Philosophy.* New York: Palgrave Pivot.

Agosta, L. (2013). "A Rumor of Empathy: Reconstructing Heidegger's Contribution to Empathy and Empathic Clinical Practice," *Medicine, Health Care and Philosophy: A European Journal,* doi: 10.1007/s11019-13-9506-0

Agosta, L. (2015). *A Rumor of Empathy: Resistance, Narrative, Recovery.* London: Routledge.

Agosta, L. (2018). *Empathy Lessons.* Chicago: Two Pears Press.

Chu, M., Meyer, A., Foulkes, L. and Kita, S. (2013). "Individual Differences in Frequency and Saliency of Speech-Accompanying Gestures: The Role of Cognitive Abilities and Empathy," *Journal of Experimental Psychology: General*, Advance online publication. August 5, doi:10.1037/a0033861

Mead, G.H. (1934). *Mind, Self and Society from the Standpoint of a Social Behaviorist*, C.W. Morris, ed. Chicago: University of Chicago Press, 1962.

Reeves, B. and Nass, C. (1996). *The Media Equation: How People Treat Computers, Television, and the New Media Like Real People and Places*. Palo Alto, CA: CSLI (Stanford) Publications, 2002.

Yalom, I.D. with Leszcz, M. (2005). *The Theory and Practice of Group Psychotherapy*, 5th edition. New York: Perseus (Basic) Books. 장성숙, 최혜림 공역.『최신 집단정신치료의 이론과 실제(제5개정판)』하나의학사. 2008.

4 　감각운동심리치료(SP)의 원격 적용
화상만남에서의 몸의 관여, 현존의 창출, 관계의 구축

팻 옥든Pat Ogden · 보니 골드스틴Bonnie Goldstein

감각운동심리치료Sensorimotor Psychotherapy, SP는 몸이 관여하는 의사소통과 '소매틱 서사somatic narrative', 즉 자세, 몸짓, 표정, 움직임, 시선을 중요하게 여긴다. 이러한 접근에서는 트라우마 및 부적절한 애착에서 오는 유산을 몸 자체가 어떻게 붙들고 있는지에 대해, 그리고 몸과 몸의 움직임 패턴에 대한 알아차림을 통해 어떻게 이러한 유산이 변화할 수 있을지에 대해 주의를 기울인다. 신체 습관physical habits은 암묵적인 과정들을—이들 중 일부는 언어를 습득하기 이전에 뇌와 몸에 새겨져 있다—반영하고 유지하기 때문에, 소매틱 서사는 말로 표현되지 않는 패턴들을 드러낼 수 있다. 감각운동심리치료에서는 몸, 신념, 정서 사이의 상호 관계가 그 무엇보다 중요하다. 예를 들어, "아무도 나를 도와주지 않아"와 같이 제약을 가하는 신념이나 실망감과 같은 정서는 신체 감각, 자세, 몸짓, 호흡, 걸음걸이, 자율신경계의 각성 그리고 움직임과 같은 것들의 패턴에 상응할 것이다. 내담자는 이러한 절차적 습관procedural habits을 알아차리고, 현재 삶에서 만족감과 풍부함을 방해하고 있는 철 지난 낡은 실행 모델working models을 반영하고 유지하는 습관들을 바꾸는 기술을 마침내 습득하게 된다.

감각운동심리치료는 안녕감을 떨어뜨리는 무의식적 습관들을 내담자가 발견하고 변화시키는 것을 돕기 위하여, 대화 ―또는 "~에 대해 얘기 나누기"― 보다는 신체, 정서, 인지 패턴들에 대한 순간순간의 경험에 대해 마음을 챙기며 알아차리는 것을 우선으로 여긴다(Kurtz, 1990; Ogden & Minton, 2000; Ogden, Minton & Pain, 2006; Ogden 2015). 마음챙김은 종종 비언어적인 내적 노력으로 특징되며, 고독하고 조용한 활동이라고 ―비록 집단적으로 실행된다 할지라도― 가르친다. 이와 대조적으로 감각운동심리치료의 "관계성 마음챙김Embedded Relational Mindfulness(ERM)"은 다음과 같다.

> 치료자와 내담자 사이에서 공동 창조된 관계를 통해 순간순간 일어나는 것들과 통합되어 있는 것이고, 그것들 안에 내장되어 있는 것이다. 치료자는 내담자가 현재 순간의 내적 경험을 관찰하고, 체험이 일어날 때 관찰하는 것들을 말로 나누도록 격려한다.
>
> (Ogden & Goldstein, 2017: 68)

관계성 마음챙김은 몇 가지 중요한 요소를 포함한다. 치료자는 내담자가 지금 여기에서 경험하는 것의 가시적 요소들을 관찰하고, 이러한 경험에 대하여 내담자가 알아차리도록 지도하며("당신 가슴 속의 그 공허한 느낌 그리고 공허감과 함께하는 그 슬픔에 머물러 보시죠."), 마음챙김 질문을 한다("지금 당신 몸에서 어떤 걸 알아차리시나요?" "그 공허감이 동일한 상태인가요 아니면 바뀌고 있나요?"). 이러한 개입을 하면, 내담자는 그 순간 내적으로 일어나는 경험의 조직화에 대해 마음을 챙기게 되며, 자신이 알아차린 것을 치료자에게 말로 보고하게 된다.

이러한 접근은 전통적으로 대면 치료in-person tneatment에 속하지만, 화상만남videoconferencing 양식에도 아주 잘 맞는다. 화상만남에서 내담자는 치료자가 있는 장소와는 다른 곳에서 심리치료 서비스를 받지만, 각 당사자는 실시간으로 상대방을 보고 들을 수 있다. 힐티Hilty, 페러Ferrer, 패리쉬Parish, 존슨Johnson, 캘러핸Callahan, 옐로리스Yellowlees(2013)는 "화상만남은 대부분의 매개변수 —실행 가능성, 성과, 연령 그리고 1회성 평가와 자문 또는 추수 활용에 대한 만족도와 같은 변수들— 에서 대면 치료만큼 효과가 있는 것으로 보였다."(p. 15)고 결론지었다. 하지만 치료자와 내담자 간의 몸 대 몸의 대화만큼이나 내담자의 움직임, 몸짓, 자세가 이 접근의 필수적인 요소이기 때문에 화상만남을 통한 감각운동심리치료는 특정한 도전과제들을 던져준다. 우리는 이러한 도전과제들과 가능한 해법들을 명료하게 밝히기 위하여, 트라우마 이력(가족의 친구에 의한 성추행), 애착장애attachment disturbances(이혼 및 유기) 그리고 강박장애OCD로 진단된 고통을 겪고 있는 한 내담자(리아Lea)에 대한 합성 사례 연구composite case study를 제시한다.

리아에 대한 소개

21살 대학생 리아는 강박행동이 되어버린, 걱정과 의심을 통제할 수 없는 상태를 겪게 되었다. 이러한 상태가 되면, 리아는 자신의 강박이 일으킨 불안을 줄여주는 습관적인 행동을 반복적으로 하였다. 그녀는 이렇게 시간을 소모하는 의식들rituals이 자신을 더욱 괴롭히는 원인이 되고, 학업과 인간관계를 방해한다고 불평하였다. 리아는 반복적인 손씻기, '세균 묻은'

물체를 만지는 것에 대한 공포, 반복적으로 확인하기(예: 문이 잠겼는지 확인하기), 물건들이 특정한 질서 상태에 있길 바라기, 일을 '제대로' 해내길 바라기 등 전형적인 OCD 증상을 상당수 포함하고 있었다.

　리아는 부모님이 이혼하기 전이었던 여덟 살 때부터 증상이 시작되었는데, 어린아이였던 리아가 자신의 아버지를 전적으로 돌봐야 했다. 리아의 어머니는 재혼을 하고, 나라 밖으로 이사하고, 새로운 가족을 시작하는 걸 반복하였다. OCD로 분투하는 사람들은 특히 스트레스에 민감하고 부정적인 사고에 집중하는 경향이 있는데, 리아도 예외는 아니었다. 그녀는 자신이 느꼈던 '거절'과 '유기'에 대하여 이야기하고서, 자신에게 잘못된 게 무엇인지 궁금하다고 하였다. 그녀가 느끼는 부적절감은 타인들과의 친밀한 유대감을 형성하기 어렵게 만들었고, 동료들에게서 스스로를 고립시키는 경향이 있었다. 그녀가 강박적으로 수행하는 의식들은 자신의 OCD에 대해 느끼는 자기비난을 더욱 악화시켰고, 쉽게 빠져나올 수 없는 행동의 악순환을 만들어냈다. 이는 OCD 진단을 받은 사람들의 특징이기도 하다. 리아의 유기된 느낌, 소외, 낮은 자존감은 10대 초 아버지 친구에게 2년 넘는 기간 동안 성희롱과 성학대를 당하며 악화되었다. 리아는 치료를 시작하고 나서야 이러한 트라우마를 드러내었다.

화상만남 시작하기: 물리적 환경 및 준비

　화상만남에서 치료 동맹은 초점을 잃고 약해질 수 있는데, 격식 없는 포맷들—특히 페이스타임FaceTime과 같은—을 활용할 때 그렇게 될 수 있다. 대면 치료를 그대로 반영하는 화상만남을 위한 물리적 환경을 만드는 것 그리고 그러한 환경을 일관되게 사용하는 것은 치료적 컨테이너를 강화할 수 있다. 작업 환경은 완벽히 되어 있어야 하고 주의를 집중할 수 있게끔 지원해야만 한다. 첫 만남에서 리아와 치료자는 화상회의 회기를 진행하기 위한 각자의 방을 지정하였는데, 이는 연속성과 예측성의 느낌을 갖는 데 도움이 되었다. 그들은 또한 전화기와 컴퓨터상에서 주의를 산만하게 하는 것들 —이메일, 문자 메시지 또는 경보와 같은 것들— 을 비활성화시킴으로써, 이러한 유혹들에 의해 멀티태스킹을 하거나 옆길로 빠지는 경향을 줄이는 것에 대하여 논의를 해두었다.

감각운동심리치료는 마음챙김에 의지하기 때문에, 회기를 시작하기에 앞서 기어를 바꾸고 마음을 진정시킬 시간을 갖는 게 도움이 된다. 만약 치료자가 화상만남 회기에 재빠른 "행동action" 또는 "실행 모드to-do made"로 들어가면 내담자도 같은 방식으로 행동할 수 있다. 내담자 역시 마음을 진정시키고, '행동'보다는 내면의 경험을 자각할 수 있을 때 마음챙김은 촉진된다. 리아에게는 마음을 진정시키는 게 쉽지 않았고, 그래서 그녀와 치료자는 화상만남 회기를 시작할 때 잠시 바디스캔의 시간을 조용히 가짐으로써 좀 더 마음챙김하는 "존재being" 모드로 기어를 바꿀 수 있는 방향으로 진행하기로 결정하였다.

리아의 치료자가 지닌 우선적인 목표는 그녀와 강력하고 협력적인 치료동맹을 구축하기 위하여 라포를 형성하는 것이었다. 감각운동심리치료는 애착 중심 접근으로서 안전을 촉진하고 불운한 경험의 후유증을 치유할 치료적 관계의 역할을 중시한다. 이와 대조적으로 원격 인지행동치료CBT는 OCD에 효과적인 양식임이 밝혀졌지만(Aly, 2017), CBT가 자조self-help 프로토콜에 의지하면서 내담자—치료자 상호작용은 최소화하게 된다(Rees, Anderson, Kane & Finlay-Jones, 2017). 중요한 것은 치료동맹이 언어에 의해

서뿐만 아니라 암묵적인 몸 대 몸의 정동 소통affective communication을 통해서도 형성된다는 사실이다. 볼비Bowlby가 수십 년 전에 주장했듯이,

> 애착이론을 마음에 새긴 치료자는 환자가 자신의 친족에게서 사랑과 돌봄을 받고자 하는 열망, 환자의 불안과 분노 그리고 아마도 소망이 좌절되고/되거나 모욕당한 것에 대한 절망감에 대해서 **주로 비언어적 수단을 통해** 존중과 연민을 전달할 것이다. (1980: 180, 강조 추가됨).

이와 유사하게 쇼어Schore(2009)는 다음과 같이 적고 있다.

> 가장 근본적인 수준에서 볼 때 심리치료 작업은 치료자가 환자를 위하여 명시적으로, 객관적으로 행하거나 환자에게 말하는 것으로 정의되지 않는다. 핵심 기제는 그것보다는 어떻게 암묵적으로 그리고 주관적으로 환자와 함께 존재하는가이다. (p. 41)

치료적 관계에 필수적인 것은 상태의 공유state-sharing, 즉 몸 대 몸의 정동적인 소통을 통하여 전달되고 경험되는, 상호적으로 체현되는 의식embodied consciousness이다. 이는 분명 온라인 화상만남에서의 도전적인 과제들을 보여준다.

화상만남에서의 상태 공유는 치료자가 신체적 근접성이 부재한 가운데 내담자와 정서 동조 영역resonant emotional territory에서 만날 수 있는 능력을 요구한다. 상태의 공유는 비언어적이고 암묵적이기 때문에 화상만남 동안에 성취하기가 더욱 어려울 수 있다(작은 화면을 사용할 때 특히 그렇

다). 리아와 치료자는 랩탑이나 휴대폰보다는 커다란 화면의 컴퓨터를 사용함으로써 각자 몸의 자세나 얼굴 표정과 같은 비언어적 세부 모습들을 보다 쉽게 알아차리고 느낄 수 있도록 하였다.

화상 만남에서 상태 공유state sharing를 위해서는 또한 치료자가 자신의 목소리를 어느 정도 사용하여 내담자와 연결될 것인지에 대해 알아차리는 것이 필요하다. 치료적 관계에서 "우뇌에서 우뇌로의 운율적 소통은 … 암묵적인 소통의 필수적인 수단으로 작용한다. … 우반구는 우리의 언어 이면의 '음악'을 처리하는 데 중요하다."(Schore & Schore, 2008: 14) 화상만남에서 관계의 안전함과 상태 공유를 확립하기 위해서는 내담자와 적정하게 함께하기 위하여 내담자의 운율prosody(음색, 음량, 말의 속도)뿐만 아니라 눈맞춤, 얼굴 표정, 신체 움직임(기울기, 심호흡, 머리 기울임 등)에 맞추어갈 수 있는 치료자의 능력이 필수적이다. 따라서 치료자는 스스로, 자신의 몸 그리고 자신의 상태와 접촉해야만 하는데 여기에는 역전이, 방어, 재연[실연]enactment 등이 포함된다.

감각운동심리치료에서는 몸의 자세와 표현과 움직임을 추적track하는 것이 필수적이다. 첫 회기에 리아와 치료자는 몸을 다루는 것, 그리고 대면 치료와 비교해서 화상만남에서 제기되는 도전과제들을 다루는 것의 중요성에 대하여 대화를 나누었다. 예를 들면, 몸을 추적하는 것은 내담자의 몸 전체가 아니라 얼굴만 화면에 보일 때 제약을 받게 된다. 의자를 카메라에서 멀리 움직이는 것은 몸을 더 많이 볼 수 있게 해주지만, 얼굴 표정의 미묘한 것들을 추적하는 것을 어렵게 만든다. 리아와 치료자는 이러한 도전과제에 대해 작업할 몇 가지 가이드라인을 세웠다.

그들은 의자를 컴퓨터에서 가깝거나 멀리 옮길 수 있을 만큼 충분히 넓은 방을 선택하였고, 각자 바퀴 달린 의자를 사용하였다. 각자 카메라에 가까이 가보기도 하고 멀리 떨어져보기도 하는 탐색을 해보았고, 각 위치에 따른 리아의 반응을 확인하였다. 리아는 치료자의 격려를 받으면서 자신에게 가장 편안한 '기본default' 화면이 치료자의 머리와 어깨를 볼 수 있는 것이라고 결정하였다. 이는 리아와의 화상만남의 표준 설정이 되었다. 하지만 각 회기 전반에 걸쳐 자신들의 가이드라인에 따라 조정되었다. 그들은 또한 자세와 움직임을 탐색할 때 몸을 더 많이 볼 수 있게 하기 위하여 의자를 카메라에서 멀리 옮기는 데 합의하였다. 그리고 다른 때에는 카메라에 가까이 다가갔는데, 특히 리아가 정서적으로 취약함을 느낄 때 치료자의 공명하는 공감의 상당 부분이 나타나는 얼굴 표정과 눈맞춤에서 분명히 감지할 필요가 있을 경우 그렇게 하였다.

치료자는 또한 리아에게 자신의 몸에 특별한 주의를 기울이고 어떠한 신체적 변화든 경험하면 반드시 보고하도록 요청하였는데, 이러한 것들이 치료자에게는 보이지 않을 수도 있기 때문이다. 어떤 예시를 제공하는 것이 중요할 수도 있다. 예를 들면, "당신 몸의 어떤 곳이 조여오거나, 따끔거리는 감각이 느껴지거나, 손가락이 들린다든지 다리를 밑으로 내리누른다든지 하는 약간의 움직임이라도 느껴진다면 제게 말씀해주세요." 와 같은 언급은 치료자가 리아에게 무엇을 요청하고 있는지 이해할 수 있게 해주었다.

또한 화상만남에서 몸을 추적할 때의 제약을 보완하기 위하여 그녀의 몸에 대해 자주 질문하는 걸 허용해달라고 요청하였다. 그리고 이러한 질문 중 무엇이든 편안하게 느껴지지 않는 게 있다면 말해달라고 부탁하였다. 예를 들면, "당신이 성학대에 대해 논의할 때 몸에서 무엇을 알아차리나요? 어떤 움직임을 감지할 수 있나요? 다리라던가 몸의 다른 부위에서요."와 같은 질문들은 감각운동심리치료를 대면하면서 실시할 때 묻는 것들이다. 하지만 화상만남을 통해 진행할 때 그러한 질문들은 더욱 자주해야 하고 더욱 중요해진다. 이렇게 지속적으로 몸의 움직임, 자세, 감각을 물어봄으로써 내담자의 문제를 다룰 수 있다.

아울러 그들은 치료자가 자신의 몸에도 주의를 기울이는 가운데, 리아가 애기하는 무언가에 대한 자신의 신체 반응을 그녀와 나누는 것에 대해 논의하였다. 예를 들면, "당신이 외로움에 대해 언급할 때 내 복부가 조여오고 내가 물러서는 게 느껴져요. 이런 게 당신의 몸에서 느끼는 것과 상응하는지 궁금하군요?" 치료자는 또한 치료자와 내담자 사이에 일어나는 것들과 접촉할 수도 있다. 즉, "우리 사이에서 정말 정서가 바뀌었네요."라거나 "내가 앞으로 기울일 때 당신은 앉은 의자에서 뒤로 물러나는 것 같네요."와 같이 말하면서 정서적 신체적으로 접촉할 수 있다.

이러한 초기 가이드라인이 확립되면서 리아와 치료자는 화상만남을 통한 감각운동심리치료를 시작할 준비가 되었다. 리아의 초기 최우선 목표는 불안과 과다각성을 조절하고 자신을 매우 힘겹게 하는 OCD 행동들을 감소시키는 것이었다. 그래서 치료는 소매틱 자원들somatic resources ―리아의 불안을 '조금이나마' 완화시켜줄 신체 활동들― 을 개발하면서 시작하였다. 목표는 불안을 완전히 제거하는 것이라기보다는, 리아가 불안을 약간 진정시킬 수 있는 다양한 몸짓이나 움직임을 발견하는 것이었다.

소매틱 자원: 손을 가슴 위에

리아는 자신이 접촉하게 될지도 모르는 세균에서 오는 질병에 대한 공포가 매우 컸다. 스스로 비합리적이라고 인정한 공포였다. 그녀의 공식 목표는 물체와 접촉 후 손 씻는 것을 ―특히 사람들 있는 데서― 참는 것이었다. 하지만 그녀가 참으려고 애를 쓸 때 불안이 상승하여 심박수가 증가하였다. 리아가 발견한 신체 자원은 자신의 손을 가슴에 얹는 것이었는데, 이는 불안을 진정시키고 자기조절감을 얻는 데 도움이 되었다. 리아와 치료자 모두 의자를 움직여서 얼굴이 아니라 몸통torsos이 보이게 하였다. 서서히 그리고 마음챙김을 하며 치료자는 그들이 손을 부드럽게 가슴에 얹는 걸 제안하였고, 효과를 보게 되었다. 치료자와 리아가 함께 이러한 신체 자원을 실행한 것은 그들의 조율을 강화하였고 치료자가 부드럽고 양육적인 셀프터치self-touch 행동의 본을 보일 수 있게 하였다. 그녀가 이러한 신체 자원을 반복해서 경험함에 따라 손 씻는 걸 참았을 때 어떤 나쁜 일도 일어나지 않는다는 걸 알아차리기 시작하였다. 이러한 새로운 자각과 함께 리아는 불안을 다루기 위하여 자신의 몸을 활용하는 데 자신감을 얻었다.

감각운동심리치료에서 내담자와 치료자는 소매틱 자원들을 발견하기 위하여 협력한다. 이는 특히 OCD가 있는 이들에게 중요한데, 불안이나 강박사고를 스스로 다룰 수 없을 정도가 되면 안도감 추구reassurance seeking (예: 부모, 교사, 치료자로부터)가 눈에 띄는 반응이기 때문이다. 하지만 치료자나 보호자에게서 안도감을 찾는 것은 끝없는 순환을 조장할 수 있다―그들이 구하는 안도감을 얻지 못할 경우 나타나는 불확실성을 인내할 수 없을 거라는 두려움을 내담자는 갖는다. 리아가 소매틱 자원을 발견한 것은 타인에게서 안도감을 구하기보다는 그녀가 독립적으로 활용할 수 있는 유형의 도구가 되었다. 그리고 그녀는 이러한 소매틱 자원의 활용이 자신에게 힘을 실어준다는 것empowering을 알게 되었다.

소매틱 자원: 자세

리아는 부모가 이혼한 후 식당에서 식사하는 것에 대한 불안이 시작되었는데, 너무 심해져서 '건강에 좋지 않다'고 생각하는 음식은 무엇이든 강박적으로 피하게 되었다. 계속 커가는 자신의 걱정에 대해 식당에서 편의를 봐주겠다는 보장을 먼저 해주지 않을 경우 그 식당에 갈 수 없거나 가지 않으려고 하였다. 화상만남을 진행하면서 이 문제에 대해 말하며 리아는 불안의 한가운데에 빠져 있었다. 치료자는 리아의 몸 전체가 바짝 조여져 있고 자세가 딱딱해지면서 수그러지는 것을 알아차렸다. 이렇듯 긴장하고 구부린 자세는 그녀의 자신감과 통제감을 더욱 감소시키면서 훨씬 더 불안하게 만들었다.

리아와 치료자는 긴장을 완화하고 자세를 바꿔줄 방법들을 찾기 위하여 협력하였다. 그들은 둘 다 컴퓨터에서 의자를 뒤로 움직여서 서로의 자세를 볼 수 있도록 하였다. 이는 치료자가 다른 자세들 ―구부린 자세와 똑바르고 중심 잡힌 자세 둘 다― 의 본을 보이고, 이러한 두 가지 자세 각각에서 그녀가 경험한 차이를 설명할 수 있는 기회를 제공하였고, 리아가 그와 같은 실험을 해보도록 촉진하였다. 리아는 각각의 자세를 비교하였고, 치료자는 감정, 생각 그리고 자존감 정도의 차이를 알아차리도록 요청하였다. 리아는 최근 브로드웨이에서 『라이온 킹』을 관람한 적이 있었는데, 어린 심바가 자신감을 얻었을 때를 상기하게 되었다. 심바가 머리를 높이 쳐들었을 때 그의 몸 전체가 변화하였고 자태가 커지고 힘이 넘쳤다고 묘사하였다. 치료자는 리아가 말할 때 그녀의 몸에서 유사한 변화를 목격하고서 그것을 지적하였고, 이 자세를 과장하여 보다 크고 보다 힘이 넘치는 자세를 갖도록 격려하였다.

리아와 치료자 둘다 방이 넓어 카메라에서 쉽사리 충분히 멀어질 수 있었고, 서 있을 때 몸 전체를 볼 수 있었다. 그렇게 하면서 그들은 심바의 중심 잡힌 자세와 무너진 자세를 비교하며 탐색하였고, 리아는 자신의 자세가 무너져 있을 때는 더 많은 공포와 불안을 느끼게 되면서 자신의 주변을 더 적게 알아차린다는 것을 금방 알아차렸다. 그녀는 똑바른 자세가 공포를 줄여준다는 것을 알게 되었다. 치료자는 그들이 걸으면서 이러한 똑바른 자세를 실습해볼 것을 제안하였다. 그들은 각자 몇 분 동안 방 주변을 걸어보면서 크고 똑바른 자세로 걷는 게 어떻게 느껴지는지 알아차려보았다. 그들이 컴퓨터 앞에서 다시 얼굴을 맞대었을 때 리아는 똑바른 자세에서 자신이 환경에 더 많이 관여하는 것을 느꼈고, 이러한 자세로 식당에 걸어 들어가는 것을—이것은 이후에 과제homework로 설정되었다—상상해보았다고 보고하였다. 리아는 자신이 더 강해지고, 힘이 넘치고, 자신감을 느끼는 것을 발견하였고, 중심이 잡히고 큰 자세를 유지하면서 식당에서 식사하는 상황을 탐색해볼 수 있었다.

소매틱 자원: 경계

리아는 자신의 개인적인 공간에 '너무 가까이' 다가오거나 자신이 원치 않는 무언가를 해주길 요구하는 사람들에 대하여 경계boundaries를 설정하는 데 어려움이 있었다. 치료자는 신체 안전에 대하여 느낀 감각felt sense을 정립하는 데 전통적으로 사용되는 감각운동심리치료의 경계 연습을 활용하면서, 말보다는 몸을 사용하여 "안돼요."라고 말하는 걸 탐색해보자고 제안하였다. 더 많은 시야를 확보하기 위하여 카메라 앞의 의자를 치우고서 신체를 사용하여 "안돼요."라고 말하는 다양한 방식들, 예를 들면, 몸을 팽팽하게 만들기, 얼굴 표정을 사용하기, 눈을 가늘게 뜨고 손바닥을 바깥으로 향하여 올리기 등을 시도해보았다. 바깥을 향한 손바닥이 내담자의 화면을 가득 채운다면 치료자가 미는 것과 같은 행동은 왜곡되어 보일 수 있다. 치료자는 자신의 행동이 내담자의 화면에서 어떻게 보일지에 대해 알고 있어야 한다. 리아의 치료자는 자신의 몸을 반영하는 창에 한쪽 눈을 고정해서 자신이 시범을 보이는 미는 동작이 분명히 리아를 위해 의도된 것으로 보이게끔 하였고, 그 결과 왜곡되지 않고 보이게 되었다.

리아는 경계 연습을 좋아하였다. 그녀는 자신의 내부에서 "아니오."를 강력하게 느끼고 있고, 발을 구르고 싶다고 말했다. 치료자는 "당신은 일어서서 발을 굴러 '안돼요'라고 말해보실 수도 있어요."라고 제안하였다. 리아는 망설였는데, 발을 구르는 자신의 모습을 누군가 본다면 창피할 거 같다고 말하였다. 치료자는 그녀가 컴퓨터의 소리를 무음으로 해놓고 카메라 화면 밖에서 발구르기를 해볼 수도 있다고 제안하였다. 리아는 자신의 환경을 제어하고 치료자를 배제할 능력을 갖게 되자 보다 안전하고 편안하게 느꼈다. 그녀는 연습을 해본 다음에 카메라에 돌아와서 소리를 켰는데, 그녀의 얼굴은 빛나고 있었고 자유에 대한 느낀 감각을 보고하였다. 그녀는 발을 마루에 힘차게 구르면서 자신의 룸메이트를 걱정했었는데, 그 친구가 다른 방에서 달려왔다고 키득거리며 말했다.

이러한 기본적인 경계 작업은 리아의 불안과 OCD 증상들이 그녀의 안녕감을 잠식하고 있는 실제 삶의 상황에서 적용해보는 것으로 이어졌다. 예를 들어, 세균에 대한 걱정이 올라올 때 그녀는 "아니야."라고 말했다. 그녀는 심바와 그의 힘이 넘치는 자세를 마음속에 그려보았다. 그리고 자신의 포효를 찾아내려고 애쓰는 심바를 묘사하면서 웃었다. 그가 애쓰는 과정에서 처음에는 아주 작은 포효만을 낼 수 있었지만 그는 끈기 있게 노력하였다. 리아는 식당에서 "안돼요."라고 포효하는 자신을 상상하였는데, 자신이 상상한 시나리오 속에서 모든 고객들이 포효로 응답하는 걸 묘사하면서 크게 웃기까지 하였다. 치료자는 그들이 함께 "안돼요."를 포효해볼 수도 있다고 제안하였는데, 이것은 리아가 자기주장과 기쁨을 새롭게 발견한 것에 대해 그녀와 연대한다는 것을 전하는 메시지였다. 컴퓨터 화면을 통해 면대면을 하면서 치료자가 셋까지 세고 나서 둘이 함께 포효하였다. 리아는 무척 기뻐하였다.

이렇듯 즐거운 협동 경험은 화상만남 양식에 의해 증진되었는데, 그것은 리아가 자신의 컴퓨터의 음량을 제어하고, 치료자의 시야 밖으로 움직이며, 필요하다고 느낄 때는 무음으로 해서 치료자나 자신을 침묵 속에 놓을 수 있어서였다. 이러한 방식으로 그녀는 자신의 환경에 대한 통제감을 주장할 수 있었고, 새로운 행동을 시도하면서 스스로 안전을 확보할 수 있었다. 이러한 방식은 새로운 행동을 탐색하는 것을 방해할 수도 있는 어색함이나 수치심까지도 누그러뜨려 주었다. 이러한 측면에서 볼 때 화상만 남은 대면 작업보다 더 많은 선택안을 제공해준다.

소매틱 자원: 호흡

리아는 강박적으로 소셜 미디어를 사용하였는데, 이는 가장 심각한 강박행동이었다. 불과 한 세대 전만 해도 사회적 대화는 가족들과 선택된 친구들로 제한되어 있었고, 사람들은 자신의 개인적인 생각이나 행위를 알릴 사람을 신중하게 선택하였다. 그러나 이제는 노소 모두, 나이에 관계없이 페이스북, 인스타그램, 스냅챗에 게시물을 올리고, 개인 블로그를 작성하고 트윗을 날리면서 하루 종일 주어진 순간에 자신의 행동과 생각을 다른 사람들에게 알리고자 하는 욕구를 부채질한다. 이렇듯 자신의 삶을 기록하기 아주 쉬운 문화는 중독 행동을 조장할 수 있다―비록 명확한 진단 범위는 아직 정의되지 않았지만(van Rooii, Ferguson, Van de Mheen, 2017).

이러한 현상에는 몇 가지 요인들이 바탕에 깔려 있다. 소셜 미디어에의 게시는 종종 삶에서 더 도전적인 순간들은 정작 빠트리는데, 자신의 상처, 좌절, 슬픔, 불안을 처리하는 자기반성적인 게시글은 올리지 않게 된다. 그 대신에 "모든 게 잘 굴러가고 있어"라는 메시지를 전달하는 페르소나를 의도적으로 그려내려고 시도한다. 그 결과 이러한 거짓 자기는 갈망의 느낌, 시기심, 타인들 사이에서 고립되는 느낌, 그리고 자신의 삶이 어떠해야 한다는 것에 대한 비현실적 기대감을 초래한다.

리아는 소셜 미디어에서 팔로어를 만들고 작품 속 광고PPL 비용을 지불하는 스폰서를 얻어 '인플루언서influencer'가 되기를 갈망하였다. 리아는 게시, 트윗 등을 하고자 하는 중독적이고 강박적이며 끝없는 압박감을 경험하였는데, 이는 어떤 물질에 대해서든 중독적인 사이클에서 발생하는 현상들과 유사한 것이었다(Borba, 2016; Pantic, 2014). 동시에 온라인에서 받는 부정적인 피드백에 대한 불안을 경험하고 있었고, 온라인 악플러들에 대한 끝임없는 공포 속에 살고 있었다. 또한 자신이 아는 사람들이 참석하는 행사나 파티에 초대받지 못한 것을 알게 되었을 때마다 배제되었다는 느낌에 고통스러워했다. 리아는 자신이 상처를 받았을 때 고립, 회피, 차단하는 경향이 있음을 인정하였다. 그녀는 여름 내내 아무도 만나지 못하고, 자기 방에 외롭게 있으면서 오로지 소셜 미디어로만 관계를 맺고 있던 자신의 모습을 묘사하였다. 사회적 고립이 늘어나면서 그녀는 삶의 모든 면에서 더욱더 고립되어갔다.

항상 새로우면서도 위트 있고, 아름답거나 극적인 온라인 콘텐츠를 만들어야 한다는 압박감을 느낀 리아는 자신이 밑바닥으로 추락하고 있다는 것을 발견하였다. 그리고 자신의 게시글에 대한 인정과 반응을 기다리면서 압도되는 느낌들이 빠르게 상승한다고 묘사하였다. 자기파괴적인 생각은 늘어났고, 이미 낮은 자존감은 곤두박질쳤으며, 우울증에 빠졌다. 리아는 이전의 파트너가 상대를 바꿨음을 보여주는 사진을 게시하거나 누군가와의 짧은 데이트 관계를 가진 다음에는 불안이 더 많이 상승하였다. 리아는 특히 다른 이들이 완벽한 관계에 들어간 것으로 보이는 것과 대조되면서 모욕감을 느꼈다. 소셜 미디어에 대한 중독은 견딜 수 없을 정도가 되었고, 자신이 없어도 세상이 잘 돌아가는 것 같은 느낌과 함께 버려지고 소외된 느낌만 들었으며 이는 자신의 어머니를 잃어버렸던 애착 상처를 자극하였다.

화상만남은 소셜 미디어와 관련한 불안과 중독을 다룰 강력한 만남의 공간을 제공한다. 그 치료 계획은, 알코올이 내담자의 당면한 문제로서 알코올중독 내담자를 유혹하고 마음을 빼앗는 작용을 하고 있는 가운데 그러한 내담자와 작업을 시도하는 치료자의 치료 계획에 비교될 수 있다. 회기들이 진행되는 동안에는 소셜 미디어를 사용하지 않겠다고 합의된 가이드라인은 리아가 지키기 어려운 것으로 밝혀졌다. 화상만남을 진행하는 동안 리아의 컴퓨터나 휴대폰에 게시글이 나타났고, 리아는 이러한 작동을 멈추기보다는 소셜 미디어의 사용을 치료자에게 은폐하려고 하였다. 마침내는 회기 동안 소셜 미디어를 확인하면서 치료자를 "속이고" 있던 것을 고백하였고, "이런 것에 대해 재활을 해볼 수 있을까요?"라고 외쳤다. 리아가 자신의 주의를 두 곳에 ─치료 회기와 소셜 미디어 알림 양쪽에─ 두려 하고 있을 때, 치료자는 사실 그녀의 구부린 어깨와 불안한 표정을 알아차렸다. 그들이 이러한 문제에 대해 논의하자, 그녀는 자신이 공허함과 동시에 불안이 가득해짐(예: 떨림이나 흔들림)을 느꼈다고 말했다.

치료자는 리아에게 회기가 진행되는 동안 소셜 미디어를 보면서 자신의 몸, 특히 어깨가 어떤 자세를 취하고 있는지 주의를 기울이도록 권하였다. 리아는 자신이 소셜 미디어를 응시할 때 어깨를 구부리고, 오랫동안 아주 가만히 숨을 참고 있는 것을 발견하였다. 치료자는 이러한 신체적 반응을 변화시키는 것을 함께 탐색해볼 것을 제안하였다. 치료자는 의자를 화면에서 멀리 치우고서 자신의 어깨를 펴고 이완하였고, 팔꿈치를 구부려 팔과 어깨를 뒤로 젖히며 부드럽게 가슴을 여는 동작의 본을 보이면서, 리아 역시 이러한 동작을 탐색하면서 그녀의 몸에서 바뀐 게 있다면 무엇인지 알아차려보도록 제안하였다. 리아는 어깨를 뒤로 젖히면서 자신의 척추가 늘어나고, 숨을 더욱 깊고 부드럽고 쉽게 쉴 수 있다고 보고하였다. 회기 사이의 숙제는 리아가 소셜 미디어를 사용하는 매일매일 자신의 몸이 어떤 자세를 취하는지, 그러한 자세가 호흡과 어떻게 연결되는지 관찰하는 것이었다. 그녀는 어깨를 구부리고 숨을 참는 게 자신의 불안과 공포를 심화시킨다는 것을 깨달았다. 그리고 호흡을 대조하는 연습은 앞서의 숨 참기가 몸 전체에 끼친 악영향을 깨닫도록 해주었다.

리아에게 생각과 감정이 떠오를 때 일지에 기록하도록 권하고 이를 호흡과 몸에 대해 새롭게 발견한 알아차림과 짝지은 것은 화상만남 회기가 계속되면서 치료작업을 더욱 심화시키는 토대가 되었다. 그리고『감각운동심리치료: 트라우마와 애착을 위한 치료 개입』(Ogden & Fisher, 2015:

389, 697-719)에 나오는 연습과 유인물을 회기에 통합하고 과제로서 실습하였다. 그녀가 소셜 미디어에 시간을 쓰고 있을 때 호흡하기 연습을 계속하여 결합함으로써 강박행동은 감소하게 되었다.

소매틱 자원: 접촉을 위한 내뻗기

접촉을 위한 내뻗기reaching out와 같은 근접성 추구행동proximity seeking actions은 애착인물attachment figures을 가까이 할 수 있게 해주는데(Bowlby, 1969), 이러한 행동은 "그가 애착인물의 지원을 요청할 경우 애착인물이 얼마나 접근 가능하고 어떠한 반응을 보일지에 대한 자신의 예측에 기반하게"(Bowlby, 1973: 203) 된다. 따라서 근접 추구행동은 애착인물의 반응에 따라 조정된다. 옥든(2015)은 접촉을 위해 팔을 내뻗는 것은 "상징화하지 못한 의미를 반영하고 유지시키는 다양한 스타일로 실행될 수 있다: 손바닥을 위쪽으로 하기, 손바닥을 아래쪽으로 하기, 팔을 완전히 뻗기 또는 구부린 팔꿈치를 몸에 바짝 붙이기, 이완되거나 경직된 근육조직, 안쪽으로 굽거나 뒤로 젖혀진 어깨"(pp. XX)라고 적고 있다. 리아는 사회적 상호작용을 두려워했고 관계를 추구하기보다는 스스로를 고립시키는 경향이 있었다. 그녀는 타인에게 손을 내뻗는 걸 꺼려했는데, "도와줄 사람이 아무도 없을 거예요."가 그 이유였다.

리아의 치료자는 근접성 추구를 재미있게 탐색하면서 서로를 미러링 mirroring하는 방식으로 ─컴퓨터 카메라에 가까이 갔다가 떨어지기, 화면 앞으로 몸을 기울이기, 눈을 통해 서로에게 다가가다가 종국에는 팔을 이용하여 다가가기와 같이─ 창조적으로 실행하였는데, 리아는 각자에게서 알아차린 변화들을 보고하였다. 감각운동심리치료는 거울신경mirror neurons을 이용하는데, 치료자가 특정한 행동에 대한 최선의 본을 보이고 내담자가 똑같이 실행해보는 것이다. 리아는 치료자가 접촉을 위해 내뻗는 움직임의 본을 보이자, 그녀가 동일한 행동을 하고 있는 것 마냥 그녀의 뇌에 있는 운동신경들이 점화되었는데, 그것은 본질적으로 그 행동을 그녀 스스로 '시연하는 것rehearsing'과 같았다(Rizzolatti & Craighero, 2004; Rizzolatti, Fadiga, Gallese & Fogassi, 1996). 리아는 그러고 나서 화면을 향하여 손을 내뻗는 행동을 기꺼이 더 탐색하려 하였고, 치료자의 몸짓을 미러링하였다. 치료자는 자신의 의자를 확실하게 카메라에서 뒤로 멀리 보내서 내뻗기 동작이 리아의 컴퓨터 화면에서 왜곡되지 않도록 하였다. 이렇게 지지적이고 유쾌한 방식으로 진행하면서 리아는 치료자의 본을 따라하면서 새로운 근접성 추구행동들을 시도해볼 수 있었고, 그들은 함께 리아의 행동의 의미를 탐색해보았다. 예를 들면, 리아는 컴퓨터 화면을 통해 마치 치료자의 손과 접촉하려는 듯 내뻗었는데, 그러한 내뻗음과 동시에 이렇게 말했다: "나는 도움을 받을 수 있고 이것에서 벗어날 거야." 이는 OCD와의 분투를 의미하였다. 리아는 자신이 혼자가 아니라는 것, 도움을 받을 수 있다는 것, 그리고 타인에게 도움을 요청할 수도 있다는 것을 생각해보기 시작했다.

아울러 치료자는 그들 각자가 지지support를 나타내는 작은 물건을 하나씩 고르자고 제안하였다. 리아의 책상에는 수정 컬렉션이 있었는데, 그중에서 윤이 나는 자수정을 골랐다. 치료자의 상담실에는 윤이 나는 돌들이 담긴 바구니가 있었는데, 그중 한 개를 골랐다. 그들은 동시에 손을 내뻗어 지지를 상징하는 물체를 잡는 연습을 하였다. 그들은 이러한 작업의 의미를 탐색하였는데, 리아는 자수정의 묵직한 무게, 부드러운 질감, 친숙함 덕분에 지지받는 느낌이 들었다고 얘기하였다. 자수정을 그녀의 지갑이나 호주머니에 넣고 다닌다는 것은 자신이 지지받을 가치가 있고 약간의 자양물을 취한다는 것을 나타내었다. 이 연습 역시 고립과 싸우는 느낌에 도움이 되었고, 내면의 힘을 더 많이 가진 상태에서 타인들이 들어오게끔 하는 걸 시작해볼 수 있었다.

트라우마 기억: 힘을 주는 행동 되찾기

앞에 묘사된 소매틱 자원 모두가 리아에게 도움이 되어 자기조절 역량을 발달시킬 수 있었고, 고통스러운 기억들에 대한 좀 더 복잡한 처리과정을 위한 길을 열어주었다. 그녀는 이러한 자원들을 일상생활에서 실행해감에 따라 스스로에 대한 자신감이 커졌고, 마침내는 아버지 친구—그녀가 어린 십대였을 때 신뢰했던 누군가— 에 의한 성학대를 직접 다룰 준비가 되었다고 느꼈다. 그녀는 수치심을 드러냈고, "나는 왜 그런 일이 벌어지게 놔뒀지? 그를 멈추려고 애쓰지도 않았어."와 같은 자기를 비난하는 생각들을 표현하였다. 그 실제 사건이 진행되는 동안 자신이 본능적으로 얼어붙었고 스스로를 방어할 행동을 취할 수 없었음을 깨닫지 못하였다.

트라우마 기억에 대한 감각운동심리치료 작업에서는 위협받는 동안 자동적으로 일어나는 본능적이고 보호적인 신체방어physical defenses를 다룬다. 이러한 방어는 일반적으로 두 가지 형태로 나뉜다: **기동화**起動化, mobilizing 방어 —도움 요청하기, 싸움[투쟁], 도망[도피]— 그리고 **부동화**不動化, immobilizing 방어 —얼음freezing과 죽은 척하기feigning death 또는 셧다운shutdown(Ogden, Minton & Pain, 2006). 부동화 방어가 기본값default이 되어 있을 경우, 본능적인 기동화 행동들을 발견하고 신체를 이용하여 실행해보는 것은 통제를 상실한 느낌이나 무력감을 감소시키는 데 도움이 되며, 권능감과 통제력을 발휘하여 앞서의 느낌들을 대체하는 경험을 하게 해준다.

리아는 성학대에 대한 대화를 나누면서 자신의 몸이 "셧다운"되고 "거의 마비된" —부동화 방어를 나타내는— 느낌이 들었다고 보고하였다. 치료자는 그녀의 몸에서 덜 마비된 부분이 어디인지 물어보았다. 이는 방어 행동을 하려는 충동을 격려하려는 질문이었다. 리아는 팔과 손에서 약간의 긴장을 느낀다고 보고하였다. 긴장감은 종종 행동의 전조가 되기 때문에, 치료자는 그 긴장에 대해 마음챙김하는 주의를 기울이도록 지시하였고 그녀의 몸이 무엇을 하길 "바라는지" 물어보았다. 리아는 밀고 싶은 충동을 느낀다고 말했다. 앞서의 경계 작업에서는 기억의 내용을 알지 못한 상태로 경계 행동 실습을 하였다. 하지만 이번에는 트라우마 기억의 처리 과정 동안 그녀의 몸에 대한 자각에서 이러한 행동들이 일어났다. 리아가 그 사건을 기억하면서 자신의 손에서 느껴지는 긴장을 향하여 마음챙김하는 주의를 기울이자, 성학대의 시기에 하지 못했던 밀어내려는 방어 충동이 자연스럽게 나타났다.

대면하여 진행하는 치료에서 이러한 밀기 행동은 치료자가 베개를 잡아주면서 베개를 실행할 수 있는데, 이는 지금 여기에서 방어하는 신체 역량을 내담자가 지각할 수 있게끔 해준다. 화상만남에서는 이러한 작업이 가능하지 않기에, 치료자는 그 대신에 리아의 방에 있는 커다란 운동용 공을 벽을 향해 밀어볼 수도 있다고 제안하였다. 치료자는 이 공을 벽을 향해 놓도록 안내하였는데, 벽은 리아가 밀 때 일종의 주고받는 기능을 하였고, 치료자가 붙들고 있는 베개를 미는 것과 비슷한 효과를 내었다. 리아는 공을 강하게 밀면서 에너지가 급상승하는 것을 느꼈다. 그녀는 이 움직임이 "정말, 정말 좋게" 느껴졌고, 성학대를 당했던 것에 대하여 분노를 느낀다고 보고하였다. 분노는 본능적으로 추동되는 방어를 지원하는데 (Frijda, 1986; Hobson, 1994; Rivers, 1920), 리아의 분노가 미는 행동에 활력을 주면서 권능감과 강인함을 신체적인 감각으로 느끼게 되었다. 리아는 방어 행동을 신체적으로 충분하고 힘있게 실행하는 것에서 오는 충만감을 경험하기 전까지는 통제력을 상실하고 무력한 느낌 속에 있었다. 나중에 그녀는 타인들과의 상호작용에서 자신감을 새롭게 얻었고 소외감을 덜 느끼게 되었다고 보고하였다. 그녀가 타인들과 있을 때 위협을 느끼는 장면에서 암묵적으로 경험하였던 '얼음'은 스스로를 보호하고 방어할 수 있는 능력에 대하여 몸이 자신감을 갖는 것으로 대체되었다.

애착 관련 기억 및 강렬한 정서

볼비(1980)는 "가장 강렬한 정서의 상당수는 애착관계의 형성, 유지, 불화, 회복하는 기간에 일어난다."(p. 40)라고 말한다.

리아는 어머니의 떠남과 관련된 강렬하고 고통스러운 정서를 최소화하려고 언제나 최선을 다하였다. 자신의 불안과 각성을 조절할 자원들을 개발하기 전까지는, 그녀의 인내의 창window of tolerance(댄 시겔Dan Siegel의 용어, 1999)은 충분히 넓지 못해서 정서의 강렬함을 견뎌낼 수 없었다. 리아와 치료자는 정서에 대한 그녀의 인내력이 충분히 증가했기에, 이제는 어릴 때 겪었던 유기와 관련된 강렬한 정서들을 다룰 준비가 되었다고 느꼈다.

화상만남에서 강렬한 정서를 다루는 것은 도전과제를 던져주는데, 필요할 때 내담자가 강렬함을 조절하는 걸 도와줄 뿐만 아니라, 정서의 취약성에 조율하고 그것을 수용하고 "안아주는" 자비로운 타인을—치료자를—

필요로 하기 때문이다. 원래의 사건(들)이 일어날 때 대개는 없었던 공감적 지지를 치료자를 통해 내담자가 느끼고 받아들일 수 있는 것은 매우 중요하다. 결정적인 요소는 정서에 대한 치료자 자신의 인내력인데, 이는 내담자가 표현하거나 부정하는 감정의 종류, 강도, 다양성을 결정하기 때문이다(Schore, 2003). 화상만남에서 치료자는 자신의 정동 인내력affect tolerance을 평가하고 자신의 언어적 · 비언어적 소통에 주의를 기울여서 정서를 환대하는 자신의 능력이 내담자에게 분명하게 보이고 느낄 수 있도록 확실히 해야 한다.

리아의 치료자는 그녀가 어머니에 대해 말할 때 척추가 살짝 굽어지는 것을 알아차렸다. 리아는 전에 자신의 불안에 대한 자원으로서 정렬된 자세를 개발하기는 하였지만, 치료자는 그 대신에 이 시점에서는 구부린 자세를 과장해보도록 요청하였다. 연구에 따르면, 피험자가 특정한 자세를 체현할 때 그들은 그러한 자세가 작동했던 당시의 기억과 정서를 회상할 가능성이 높다(Dykstra, Kaschak, and Zwann 2006). 리아는 실제로 자신의 자세를 조금 더 구부렸을 때, 스스로에 대해 끔찍한 느낌이 들었고, 과거의 생생한 기억이 마음에 떠올랐다고 말했다. 그것은 어머니가 그들의 집에서 걸어 나가서 차를 타고 사라지는 모습을 바라보는 이미지였다. 리아의 치료자는 리아가 자신의 현존 안에서 이러한 기억에서 오는 고통을 경험하고 표현하는 것의 중요성을 깨닫고 있었기 때문에, 리아가 자신의 척추를 구부렸을 때 떠오른 이미지에 집중하도록 격려하였다. 이것은 리아에게 슬픔과 애도의 정서를 고조시켰다.
　　치료자는 원거리에서 자신의 정서적 공명을 분명히 전달하면서, 리아가 우는 동안 위로하고 격려하는 비언어적 소리를 내었다. 비록 수천 마일 밖에 있지만 이렇게 가슴이 찢어지는 순간에 자신이 리아와 함께 있음을 비언어적으로 소통할 수 있길 바랐다. 그래서 리아는 자신의 오랜 상처를 다시 접촉하면서 생기는 강렬한 감정들을 나눌 수 있는 누군가가 자신과 함께하고 있음을 느낄 수 있었다. 이와 같은 비언어적 소리는―치료자가 "이해하고 있다"는 것을 내담자가 알 수 있는 방식으로 전달되는데― 종종 언어가 줄 수 없는 그러한 공감을 전달할 수 있다.

정서는 얼굴 표정에 두드러지게 나타나는데, 이는 타인들―"의도, 성격, 사회적 관계에 영향력을 행사하는" 사람들― 에 의해 암묵적으로 새겨진 것이다(Ekman, 2004: 412). 리아의 치료자는 카메라를 향하여 몸을 확실하게 기울여서 자신의 공감과 자비의 얼굴 표정 그리고 자기 눈의 부드러움이 리아에게 분명히 전달되도록 하였다. 그렇게 몸을 기울이는 것은 또한 근접의 욕구를 전달하는데, 이는 보통 내담자가 고통 속에 있을 때 필요하다. 비언어적 소리, 얼굴 표정, 응시 그리고 근접 추구 이 모두는 치료자가 리아의 내면 정서 상태와 공명하고 있고, 안전하고 조율된 관계에서 깊은 정서를 느끼고 표현하는 그녀의 능력을 촉진하고 있다는 것을 리아에게 전달해준다.

리아의 흐느낌이 잦아들면서 치료자는 짧고 간단한 문장으로 공감과 이해와 격려를 전달하였고, 이것은 리아가 자신의 정서를 계속해서 체험하도록 북돋아주었다. 이러한 진술을 공명하는 운율로 부드럽게 말했는데, 그것은 "오, 아주 커다란 고통이군요… 그렇게 어린 소녀에게 얼마나 상처가 되었을까… 이러한 이미지가 당신의 삶 내내 쫓아다녔군요… 그건 정말 해결하지 못했군요, 그렇죠" 등등의 말이었다. 또한 "그 고통이 당신을 웅크리고 싶게 만드는군요, 그렇죠"와 같은 진술은 몸을 포함하고 있고, 이걸 들으면서 리아는 더욱 웅크렸는데, 그 결과 그녀의 정서는 훨씬 더 깊어졌다. 치료자는 각 진술에 대한 리아의 반응을 추적하는 것이 중요하다. 이러한 진술의 대부분은 공명하지만 일부는 그렇지 못하다. 리아가 공명하지 못했던 진술 하나는 "당신은 분명 어머니가 떠나길 바라지 않았군요."였다. 치료자는 리아의 눈살이 찌푸려지는 걸 알아차렸다. 자신의 진술이 공명하지 않는 것을 알았고, 즉각 이렇게 말하면서 복구하였다. "그게 다가 아니군요, 그렇죠… 아마도 어머니가 머물렀다면 상황은 더 악화되었을 거 같네요… " 리아는 고개를 끄덕였고 눈물을 흘리며 말했다.

"부모님은 항상 싸우기만 했거든요!" 치료자가 추적을 해가면서 공명하지 못한 진술을 복구하자 리아는 이해받는다고 느꼈고 다시 자신의 정서로 깊숙이 들어갔다.

리아의 치료자가 화상만남 동안 보여준 현존의 체현과 상태 나눔은 리아로 하여금 안전함을 느끼게 하였고 자기 과거의 정서적 고통을 온전히 느끼고 표현할 수 있게 해주었다. 리아는 흐느낌을 그친 다음에 어머니의 유기에 대해 자신이 형성해왔던 의미가 정확하지 않았음을 보다 쉽사리 깨달을 수 있었다. 무가치감과 불충분한 사랑에 대한 제약적인 신념들은 버리고, 그 유기가 자신의 가치로움과 아무 관계가 없다는 사실, 그리고 우리 모두와 마찬가지로 그녀 역시 진실로 사랑 받을 자격이 있다는 사실을 깨닫게 되었다. 습관적으로 무너졌던 리아의 자세는—그녀의 무가치감을 반영했던 것인데— 이러한 새로운 깨달음 속에서 더 이상 지속될 수 없었다. 이 회기 이후에 리아는 자신의 가슴을 확장하고 턱을 들어 올려주는 중심 잡힌 자세를 치료자와 함께 체현하였는데, 이 모든 것은 리아의 새로운 신념, 즉 "나는 사랑받을 자격이 있어."를 반영하면서 이를 유지하도록 해주었다.

마치는 글

언뜻 보기에는 몸을 지향하는 치료인 감각운동심리치료는 화상만남에 그리 적합해보이지 않을 수 있다. 이 접근에는 움직임, 자세, 몸짓에 대해 작업하는 게 필수적이기 때문이다. 하지만 다음과 같은 조정 조치를 통해 화상만남을 하는 감각운동심리치료는 내담자에게 기여하는 효과적인 방식이 될 수 있다.

- 치료실과 유사하고 회기 동안의 간섭을 제한하는 물리적 작업공간을 선정한다.
- 충분히 넓은 방을 이용함으로써 당신이 서거나 컴퓨터에서 멀리 움직일 수 있게 하여, 화면을 조정하지 않고도 몸 전체를 보면서 몸의 자세, 서 있는 자세, 걸음걸이 등을 추적하고 시범을 보일 수 있도록 한다.
- 랩탑이나 전화기보다는 화면이 넓은 컴퓨터를 사용해서 시계視界를 확장한다.
- 바퀴달린 의자를 사용해서 컴퓨터 화면에 대한 거리와 근접성을 쉽게 조정할 수 있게 함으로써 자세, 몸짓, 여타의 움직임을 보다 쉽게 시범으로 보일 수 있게 한다.
- 몸 지향 접근에서의 어려움들에 대해 내담자와 논의한다. 그리고 그들에게 자신의 움직임, 자세, 몸감각을 계속해서 알아차리도록 하고, 그들이 알아차린 것들 —특히 화면에서 보이지 않는 것들을 당신에게 보고하도록 요청한다.
- 내담자와 협력하여 당신의 규준norm이 될 시각적 그림(얼굴만, 또는 몸 전체나 몸통)을 정립한다. 또한 몸에 대한 감각운동심리치료 작업은 조정 —몸 전체를 볼 경우 뒤로 물러나는 것, 얼굴 표정을 위해 가까이 가기 등— 을 요구한다는 사실에 주의한다.
- 소품props(예: 치료용 공, 베개, 경계 작업용 끈)을 당신과 내담자가 활용할 수 있게끔 갖추도록 권한다.
- 팔을 내뻗거나 밀어내는 것과 같은 몸짓이 화상만남에서는 왜곡될 수도 있음을 알아야 한다. 그리고 컴퓨터로부터의 거리가 내담자의 화

면에서 몸짓을 정상적으로 보이게 하는지 확실히 한다.

- 얼굴 표정, 눈맞춤, 운율에 특별한 주의를 기울인다. 그리고 필요할 때는 이러한 것들이 내담자에게 온전히 보이도록 하는 걸 확실히 한다. 이러한 것들은 공감을 주고받는 주요한 수단이기 때문이다.

- 몸에 대한 질문을 많이 하는 것에 대하여 내담자의 허락을 구해놓는다. 화상만남을 통해 몸을 추적하는 것은 언제나 더욱 어렵기 때문이다.

- 몸과 관련한 메뉴를(예: "조여지는 걸 느낄 수도 있겠네요", "당신의 몸에서 움직임을 감지해보세요", "따끔거리거나 윙윙거리는 소리가 들리나요", "당신의 심박수가 바뀌었을 수도 있겠네요" 등) 활용해서 내담자가 자신의 몸을 알아차리도록 격려한다.

- 준비 움직임을 나타낼 수도 있는 것들에 대한 메뉴(예: "아마도 당신의 몸 어딘가에서 조여짐을 느낄 수도 있고, 아니면 따끔거리는 감각 또는 약간의 움직임, 그러니까 손가락을 들어 올린다든지 발을 아래로 내리 누르는 걸 느낄 수도 있고요…")를 제공한다.

- 당신의 몸에 대한 경험을 적정하게 나눔으로써 몸에 대한 자각을 편안해하는 본보기를 보여주고 내담자가 동일하게 해보도록 격려한다.

- 몸 대 몸의 상호작용을 하는 매 순간순간 마음챙김을 유지한다.

- 속도를 천천히 하여 마음챙김하는 자각mindful awareness을 북돋아준다. 즉, 내담자에게 몸을 감지할 충분한 시간을 준다.

- 내담자의 몸에서 어떤 일이 일어나고 있는지에 대하여 호기심을 갖고 동시에 당신 자신의 몸에서 무슨 일이 일어나는지에 대하여 자각하면서 정서 상태를 나눌 수 있도록 돕는다.

칵시스Kocsis와 옐로리스Yellowlees(2017)는 온라인 치료가 매우 다양한 유형의 환자들이 강력한 치료적 관계에 도달하고 형성하도록 해줄 새로운 길을 제공한다고 결론내렸다. 그리고 온라인 치료는 대면 심리치료가 제공할 수 없는 방식으로 치료적 친밀감을 촉진할 수도 있다는 의견을 제시하였다. 원격 감각운동심리치료는 다음과 같은 내담자들에게 특히 적합할 수 있다: 높은 수준의 수치심, 몸 공포증 또는 사회 공포증 또는 자신의 몸과 관련하여 당혹스러움이나 자의식이 있는 내담자들, 통제욕구가 보다 많은 내담자들 또는 자신의 안전한 집에서 몸 지향 치료에 참여하는 것을 보다 안전하고 편안하게 느끼는 내담자들. 아울러 화상만남을 통한 감각운동심리치료는 감각운동심리치료를 훈련받은 치료자를 지역에서 찾지 않아도 돼서 접근성을 증가시켜주고 공동체에 기여함으로써 비용효과성과 치료의 지속성을 증진시켜주는 유익한 측면이 있다.

언어를 통해서 암묵적 과정에 항상 접근할 수 있는 것은 아니다. 암묵적 과정은 인지적인 알아차림과 음성 언어보다 아래쪽에 존재하기 때문이다. 치료자와 내담자가 함께하는 치료적 여정의 효과는 언어적인 서사뿐만이 아니라 신체적인 서사 —자세, 움직임, 표정이 전하는 이야기— 에도 신중하게 주의를 기울임으로써 증대될 수 있다. 화상만남은 몸의 지혜를 개척하기 위해 이번 장에서 탐색한 창조적인 적용 방법들을 사용하여 효과적으로 활용될 수 있다. 그리고 내담자에게 과거의 상처를 치유하고 새로운 능력을 개발하는 소중한 수단이 될 수 있다.

참고문헌

Aly, R. (2017). Remote cognitive behavior therapy for obsessive-compulsive disorder in Egypt: A randomized trial. *European Psychiatry, 41.* doi: org/10.1016/j.eurpsy.2017. 01.1992.

Bowlby, J. (1973). *Attachment and loss. Vol. 2. Separation: Anxiety and anger.* New York, NY: Basic Books.

Bowlby, J. (1980). *Attachment and Loss. Vol. 3. Loss: Sadness and depression.* New York, NY: Basic Books.

Borba, M, (2016) *UnSelfie, Why empathic kids succeed in our all about me world.* New York, NY: Simon and Shuster. 안진희 역. 『셀카에 빠진 아이, 왜 위험한가?: 공감력이 아이의 미래를 좌우한다』 보물창고(푸른책들), 2018.

Dijkstra, K., Kaschak, M. P & Zwann, R. A. (2006). "Body posture facilitates retrieval of autobiographical memories." *Cognition 102*(1), 139−149. Edelman, G. M. The remembered present: *A biological theory of consciousness.* (1999). New York: Basic Books.

Ekman, P. (2004). *Emotions revealed: Recognizing faces and feelings to improve communication and emotional life.* New York, NY: Henry Holt. 이민아 역. 『얼굴의 심리학: 우리는 어떻게 감정을 드러내는가?』 바다출판사, 2006.

Frijda, N. (1986). *The emotions.* Cambridge, UK: Cambridge University Press.

Hilty, D.M., Ferrer, D.C. Parish, M.B., Johnson, B., Callahan, E.J.&Yellowlees, P.M.(2013) The effectiveness of telemental Health,11(4): 398−409, *Telemedicine and e-Health.* doi:10.1037/a0034963

Hobson, J. (1994). *The chemistry of conscious states.* New York, NY: Back Bay Books.

Kocsis, B. J., & Yellowlees, P. (2017). Telepsychotherapy and the therapeutic relationship: Principles, advantages, and case examples. *Telemedicine and e-Health.* doi:org/ 10.1089/tmj.2017.0088

Kurtz, R. (1990). *Body-centered psychotherapy: The Hakomi method.* Mendocino, CA: LifeRhythm.

Ogden, P.&Minton, K. (2000). Sensorimotor psychotherapy: One method for processing traumatic memory. *Traumatology,* Vol VI, 3 (3), 1−20.

Ogden, P. (2015). 'I can see clearly now the rain has gone': The role of the body in forecasting the future. In J. Pertrucelli (Ed.), *Body-states: Interpersonal and relational perspectives on the treatment of eating disorders.* (pp.92−103). New York, NY: Routledge.

Ogden, P.&Goldstein, B. (2017), Embedded Relational Mindfulness (ERM)© in Child and Adolescent Treatment: A Sensorimotor Psychotherapy Perspective, in K.D. Buckwalter, and D. Reed. *Attachment Theory In Action, Building Connections Between Children and Parents,* Blue Ridge Summit, PA, Rowman and Littlefield

Ogden, P., & Fisher, J. (2015) *Sensorimotor psychotherapy: Interventions for trauma and attachment,* New York, NY, W.W.Norton.

Ogden, P., Minton, K. and Pain, C. (2006) *Trauma and the Body: A Sensorimotor Approach to Psychotherapy,* New York, NY, W.W.Norton. 김명권, 주혜명, 신차선, 유나래, 이승화 공역.『트라우마와 몸: 감각운동심리치료의 이론과 실제』학지사. 2019.

Pantic, I. (2014). Online social networking and mental health. *Cyberpsychology, Behavior, and Social Networking, 17*(10), 652−657.

Rees, C. S., Anderson, R. A., Kane, R. T., & Finlay-Jones, A. L. (2016). Online obsessive-compulsive disorder treatment: Preliminary results of the "OCD? Not Me!" self-guided Internet-based cognitive behavioral therapy program for young people. Journal of *Medical Internet Research, 3*(3), e29. doi:10.2196/mental.5363

Rivers, W. (1920). *Instinct and the unconscious: A contribution to a biological theory of the psycho-neuroses.* Cambridge, UK: Cambridge University Press.

Rizzolatti, G., & Craighero, L. (2004). The mirror-neuron system. *Annual Review of Neuroscience, 27,* 169−192.

Rizzolatti, G., Fadiga, L., Gallese, V., & Fogassi, L. (1996). Premotor cortex and the recognition of motor actions. *Cognitive Brain Research, 3,* 131−141.

Schore, A. N. (2009a). "Right-brain affect regulation: An essential mechanism of development, trauma, dissociation, and psychotherapy." In D. Fosha, D. Siegel & M.

Solomon (Eds.), *The healing power of emotion: Affective neuroscience, development and clinical practice.* (pp. 112−144). New York: W.W. Norton.

Schore, A. N. Schore, J. R., & Schore, A. N. (2008). Modern attachment theory: The central role of affect regulation in development and treatment. *Clinical Social Work, 36,* 9−20. http://link.springer.com/article/10.1007%2Fs10615-007-0111-7#page-1

Siegel, D. (1999). *The developing mind.* New York, NY: Guilford Press. 방희정, 김영숙 등 공역. 『마음의 발달: 인간의 마음을 형성하기 위한 대인관계와 두뇌의 상호 작용(2판)』하나의학사. 2018.

Van Rooij, A. J., Ferguson, C. J., van de Mheen, D., & Schoenmakers, T. M. (2017). Time to abandon Internet addiction? Predicting problematic internet, game, and social media use from psychosocial well-being and application use. *Clinical Neuropsychiatry, 14*(1), 113−121.

5 클리닉이 온라인보다 유리한 건 없다
관계가 가장 중요한 것이기 때문이다

가일리 에이거Gily Ager

들어가기

"이게 가능하다고 과연 누가 생각할 수 있을까요? 이건 치료 세팅 위반입니다!"

중앙아시아 정신분석연구소를 책임지고 있는 분석가 아나 쿠디야로바가 영상만남video-calls에 의한 정신분석에 대해 처음 듣게 되었을 때 보인 첫 반응이었다(Kudiyarova, 2013). 그리고 그녀의 반응은 예외적인 게 아니었다. 이번 장에서 나는 심리치료자들이 화상 심리치료video psychotherapy에 대해 ─대개는 경험해보지 않고서─ 보이는 분노와 경멸에 찬 반응들 (Kudiyarova, 2013; Aryan, 2013) 그리고 화상 심리치료가 면대면 만남에 의한 치료만큼 좋다는 결과를 보여주는 풍부한 임상 및 연구 증거들(예: Mizrahi, 2017; Wagner, Horn & Maercker, 2014) 사이에 다리를 놓아주고 싶다. 지난 8년 동안 나는 화상 심리치료를 해왔고, 스무 명의 치료자들로 이루어진 팀을 지도해왔다. 화상 심리치료의 기술적 특성에 의하여, 클리닉에서는 시간이 오래 걸리는 내용과 핵심 과정에 직접 접촉함으로써 변화와 성장을 위하여 독특하게 촉진된 공간을 구성하는 어떤 유형의 전이 관계들을 고무한다는 사실을 깨닫게 되었다. 이번 장에서 내가 탐색하는 아이디어들은 치료자와 환자가 만나는 매개체인 화상에 의해 촉진되는 특별한 임상적 특징들에 대한 깊은 호기심에서 나온 산물이다.

이상화 전이, 쌍둥이 전이 그리고 융합 전이를 고무하는 화상 심리치료의 측면들

화상 심리치료 및 정신분석은 논란의 여지가 있는 것으로 여겨진다 (Mazri & Fiorentini, 2017). 이러한 주제에 대한 미디어의 인터뷰, 온라인 치료작업의 활용을 거부하는 어떤 치료자들, 그리고 이를 조롱하는 익살맞은 TV 시리즈[1]—이 모든 것은 모든 치료자가 화상 심리치료를 실행하는 것은 아니라는 사실을 대중들에게 분명히 보여준다. 우리와 접촉하는 환자들은 동일한 비판에 직면하게 되고, 따라서 그들이 새롭고 대담한 것으로 지각되는 선택을 한 치료자를 접촉하고 있다는 사실을 알아차린다. 아울러 원격 심리치료를 받고자하는 사람들 중 상당수는 여전히 지리적 한계나 이동의 제약성 때문이고, 치료자의 유연함 없이는 심리치료를 받을 수 없는 경우가 종종 있을 것이다. 이러한 환경에서 다가가는 심리치료가 필수적이라는 것은 명확하다. 이러한 요인들로 인하여 회기가 시작하기도 전에 치료자를 향한 이상화 전이idealizing transference(Kohut, 1971)를 형성하게 될 수도 있다. 자신의 치료자가 비전통적이고 어쩌면 용감한 전문가적 선택을 해서 자신이 치료를 받게 되었다는 것을 알기 때문이다.

치료자뿐만 아니라 환자 자신도 화상 심리치료를 선택함으로써 당연한 것으로 여겨질 수 없는 선택을 하는 것이다. 양측 당사자에 의해 이루어진 유사한 선택 유형에 대한 이러한 상호적인 이해는, 치료가 시작되기도 전에 유사성resemblance 및 쌍둥이 관계twinship의 특징들(Kohut, 1984)과 함께 전이 및 역전이의 또 다른 요소를 불러온다. 일단 치료가 시작되면, 치료자와 환자는 화상 심리치료를 선택했다는 유사성을 갖게 될 뿐만 아니라, 어떤 공동체에서는 여전히 혁명적이거나 파괴적으로 보이는 혁신적인 무언가에 함께 참여하는 파트너가 되는 것이기도 하다.

치료 시작부터 기술적 이슈들 또한 관계에 영향을 끼칠 수도 있다. 오늘날 영상전화에서 사용되는 프로그램은 화면상의 디스플레이에서 차이가 있다. 각 당사자가 화면에서 다른 당사자만을 보는지 아니면 자신도 보는지, 그리고 화면 크기가 어떠한지에 대한 의문이 치료적 관계의 형성과 표상에서 매우 중요하다. 이렇게 화상 공동 현존joint visual presence은 소중한 의미를 가질 수 있다. 예를 들어, 어떤 환자들은 자신이 보다 작은 영상으로 보이는 화면에서 "누가 더 큰가"에 사로잡히도록 —무의식적으로도— 고무될 수도 있고 또는 점유하는 공간의 축소와 불편함에 대한 정서적 경험을 재생할 수도 있다(Bachar, 2001). 나는 대개의 경우 화면상에서의 치료자와 내담자의 화상 공동 현존은 '함께함togetherness'의 느낌을 형성하고, 치료적 관계의 초기부터 전이와 공상을 촉진(Kohut, 1984)하는 잠재력이 있다고 가정한다. 다른 사람과 언제든지 —하지만 잠시— 화면을 공유하는 최근의 '셀피 문화selfie culture'에서는 이러한 행위를 통해 연결감connection, 동반자의식partnership, 친밀감closeness과 융합merging을 형성하게 되리라는 정서적인 환상이 있다. 이는 유명인들과 함께 사진을 찍고 페이스북에 올리는 것을 열정적으로 즐기는 사람들을 설명해줄 수도 있다. 영화를 연구하는 분야에서의 한 흥미로운 연구는 가족들이 사랑하는 사람들을 위하여 만든 기념 영상을 사랑하는 가족들과 함께 같은 공간에서 ―아무리 짧은 시간이더라도― 시청하는 가족 구성원들 덕분에 정서적으로 커다란 의미를 지니게 된다는 사실과 이러한 결과로서 얻는 그들의 주요한 경험은 그들이 먼저 떠나보낸 사람과 잠시나마 융합하는 경험을 하게 된다는 사실을 보여준다(Melamed, 2013).

치료자를 (일종의) 백지상태로 변환시키는 화상 심리치료의 측면들

임상 회기가 진행되는 동안 환자는 환경에서 오는 많은 유형의 정보 신호와 그 단편들을 의식적으로 무의식적으로 지각하면서 그러한 것들을 자신의 치료자에게 귀인시킨다. 하지만 이는 회기가 화상으로 진행되면 중립화하거나 크게 감소한다. 클리닉에서 열리는 회기에서 환자는 그곳 마을에 도착하여 이웃집들을 경유하여 클리닉이 입주한 빌딩으로 와서 치료자의 세계로 걸어 들어온다. 그리고 그러한 과정에서 환자가 의식적으로 또는 무의식적으로 수집한 정보는 치료 회기에서의 전이 및 맥락의 기원을 구성한다. 예를 들어 내 클리닉은 유대인과 아랍인이 섞여 살고 있는 이스라엘의 자파Jaffa라는 마을에 있다. 그리고 내가 선택한 위치는 나의 사회적·정치적 의견을 일정 부분 드러낸다. 내게 치료를 받으러 오는 많은 환자들에게 이곳으로의 여정은 다양한 감정을—이렇게 멋진 지역을 알게 되는 기회를 갖는 행복감에서부터 아랍 사람들을 마주쳐야 하는 것에 대한 분노까지— 불러일으킨다.

대조적으로 화상 심리치료에서는 내가 선택한 위치에 있는 클리닉의 이웃들이나 클리닉의 디자인을 환자들이 자세히 살펴볼 수 없다. 치료자의 의상 스타일과 건축 양식 또한 영상전화를 하는 환자에게는 부분적으로만 지각된다. 아울러 이러한 수단을 이용할 때 치료자와 환자의 몸짓의 일부는 상대편에게 충분히 전달되지 않는다. 환자는 치료자가 초조하게 다리를 움직이고 있는지 또는 가만히 있는지 화상으로 볼 수 없다. 치료자는 환자가 손가락을 불안정하게 빠르게 움직이고 있는지, 손가락을 무릎에 올려놓았는지 또는 팔걸이 의자가 중간 대상中間對象, transitional object인 양 실밥을 당겨대고 있는지 볼 수 없다. 상대방의 신체언어body language를 온전히 지각할 가능성이 없다는 것에서 오는 직감적인 불편감은 상대방의 정서 상태를 우리가 해독하는 것이 상대방의 얼굴 표정보다는 신체언어에 더 많이 달려 있다는 사실을 보여주는 새로운 연구들에 의해 가중된다(Aviezer, Trope & Todorov, 2012).

그럼에도 불구하고 화상을 통한 치료적 관계가 실현되도록 해주는 것, 즉 앞서의 결핍을 보충해주는 것은 무엇인가? 환자가 자신과 치료자의 환경에 대해 갖는 이러한 지식의 공백은 치료 초기에 치료자를 클리닉 환경에서보다 더 커다란 백지상태에 놓이게 만든다. 그 결과 화상 심리치료는 전이 환상이 개시하는 것에 대하여 —특히 치료 시작 시점에— 보다 많은 잠재력을 갖게 되고, 이는 치료자가 자리잡는 위치sitting에 대한 전통적인 생각에 어느 정도 접근함으로써, 환자가 치료자의 표정을 볼 수 없게 만들어서 자유연상을 풀어놓는 수단으로써 작동한다(Carlino, 2011).

하지만 이러한 과정이 치료자를 단지 대상으로 축소시키는 것인가? 임상 경험은 그렇지 않다는 것을 보여준다. 가능한 설명은 화상 심리치료가 전화나 편지를 통한 심리치료와 달리 환자에게 치료자 얼굴의 특징과 표정을 크게 노출한다는 사실이다. 영상만남을 활용할 때 사람들은 적정하게 보고 듣기 위해, 그리고 상대방을 가능한 한 가깝게 느끼기 위해 컴퓨터 앞에 가깝게 앉는 경향이 있다. 그 결과 얼굴의 세부적인 모습이 커지고, 양 당사자에 대한 시각 정보를 더 많이 드러낸다. 하지만 치료자의 신체언어에 익숙해지는 것은 부분적이고 또 점진적으로 이루어지는데, 화면을 통해 매개되는 것이 더욱 줄어들기 때문이다. 치료가 진행되고 경험의 공유와 상호 드러냄이 쌓여감에 따라 환자는 치료자가 반응하는 레퍼토리를 알아가고, 치료자의 표정과 정동 상태를 더 잘 파악하며 이러한 과정을 통해 환상과 투사가 비켜서게 되면서 환자는 현실과 마주할 수 있게 된다. 이러한 전환transition은 환자와 치료자가 치료적 관계 안에서 대상 세계object world로부터 주체 세계subject world로 옮겨가는 독특한 기회를 뜻한다.

화상 심리치료에서
'환경 어머니'와 어린애 같은 전능감의 양상

정신분석 및 심리치료의 역사를 통틀어 물리적 치료실은 치료 환경의 중요한 기초로서 인식되었고, 환자의 내면세계를 상징하는 용기container

로 체험되고 있다(Lunn, 2002). 화상 심리치료에서는 이러한 요소의 부재가 눈에 띄는데, 특히 자신이 공간을 설계하고 치료적 기능의 일부로서 생각하는 것에 익숙한 클리닉에서 여러 해 동안 치료작업을 해온 전문가들에게는 더욱이 그러하다. 면대면 치료를 받은 이후에 화상 심리치료에 대해 듣게 된 환자들 또한 클리닉 없는 심리치료라는 개념에 대해 몇몇은 혐오감을 나타낸다. 그리고 그들은 치료실을 안전한 공간으로 묘사하기까지 한다. 놀랍게도 화상 심리치료에 대한 유사한 반응은 심리치료를 전혀 경험해본 적이 없지만, 영화와 책을 통해 치료 회기가 무엇인지에 대한 이미지를 형성한 사람들에게서 들을 수 있는데, 카우치, 팔걸이 의자, 어둑한 조명과 티슈박스를 포함하여 시각적인 고정관념으로 표현되었다.

공동의 방이 없는 가운데 화상 치료 환자가 이용할 수 있는 치료적 공간은 치료자 자신의 내적 세팅internal setting으로, 이는 현실이 상징적, 은유적 또는 무의식적 의미로 정의되는 영역이다(Parsons, 2007). 이러한 내적 영역은 활성화된 용기active container가 되는데, 치료 과정 전반에 걸쳐 변화하고 형성되며(Quinodoz, 1992), 런Lunn이 '잠재력의 공간potential room'(2002)이라고 지칭한 일회성 치료적 공간으로 치료자와 환자가 협력하여 창조하는 과정에서 형성된다.

화상 치료자의 신체라는 실재를 동반하는 유형의 만남이 없는 상황에서, 치료자의 구체적이고 상징적인 모습은 치료적 기능과 함께 융합되는 것으로 보인다. 이는 위니코트Winnicott(1963)가 어머니는 또 다른 개인으로서가 아니라 기능적 환경으로서 경험된다고 했던 개념인 '환경 어머니mother environment' ―유아에 대해서 강조한 개념― 의 모성 기능성에 대해 강조했던 것에 상응한다. 볼라스Bollas(1979)는 이러한 개념을 계속해서 발전시켜, 어머니가 유아에 의해 대상으로 파악되는 것이 아니라 내적 외적 만족의 컬렉션을 구성하는 과정으로 파악하고 이를 통해 어머니를 어떤 '변형 과정transformational process'으로서 경험한다고 덧붙였다. 볼라스에 따르면 성인의 삶에서 대상의 추구는 이러한 실존적인 변환 과정의 기표 signifier, 즉 타자가 내 안에서 불러일으킬 수 있는 형태 변화metamorphosis에 순복하고자 하는 열망을 추구하는 것이다. 화상 심리치료는 전이의 기능-환경적functional-environmental 특질 덕분에 이러한 변환 과정을 부활시키는 잠재력이 있으며, 이는 초기의 대상 경험들에 대해 접촉하도록 고무한다.

아울러 화상 치료 환경은 환자가 어린애 같은 전능감이라는 특질에 대한 어떤 느낌과도 연결되고, 잠재력의 공간에 대해, 그리고 그 일부로서 치료자에 대해서도 통제 및 배타성의 환상을 잠시나마 유지하도록 허용하는 것으로 보인다(Winnicott, 1952). 클리닉에서의 회기 마지막에서는 환자가 자신의 의자가 비어 있거나 대기실에 다른 환자들이 없는 것을 볼 수 있는 반면에, 화상 심리치료에서 환자는 치료자가 자신만을 위해 존재하고 있다는 환상을 유지할 수도 있다. 치료자를 통제한다는 환상의 또 다른 측면은 이 정도면 괜찮은 good enough[1] 것에서 이상적인 것으로의 일차

---

1   이 용어에 대해서는 『상담학 사전』(김춘경 외 공저), 『정신분석용어사전』(이재훈 역), 『상담 및 심리치료의 핵심원리』(유성경 저) 등에서는 "충분히 좋은"으로, 『대상 관계 이론과 실제: 자기와 타자』(김진숙 등 공역)에서는 "이만하면 좋은"으로 번역하였다. 한편, 위니코트가 의도한 바는 전통적인 성역할에 따른, 자식에게 무한히 헌신하는 이상적인 엄마라는 의미가 아니기 때문에 "이 정도면 괜찮은"이라는 의미로 해석하는 것이 적절해 보이기도 하다.

적인 내적 변환을 재생하는 공상적인 일차적 정신 활동으로 환자를 향하게 하는 화상에 치료자의 모습이 상대적으로 모호하게 나타나는 것과 관계가 있다. 이러한 상태에서는 치료자를 있는 그대로 경험하면서도 이상적인 좋은 대상으로서 소유하는 느낌을 더욱 자유롭게 누리게 된다(Klein, 1952).

클리닉에서 면대면 심리치료가 이루어질 때, 잠재력의 공간에 더하여 환자가 걸어 들어가서 끝날 때까지 있는 유형의 물리적인 치료실 또한 존재한다. 이 공간에서는 환자의 물리적인(방의 조도와 같은 것의) 선호와 방의 스타일 자체, 위치와 치료자에 의해 선택된 가구 —환자가 클리닉을 떠날 때에도 눈에 띄는 변화 없이 그대로 있다— 에 대한 그 어떤 커다란 유연성이 있기 힘들다. 어떤 경우에는 우리가 클리닉에서 당연한 것으로 여기는, 치료실이 갖는 이러한 물리적으로 지속적인 차원은 상처 입은 자기injured self에 재외상화 효과를 —유연하지 못한, 불충분하게 적응적인 환경을 또 다시 만나게 되는— 가져올 수도 있다. 내가 아는 어떤 사람은 페이스북에 다음과 같이 썼다. "심리학자와의 회기에서 나는 울면서 나왔다. 그리고 나오는 길에 그녀의 개가 재빨리 달려들어 나를 신나게 핥아댔다. 내가 어떻게 느끼고 있었는지를 고려해보면 내게 일어날 수 있는 가장 최악의 상황이었다."

이와 대조적으로 화상으로 만나는 환자에게 잠재력의 공간은 유일하게 공유하는 공간으로서 존재하고, 그 시점에 오직 자신만을 위해 '창조된' 것으로 경험될 수도 있는 추상적인 '가구'들로 전부 설치된다. 이는 치료자와 환자를 위한 공동의 창조, 더욱 적응적인 창조라는 특질을 화상 심리치료라는 컨테이너 및 환경에 귀인하게 된다. 이러한 특질은 치료자와 환자 사이의 한차례의 오프라인 접촉 및 대화에서 형성된다. 화상 회기들의 끝 무렵에 가서는 잠재력의 방이 독특한 색깔들로 '칠해지게' 되는데, 어떤 상호적인 과정을 통한 특정한 회기 동안 산출된 것으로서, 어떤 한 회기가 끝날 무렵 아동 치료실과 같은 분위기를 떠올리게 한다.

하지만 어린애 같은 전능감에 대하여 보다 많이 대응하고 접촉하는 것이 화상 심리치료를 받는 환자를 그러한 수동적인 위치에 머물게 해서 그가 퇴행하고 의존하도록 고무하는 것은 아닌가? 여기서도 역시 임상 경험은 그렇지 않다는 사실을 보여준다. 그것은 화상 심리치료에서 '어머니인 환경'의 물리적 측면들에 상응할 수 있도록 환자의 욕구에 대해 보다 많은 관여를 한다는 사실로 설명된다. 클리닉에서 치료자와 환자 사이의 물리적 거리, 팔걸이 의자, 실내 온도 또는 치료자의 음량과 같은 측면들과 관련된 불편은 환자의 통제하에 있지 않다. 화상 심리치료에서는 대조적으로 '어머니인 환경'에 대한 이러한 물리적 상징적 측면들에 대한 본질적인 영향력과 보다 많은 통제력이 환자에게 있다. 환자는 언제든 자신의 편의에 따라 화면에 가까이 가거나 멀리 떨어지거나 할 수도 있고 볼륨을 키우거나 줄이거나 할 수도 있으며 자신의 필요에 따라 실내 온도를 통제할 수도 있어서, 능동적인 파트너가 될 수 있고 자신을 위한 치료적 공간의 적당한 수준으로 조절하는 힘을 가질 수 있다. 많은 환자들이 자신의 욕구를 파악하고 충족하는 습관을 결여하고 있기 때문에 화상 심리치료자는 이러한 측면들과 연결을 지을 수 있고, 회기 동안 환자가 자신에게 편안한 환경에 진정으로 머물 수 있도록 확실히 조치할 수 있다. 치료자가 환자의 신체적인 욕구들에 주의를 기울인다는 사실은 그러한 욕구의 중요성을 강조하고, 환자가 그러한 욕구들에 접촉하는 방식에 변화를 불러일으킬 수도 있다.

겐트Ghent(1995)는 자신의 어느 회기에서 환자의 무릎에 따뜻한 담요를 어떻게 놓아 주었는지, 이에 대한 반응으로 그녀가 눈물을 글썽이며 "제가 춥다는 것조차도 모르고 있었어요."라고 말했던 걸 기술하고 있다. 화상 심리치료에서 치료자는 자신의 신체 경험을 통해 환자의 방이 춥다는 말을 할 수 없다. 하지만 환자의 의상, 신체언어 그리고 관심의 표출을 통해 그것을 감지할 수 있다. 환자가 자신의 치료자를 통해 자신이 춥다는 사실, 하지만 자신에게 담요를 가져다줄 사람은 바로 자신이라는 사실을 알아차리는 것과 같은 순간은, 환자가 대상을 성숙하게 활용하는 가운데 '어머니인 환경'을 자신의 욕구에 적합하게 조절하는 능동적인 파트너가 될 수 있도록 화상 심리치료가 환자를 어떻게 고무하는지를 보여준다(Winnicott, 1969). 그것은 환자가 자신의 욕구를 소유하고 그것에 응답하도록 해주고, 작용주처agency의 경험을 지원한다. 이러한 과정들은 환자가 이러한 기능을 점진적으로 내재화하도록 도울 수도 있다.

사람들은 자신들의 통합적인 부분으로서, 그리고 몸과 마음의 거의 물리적 연장extension으로서의 기술적인 도구들(휴대폰, 태블릿 등)과 연결된다(Carlino, 2011). 이는 동일한 화면상의 치료자를 환자의 신체의 연장으로서 경험하는 것에 기여한다. 그것은 이러한 화면 이미지에 중간 대상의 특질들을 부여하고, 심리치료에서의 대화를 마친 다음에도 환자가 치료자의 표상과 잠재력의 방의 기능들을 지니고 다니도록 해주어서, 치료자 및 그의 기능의 내재화internalization를 증진시킨다.

우리는 화상 심리치료의 많은 특징들이 일차적인 과정들과의—특히 치료적 관계의 초기 단계에서— 접촉을 증가시키고, 작인감作因感, a sense of agency을 보존하고 환자가 자신의 욕구에 스스로 응답하도록 격려하는 요소들을 동반하도록 한다고 결론내릴 수 있다.

관계의 상호성을 촉진하는 화상 심리치료

앞서 언급된 전이의 강조점 중 상당수는 '일인 심리학one-person psychology' 접근들의 특징이다. 이상화 전이와 융합, 투사와 공상 그리고 어린애 같은 전능감의 부상은—모두 모호한 치료자 상像에 의해 촉발되는데— 화상 심리치료가 치료자의 주관성을 지우고 그를 하나의 대상으로 취급하도록 고무한다는 인상을 준다(Winnicott, 1969). 하지만 그렇지 않다. 첫째, 이러한 특징 중 몇 가지는—치료자 상therapist's figure의 상대적인 모호성과 같은— 치료의 초기에 두드러지며, 그 이후에야 친숙함이나 관계가 형성된다. 그 과정 전반에 걸쳐 관계가 진행됨에 따라 환자는 치료자의 주관적인 측면들에 대해 알게 될 기회를 갖게 된다. 이러한 과정에서 치료자와 환자는 공상과 투사가 어떻게 현실의 측면들과 조우하는지 그리고 이러한 변화가 환자의 내면세계에서 어떻게 정리되는지 배우게 될 기회를 갖는다.

위에서 언급한 모든 요인들은 '일인 심리학'에 특징적인 전이를 고무하는 것으로서 화상 심리치료의 기술적 측면들에 기인한다. 이러한 모든 요인들이 치료자의 독특한 성격, 치료적 접근 그리고 치료자가 이러한 모든 전이적 이슈들에 접근하는 방식에 의해 가중된다는 사실을 기억해야만 한다. 환자가 꺼내놓는 것들과 상호작용을 할 때, 이러한 것들은 그 과정 동안에 마침내 형성하게 될 전이 및 역전이의 유형에 영향을 끼치게 된다.

아울러 화상 심리치료는 동시적으로 '이인 심리학two-person psychology'에 특징적인 전이를 촉진하는데, 이는 치료자와 환자의 기술적인 협력이 요구되기 때문이다. 대화의 음성 동기화 자체 그리고 불가피하게 나타나는 기술적 어려움들에 대처하는 것과 관련하여 협력이 요구되는 것이다. "제 목소리가 적정하게 들리나요?", "인터넷 연결 상태를 확인해야만 할까요?", "카메라를 좀 올려서 당신 등 뒤의 불빛 때문에 제 눈이 부시지 않게 해주시겠어요?"와 같은 대화는 화상 심리치료에서 흔히 생긴다. 그리고 이것은 치료자와 환자 둘 다에게서 똑같이 기인한다. 이러한 부분들과 관련하여 치료자와 환자는 일치적이고 대칭적인 역할을 맡는다. 화상 치료 공간을 구조화하는 이러한 불가피한 제휴는 두 가지 방식으로 다룰 수도 있다. 기본적인 관점, 그리고 현대 프로이트 학파의 이론들이 갖는 관점(Kris, 1982 in Aron, 1996)에서 양측 당사자의 기술적 관여는 '치료적 동맹'이라는 고전적인 개념과 "공동의 목표를 지닌 프로젝트"인 치료를 강조한다. 그러한 결과를 얻기 위하여 환자 또한 전념하게 되고 책임감을 갖는다.

기술적 어려움에 함께 대처할 필요성이 있기 때문에 그러한 어려움이 심리치료 동안 우리를 함께 연결시켜 준다고 느낀다고 했던 환자가 기억난다. 하지만 이러한 표면상의 기술적 상호성은 ―이는 '동맹' 또는 '협력'

이라는 고전적인 개념으로 확장된다— 또한 치료적 상호성의 관계 개념을 상징하는 것으로 생각될 수도 있다. 치료자와 환자가 비슷하게 그들 자신과 상대방의 무의식의 영향에 어느 정도까지는 복속되는 것이 치료 과정에서 불가피하게 일어난다(Aron, 1996). 상징적으로, 치료자와 환자는 둘 다에게 '예상치 못한 선로 고장unexpected line faults'을 경험한다. 치료자와 환자 사이의 위계의 부재가 여기서 두드러진다. 그리고 이는 그들이 지속적인 의사소통을 형성해가기 위해서는 서로에게 의지해야 하는 두 명의 인간 주체임을 강조한다. 치료자가 기술적 어려움들과 맞닥뜨릴 때 그의 인간으로서의 속성과 취약성이라는 측면들이 드러날 수도 있고, 따라서 그에게 주체로서 관계하도록 고무할 수 있다. 이는 그 관계의 초기 단계에서부터 두 주체의 만남의 즐거움 그리고 협력의 즐거움과 접촉하는 것을 가능케 한다(Benjamin, 1995).

아울러 많은 치료자들이 실시간으로 기술적 장애를 극복하는 것에 그리 능숙하지 못하다. 따라서 문제가 생겼을 때 치료자에게 해결책을 제안하는 사람은 종종 환자가 된다. 이러한 상황들은 관계이론relational theory에서의 상호 영향 개념을 상징적으로 구체화하는데, 이로 인해 치료자 또한 치료적 관계에서 환자를 통해 배우고, 지원을 받고, 발전하게 된다(Aron, 1996; Mitchell, 2000). 기술적인 어려움이 우리를 협력하게 만들었다고 느꼈던 그 환자는 기술 분야 출신이었고, 대화하는 동안 내게 유용한 기술적 조언들을 해주었다. 그러한 순간들에 그녀가 보인 호의는 "공동의 적에 대처하는 것" 때문에 형성된 동맹뿐만이 아니라, 이러한 순간들이 그녀에게 제공한 심도 있는 인정 —자신이 영향력을 갖고 있다는 것을 느낀 것 그리고 나와 치료 상황을 '구해내고' 교정할 수 있다는 것—과도 관련이 있다. 그러한 순간에 지식, 영향력, 교정능력을 소유한 사람은 나뿐만이 아니었다. 그녀 역시 그러하였다.

결론적으로 이러한 이원성은 환자가 투사하는 톤으로 그리고 '일인 심리학'에 특징적인 전이들 가운데서 치료자를 경험하는 토대를 제공하면서도, 치료자를 하나의 주체로서 경험하고 '이인 심리학'의 개념인 상호적인 관계mutual relationship를 형성하도록 하는 기반을 확장시켜준다.

다음의 간략한 사례는 이러한 이원성이 어떻게 일어나는지 보여준다.

내가 아주 좋아하는 새 의상을 차려입고서 진행했던 어느 화상 회기였다. 환자가 대화를 시작하면서 이렇게 얘기하며 기뻐하였다. "선생님도 잠옷을 입으셨네요!" 내 얼굴에 나타난 놀라움을 즉각 알아차릴 수 있었다. 남들에게 기꺼이 내보일 만한 의상이라고 생각했던 것의 윗부분이 의상 자체의 맥락과 무관하게 잠옷처럼 보일 수 있다는 사실을 나는 잠시 뒤에 깨달았다. 이는 내 복장이 주는 구체적인 자극이 환자가 나를 하나의 대상으로 '창조하고' 경험하도록 하기에 충분히 모호하고 부분적이었다는 것, 그래서 우리가 나중에 다룰 수 있는 쌍둥이 관계twinship[2]에 대한 그녀의 욕구 중 어떤 요소를 표현하였다는 것을 보여주는 훌륭한 사례이다. 동시에 환자는 나의 놀란 반응을 보고, 그리고 잠옷이 아니라 내 생각에는 아주 산뜻한 의상이라는 얘기를 들으면서 그녀는 나의 주관성에 대해 배웠을 수도 있다. 그녀는 또한 상호성을 경험하면서, 그리고 어떻게 모든 사람들이 그 의상을 산뜻한 것으로 생각하지 않을 수 있는지를 그녀를 통해 이해할 수 있었다는 것을—이에 대해서는 추후에 설명하겠지만—덧붙

2　코헛Cohut이 언급한 제2-자아 전이 또는 쌍둥이 전이와 관련된다.

였을 때 그녀는 자신이 나에 대해 영향력이 있다는 것을 느낄 수 있었다. 그러한 상황에서 나는 대상이자 주체였다. 그리고 두 측면 모두 치료 과정에서 가치가 있었다.

지식이 발견보다 낫다 또는:
화상 카메라를 켜는 것 외에 당신이 알아야 할 것은 무엇인가?

위에서 인용한 측면들은 화상 심리치료가 갖는 특징들에 대해 치료자가 익숙해지는 것 그리고 그러한 특징들을 올바르게 '변환시키는' 능력을 치료자가 갖추는 것이 매우 중요함을 보여준다. 치료자가 핵심적인 치료 기능들을 유지하는 능력을 갖추기 위해서는 이러한 조정 작업이 극적인 것이 되어야 한다. 치료환경 및 치료적인 경계와 같은 기본적인 조건들 basic terms은 새로운 상황 ─여기서는 물리적인 치료실이 없고, 양 당사자는 치료적 공간을 형성하는 동반자가 된다─ 속으로 전환해야 한다. 그 결과 대부분의 조건 및 역동적인 도구들은 ─이는 우리가 클리닉에서 숙고하기 위해 활용하는 경향이 있다─ 화상 심리치료에서 다른 모습 또는 표상을 가정하게 된다(Mazri & Fiorentini, 2017).

화상 심리치료 환경으로 변환되고 조정되어야 하는 조건의 한 사례는 위니코트의 "홀로 있는 능력the capacity to be alone"(1958)이다. 구체적인 차원에서 원격 심리치료는 환자가 집이나 자신의 방에서 마침내 홀로 있을 때 일어난다. 따라서 타인을 배제한 가운데 홀로 있다기보다는, 타인이 현존하는 가운데 홀로 있는 원격 치료 환경을 구조화한다는 것에 특별한 주의를 요한다.

직관적으로 화상은 "또 다른 사람이 현존하는 가운데 있는" 느낌을 주는 것으로 보일 것이다(Suler, 2000). 환자들은 화상 심리치료자가 자신들을 그리고 자신의 공간을 보고 있다는 느낌을 명확하게 갖는다. 그리고 환자들 자신은 치료자가 어떻게 보이고 들리는지, 치료자가 어느 공간에 있는지, 그리고 가장 중요하게는 치료자가 자신에게만 정향하고 주의를 기울이는지 여부를 알 수 있다. 하지만 홀로 있는 능력을 발달시키기 위해서는—위니코트에 따르면— 이 정도면 괜찮은 어머니 상이 내재화되어야 하고, 그러면 유아는 어머니가 함께하는 가운데 충분히 오랫동안 홀로 있을 수 있다. 하지만 모든 어머니-유아의 이자dyad가 이러한 과정을 성공적으로 마치는 것은 아니다. 그리고 많은 환자들은 홀로 있는 능력을 발달시키지 못하는 환경의 실패를 겪은 뒤에 우리를 찾아오게 된다(Mitchell & Black, 1995). 이러한 축axis에 손상이 있는 환자를 치료할 때, 지속적이고 안아주는 치료적 환경을 창출하는 치료자의 능력은 환자의 손상된 자기 기능self-functions의 재생과 교정에 매우 중요하다.

연속성의 문제는 화상 심리치료에서 도전적인 과제가 되는데, 치료자가 통제권을 갖지 못하는 요소들 —갑작스런 중단을 초래할 수도 있는 인터넷 연결 및 장비의 고장 같은 것들— 때문이다. 이러한 시간 동안 환자는 아주 실제적인 차원에서 홀로 남아 있게 되고, 자신의 치료에서 중대한 순간의 클라이맥스에서 그렇게 될 가능성도 있다. 치료자는 그러한 단절disconnections을 고려해야 할 책임이 있고, 대응방안과 대안적인 소통 채널을 미리 정립해둘 책임이 있다. 치료자는 또한 치료적 목표를 잊지 않으면서 그러한 문제를 다루어야 하고, 그러한 중단을 치료작업을 심화시키는 기회로 삼아야 한다.

화상 심리치료에 대한 비판은 이러한 단절을 중대한 약점으로 여긴다. 하지만 그와 같이 의도하지 않은 성격의 사건들은 화상 심리치료에 한정되지 않는다. 나는 어느 클리닉에서 한 정신분석가에게서 치료를 받고 있었다. 그녀는 계단통stairwall에서부터 대기실을 경유하여 치료실까지 나를 에스코트하였다. 그리고 치료실을 나갈 때는 대기실을 거쳐 계단통까지 에스코트하였다. 이러한 동반은 내게 여러 가지 의미를 지녔다. 나의 치료자가 치료 회기 중간에 화장실을 사용하느라 그녀의 '공간'에 나를 처음으로 홀로 두었던 유일한 경우가 기억난다. 처음으로 그 공간에 홀로 남겨져 있으면서 버려지고 소외된 느낌을 받았다. 이에 대해 나중에 언급이 없어 이러한 느낌은 더 악화되었다. 이와 대조적으로 내가 환자로서 화상 심리치료를 받을 때는 그와 같은 단절을 곤경 또는 유기로 해석한 적은—특히 나중에 그에 대해 논의를 했기에— 한번도 없었다. 따라서 중단되는 경우에 대비하여 의사소통 대안들을 미리 준비하고, 그러한 중단에 대해 나중에 언급함으로써 환자들이 그걸 어떻게 느꼈는지에 대해 표현할 수 있도록 해줄 필요가 있다. 그렇게 하지 않을 경우 치료는 모성상像의 오류 및 비일관성을 겪은 초기 경험을 재생하는 결과를 초래할 수도 있다. 그리고 환자가 홀로 있는 능력을 익히도록 돕지 않는다면, 그것은 그러한 부재를 심화시킬 수도 있다.

화상 심리치료에서 구체적인 치료적 공간을 형성하는 것에 또 다른 중요한 문제는 카메라 앞에서 위치를 잡는, 기술적인 것처럼 보이는 문제이다. 그것은 화상 심리치료의 성공을 위한 필수적인 토대를 구성한다. 원격 심리치료에서 현존presence의 개념을 면밀히 검토한 연구들은 상대방이 화면에 있다기보다는 실제로 마주 앉아 있다는 환상에 양 당사자가 빠져드는 능력에 의해 그러한 현존이 극적인 영향을 받게 된다는 사실을 보여주었다(Lombard & Ditton, 1997 in Russell, 2015). 이러한 능력은 치료자가 카메라 앞에서 치료적 상황과 자신의 위치를 기술적으로 구조화하는 기술에 의해 강력한 영향을 받는데, 특히 우리가 알고 있듯이 상대방의 정서 상태에 대한 많은 정보가 얼굴보다는 신체언어에서 발견된다는 사실(Aviezer, Trope & Todorov, 2012)에서 그러하다. 또한 화면에 의한 눈맞춤을 정립하는—내가 환자의 눈을 들여다보고 있다는 인상을 주고, 환자가 내 눈을 들여다본다는 인상을 받는— 능력 또한 아주 중요하다. 치료자의 응시가 계속해서 환자에게서 벗어난다는 것을 환자가 느끼고 있는 치료적 대화에서, 주의를 기울여주는 현존의 느낌이 어떻게 형성될지 상상하는 것은 어려운 일이다.

이 모든 것과 다른 많은 문제들에 대해 숙고하지 않는다면, 클리닉에서 두 사람이 서로 마주보며 앉았을 때 형성되는 것과 유사한 느낌을 형성하는 것은 매우 어려워진다. 유감스럽게도 이러한 지식을 알지 못하는 치료자들은 화상 심리치료에서 양쪽 당사자 모두 실망하거나 이러한 매체에 대한 정당화할 수 없는 부정적인 관점을 갖게 되는 잘못을 저지르게 된다. 내 생각에 이러한 상황들은 화상 심리치료에 대한 옹호자와 비판자 사이의 갭을 이해하는 데 중요한 하나의 층tier이 된다.

요 약

화상 심리치료는 그 독특한 특징 덕분에 치료적 관계의 초기 단계부터 몇 가지 유형의 전이 및 역전이 관계를 끌어들인다. 흥미롭게도 그러한 것들을 자극하는 요소들은 종종 매체의 기술적 한계와 관련되는 요소들이다. 치료자와 환자에 의한 화상 심리치료 선택 그리고 화상을 통한 그들의 공동현존co-presence, 이 두 가지 모두는 전이 및 역전이 수준에서 의미를 갖고 있고, 동반의식, 쌍둥이 관계 그리고 융합이라는 특질을 얻는다. 영상 전화 치료자는 클리닉에서의 치료자보다 모호한 상이 되는데, 이는 클리닉에서 이루어지는 치료 사례보다 치료 초기 단계에서 더 치료자를 백지 상태로 만든다―따라서 대상관계와 내면 세계의 공상에 생생한 접촉을 가능하게 한다.

물리적인 치료실의 부재는 대상으로서의 치료자와 치료적 기능으로서의 치료자 사이의 경계를 희미하게 만든다. 이러한 치료자의 상像과 기능의 수렴은 위니코트의 '환경 어머니environment mother' 개념(1963)을 떠올리게 한다. 화상 심리치료는 환자가 일시적으로 치료자를 '창조하고' 있다는 느낌이 들도록 고무하는 특질들이 있고, 아동기의 전능감 환상이 치료에서 떠오르게 한다(Winnicott, 1952). 치료자는 환자의 집 공간 안에, 그리고 환자가 하루의 상당한 시간을 보내는 컴퓨터 화면 위에 나타난다. 컴퓨터는 환자의 몸과 자기의 확장으로서 경험된다. 이러한 모든 요인들은 치료적 기능들의 내재화를 촉진하고, 회기 사이의 치료적 관계의 상징적인 연속성을 창출한다.

이러한 전이 양상들의 일부는 그러한 매체의 기술적 특징에서 파생된다. 그리고 환자의 대상관계와 공상들이 현실적인 자극들에 의해 영향을 받는 것보다는 더 많은 투사가 일어나기 때문에 '일인 심리학'의 특징을 띤다. 하지만 화상 심리치료에 의한 접촉에는 또한 '이인 심리학'의 특징인 고유한 측면들이 있다. 이러한 측면들은 관계의 상호성에서 오는 치료적 관계 요소들을 제공한다. 그리고 환자가 관계의 초기 단계부터 독특하고 생생한 방식으로 치료자의 주관성을 풍부하게 만날 수 있도록 해준다.

따라서 화상 심리치료에서 발생하는 전이는 이원성이라는 특징을 띤다. 한 측면에서는 '일인 심리학'의 투사적이고 실체 없는 전이 특질들이 나타나고, 다른 한 측면에서는 '이인 심리학' 개념에서의 상호성의 특질들이 나타나고 치료자의 주관성과 풍부한 만남을 갖게 된다. 이러한 두 기둥은 서로를 지워버리는 것이 아니라 공존하며, 관계의 초기 단계에서부터 독특한 이원성을 제공한다. 하지만 기억해야 할 것은 그러한 전이적인 요소들은 단지 시작 지점일 뿐이며, 치료적 관계가 펼쳐지면서 끝없는 변화의 과정을 통과하게 될 것이라는 점이다.

나의 결론은, 화상을 매개로 하는 치료적 관계를 특징짓는 독특한 측면들에 대해 치료자가 숙달하는 것이, 치료의 핵심 기능들을 보존할 수 있는 방식으로 자신의 치료적 접근에 따른 환경을 '변환'하고 '조정'하기 위해서 매우 중요하다는 것이다.

개인적인 일화로 끝맺고자 한다. 80여 년 전에 눈 덮인 루마니아에서 한 시골 의사가 마차를 타고서 자신의 도움을 필요로 하는 환자들이 흩어져 있는 집들을 방문하느라 정신없었다. 때로는 너무 늦게 도착하곤 하였다. 그 남자는—사랑하는 나의 할아버지는—마지막 숨을 거둘 때까지 그러한 사람들을 마음 속에 품고 계셨다. 만약 그분이 원격의료telemedicine를 사용할 기회가 있었다면 더 많은 사람들의 생명을 구할 수 있었을 것이다.

나는 화상을 통해 의료 및 정신 치료에 대한 접근을 확장하는 것이 건강 및 심리치료 영역에 대변혁을 가져올 수단이라고 생각한다. 이번 장이 단 한 명의 치료자에게라도 화상 심리치료에 대해 다시 생각하고 이를 합리적인 선택안의 하나로 고려하는 기회를 주었다면, 이렇게 기다려온 변화에 기여하는 역할을 다했다고 생각한다.

🖋 주석

1 웹치료Web Therapy : 2011~2015년 쇼타임Showtime에서 방영된 미국 코미디 시리즈

🖋 참고문헌

Aron, L. (1996). *Relational perspectives book series, Vol. 4. A meeting of minds: Mutuality in psychoanalysis*. Hillsdale, NJ: Analytic Press, Inc.

Aryan, A. (2013). Setting and transference countertransference reconsidered on beginning teleanalysis. In J.S. Scharf (Ed.), *Psychoanalysis Online* (pp. 119–132). London: Karnac.

Aviezer, H., Trope, Y., & Todorov, A. (2012). Body cues, not facial expressions, discriminate between intense positive and negative emotions. *Science, 30*: 1225–1229.

Bachar, E. (2001). *The Fear of Occupying Space: The Self-Psychology and the Treatment of Anorexia and Bulimia*. Jerusalem: Magnes Press.

Benjamin, J. (1995). *Like Subjects, Love Objects: Essays on Recognition and Sexual Difference*. New Haven, CT: Yale University Press.

Bollas, C. (1979). The transformational object. *International Journal of Psycho-Analysis, 60*:

97–107.

Carlino, R. (2011). *Distance Psychoanalysis*. London: Karnac.

Ghent, E. (1995). Interaction in the psychoanalytic situation. *Psychoanalytic Dialogues, 5*(3): 479–491.

Klein, M. (1952). Envy and gratitude. In *The Writings of Melanie Klein*. London: Hogarth Press, (1975).

Kohut, H. (1971). *The Analysis of the Self: A Systematic Approach to the Psychoanalytic Treatment of Narcissistic Personality Disorders*. New York: International Universities Press. 이재훈 역.『자기의 분석』한국심리치료연구소. 1999.

Kohut, H. (1984). *How Does Analysis Cure?* Chicago: University of Chicago Press. 이재훈 역.『정신분석은 어떻게 치료하는가?』한국심리치료연구소. 2007.

Kudiyarova, A. (2013). Psychoanalysis using Skype. In J.S. Scharf (Ed.), *Psychoanalysis Online* (pp. 183–193). London: Karnac.

Lunn, S. (2002). The psychoanalytic room. *Scandinavian Psychoanalytic Review, 25*: 135–142.

Lombard, M., & Ditton, T. (1997). At the heart of it all: The concept of presence. *Journal of Computer-Mediated Communication, 3*(2).

Mazri, A., & Fiorentini, G. (2017). Light and shadow in online analysis. In J.S. Scharf (Ed.), *Psychoanalysis Online 3* (pp. 65–83). London: Karnac.

Melamed, L. (2013). Close to home: Privatization and personalization of militarized death in Israeli home videos. *New Cinemas: Journal of Contemporary Film, 11*(2–3): 127–142.

Mitchell, S.A. (2000). *Relationality: From Attachment to Intersubjectivity*. New Jersey: The Analytic Press.

Mitchell, S.A., & Black, M.J. (1995). *Freud and Beyond: A History of Modern Psychoanalytic Thought*. New York: Basic Books. 이재훈, 이해리 역.『프로이트 이후: 현대 정신분석학』한국심리치료연구소. 2000.

Mizrahi, C. (2017). The analyst's closeness in long-distance psychoanalysis. In J.S. Scharf (Ed.), *Psychoanalysis Online 3* (pp. 65–83). London: Karnac.

Parsons, M. (2007). Raiding the inarticulate: The internal analytic setting and listening beyond countertransference. *The International Journal of Psychoanalysis, 88*: 1441–1456.

Quinodoz, D. (1992). The psychoanalytic setting as the instrument of the container function. *International Journal of Psycho-Analysis, 73*: 627–635.

Russell, G.I. (2015). *Screen Relations: The Limits of Computer-Mediated Psychoanalysis and Psychotherapy*. London: Karnac Books.

Suler, J.R. (2000). Psychotherapy in cyberspace: A 5-dimension model of online and computer-mediated psychotherapy. *CyberPsychology and Behavior, 3*: 151–160.

Wagner, B., Horn A., & Maercker A. (2014). Internet-based versus face-to-face cognitive-behavioral intervention for depression: A randomized controlled non-inferiority trial. *Journal of Affective Disorders, 152*: 113–121.

Winnicott, D.W. (1952). Psychosis and child care. In *Collected Papers* (pp. 219–228). New York: Basic Books, 1958.

Winnicott, D.W. (1963). The Development of the Capacity for Concern. *Bulletin of the Menninger Clinic, 27*: 167–176.

Winnicott, D.W. (1969). The use of an object and relating through identification. In *Playing and Reality* (pp. 86–94). California: Psychoanalytic Electronic Publishing. 이재훈 역.『놀이와 현실』한국심리치료연구소. 1997.

6 심리치료에서의 온라인 수련감독

마이클 페닝턴Michael Pennington · 리키 패튼Rikki Patton · 헤더 캐터파이어Heather Katafiasz

　이번 장의 목적은 심리치료 분야에서 현재까지의 온라인 수련감독[1] cybersupervision 문헌들에 대한 개관을 하면서 체계적인 온라인 수련감독에 강조점을 두고자 한다. 즉, 1) 온라인 수련감독의 역사적 맥락을 제시하고, 2) 온라인 수련감독의 정의 및 개념화를 검토하고, 3) 온라인 수련감독 관계를 이끌어내고 유지하는 방법들을 논의하며, 4) 온라인 수련감독의 다양한 형태와 플랫폼을 살펴볼 것이다. 아울러 온라인 수련감독과 관련한 윤리적 법적 위험 사항들에 대해 이번 장 전반에서 다룰 것이다. 이를 통해 이번 장은 온라인 수련감독에 참여할 계획을 세우고 있는 치료자들을 위한 학습 자원으로써 기여할 수 있을 것이다.

온라인 수련감독의 역사

　미국 결혼 및 가족 치료학회American Association for Marriage and Family Therapy

---

1　본서에서는 'supervision'의 번역어로 '수련감독'과 '수퍼비전'을 혼용하였다.

(AAMFT)는 2001년 여름에 온라인 수련감독에 대한 해당 학회의 첫 문건을 발간하였는데, 당시는 온라인 심리치료 움직임이 일어나던 초창기였다(Bacigalupe, 2010). 이 문건에는 온라인 수련감독의 윤리적 파급효과와 관련된 문제들 그리고 수련감독 수단으로서 잠재적으로 활용되는 화상만남videoconferencing과 관련한 문제들이 다루어졌다(Fialkov et al., 2001; Greenwalt, 2001). 이웃하는 정신건강 분야들에서도 주로 온라인 매체를 통해 진행되는 수련감독 및 심리치료/심리상담과 관련한 법적 윤리적 고려사항들을 살펴보고 있었다. 그 결과 기술적 차원을 통해 제공되는 심리치료 및 수련감독이 전통적인 심리치료 및 수련감독과 어떻게 비교될 수 있는지 양적·질적 측면에서 탐색하게 되었다(Panos et al., 2002). 이러한 논의는 크게는 당시 급속히 발전하던 기술에 대한 대응이었고, 아울러 건강보험 적용 및 책임에 대한 법률[2](Health Insurance Portability and Accountability Act of 1996, Pub. L. No. 104-191, 110 Stat.1936)의 발효에 대한 대응이기도 하였다. 몇몇 연구결과는 혼합되어 있었지만, 이메일이나 문자texting와 같은 기술이 전통적인 수련감독 수준을 향상시킬 수 있다는 사실 그리고 온라인 수련감독이 전통적인 수련감독과 동등한 경험이 될 수 있다는 사실을 연구는 광범위하게 밝혀왔다(Chapman et al., 2011; Clingerman & Bernard, 2004; Nelson, Nichte & Henriksen, 2010; Stebnicki & Glover, 2001).

HIPAA의 발효는 정신건강 전문분야 전반에 걸쳐 있는 온라인 수련감독에 대한 윤리적 법적 이해를 극적으로 변화시키도록 압박하였지만, 수

---

2 저자는 이 법률에 대해 이후부터 약칭 'HIPAA'를 사용하고 있다.

련감독에서의 기술 활용은 체계적 수련감독 영역에서는 새로운 것이 아니었다. 기본적인 가족 치료 훈련에서는 라이브 수련감독을 동시적 수련감독synchronous supervision의 주요 형식 중 하나로 활용하였고, 내담자에게 어떻게 관여하는지 배우고 있는 치료자들에게 즉각적인 피드백을 제공하였다(Bernard & Goodyear, 2014). 라이브 수련감독은 초기에는 치료자와 내담자가 있는 동일한 치료실에서 이루어졌지만, 나중에는 일방경one-way mirror 뒤에서 진행되었다(Bernard & Goodyear, 2014; Jordan & Fisher, 2016). 기술이 발전함에 따라 라이브 수련감독은 '미가공raw' 수련감독으로 변환되었는데(Bernard & Goodyear, 2014; Boyle & McDowell-Burns, 2016), 전통적인 수련감독에 대한 녹화 또는 녹음을 계속해서 포함하고 추가함으로써 회기를 실시간(동시적)으로 시청하거나 녹화·녹음하여 추후에 수련감독에서 (비동시적으로) 검토할 수 있었다. 이러한 형태의 라이브 수련감독은 수련감독자들이 분리된 방에서 또는 지리적으로 완전히 떨어진 지역에서 디지털 방식으로 회기를 시청할 수 있게 해주었다. 아울러 이제 향상된 녹화 소프트웨어는 여러 치료 회기를 동시에 볼 수 있도록 해준다(듣기는 한 번에 한 회기만 가능하지만). 어떤 수련감독자들은 피드백을 늦추는 방식을 선택하여, 회기가 끝난 뒤에 라이브 회기에 대한 피드백만을 제공하지만, 또 어떤 수련감독자들은 회기를 중단시키고서 즉각적인 피드백을 제공한다(Bernard & Goodyear, 2014; Boyle & McDowell-Burns, 2016). 가족 치료 훈련의 초기 시절에는 라이브 수련감독에서 수련감독자들이 문을 두드려서 치료자를 '멈추게break' 하여 회기를 중단시킴으로써 파열적일 수 있었지만, 새로운 기술들이 발전하여 수련감독자들은 전화기를 활용하여ㅡ

'속삭여서bug-in-the-ear'—(Bernard & Goodyear, 2014; Boyle & McDowell- Burns, 2016; Jordan & Fisher, 2016) 그리고 인스턴트 메신저·문자(Bernard & Goodyear, 2014)를 활용하여 훨씬 더 매끄럽게 회기를 중단시킬 수 있게 되었다.

로머니어Rousmaniere, 애버스Abbass, 프레더릭슨Frederickson, 헤닝Henning, 타우브너Taubner(2014)는 수퍼비전에서 기술을 활용하는 추세가 매우 빠르게 증가하고 있다는 사실을 강조하였다. 2013년의 경우 거의 모든 심리치료 분야—정서중심, 인지행동, 변증행동,3 수용참여[전념], 안구운동 둔감화를 포함하는— 의 수련에서 수련감독자들은 화상만남을 통해 훈련을 제공해오고 있다(Rousmaniere et al., 2014). 대부분의 인증 단체들은 여러 훈련 프로그램들 가운데, 수련감독의 주요한 수단으로 원격 학습을 활용하는 임상 프로그램들을 인증해왔다(COAMFTE.org, n.d.; CACREP.org, n.d.). 아울러 미국심리학회American Psychological Association(APA) 인증위원회Commission on Accreditation(CoA)는 심리학 프로그램에서 수련감독 중 50% 정도가 온라인 수련감독일 수 있다고 특정하였다(CoA, 2010). 또한 AAMFT는 미래의 수련감독자들을 훈련시키면서 수련감독 모니터링에 '라이브 또는 녹음/녹화 수퍼버전 회기'를 포함시켜야 한다는 것(AAMFT, 2016: 9)과 수련감독에 미가공 데이터를 최소한 20% 포함시켜야 한다는 것(AAMFT, 2016)을 구체화하였다.

---

3 'dialectical'은 국내 심치리료 분야의 번역에서 '변증법', '변증법적', '다이어렉티컬' 등으로 번역되고 있다. 사실 번역어에서 '변증'과 '변증법(적)'은 다른 의미를 지니지만, 본서에서는 CBT 계열의 접근들인 인지행동치료, 수용참여[전념]치료 등과 조화를 고려하고, 언어의 경제성을 위하여 '변증'으로 번역하였다.

현재 온라인 수련감독과 관련된 지침들guidelines을 살펴보면서 우리는 세 가지 주요한 원칙들을 추출하게 되었다: 1) 우리는 적용되는 윤리 및 법률·규제 관련 규약들을 따라야 하고, 2) 우리는 HIPAA를 준수해야 하며, 3) 수련감독자는 이러한 형태의 수련감독에 부응해야 한다(AAMFT, 2015; ACA, 2014; CoA, 2010). 아울러 특정한 정신건강 분야와 무관하게 모두 합의하고 있는 사실은, "기술적인 전달은 해당되는 윤리 및 법률을 준수하는 것에 대해 통제하는 부담이" 온라인 수련감독에서의 수련감독자에게 "부과된다"는 것이다(AAMFT, 2014: 9). 이러한 원칙들은 명확하긴 하지만, 적용되는 법률들이 주州마다 다르고 많은 주에서 온라인 심리치료나 수련감독에 대한 구체적인 법적 지침을 갖고 있지 않아서 윤리적 법적으로 어떻게 준수할 것인가의 미묘한 차이를 이해하는 것이 어려워질 수 있다(Pennington, Patton, Ray & Katafiasz, 2017). 또한 윤리 규약은 온라인 수련감독에 대한 윤리적 권한과 관련하여 얼마나 많은 지도를 해주는지는 분야별 조직에 따라 다양하다(AAMFT, 2015; ACA, 2014; APA, 2017). 이번 장의 이어지는 절들에서는 온라인 수련감독에 대하여 보다 명확하게 정의하고, 온라인 수련감독과 관련한 잠재적인 윤리적 고려사항들을 논의할 것이다—특히 온라인 수련감독의 다양한 기술적 형태들을 고려하면서 진행한다. 다음의 내용은 개관에 해당하는데, 온라인 수련감독에 대한 보다 심도 있는 논의를 원하는 독자들은 로머니어Rousmaniere와 렌프로-미쉘Renfro-Michel(2016)을 참조하길 바란다.

온라인 수련감독에 대한 개념화

APA의 CoA는 온라인 수련감독을 "수련감독자가 훈련생과 동일한 물리적 시설이 아닌 곳에서 동시적인 음성 및 화면 형식을 통하여 심리 서비스에 대한 임상 수련감독"(CoA, C.28, 2010)으로 정의하고 있다. 다른 전문학회에서는 더 나아가 온라인 수련감독을 "전화, 화상만남, 이메일, 텍스트, 인스턴트 메신저, 소셜 미디어에만 한정되지 않는 비동시적인 양방향 전자 소통"(AMFTRB, 2016: 16)을 포함하는 것으로 정의한다. 비동시적 요소들의 추가는 기술을 활용하는 모든 수련감독은 온라인 수련감독으로 간주되어야 한다는 것을 의미한다. 하지만 문헌을 검토해보면 기술적으로 향상된 수련감독에서 온라인 수련감독을 정확하게 기술해주는 수련감독의 핵심적인 측면은 원격distance이라는 측면이다(Carlisle et al., 2017).

특히 APA의 CoA는 온라인 수련감독을 대면in-person 수련감독—"수련감독자가 훈련생과 동일한 물리적 공간에서 심리 서비스에 대해 진행하는 임상 수련감독"(CoA, C.28, 2010)으로 정의되는—과 구분한다. 수련감독자와 수련자가 지리적으로 다른 곳에 위치하고 있고 물리적으로 만날 수 없는 경우, 이에 따른 수련감독은 '원격' 또는 온라인 수련감독으로 간주된다. 아울러 온라인 수련감독은 근본적으로 기술 수단을 활용하는 가운데 생긴다는 사실을 이해할 필요가 있다. 앞서 전통적인 수련감독이 면대면face-to-face 요소에 의해 구분되었지만, 화상만남 소프트웨어가 등장하고 이를 광범위하게 사용함에 따라 면대면 수련감독은 더 이상 수련감독자와 수련자 간의 물리적 근접성에 의해 제약받지 않게 되었다(Carlisle et al., 2017).

온라인 수련감독의 과정

기술의 등장으로 수련감독자들은 물리적 수련감독(즉, 지리적 위치)에 내재하는 물리적 경계를 넘어 움직이는, 온라인 세계로 진입하는 능력을 갖추게 되었다. 전통적인 수련감독 과정과 온라인 수련감독 과정 간에는 유사성이 있지만, 온라인 수련감독에는 추가적으로 고려할 필요가 있는 무시 못할 미묘한 측면들이 있다. 예를 들어, 수련감독자는 다음과 같은 주제들을 숙고해야만 한다. 1) 수련감독 계약하기 및 관계 정립하기, 2) 온라인 수련감독 양식, 3) 기술 플랫폼, 4) 치료적 관계 유지하기, 그리고 온라인 수련감독을 활용하는 것의 전반적인 유익 및 도전과제들. 우리는 온라인 수련감독 과정에 대해 면밀히 검토하면서, 아울러 온라인 수련감독에 내재하는 윤리적 법적 고려사항들을 해명해야 한다. 결혼 및 가족 치료, 심리학, 심리상담, 사회복지 영역들에서 현존하는 문헌들을 검토한 결과, 우리는 네 가지 윤리적 및 법적 영역을 고려해야만 한다는 사실을 확인하였다. 1) 수련감독에서의 기술의 이용에 대한 현행 전문가 지침 이해하기, 2) 윤리 지침 이행하기, 3) 비밀유지 및 보안 보장하기, 4) 수련감독 관계를 발달시키고 유지하기. 온라인 수련감독과 관련하여 이러한 주요한 요소들, 그리고 관련된 윤리적 법적 고려사항들을 이해하는 것은 수련감독자가 더 많은 지식을 갖춘 조망을 갖고서 온라인 수련감독에 접근하는 데 도움이 될 수 있다.

수련감독 계약하기: 관계 정립하기

기술이 지속해서 성장하고 변화함에 따라 수련감독자와 수련자는 이러한 방법들을 어떻게 효과적으로 활용할지에 대해 배워야 하고 수련감독자는 그러한 과정을 촉진해야만 한다(Boyle & McDowell-Burns, 2016; Layne & Hohenshil, 2005; Rousmaniere et al., 2014; Vaccaro & Lambie, 2007; Watson, 2003). 수련자들이 기술을 활용하는 것에 대한 기초 지식이 있어야 하지만, 특정 기술(즉, 화상만남 소프트웨어)을 이용하여 수련자를 훈련하는 것은 수련감독자의 윤리적 의무이다(AAMFT, 2015). 또한 수련감독자와 수련자가 수련감독을 위해 계획된 기술 플랫폼을 통하여 모의 훈련을 하거나 역할극role-play을 하는 것이 권장된다. 이렇게 함으로써 그 과정이 부드럽게 진행되고, 모든 참여자가 1) 자신의 역할을 이해하고, 2) 기술에 익숙해질 시간을 갖게 되며, 3) 그들이 맞닥뜨릴 수도 있는 문제들을 해결하도록 보장하게 된다(Rousmaniere et al., 2014).

일단 적정한 온라인 수련감독 역량이 결정되고 수련자가 적절히 훈련되면, 수련감독자는 수련감독의 방법론을 정립하기 시작할 수 있다. 절차적 측면에서 수련감독자는 화상만남 소프트웨어에 사용자 이름과 비밀번호를 입력하여 가입하고 나서 수련자가 동일하게 하도록 초대해야 한다. 온라인 수련감독에서의 화상만남을 위한 물리적 설정에 대한 더 많은 정보에 대해서는 로머니어 등Rousmaniere et al.(2014)을 참조하기 바란다.

물리적 공간을 파악할 때 그곳이 안전한지 그리고 HIPAA 요건을 충족하는지 확실히 함으로써, 수련자와 내담자의 중요한 정보가 보호되도록 하는 것이 수련감독자에게 요구된다. 다음과 같은 사례를 보자.

멜린다Melinda는 40세의 히스패닉 여성이고 스티브Steve는 23세의 아프리카계 미국인 남성이다. 멜린다는 지난 한 해 동안 스티브의 MFT 수련 감독자였다. 멜린다와 스티브는 대면 및 온라인 지원 플랫폼(예: VSee)을 통해 수퍼비전을 진행해왔고, 둘 다 수퍼비전에서 기술을 이용하는 것에 대해 편안함과 유능감을 느끼고 있다. 멜린다가 스티브와의 수퍼비전을 시작하면서 둘 다 온라인 수련감독에 참여하게 되었을 때, 스티브가 그 장소에 혼자 있는지 확인하였는데, 이는 비밀보장이 깨지지 않도록 확실히 하기 위한 것이었다. 스티브와 멜린다는 대개 그들의 치료실에서 수퍼비전을 했는데, 문을 닫고 백색 소음기를 틀어놓았다. 하지만 때때로 한쪽 또는 양쪽 모두 집에서 온라인 수퍼비전을 하였다.

우리가 집에서 일을 하는 경우 가족이 작업을 중단시키는 일이 종종 발생한다. 그래서 수퍼비전 동안 프로토콜을 설정해놓아 모든 참여자가 이러한 경우 어떻게 대응할 것인지를 알고 있는 것이 반드시 필요하다. 수련감독은 장소(집 또는 사업장)와 관계없이 타인이 정보를 보거나 우연히 들을 수 없는 곳에서 이루어져야 한다(Glosoff et al., 2016). 이러한 경우 스티브나 멜린다가 집에서 온라인 수련감독을 해야 했을 때, 온라인 수련감독을 시작할 수 있는 혼자만의 공간을 파악하고 중요한 타인이 우연히 듣는 걸 방지하기 위하여 헤드폰을 사용하며, 수퍼비전 동안 중요한 타인이 방에 들어오면 대화를 중단하는 프로토콜을 정립할 필요가 있었다.

온라인 수퍼비전이 성공하기 위해서는 수련감독자와 수련자 사이의 소통이 명확하고 신뢰에 기반해야 한다. 선행 연구들에 따르면, 온라인 심리상담cyber-counseling[4]을 실행하기 위하여 기술을 이용하는 것은 참가자들 사이의 소통과 사회정서적 정보의 전달에 중대한 영향을 끼칠 수 있고, 시청

각 매체를 통해 제시되는 경우보다 더 많은 정서가 실려서 읽히는 문자 메시지도 여기에 포함된다(Wilczenski & Coomey, 2006). 이러한 동일한 과정들이 또한 온라인 수퍼비전에서 일어날 수 있다. 글로소프Glosoff, 렌프로-미셸Renfro-Michel, 나가라잰Nagarajan(2016)은 효과적인 수련감독 관계는 협동적이고 신뢰할 수 있는 관계라는 사실, 그리고 수련감독 관계에 기술을 포함하는 것은 수련감독 관계에 동맹 및 라포의 발달과 유지에 영향을 끼칠 수도 있다는 사실을 강조하고 있다. 멜린다와 스티브를 다시 살펴보자.

> 멜린다는 스티브에게 다음과 같은 문자 메시지를 보냈다. "난 정말 당신과 대화를 꼭 해야만 해요." 이 예시에서 멜린다는 예상치 못하게 수퍼비전 일정을 다시 짜야 하기 때문에 스티브와 얘기할 필요가 있다는 것을 전달하려는 의도를 갖고 있다. 하지만 이러한 억양은 문자를 통해 전달하기 어렵기 때문에 메시지의 내용은 다른 방식으로 해석될 수 있다. 스티브는 이러한 메시지를 원래 의도된 것보다 더 많은 정서가 실린 것, 예를 들면 위급상황이거나 그가 뭔가 잘못했다는 것으로 쉽사리 곡해할 수 있다.

글로소프, 렌프로-미셸, 나가라잰(2016)은 수련감독 관계를 발달시키고 유지할 때 고려해야 할 몇 가지 전략들을 제공하는데, 여기에는 효과적인 수련감독을 제공하기 위하여 필수적인 기술들에 대한 지식을 갖추는 것, 사용하는 기술technology에 대하여 확실히 이해하는 것, 효과적인 수련

---

4 'counseling'은 일반적인 '상담'과 '심리상담'의 의미 둘 다 있는데, 여기서는 '심리'에 대한 상담을 의미하므로 '심리상담'으로 번역하였다.

감독 기법skills을 어떠한 방식으로 기술의 활용과 통합할지에 대하여 이해하는 것이 포함된다. 더 나아가 허베스트로Haberstroh와 더피Duffey(2015)는 온라인 수련감독을 실행할 때 수련감독 관계를 발달시키고 유지하는 것에 대한 제안들을 명확하게 논의한다. 그들의 제안에는 수련자의 글쓰기 스타일에 주의를 기울이고 미러링하는 것, 수퍼비전을 위하여 창출되는 공간 안에서 전문적으로 관여하는 것, 기술을 활용하는 것에 충분히 적응하는 것, 의도적으로 수련감독 관계에 주의를 기울이는 것이 포함된다. 멜린다와 스티브의 또 다른 사례를 살펴보자.

멜린다와 스티브는 수련감독 관계의 일환으로, 대면 수퍼비전 사이에 필요할 시 비동시적 수퍼비전, 즉 이메일을 활용하는 것에 합의하였다. 스티브는 월요일에 멜린다에게 다음과 같은 이메일을 보냈다.

친애하는 멜린다,
다음 만남 전에 처리하고 싶은 수퍼비전 질문이 있습니다. 어제 어떤 가족과 만났는데, 제가 그동안 논의해왔던 저의 치료자 자아 self-of-the-therapist를 촉발하게 되었습니다. 저의 반응을 괄호넣기 bracketing할 수 있는 전략들을 논의하고 싶었습니다. 어떤 팁이든 주신다면 감사하겠습니다.   -스티브

멜린다는 며칠 뒤인 금요일에 다음과 같이 답장하였다.

안녕 스티브,
정말 짜증날 일이군! 지금은 당신이 괜찮길 바래요. ☺ 우리가 전에 논의했던 다른 전략들을 시도해보았나요???   -멜린다

이러한 현장 사례에서, 멜린다는 수련감독 관계를 유지하기 위하여 서술된 모든 전략들을 따르지 않았다. 예를 들어, 멜린다는 제때 응답하지 않았고, 수련자의 언어를 미러링하지 않았으며, 수련자의 요청에 주의를 기울이지 않았다. 우리가 수련자와 소통하고 그들을 지원하는 방식에 관련되는 다중적인 뉘앙스들에 대해 설명함으로써 수련감독자가 수련감독 관계의 발달 및 유지에 대해 주의를 기울이는 것은 필수적인 것이다. 다문화적인 고려사항들은 수련감독 관계를 유지하는 것과 관련한 또 다른 중요한 요소이다. 많은 학자들은 또한 다문화 문제가 수련감독 관계 안에 얼마나 융합되어 있는지, 효과적인 심리상담 및 수련감독에 대한 전제조건으로서 문화적으로 역량 있는 수퍼비전 작업의 중요성을 확인해왔다(Baltrinic et al., 2016). 발트린식Baltrinic, 오하라O'Hara, 젠시어스Jencius(2016)는 특히 온라인 수련감독에서 문화적 역량을 유지하기 위한 몇 가지 지침을 다음과 같이 밝히고 있다: 1) 자신의 세계관을 공유함으로써 수련자에게 본을 보이기, 2) 수련감독 관계에서 수련자에게 충분한 시간과 공간을 제공함으로써 수련자의 세계관에 대한 이해를 발전시키기, 3) 수퍼비전 의사소통 과정에서 문화에 대해 개방적이고 지속적으로 논의하기, 4) 자신의 다문화 훈련을 계속하기, 5) 자신의 온라인 수련감독 훈련을 계속하기 등.

온라인 수련감독 형식

지난 10~15년 동안 기술은 수퍼비전을 위하여 널리 활용되어왔고, 독립형 하드웨어에서 융합형 소프트웨어로 나아갔다. 이제는 여러 장치들이 연결되도록 공학적으로 지원되고 있다. 이러한 연결은 지속적이고, 정보를 공유하는 능력을 통해 언제나 소통되고 있고, 자동적으로 업데이트를 하며, 다중의 이용자들이 잠재적 및 사회적으로 이용할 수 있게 되었다. 이러한 향상의 상당수는 수련감독의 방법론적 측면들을 함께 통합하거나(Nagel & Anthony, 2016; Rousmaniere, 2014), 의사소통을 위한 다수의 선택안들—이메일, 문자 메신저, 인스턴트 메신저, 화상만남 등 포함—을 가능하게 하는 것과 같은 과제들이 온라인 수련감독 과정에서 활용될 수 있도록 만들어주었다(Arnekrans et al., 2014; Negal & Anthony, 2016; Rousmaniere, 2014; Stokes, 2016). 하지만 수퍼비전 형식을 선택할 때는 이러한 진전사항들과 함께 미묘한 고려사항들이 추가적으로 결정되어야만 한다.

동시성 대 비동시성

온라인 수련감독에서 이용되는 소통 기술의 다양한 형식은 동시성 대 비동시성이라는 두 가지 방식으로 특징을 확인할 수 있다(BendeA & Dykeman, 2016; Vaccaro & Lambie, 2007). 동시 소통은 실시간, 즉 인스턴트 메신저 또는 문자 기반 챗chat, 음성 챗, 전화 통화, 화상만남 등을 통해서이루어진다. 비동시 소통은 시간이 지체되어 —즉, 이메일, 토론 게시판discussion threads, 전자 기반 메일링 리스트 등을 통해서—이루어진다. COAMFTE와 AAMFT 둘 다 온라인 수련감독을 동시적으로(예: 실시간으로) 진행하도록 요구하는 반면에, APA 인증 기준은 온라인 수련감독의 이러한 측면과 관련하여 특정한 기준을 제시하지 않는다(CoA, 2010; SoA, 2017). 하지만 그러한 조문은 일반적인 것으로서 해석에 달려 있다. 그 문헌은 이 지점에서부터 주석을 달아서, 온라인 수련감독이 물리적 수련감독과 유사하게 기능한다고 언급하고 있다(Carlisle et al., 2017). 물리적 수퍼비전에서 온라인 수퍼비전으로 완전히 전환될 수 없는 영역들이 여전히 있다는 것을 저자들은 알고 있고, 따라서 온라인 수련감독 준비를 위하여 명확하고 확립된 프로토콜을 만드는 것을 확실히 하도록 수련감독자와 수련자 모두에게 주의를 주고 싶다. 온라인 수퍼비전의 형식 중에서 이메일과 인스턴트 메신저(또는 다른 문자 기반 챗), 화상만남은 온라인 수퍼비전을 실행하는 가장 인기 있는 방식으로 보이며, 향후 상세하게 논의될 것이다(Chapman et al., 2011; Rousmaniere, 2014; Stokes, 2016).

이메일

이메일 기반 소통은 여타의 동시적 비동시적 형태의 결합에서와 마찬가지로 수퍼비전의 주요한 형태로 사용되어 왔다. 이메일은 수련감독자와 수련자 사이에서 정보를 지속적으로 순환시켜줄 수 있기 때문에 유용할 수 있다. 이메일은 또한 기록이 특정한 문서함에 저장될 수도 있고 필요할 때는 언제든지 접근할 수 있기 때문에 내장된 파일 캐비넷으로 역할을 할 수도 있다. 연구에 따르면, 자신의 집단 수퍼비전 모임에서 이메일을 사용한 수련자들은 수련감독자에 의해 더 많은 지지를 받는 것으로 느꼈고, 수련감독자와 수련자 사이의 소통은 접근 가능한 수준이 증가하여 소통의 긴장도가 낮은 편이었다고 보고하였다(Chapman et al., 2011). 수련자들은 또한 모임에서 자신의 감정을 개방하는 데 더욱 편안하게 느끼게 되었고, 모든 참여자들에 의해 생각이 정리될 수 있도록 하고 싶은 욕구가 증가하였다고 보고하였다(Chapman et al., 2011). 이메일은 또한 수련감독자와 수련자(들) 모두에게 제때, 특히 중요한 이슈가 있는 동안 여러 소스에서 피드백이 필요할 때 응답할 수 있게 해주었다. 또한 개인 수퍼비전에서든 집단 수퍼비전에서든 모든 참여자들이 사례 논의에 동등하게 참여할 수 있는 능력을 추가로 얻게 되었고 따라서 개념화 역량을 향상시킬 수 있었다(Chapman et al., 2011; Stebnicki & Glover, 2001).

클리너맨Clingerman과 버나드Bernard(2004)는 이메일을 지속적으로 활용하는 것이 유익할 수 있지만 얼마나 유익한지는 불분명하다는 사실에 주목하였다. 이는 시간이 지체되기 때문일 수 있다. 즉, 문서 텍스트written text와 연관된 언어장벽 때문에 의미 있는 논의에 참여하는 시도에 문제를 초래할 가능성이 있기 때문이다. 비밀보장은 또 다른 문제가 된다. 이메일 메시지를 완전히 보호하는 것은 가능하지 않은데, 다른 이들이 보게 될 가능성이 있기 때문이다— 특히 사용하는 컴퓨터 또는 장치가 공용일 경우가 그렇다. 이러한 문제를 피하기 위해서는, 내담자를 포함하는 모든 당사자들이 보안 저장 메일을 사용하도록 고지된 동의서에 서명하는 것뿐만 아니라 수련감독자와 수련자 둘 다의 훈련 과정에서 이메일의 제한점들을 다뤄야 한다. 메시지는 또한 보안통신망을 통해 전달되어야 하고, 암호화되어야 한다(Mallen et al., 2005; Vaccaro & Lambie, 2007; Watson, 2003).

챗 또는 인스턴트 메신저

챗 기반 소통은 동시적인 것으로 간주되며, 무선통신망을 통해 한 사람에게서 다른 사람에게 장치들 사이에서 일어나는 어떠한 형태의 문자 기반 메신저나 문자보내기든 해당된다. 인스턴트 메시지instant messages는 전자적으로 메시지를 주고받기 위하여 사용되는—즉, 카카오톡과 같은[5]—
시스템 또는 소프트웨어 앱을 통하여 전달되는 문자 소통이다. 챗 소통 또
한 동일한 플랫폼이나 챗 채널에 접속하고 있는 다중의 사용자들이 서로
에게 한 번에 소통할 수 있는 '챗 룸chat room' 소통에 해당된다(Arnekrans et
al., 2014).

　이러한 온라인 수련감독 형태는 작업 및 집단 온라인 수퍼비전 환경 둘
다에 진정 유익할 수 있다. 집단 수퍼비전에서 카카오톡, 아이메시지, 안
드로이드 메신저 또는 위챗과 같은 챗·문자 메시징 플랫폼을 활용하는
수련감독자는 수련자들로 하여금 모든 구성원들이 실시간으로 참여할 수
있는 특정 채널을 통하여 그룹 챗에 참여하도록 초대할 수 있다. 이는 또
한 다수의 수련자들이 다른 플랫폼들을 이용하고 있어도(즉, 아이폰상의
아이메시지 또는 픽셀상의 안드로이드 메신저) 그룹 메시징 범위 내에서
달성될 수 있다(Nagal & Anthony, 2016).

　수퍼비전에서 챗과 인스턴트 메신저를 이용하는 것은 또한 비밀보호와
관련한 도전과제들을 제기한다. 암호화가 핵심이다. 그리고 오늘날 그것
은 챗을 통해 상대적으로 쉽사리 이루어진다. 대부분의 챗 플랫폼이 암호
화 도구를 통해 구축되어 있기 때문이다. 또한 연구에 따르면, 수퍼비전
과정 동안 집단 또는 기관 환경에서 이러한 도구를 활용하는 것은 수련자
들이 공동체 감각과 다른 이들에게서 지원을 받는다는 느낌을 촉진하도
록 해주는 것으로 밝혀졌다(Anthony & Goss, 2009; Nagel & Anthony, 2016;

5　원서는 'Apple iMessage'.

Vaccaro & Lambie, 2007).

화상만남

화상만남videoconferencing은 온라인 수련감독 현장에서 가장 널리 쓰이는 새로운 기술이다. 화상만남은 처음에 원거리 또는 지방에 거주하는 훈련생이나 전문가를 위한 온라인 수련감독 도구로서 개념화되었다. 하지만 손쉬운 접근 방식에 힘입어 현재는 거의 모든 치료 환경에서의 ―해당 분야에서 작업하는 학생, 훈련생, 전문가들을 포함하는― 훈련뿐만 아니라, 수련감독을 제공하는 것에도 사용되고 있다(Rousmaniere et al., 2014). 이러한 사용은 임상가들이 여러 장소에 있는 전문가들에게서 훈련을 받을 수 있게끔 해주었다 ―이는 아주 먼 거리에 있는 이들도 연결해줄 수 있다. 또한 수련감독자들은 수련자들이 많은 장소에 퍼져 있을 경우에도 중앙에서 작업할 수 있다(Caldwell, 2016). 최근의 향상된 소프트웨어들은 다수의 장소에서 동시적으로 화상만남을 할 수 있게끔 해준다. 녹화된 회기 또한 화상만남에서 활용되어 수련감독자들이 여러 회기를 검토하면서 라이브 수퍼비전을 실시할 수 있다(Abbass et al., 2011). 화상만남은 또한 그룹 수퍼비전에서 유용할 수 있다. 수련자들이 녹화된 회기를 시청하면서 다중의 수련자들과 소통하고 처리할 수 있기 때문이다.

온라인 수련감독의 한 형태로서 화상만남의 신선함 때문에 전통적인 수련감독과 비교할 만한 것인지 여부를 살펴보는 트렌드가 있다는 사실에 연구자들은 주목해왔다(Rousmaniere, 2014; Rousmaniere et al., 2014). 지금까지 실행된 제한된 연구는 개인 및 집단 수퍼비전이 교습과 마찬가지로 효과가 있다는 사실을 보여주었다(Jencius & Sager, 2001; Rees et al., 2009; Rousmaniere et al., 2014). 로머니어 등(Rousmaniere et al., 2014)에 따르면, 수련생들은 화상만남을 통해 부담 없이 가능해진 수련감독자와의 거리두기에서 안전감을 느낀다고 보고하였는데, 이는 그들의 자기개방 수준이 증가하고 억제[6]가 감소한 것에서 확인된다.

화상만남을 효과적인 공식적 수련감독 수단으로 활용하여 문화를 가로지르는 동시에 국제적으로 이루어지는 수련감독과 관련한 연구가 있었다(Panos et al., 2002). 하지만 수련자와 수련감독자 사이의 물리적 거리 때문에 잠재적으로 잘못된 소통이 증가할 위험이 있다(Powell & Migdole, 2012; Rousmaniere et al., 2014). 또 다른 사례를 살펴보도록 하자.

잘못된 소통이 멜린다와 스티브의 도전과제는 아니었지만, 멜린다는 또 다른 수련자와의 온라인 수련감독에 관여하고 있었다―사에코는 일본어가 모국어이지만 영어 또한 유창하였다. 멜린다와 사에코는 영어로 수퍼비전을 진행하였는데, 때때로 소통에 어려움을 겪었다. 사에코와의 명확하고 직접적인 소통을 보장하기 위하여, 멜린다는 자신이 전달하고 있는 메시지에 대하여 ―말을 통한 소통과 마찬가지로 글을 통한 소통에서도― 더욱 많이 주의를 기울여야만 한다.

다른 우려사항으로는 이 양식이 전통적인 수련감독에서와 만큼 효과이

---

6   원서에 'disinhibition(탈억제)'로 표기되었는데, 저자와의 교신을 통해 'inhibition(억제)'의 오기임을 확인하였다.

지 않을 수 있는 가능성이 포함된다(Sholomskas et al., 2005). 수련자들 사이에 불안이 증가할 가능성이 있을 뿐만 아니라, 수련감독자이든 수련자가든 전자 소통을 통한 비언어적 단서들을 이해하는 능력이 부재할 수도 있다(Rousmaniere et al., 2014; Sørlie et al., 1999).

화상만남을 통한 온라인 수련감독과 관련하여 참여자들이 자신이 속한 주의 법규를 이해하느냐 여부와 관련한 윤리적 법적 우려가 있다. 이러한 불확실성은 잠재적으로 윤리적인 회색지대를 만들게 되므로, 수련감독자와 수련자와 모든 당사자들은 지역의 법률 및 규제 위원회를 면밀히 검토하고 익숙해져야만 하며, 의문이 있을 때는 그들에게 자문을 받아야 한다(Abbass et al., 2011; Rousmaniere, 2014; Rousmaniere et al., 2014).

화상만남은 또한 다른 기술들이 그러하듯이 신뢰성 문제를 제기한다. 기술이 작동하지 않을 경우가 있으므로 수련감독자는 대비책 또는 차선책을 준비해놓아서 수퍼비전이 지속될 수 있도록 해야만 한다. 소프트웨어 회사의 직원이 진행 중인 회기를 엿들을 가능성과 관련한 비밀보장 문제 또한 현존한다. 이러한 문제는 HIPAA 기준을 따르는 소프트웨어를 사용함으로써 줄어들 수 있는데, 이 문헌이 언급하는 소프트웨어들이 점점 더 확보 가능하고 널리 사용되고 있다(Rousmaniere, 2014; Rousmaniere et al., 2014).

온라인 수퍼비전의 고려사항: 수련감독 관계 유지하기

코설Coursol, 루이스Lewis, 시모어Seymour(2016)는 온라인 수련감독 방법과 실제적인 "두 지점 간의point-to-point" 연결이 도출되면, 즉 수련감독자가 화상만남 소프트웨어를 통하여 수련자와 교신하면, 온라인 수련감독은 상당 부분 전통적인 수련감독에서와 동일한 방식으로 시작할 수 있다고 시사한다. 문헌에서 그들은 수련감독자가 온라인/전통이 혼합된 모델을 통해 수퍼비전을 촉진하도록 권장하는데, 그렇게 함으로써 수퍼비전의 유연성과 접근성을 증진할 수 있기 때문이다.

수퍼비전 과정이 지속되면서, 수련감독자들은 온라인 수퍼비전 과정의 기술적 방법론뿐만 아니라, 수퍼비전을 경험하는 다중의 단계들을 거치면서 수련자의 발달적 진전을 어떻게 이루어갈 것인지에 대해 충실히 해나가는 것을 분명히 해야 한다(Arnekrans et al., 2014; Bernard & Goodyear, 2014; Chapman et al., 2011; Rigazio-Digillio, 2016). 리가지오-디질리오Rigazio-Digillio (2016)는 수련감독이 일곱 단계에 걸쳐 일어난다는 사실에 주목하였다. 이 중에서 2, 3, 4, 5단계는 수련감독자가 수련자와 관계를 구축하고 유지하기 위하여 어떻게 작업할 것인지를 구체적으로 논의한다. 수련감독자는 어느 시점에 온라인 수련감독 작업의 특정 형식을 사용할 것인지를 선택할 수 있는데, 이는 어떠한 수련감독 이슈가 다뤄지고 있는가에 달려 있다. 그라프Graf와 스텝니키Stebnicki(2002)는 화상만남을 활용할 때 온라인 수퍼비전에서의 역할과 기대가 최대한 구조화되고 굳건해지도록 보장해야만 한다고 제안한다. 이는 전통적인 방법들, 온라인 수련감독 또는 양쪽의 결합을 통해 추진될 수 있다. 예를 들어, 멜린다가 지금까지 치료자로서의 스티브의 성장을 평가할 때, 그녀는 화상만남을 통하여 대면 논의를 촉진하였을 뿐만 아니라, 평가서를 제공해서 스티브가 검토할 수 있게 하고 그들이 이메일로 논의할 수 있게끔 하였다. 온라인 수련감독에서의 '최고의 실행방식best practices'에 대한 표준 프로토콜을 개발하는 것은 아주 초기 상태에 있기에, 온라인 수련감독에서의 관계를 어떻게 유지할 것인가 하는 것은 참가자들의 재량에 대부분 맡겨져 있는 상태이다(Rousmaniere, 2014).

수련감독의 플랫폼: 기술

수련감독자는 끝없이 변화해가는 기술의 결과로 자신에게 가능해진 선택들이 무엇인지에 대해서, 그리고 그러한 선택안들이 온라인 수련감독에서 안전한지 여부에 대해서 알고 있어야 한다. 로머니어(2014)는 '도구함toolbox' 모델을 통해 기계와 더 많이 관련된 선택안들을 언급하였는데, 여기서 온라인 수련감독을 위한 '도구들'은 화상 녹화기 및 음성 녹음기들로 구성된다. 수퍼비전에 사용되는 도구들은 일시적 필요에 기초하고 있다. 다른 도구들은 뒤로 제껴지거나 전혀 사용되지 못할 것이다. 하지만 기술이 하드웨어 및 소프트웨어와 함께 더욱 통합되어감―'스마트' 기기의 등장―에 따라 도구함 비유는 더 이상 전적으로 적용되지 못한다(Rousmaniere, 2014). 더 나아가, 도구함 비유는 기만적일 수 있는데, 기기들은 이제 전경과 배경에서, 인터넷에 연결되어 결코 꺼지는 일 없이 영속적으로 소프트웨어 프로그램들을 운영하고 있기 때문이다. 이 문헌에서는 이러한 비유가 이렇게 '언제나 켜져 있는' 기술을 '기술 생태계'의 비유로 간주하는 것으로 바뀌었다는 대비를 하였다(Mantovani, 1996; Rousmaniere, 2014). 오늘날 끝없이 변화해가는 기술이 그 속성이라고 볼 때, 사용되고 있는 기술에 대한 자신의 지식을 계속해서 갱신하고, 그러한 기술들을 사용할 때 비밀보장과 프라이버시를 어떻게 유지할 것인가 하는 맥락에서 그러한 기술들을 탐색하는 것이 중요하다(Glosoff et al., 2016).

이전의 학자들은 수퍼비전을 위한 매체로서 인터넷을 활용하는 것과 관련되는 다중의 윤리적 법적 도전과제들을 지적하였고(예: Baltrinic et al., 2016; Bloom, 1997; Glosoff et al., 2016; Wilczenski & Coomey, 2006), 비밀보장 및 보안과 관련된 이슈들이 문헌에 자주 나타나게 되었다. 더 나아가, 기술을 사용할 때 인간의 실수와 관련하여 그리고/또는 기초하여 비밀보장의 파괴가 발생할 수 있는데, 이러한 사실 때문에 수련감독자는 기술 사용의 맥락 내에서 비밀보장을 어떻게 유지할 것인지에 대해 이해하는 것이 필수적이다. 글로소프 등(Glosoff et al., 2016)은 온라인 수퍼비전을 활용하게 됨에 때라 내담자와 수련자가 비밀보장 상태를 유지하는 데 복잡성이 가중되었다는 사실, 그리고 수련감독자들이 내담자와 수련자의 정보를 보호하는 방식들에 대해 자각하고 실천하는 것에 대해 궁극적으로 책임이 있다는 것에 주목하였다. 이 문헌에서 저자는 수련감독자들이 모든 형태의 소통이 암호화되고 HIPAA 기준에 부합하도록 확실히 조치해야 한다고 제안하였다. 인터넷 연결은 전용 서버private server 또는 신뢰할 만한 인터넷사업자Internet Service Provider(ISP), 또는 가상사설망Virtual Private Network (VPN)을 활용하여 이루어져야 한다(Coursol et al., 2016; Rousmaniere, 2014).

또한 모든 참가자들은 VPN을 통해 연결될 수 있고, 자신만의 사용자명과 비밀번호를 가질 수 있어야 한다. 아울러 수련감독자는 기기의 보안성, 비밀번호의 보안 수준 및 구조, 접속 지점, 그리고 소셜 소프트웨어 및 화상만남을 어떻게 윤리적으로 활용할 것인가에 대해 숙고해야만 한다(Rousmaniere & Kuhn, 2016). 화상만남에 대하여 연구자들은 인터넷 접속, 마이크로폰, 카메라를—내장형이든 연결하여 사용할 수 있는 독립형이든— 갖춘 하나의 기기를 준비할 것을 권장한다. 코설 등(Coursol et al., 2016)은 다음과 같은 화상만남 플랫폼들을 실용적인 선택안으로 제시한다: VSee, Adobe Connect, Apple FaceTime(HIPAA 충족), Cisco Jabber, Cisco TelePresence, Citrix WebEx 등.[7] 이러한 애플리케이션들 각각은 다중의 사용자들 간에 실시간 상호작용을 할 수 있게끔 해준다. 또한 이러한 플랫폼의 상당수는 내장된 온라인 수련감독 구성요소와 함께 원격 심리치료를 위한 선택안들을 갖고 있다. 따라서 이러한 것들은 한쪽 또는 양쪽 모두를 위해 동시적으로 사용될 수 있다. 화상만남 소프트웨어에 대한 더욱 상세한 정보에 대해서는 로머니어Rousmaniere(2014)를 참조하기 바란다.

온라인 수련감독의 장점 및 단점

온라인 수련감독은 전통적인 수련감독과 구분되는 독특한 장점과 제한점이 있다. 방법론의 관점에서 온라인 수련감독은 일정수립을 용이하게

---

7   국내에서는 줌Zoom과 스카이프Skype가 많이 활용되고 있다.

해준다. 이는 더욱 생산적인 수퍼비전 회기가 가능하게끔 해준다. 또한 시간을 더욱 효과적으로 사용할 가능성이 있다. 이는 수련감독자가 모든 참여자들에게 편리한 시간으로 모임을 설정할 수 있고 어느 쪽도 여행을 위한 여분의 시간을 만들도록 압력을 받거나 스케줄 변경을 위해 계속해서 작업할 필요가 없기 때문이다(Watson, 2003). 또한 수련자들은 지리적으로 다양한 위치에 있는 더 많은 수련감독자들에게서 배울 수 있을 뿐만 아니라, 더욱 선호하는 수퍼비전 환경/사이트를 체험해볼 수 있다(Stokes, 2016). 이는 수련자들에게 다문화 수퍼비전에 더 많이 접근할 기회를 제공할 수 있다. 이동성 또한 장점이 된다. 스마트 기기들은 물리적 장소로 이동하는 데 소요되는 시간을 줄일 수 있고 수퍼비전을 위하여 더 많은 시간을 쓸 수 있게 해준다(Chapman et al., 2011; Watson, 2003).

서류 작성 또한 빠르고 쉽게 내담자 및 수련자 기록에 접근할 수 있게 해주는 온라인 수련감독을 통해 도움을 받아 왔다. 이메일 또한 참여자들 사이의 모든 소통에 대한 문서 흔적paper trail —첨부 파일 포함— 을 남겨서 추가적인 장점이 있다(Stebnicki & Glover, 2001). 문헌의 저자들은 또한 온라인 수련감독이 교통비, 코스 요금 등의 관점에서 수련자에게 더욱 비용 효과적일 수 있음을 시사한다. 이러한 비용 효과성은 보다 폭넓은 범위의 학생들에게 —원격으로 참여하는 국제 학생들 포함— 서비스를 제공하는 것을 통해 기관으로도 확장될 수 있다(Chapman et al., 2011; Watson, 2003).

문헌의 저자들은 온라인 수련감독을 위하여 필요한 기술 비용을 둘러싼 온라인 수련감독의 제한점들을 주목하였다. 수련감독을 위하여 가용한 다수 플랫폼의 등장에도 불구하고, 몇몇은 여전히 비싸다. 자금을 지급할 수 없는 수련감독자와 수련자 모두에게 비용은 장애물이 된다(Rousmaniere, 2014; Vaccaro & Lambie, 2007; Watson, 2003). 또 다른 제한점은 수련감독자와 수련자 모두가 기술을 활용하는 데 숙련되어야 한다는 필요성과 관련된다. 어느 당사자에게든 가르쳐주는 게 항상 가능하거나 쉬운 것은 아닐 수도 있다. 부적절한 훈련은 기술을 사용할 때 비밀보장이 파괴되는 사태를 초래할 수 있다(Vaccaro & Lambie, 2007). 온라인 접속이 제한점과 이점 둘 다를 보인다는 점이 독특하다. 온라인 수련감독은 지방 또는 원격 지역에서 작업하는 수련자들에게 직접적인 수퍼비전 서비스를 제공할 수 있다(Chapman et al., 2011; Watson, 2003).

보다 최근의 문헌들에서는 온라인 수련감독이 수련감독의 효과적인 수단이라는 사실에 주목하고 있지만(예: Rousmaniere, 2014; Rousmaniere et al., 2014), 왓슨Watson(2003)은 참여자들 사이의 신체적 또는 면대면 상호작용의 부족이 그 과정에 단점으로 작용한다고 제안한다. 신체적 상호작용을 일으킬 역량을 확보하지 못할 경우 참여자들은 비언어적 단서들을 처리하지 못할 수도 있다. 이는 잘못된 소통과 오해를 초래해서 양 당사자 모두가 자신들의 소통을 서로 풍부하고 깊게 만들지 못하는 사태를 초래할 수 있다(Bender & Dykeman, 2016; Vaccaro & Lambie, 2007). 온라인 수련 감독을 더 효과적으로 하는 방식을 발전시켜가는 문헌들이 계속해서 나오고 있지만, 그러한 과정에 영향을 끼칠 단점이 하나 있는데 수련감독자들이 온라인 수련감독을 윤리적으로 실행하도록 준비된 구체적인 지침이 없다는 것이다(Vacarro & Lambie, 2007). 온라인 수퍼비전에 대한 전망이 계속해서 발전해가고 있기 때문에, 수련감독을 실시하기 위한 매체로서의 기술에 대해서 더 많은 논의를 수련감독 훈련에 짜넣는 것이 도움이 될 수도 있다.

요약

  이번 장은 심리치료에서의 온라인 수련감독에 대한 개관을 제공하고자 하였다. 이번 장은 온라인 수련감독의 간략한 역사를 제공하는 것으로 시작하였다. 온라인 수련감독의 개념화에 대해 알아보았고, 온라인 수련감독의 과정을 논의하였다. 이번 장 전반에 걸쳐 수련감독자가 수퍼비전, 기술technology, 그리고 둘 사이의 가로지름에서 역량을 갖추는 것이 전체적으로 중요하다는 사실에 주목하였다. 온라인 수련감독은 상대적으로 초기 단계에 있다. 그리고 우리가 체계적인 수련감독자로서 온라인 수련감독을 실용적인 매체로 고려한다면, 온라인 수련감독 이슈를 정신건강 전문분야와 직접적으로 관련되는 것으로써 직접적으로 다루는 연구와 학문적 역량이 더 많이 필요하다. 아마도 우리는 먼저 스스로에게 물어보아만 할 것이다. "이 새로운 방식을 새로운 기술에 대한 공포를 느끼는 가운데 검토하고 있는 것은 아닌가?" 만약 그렇다면, 우리는 로머니어 등(Rousmaniere et al., 2014)이 검토했듯이, 이러한 태도가 우리의 기회를 제약하는지 또는 기술과 함께 성장한 새로운 수련감독자들을 밀어내고 있는지 여부를 숙고해봐야 한다. 만약 아니라면, 우리는 스스로를 기술의 새로운 최전선에 있는 혁신가이자 탐험가로서 바라보아야 하고, 인터넷 기술들이 제공하는 보다 큰 그림을 바라보면서 스스로를 단지 특정한 지리적 위치에 제한하지 않도록 밀어붙이며 나아가야 한다. 글로소프 등(Glosoff et al., 2016)이 "그 대신 그들[윤리적인 수련감독자들]은 지침의 기초가 되는 윤리적 원칙과 미덕을 이해함으로써 그러한 기준의 정신에 부응할 것을, 그리고 건전한 이론과 연구를 수련감독에 적용할 것을 열망한다."(34)고 언급한 것과 똑같이, 우리는 독자들이 전문가 지침의 정신, 연구, 그리고 이론에 부응하는 맥락 안에서 어떻게 온라인 수련감독에 접근할 것인지를 숙고해 보기를 바란다.

참고문헌

AAMFT (2015). Code of Ethics. Available online at www.aamft.org/imis15/Documents/AAMFT%20Code_11_2012_Secured.pdf.

AAMFT (2016). Approved supervisor designation: Standards handbook. Available online at http://dx5br1z4f6n0k.cloudfront.net/imis15/Documents/Supervision/2016%20Supervision%20Forms/Jan_2014_AS_Handbook_ver_Oct_%202016.pdf.

Abbass, A., Arthey, S., Elliott, J., Fedak, T., Nowoweiski, D., Markovski, J., & Nowoweiski, S. (2011). Web-conference supervision for advanced psychotherapy training: A practical guide. *Psychotherapy, 48*, 109–118. doi:10.1037/a0022427.

AMFTRB (2016). Teletherapy Guidelines. Available online at https://amftrb.org/wp-content/uploads/2017/05/Proposed-Teletherapy-Guidelines-DRAFT-asof-09.12.16.pdf.

Anthony, K., & Goss, S. (2009). *Guidelines for Online Counselling and Psychotherapy including Guidelines for Online Supervision*, 3rd edition. Lutterworth: BACP.

Arnekrans, A., DuFresne, R., Neyland, L., & Rose, J. (2014, November). Inclusion of technology in supervision: ethical pitfalls and best practices. Poster presented at the All

Ohio Counselors Conference, Columbus, OH.

Bacigalupe, G. (2010). Supervision 2.0: E-supervision a decade later. *Family Therapy Magazine*, January-Februiary, 38–41.

Baltrinic, E.R., O'Hara, C., & Jencius, M. (2016). Technology-assisted supervision and cultural competencies. In Rousmaniere, T., & Renfro, E. (Eds), *Using Technology to Enhance Counselor Supervision: A Practical Handbook*. Alexandria, VA: American Counseling Association Press.

Bender, S., & Dykeman, C. (2016). Supervisees' perceptions of effective supervision: A comparison of fully synchronous cybersupervision to traditional methods. *Journal of Technology in Human Services, 34*(4): 326–337.

Bernard, J.M., & Goodyear, R.G. (2014). *Fundamentals of Clinical Supervision*, 5th edition. Upper Saddle River, NJ: Pearson.

Bloom, J.W. (1997). NBCC webcounseling standards. *CTOnline*. Available online at www.nbcc.org/Assets/Ethics/internetCounseling.pdf.

Boyle, R., & McDowell-Burns, M. (2016). Modalities of marriage and family therapy supervision. In K. Jordan (Ed.) *Couple, Marriage, and Family Therapy Supervision*. New York: Springer Publishing Company.

CACREP (n.d.). Directory of accredited programs. Available online at www.cacrep.org/directory/#.

Carlisle, R., Hays, D., Pribesh, S., & Wood, C. (2017). Educational technology and distance supervision in counselor education. *Counselor Education&Supervision, 56*: 33–49.

Chapman, R., Baker, S., Nassar-McMillan, S., & Gerler Jr., E. (2011). Cybersupervision: Further examination of synchronous and asynchronous modalities in counseling practicum supervision. *Counselor Education&Supervision, 50*: 296–313.

Clingerman, T., & Bernard, J. (2004). An investigation of the use of e-mail as a supplemental modality for clinical supervision. *Counselor Education&Supervision, 44*: 82–95.

COAMFTE (n.d.). Directory of accredited programs. Available online at http://coamfte.org/imis15/COAMFTE/Directory_of_Accredited_Programs/MFT_Training_Programs.aspx.

COAMFTE (2017). Accreditation standards: Graduate and post-graduate marriage and family therapy training programs (v. 12). Available online at http://dx5br1z4f6n0k.cloudfront.net/imis15/Documents/COAMFTE/Accreditation%20Resources/2018%20COAMFTE%20Accreditation%20Standards%20Ver sion%2012.pdf.

Coursol, D., Lewis, J., & Seymour, J. (2016). Cybersupervision: supervision in a technological age. In S. Gross (Ed.) *Technology in Mental Health: Applications in Practice, Supervision and Training.* Springfield, IL: Charles C. Thomas.

Fialkov, C., Haddad, D., & Gagliardi, J. (2001). Face to face on the line: An invitation to learn from online supervision. *Supervision Bulletin,* Summer, 1−3.

Glosoff, H.L., Renfro-Michel, E., & Nagarajan, S. (2016). Ethical issues related to the use of technology in clinical supervision. In T. Rousmaniere & E. RenfroMichel (Eds), *Using Technology to Enhance Counselor Supervision: A Practical Handbook.* Alexandria, VA: American Counseling Association Press.

Graf, N.M., & Stebnicki, M.A. (2002). Using e-mail for clinical supervision in practicum: A qualitative analysis. *Journal of Rehabilitation, 68*: 41−49.

Greenwalt, B. (2001). Cybersupervision: Some ethical issues. *Supervision Bulletin,* Summer, 12−14.

Haberstroh, S., & Duffey, T. (2015). Establishing and maintaining relationships in online supervision. In T. Rousmaniere & E. Renfro-Michel (Eds), *Using Technology to Enhance Counselor Supervision: A Practical Handbook.* Alexandria, VA: American Counseling Association Press.

Jencius, M., & Sager, D.E.(2001).The practice of marriage and family counseling in cyberspace. *The Family Journal, 9*: 295−301.

Jordan, K., & Fisher, U. (2016). History and future trends. In K. Jordan (Ed.) *Couple, Marriage, and Family Therapy Supervision.* New York: Springer Publishing Company.

Mallen, M.J., Vogel, D.L., & Rochlen, A.B. (2005). The practical aspects of online counseling: Ethics, training, technology, and competency. *Counseling Psychologist, 33*: 776−818, doi:10.1177/0011000005278625.2005.

Mantovani, G. (1996). *New Communications Environments: From Everyday to Virtual.* New York: The CRC Press.

Nagel, D.M., & Anthony, K. (2016) Using chat and instant messaging (im) to enrich counselor training and supervision. In S. Gross (Ed.), *Technology in Mental Health: Applications in Practice, Supervision and Training.* Spring field, IL: Charles C. Thomas.

Nelson, J.A., Nichter, M., & Henriksen, R. (2010). On-line supervision and face-to-face supervision in the counseling internship: An exploratory study of similarities and differences. Available online at http://counselingoutfitters.com/vistas/vistas10/Article_46.pdf.

Panos, P., Panos, A., Cox, S., Roby, J., & Matheson, K. (2002). Ethical issues concerning the use of videoconferencing to supervise international social work field practicum students. *Journal of Social Work Education, 38*(3): 421−437.

Pennington, M., Patton, R., Ray, A., & Katafiasz, H. (2017). A brief report on the ethical and legal guides for technology use in marriage and family therapy. *Journal of Marital and Family Therapy, 43*(4): 733−742, doi:10.1111/jmft.12232.

Powell, D., & Migdole, S. (2012). *Can You Hear Me Now? New Frontiers of Clinical Supervision.* Plenary presented at The Eighth International Interdisciplinary Conference on Clinical Supervision, Adelphi University, Garden City, NY. 94 M. Pennington et al.

Rees, C.S., Krabbe, M., & Monaghan, B.J. (2009). Education in cognitive-behavioural therapy for mental health professionals. *Journal of Telemedicine&Telecare, 15*: 59−63, doi:10.1258/jtt.2008.008005.

Rigazio-Digillio, S.A. (2016). MFT supervision: An overview. In K. Jordan (Ed.) *Couple, Marriage, and Family Therapy Supervision.* New York: Springer Publishing Company.

Rousmaniere, T., & Kuhn, N. (2016). Internet security of clinical supervisors. In T. Roussmaniere & E. Renfro (Eds.), *Using Technology to Enhance Counselor Supervision: A*

Practical Handbook. Alexandria, VA: American Counseling Association Press.

Rousmaniere, T. (2014). Using technology to enhance clinical supervision and training. In E. Watkins&D. Milne (Ed). *The Wiley International Handbook of Clinical Supervision.* Hoboken, NJ: Wiley-Blackwell.

Rousmaniere, T., & Renfro-Michel, E.L. (2016). *Using Technology to Enhance Clinical Supervision.* Alexandria, VA: American Counseling Association.

Rousmaniere, T., Renfro, C.,Michel, E., & Huggins, R. (2016). Regulatory and legal issues related to the use of technology in clinical supervision. In T. Roussmaniere&E. Renfro (Eds), *Using Technology to Enhance Counselor Supervision: A Practical Handbook.* Alexandria, VA: American Counseling Association Press.

Rousmaniere, T., Abbass, A., Frederickson, J., Henning, I., & Taubner, S. (2014). Videoconference forpsychotherapy trainingand supervision: Twocase examples. *American Journal of Psychotherapy, 68*(2): 231–250.

Sholomskas, D.E., Syracuse-Siewert, G., Rounsaville, B.J., Ball, S.A., Nuro, K.F., & Carroll, K.M. (2005). We don't train in vain: A dissemination trial of three strategies of training clinicians in cognitive-behavioral therapy. Journal of Consulting and *Clinical Psychology, 73*: 106–115, doi:10.1037/0022-006X.73.1.106.

Sørlie, T., Gammon, D., Bergvik, S., & Sexton, H. (1999). Psychotherapy supervision face-to-face and by videoconferencing: A comparative study. *British Journal of Psychotherapy, 15*: 452–462, doi:10.1111/j.1752-0118.1999.tb00475.x.

Stebnicki, M., & Glover, N. (2001). E-Supervision as a complementary approach to traditional face-to-face clinical supervision in rehabilitation counseling: Problems and solutions. *Rehabilitation Education, 15*(3): 283–293.

Stokes, A. (2016). Supervision in private practice. In S. Gross (Ed.) *Technology in Mental Health: Applications in Practice, Supervision and Training* (Ch. 33). Springfield, IL: Charles C. Thomas.

United States. (1996). *The Health Insurance Portability and Accountability Act (HIPAA).* Washington, DC: U.S. Dept. of Labor, Employee Benefits Security Administration.

Vaccaro, N., & Lambie, G.W. (2007). Computer-based counselor-in-training supervision: Ethical and practical implications for counselor educators and supervisors. *Counselor Education and Supervision, 47*(1): 46–58.

Watson, J.C. (2003). Computer-based supervision: Implementing computer technology into the delivery of counseling supervision. *Journal of Technology and Counseling, 3.* Retrieved from http://jtc.colstate.edu/.

Wilczenski, F., & Coomey, S. (2006). Cyber-communication: Finding its place in school counseling practice, education, and professional development. *Professional School Counseling, 9*(4): 327–331.

7 온라인 개인 상담에서의 실무적인 고려사항들

하임 와인버그Haim Weinberg · 아넌 롤닉Arnon Rolnick

면대면 상담과 온라인 회기를 조합하기

온라인 상담을 진행하기로 결정하기 전에, 가능하다면 직접 대면하는 회기부터 시작할 것을 강력하게 권장한다. 만약 대면 상담부터 시작하는 것이 가능하지 않다면, 내담자와의 대면 회기를 되도록 빨리 갖도록 한다. 그리고 온라인 상담을 시작하기 전에 대면 회기 일정을 정기적으로 (일 년에 한두 번이라도) 예약한다. 이에 대한 다양한 경험에 대해 내담자와 이야기 나눈다.

회기의 빈도

특별한 사정이 없다면 온라인 상담 회기의 빈도가 대면 상담에서의 빈도와 달라져야 할 이유는 없다. 어떤 측면에서는 온라인 상담이 안정적이고 지속적으로 내담자를 만날 수 있도록 보장해주기도 한다. 내담자가 출장으로 멀리 떠나 있을 때에도 온라인 연결은 지속 가능하기 때문이다. 그러나 휴가 기간에는 상담을 쉬는 것이 치료자와 내담자 모두에게 중요하다. 기술적으로 얼마든지 온라인 회기를 진행할 수 있더라도 회기의 빈도가 대면 상담과 달라질 이유는 없다.

화상 만남에서 화면과의 거리

이 주제는 간과하기 쉽지만 매우 중요한 주제다. 화면 가까이에 앉아 얼굴 및 상반신 일부만 화면에 보이도록 하는 것이 더 나은가, 아니면 컴퓨터로부터 조금 떨어진 의자에 앉아 서로의 모습을 치료실에서처럼 멀리 보는 것이 나은가? 이 질문은 치료자와 내담자에게 똑같이 적용된다. 상담자는 치료실에서와 마찬가지로(카우치에 눕는 정신분석을 하지 않는다는 전제로) 내담자의 전신을 볼 수 있도록 그들에게 컴퓨터에서 조금 떨어져 앉도록 안내해야 할까?

접근 방식마다 장단점이 있을 것이다. 컴퓨터에 가까이 앉으면 신체의 대부분이 보이지 않는다. 이렇게 되면 현실감이 없는 환경처럼 느끼게 되고 면대면 만남과는 전혀 다른 경험을 하게 된다. 한편, 이 방식은 얼굴이 클로즈업 되어서 표정을 더 잘 볼 수 있게 한다. 컴퓨터에서 멀리 떨어져 앉으면 현실과 더 비슷한 느낌을 주지만, 온라인 상담이라는 인식을 더 흐릿하게 만들고 대면상담에서와는 다른 주의할 점들을 잊어버리게 만든다. 또한 상호작용에 참여하는 사람들의 얼굴 표정을 상세히 관찰할 수 있는 기회를 잃어버린다.

사실, 내담자의 요구에 따라 어떤 결정을 내릴지는 달라질 수 있을 것이다. 그리고 때에 따라 어떤 방식이 가장 좋은 선택인지를 내담자와 의논하고 협의할 수 있다. 내담자와 상담에 대해 논의할 때에 자리 배치에 숨겨진 의미에 대해서도 반드시 논의해야 한다(신체 일부분에 대한 수치심, 상담자의 눈을 보고자 하는 욕구 등). 예를 들어, 온라인으로 감각운동심리치료를 하는 경우에는 자세를 보면서 작업할 수 있도록 환자에게 화면으로부터 떨어져 앉으라고 제안할 수 있을 것이다. 또는 당신이 대인관계 신경생물학의 관점을 견지한다면 환자가 비언어적으로 자신의 감정을 어떻게 표현하는지 더 자세히 볼 수 있도록 화면에 더 가깝게 앉기를 원할 것이다.

세심하게 초점을 유지해야 할 필요성

온라인 만남은 면대면 만남보다 더욱 산만해지기 쉽다. 부분적으로는 이메일 알림, 전화 벨소리 또는 개가 짖는 소리 등의 방해로 중단될 가능성이 항상 있기 때문이고, 또 다른 이유는 화면 앞에서 집중을 유지하는 것이 원래 더 어렵기 때문이다. 치료자는 환자와 그의 욕구에 대해 세심하게 초점을 유지하는 마음(챙김) 상태에 익숙해져야 한다. 집중을 가로막는 어려움은 역전이로 이해하고 치료실에서와 마찬가지로 치료자의 역전이를 깊이 탐색해야 한다. 그렇다고 해서 우리가 자유연상이나 레브리[1]의 필요성을 무시하는 것은 아니다.

---

1 「시작하는 글」의 역주 1(p. 9) 참조. (역주)

세팅에서 고려할 사항

 1장에서 언급했듯이 온라인 회기에서 상담자는 세팅에 대한 통제력을 잃는다. 상담자는 내담자가 자신의 사생활이 철저히 보호되는 조용한 방에서 회기를 갖도록 하고, 운전 중에는 회기를 진행하지 않도록 한다. 치료자들에게는 너무나 당연하게 여겨지는 "규칙" 중 어떤 것들은 내담자에게 생소하고 이상하게 보일 수 있다. 따라서 치료자는 온라인 회기에 대해 미리 안내하고 철저하게 준비하도록 조치해야 한다는 것을 기억하라. 어떤 내담자는 침대에서 노트북이나 태블릿을 사용하여 접속한다. 그러나 우리는 누운 자세로 치료적 만남을 진행하는 것을 추천하지 않는다.

기술적 세팅

 온라인 치료 환경에서 몇몇 특정 기술은 매우 중요하다. 온라인 상담에 있어서 충분히 크고 고정되어 있는 모니터 화면이 필요한데 이와 같은 기술적 요구사항을 내담자들은 잘 모른다. 치료자는 내담자가 스마트폰을 사용하여 회기를 진행하지 않도록 하고, 온라인 상담의 필수적인 부분으로써 안정적이고 충분히 큰 화면이 중요하다는 것을 설명해주어야 한다. 또한 빠른 인터넷 연결의 필요성에 대해서도 의논하여야 한다. 이어폰이나 헤드폰을 사용하여 오디오 울림을 방지하고 대화의 품질을 향상시키는 방안을 제안하는 것도 필요하다.

동의서에 추가할 항목들

문서로 된 상담동의서(내담자-상담자 계약서)를 사용하는 경우, 개인 정보 보호 항목과 함께 진행 도중 중단 금지 또는 회기 도중 산만하지 않기 등 온라인 에티켓과 관련된 특정 항목을 포함하는 것이 좋다(또는 첫 회기에 내담자와 이 문제에 대해 논의하라). 또한 기술적 위험성 및 이점에 대한 정보도 포함한다. 비상시 원격으로 개입할 수 있는 능력이 제한되어 있다는 사실도 미리 고지한다. 서면 상담동의서의 예시는 다음과 같다.

- 특별한 상황이거나 다른 장치가 준비가 되어 있지 않다면, 영상과 음성이 모두 가능한 장치를 사용한다.
- 방해받지 않고 온전한 사생활 보호가 가능한 조용한 공간을 확보한다. 여기에는 회기 진행 전체 시간 동안 전화 벨소리나 이메일이나 문자보내기 등을 차단하는 것이 포함된다.
- 온라인 회기 동안 만남에 집중을 유지한다.
- 사유가 있거나 사전에 고지하지 않는 한, 각 회기는 동일한 장소에서 진행하도록 한다.

비상시 개입 방식

다른 지역에 사는 내담자와 상담을 시작할 때마다 만약을 대비하여 내담자 주변인의 비상 연락처를 미리 확인한다. 또한 유사 시 연락 가능한 사람의 이름과 전화번호를 확보하는 것도 고려해야 한다. 이것은 특히 경계선이나 자살 관련 환자를 치료할 때 매우 중요하다.

화면 및 내담자 공간에서 발생하는 어떤 것도 무시하지 말 것

제1장에서 언급한 바와 같이, 만일 치료실이었다면 우리가 간과하지 않았을 사건들(예: 고양이를 데려오거나 회기 도중에 방을 나가는 것)을 온라인에서는 쉽게 지나친다. 눈에 두드러지지 않고 간과하기 쉬운 작은 사건들도 치료 현장에서 일어나는 일이라면 모두 주의 깊게 탐색한다. 그런데 많은 치료사들이 온라인에서 일어나는 작은 부분에 대해서는 잘 놓치곤 한다. 이러한 "투명한transparent" 사건들에 주의하고 그것을 상호 탐색 과정에 포함시키도록 한다.

기술 전문성

치료자는 온라인 상담을 진행하기 위해 간단한 기술적 문제를 해결할 수 있을 만큼의 지식은 있어야 한다. 그렇다고 해서 기술 전문가가 될 필요는 없다. 가끔은 전문성을 가진 내담자들에게 기술적인 문제에 대한 도움을 받는 것도 상담자-내담자 간의 힘의 역학관계를 균형 있게 만들 수 있다.

기술적인 사항 안내

치료자는 내담자에게 특정 기술에 대해 설명해주어야 한다(예: 줌Zoom
에서 "발표자 보기speaker view" 대신 "갤러리 모드gallery mode"를 사용하는
방법을 알려줄 수 있어야 한다).

기술적인 문제가 발생하는 경우

기술적 문제가 발생할 경우를 대비하여 사전에 대안을 마련한다(비디
오가 정지하면 문자 채팅 또는 전화로 이동할 수 있다).

전이(역전이) 및 기술상의 문제

온라인 연결이 느려지거나 갑자기 끊겼을 때 이것은 누구의 "잘못"인
가? 기술적인 문제가 발생했을 때 (대놓고 또는 은근히) 남을 탓하는 경향
에 주의를 기울인다. 그런 일이 발생하면 내담자와 이 문제에 대해 논의하
도록 한다.

표준 시간대

오해가 생기거나 회기를 놓치는 일을 방지하기 위해서 각 지역의 표준
시간대와 일광 절약 시간대summer time에 주의하여야 한다. 실수하지 않는

방법 중 하나는 구글 캘린더google calenda나 지역 시간대를 고려한 일정관리 앱apps을 사용하는 것이다.

화면 배경의 일관성

매 회기 화면 배경은 최대한 안정적으로 유지한다. 줌에서는 장소를 이동해도 화면을 똑같이 유지할 수 있는 가상 배경을 설정할 수 있다. 모니터의 배경 화면에도 주의를 기울여서 화면이 덜 복잡해 보이는 배경을 선택하도록 한다.

문화 감수성

온라인에서는 다른 나라 또는 다른 문화권의 내담자를 만나게 될 가능성이 더 높을 것이다. 문화 감수성을 증진하는 방법을 배우려는 자세가 필요하다. 절대로 당신에게 익숙한 문화 규범이 내담자의 문화 규범과 동일하거나 더 우월하다고 가정하지 말아야 한다.

카메라 위치

카메라의 위치는 매우 중요하다. 실제로 카메라를 통해 서로 눈을 맞출수는 없겠으나, 카메라의 위치로 눈맞춤을 더 많이 할지 더 적게 할지를 결정할 수 있다. 일부 노트북의 경우 카메라가 중앙 상단부가 아니라 오른쪽 아래나 왼쪽 구석에 위치한다. 이 경우 화면에 보이는 얼굴을 똑바로 직시하는데도 시선이 대화 상대방을 정면으로 향하지 않는 것처럼 보일 것이다. 이런 경우에는 별도의 카메라를 연결하는 것을 고려할 필요가 있다.

거울기능

화면에서 자신을 보는 것은 스스로에 대한 자각을 증가시킬 뿐만 아니라 자기애도 함께 증가시킨다는 사실을 고려해야 한다. 화면에서 스스로를 보는 것은 비록 자신이 내담자에게 어떤 인상을 주는지를 이해하는 데 도움이 되지만 당신이 내담자에게 주의를 기울이는 데 방해가 될 수 있다. 거울 기능을 꺼둘 것인지 여부를 결정하거나(줌에서는 쉽게 수행할 수 있음), 아니면 화면에 패치를 붙여 자신의 모습을 가릴 수도 있다.

생동감 있는 요소를 포함시키기

화면 앞에 앉아 있으면, 발언자의 생동감이 줄어들 수 있다. 생동감을 높이기 위해 치료자가 의자에서 몸을 움직이거나 손동작을 하고, 때로는 극적인 표정과 목소리 억양을 추가하는 것을 고려하도록 권장한다.

법률 및 HIPPA 이슈

미국에서 치료자는 내담자가 물리적으로 위치하는 곳의 관할권역에서 치료 허가를 받아야 하고, 주 경계를 넘어서 치료를 수행할 수 없다. 치료자는 내담자가 사는 지역에서 심리치료를 수행할 수 있는 요건을 사전에 확인해야 한다. 이 책이 출판되는 동안, 미국의 몇몇 주는 주 경계를 넘어서는 온라인 치료를 허용한다고 발표했다.

HIPAA(Health Insurance Portability and Accountability, 건강보험 호환성 및 책임성에 관한 법률)는 환자의 민감 자료를 보호하기 위한 기준을 정하고 있다. 기본적으로 두 가지 요소를 포함한다. 하나는 표준 규칙a standard set of rules에 따라 고객의 정보를 보호하는 것이고, 다른 하나는 민감 정보 업무 담당자 및 회사들이 동일한 규칙을 따르도록 하는 것이다. 이것을 "사업 파트너 규칙" 또는 "업무 협정business associate agreement"이라고 한다.

온라인 심리치료를 수행하려면 HIPPA에서 요구하는 대로, 고객 비밀 보호 및 사업 파트너 규칙에 대한 서명 의무를 준수하는 애플리케이션이나 소프트웨어를 사용해야 한다.

복장 규범

비록 온라인 상담이 치료자의 집에서 행해질 수 있지만 상담자들은 치료실에서와 동일한 복장 규칙을 준수해야 한다. 내담자는 어떤 복장이든 마음대로 입고 올 수 있지만 만약 그 모습이 눈에 두드러지는 것이라면 그것은 상담에서 탐색 대상이 된다.

2부

온라인 커플 및 가족 치료

쇼샤나 헬먼Shosana Hellman · 아넌 롤닉Arnon Rolnick

8 온라인 커플 및 가족 치료에 대하여

쇼샤나 헬먼Shosana Hellman · 아넌 롤닉Arnon Rolnick

한 커플치료 회기에서 발췌한 내용으로 제2부를 시작하고자 한다.

다시 그들이 내 앞에 앉아 있다. 같은 커플이 같은 문제를 갖고 왔지만 …
무언가 달랐다. 공기가 약간 달라진 것 같았다.

그녀는 약간 불안해하며, 이번에도 만남을 주도했다. "전 더 이상은 못
참겠어요."

그는 늘 그래왔듯 차단했다. "이 사람이 무슨 말을 하는지 모르겠네요….
지금 우리가 여기서 뭘 하고 있는 건지도 모르겠고요." 그는 치료를 신뢰
하지 않았다.

이들은 거의 일 년 동안 치료를 받고 있다. 이혼하기 직전에 찾아왔지만,
이 커플이 진정으로 이혼을 원하는 것 같지는 않았다.

"그는 일에만 파묻혀 있어요." 그녀가 말했다. "저에게는 관심이 없어
요." 그녀는 울먹이는 동시에 화가 나 있었다.

"이 여자가 무슨 말을 하고 있는 건지 모르겠네요." 그는 무표정한 얼굴
로 말했다. "제가 일하고 있는 회사가 막 도약하려는 중이라, 저는 에너지
를 최대한 거기에 쏟아야 한다고요."

오늘 회기 초반에는 전혀 새로울 게 없는 듯했다. … 그렇다 하더라도 그들
이 나아졌다는 걸 알 수 있었다. 이상한 일이었다. 표정을 읽었지만 그들이

가깝게 느껴지진 않았다.

나는 이 만남의 내용으로 돌아와 무슨 일이 일어나고 있는지 알아내려고 했다.

그녀가 도전장을 던졌다. "이제 그에게 말해보라고 하세요."

그는 으쓱했다. "이 여자가 뭘 원하는지 모르겠어요, 항상 질투만 하거든요. 한때는 나에게 애인이 있는 거라고 생각하더니, 지금은 내가 하는 일을 질투해요. 인도에서 고객 응대를 하는 여자와 장거리 연애를 한다고까지 생각하더라고요."

그 후로도 계속됐다. … 그리고 난 그들의 이야기를 다시 들으며 쟁점을 소환해내고 공감을 요청하며 서로를 이해할 수 있게 도우면서 그들이 또 다시 함께 만들어내는 춤사위를 바라보았다.

****

그러나 이번에는 무언가가 달랐다.

오늘 나에게 좀 더 분명해진 건 그의 표정이었는데, 얼굴에서 고통스러운 표정이 명확하게 드러났고 이제 그의 입을 통해서도 모욕감을 느낀다는 표현을 들을 수 있었다. 그 이마의 패인 주름에 주목하자, 그의 갈라진 목소리가 더 잘 들렸다. 이제 나에게 그는 더 이상 무관심한 것처럼 보이지 않았다. 팔걸이에서 손가락을 파닥거리고 있는데도, 그를 특징짓던 것들이 갑자기 사라졌다!

그녀도 약간 다르게 보였다. 그녀의 유혹적인 무언가가 약간 사라졌는데 항상 두드러지던 성적인 느낌이 갑자기 사라진 것이다. 그녀는 늘 짧은 치마를 펴곤 했던 걸로 기억하는데 이번에는 그 모습을 보지 못했다.

그녀는 이번에도 역시 이 만남을 거의 폭파시켜버렸지만, 평소처럼 집에 돌아가버릴 수가 없었다. 이미 집에 있었기 때문이다.

이번에 이들은 한 단위로 보였다. 그들을 바라보고 있는 것은 나였다. 나는 이쪽 스크린에, 그들은 저쪽 스크린에 있었다. 우리 사이에는 수천 킬로미터가 놓여 있었다.

****

그렇다. 내 상담실에서 1미터 정도 떨어진 두 개의 안락의자에 앉아 그들을 수년간 만난 후에, 이번에는 32인치 스크린에 크게 뜬 그들의 얼굴을 보며 원격 상담을 하고 있는 것이다. 멀리 떨어져서 얼굴을 마주보며.

그는 미국 실리콘밸리로 전출되었다. 그래서 한 공간에서 하던 상담을 화상만남 회기로 바꾸게 됐다.

이번에는 우리가 한 공간에 있지 않기 때문에 감정 폭발을 진정시키기가 어려웠다. 내 호흡 속도를 이용해서 그들의 빨라진 호흡을 진정시킬 수 없었고, 내가 이완된 상태에서 환영하는 자세로 앉아 있는 모습은 스크린에 잡히지 않았다. 내 현존으로 그들을 진정시킬 수가 없는 것이다.

우리가 한 공간에서 만난 경우 둘 중 한 명에게 집중하고 싶을 때, 나는 내 의자 바퀴를 움직여 그 파트너 쪽으로 좀 더 다가가서 때로는 당신의 말이 다른 사람에게 잘 전달되고 있으니 안심하라는 의미로 부드러운 터치를 하기도 했었다.

그러나 이 순간에 그렇게 할 수가 없었다. 내 목소리에만 의탁해야 했고, 이것이 잘 작동하지 않아 그들이 서로에게 소리를 지를 때면 어쩔 수 없이 그들의 마이크를 끈 다음 내 소리만 듣게 했다.

****

갑자기 그 두 사람이 당황하면서 뒤를 돌아보는 게 보였다. 그들 뒤에서 움직이는 게 있었다. 누군가 방으로 들어와 상담에 끼어들었다. 어린 아들이 눈을 비비며 그들을 책망했던 것이다. "엄마 아빠가 너무 시끄러워서 잠이 깼잖아요." 그리고는 울기 시작했다. "난 엄마 아빠가 서로 소리 지르지 않으면 좋겠어요." "어서 가서 자거라." 그녀가 지시했다. 반면 아빠는 아들을 무릎에 앉히고 말했다. "아년에게 '안녕하세요'라고 해봐." 나는 그가 아들을 대하는 방식에서 상냥함을 발견했다. 그리고 그 두 사람이 어떻게 변하는지도 확인했다.

> 나는 이 부모가 겁먹은 아이를 어떻게 서로 다르게 대하는지에 대한 전반적인 그림을 그려볼 수 있게 되었다. 아마도 이는 원격 상담의 장점이라고 할 수도 있을 텐데, 온라인 화상만남의 장단점에 대해 생각할 때면 이 순간을 떠올리게 된다.

2부에서는 온라인, 특히 화상만남을 이용한 커플 및 가족 치료에 주목해볼 것이다. 온라인 심리상담은 원거리 정신건강 서비스, 인터넷으로 전달하는 치료, 사이버 심리치료, 화상만남 등으로 불린다. 여기서는 화상만남 치료에 대해서만 살펴볼 것이다. 최근에 클리닉과 치료자들이 제공하는 온라인 심리상담이 증가하고 있지만 대부분은 개인들을 위한 심리상담이다. 사람들이 관계 맺는 방식에 인터넷이 깊숙이 자리잡게 되었음에도 사이버에 대한 쟁점들은 가족 치료 연구자들에게, 관련 회의와 워샵들에서 많은 관심을 받지 못했다(Heitler and Webster 2008, Blumer et al., 2014). 제니커스Jenicus와 세이저Sager(2001)는 사이버상에서 화상만남을 활용한 부부 및 가족 치료 진행에 관한 초기 논문들 중 하나를 저술한 바 있는데, 면허 관련 훈련이나 윤리적 사안들과 같은 주제들을 앞서 다루었다.

2014년 블루머Blumer 등(2014)은 인터넷 상담 관련 논문들의 내용 분석에서 임상적 관점으로도 커플, 부모, 가족에게 온라인 심리상담이 효과적이란 사실을 밝힌 바 있다. 커플 및 가족을 위한 인터넷 기반 상담에는 심리 교육, 온라인 지지 모임, 커플 사이의 의사소통 증진을 위한 개입 등이 있다. 특정 문제들과 관련해서는 인터넷으로 하는 개입이나 직접 만나서 하는 개입이나 유사한 성과를 보인다고 한다. 한편, 내용 분석은 다른 여러 연구자들이 공통적으로 강조한 바와 같이 비밀보장과 관련된 윤리적 고려사항들, 위급한 상황, 치료자의 자격 검증, 온라인 심리상담 가이드라인의 중요성 등을 단점으로 지적하고 있다(Blumer et al., 2014).

커플 및 가족 치료에서의 윤리적 쟁점에 대해서는 허틀라인Hertlein 등(2014)에서 더 많은 조명을 받았다. 자격이 있는 226명의 결혼 및 가족 치료자, 학생, 수퍼바이저들을 대상으로 한 설문에서 다음과 같은 주제들이 도출되었다. 비밀보장, 치료 관계에 주는 영향들(비언어적인 단서와 신체 언어의 실종, 모호한 경계들), 면허 교부와 법적 책임, 훈련과 교육(개인정보에 대한 관행 및 기술) 등이 여기에 포함되었다. 대부분의 참가자들이 주목한 핵심 쟁점은 비밀보장이었다. 미국 심리상담학회ACA와 미국 결혼 및 가족상담학회AAMFT의 윤리규정들은 임상에서의 인터넷의 역할에 대해 다루고 있다.

정신역동 커플치료자인 바그니니Bagnini(2014)는 그의 흥미로운 논문에서 화상만남(또는 원격 상담)을 커플치료의 "네 번째 대상fourth object" ―기술技術, technology― 이라고 불렀다. 많은 기회를 주기도 하지만 각 주체들에게 실망을 안길 수도 있는 "어머니인 기술technology mother"에 의존해야 할 때 감당할 수밖에 없는 추가적인 부담으로부터 커플과 치료자 모두 크게 영향을 받는다. 불안정한 접속은 불안을 일으키고 신호가 끊어지는 것은 유기 불안과 애착 트라우마를 떠올리게 한다. 저자는 이를, 치료자가 현존하지만 상대편에게 보이거나 들리지 않는 반면 커플은 함께 있고 이야기를 나눌 수 있는 일시적 해리상태라고 보았고, 이후에는 치료적 목표를 위해 이를 활용할 수도 있다고 생각했다. 화상만남은 투사 과정을 증진시키고, 커플이 전이와 역전이에 대한 개념을 이해할 수 있게 하는 역할도 한다. 정신분석가로서 그는 그 커플의 집안 장식이나 회기 중에 등장하는 애완동물 등 집안 환경에서 전달되는 무의식적인 역동에 관심을 가졌다. 그에게 있어 공간의 배치와 좌석 배치는 친밀감에 대한 단서가 되었다.

커플 및 가족 치료 분야 내 다양한 이론적 접근의 관점에서 화상만남 치료의 효과성에 대해 조금 더 연구를 해본다면 흥미로울 것이다.

화상 만남 치료로부터 혜택을 받을 수 있는 특정 집단에 주목한 연구들도 있다.

어떤 경우에는 화상으로 커플 및 가족 치료를 하는 것이 불가피할 수도 있다. 예를 들면 만성 질환 때문에 직접 상담에 오지 못하는 커플도 있고, 멀리 떨어진 곳이나 시골지역에 있는 커플도 있으며, 장거리 관계를 유지하던 중 이동 및 배치와 관련하여 도움이 필요한 관계나 커플이나 가족이 있을 수 있기 때문이다. 원격 정신건강, 그중에서도 화상만남은 특히 군인 커플들에게 효과적인 수단이 되는 것으로 드러났다(Farero et al., 2015). 이런 커플들에게는 특정 사안들이 있다. 치료자들은 군대 문화를 이해하고 서로 다른 장소에 있는 두 파트너와 함께 작업해야 한다. 그러나 여기에도 마찬가지로 화상만남을 통한 커플치료의 효과성에 대하여 탐색한 연구가 부족하다.

장거리 관계의 경우(McCoy et al., 2013), 이러한 커플들은 화상만남 서비스를 실시간 의사소통에 사용하고 있기 때문에 이러한 방식의 상호작용에 익숙하다. 반면, 이 커플들은 친밀감이 형성되는 과정에 참여할 기회가 부족하여 관계의 안정성이 떨어지고, 신뢰 수준이 낮아지는 걸 경험하는 등 독특한 쟁점들을 더 많이 갖고 있다. 이런 커플들을 대하는 치료자 입장에서는 구체적으로 접근할 필요가 있다. 또한 대부분의 경우 두 파트너가 물리적으로 같은 공간에 있지 않기 때문에 치료자는 양쪽 모두의 비언어적인 단서에 매우 주의를 기울여야 한다. 작업 동맹은(또는 치료적 관계는) 성공적인 치료의 핵심 요소인데, 이는 화상만남을 사용하는 경우에도 마찬가지로 주요한 관심사이다. 비록 몇몇 논문들은 화상만남에서의 작업 동맹이 면대면 치료에서만큼 좋다고 주장하기는 하나, 아직 가족 및 커플 치료 맥락에서 밝혀진 바는 없다.

지연이나 말의 왜곡 전달과 같은 기술적인 문제들은 특히 효과적인 의사소통에 대해 작업해야 할 경우 불리한 점으로 고려될 만한 요소이다. 반면, 이런 커플들이 원격 정신건강 관련 선택지를 보다 많이 찾는 이유는 이들에게 지역 치료자에 대한 선택지가 없기 때문이다. 원격 정신건강 서비스는 또한 지역 치료자를 만날 때의 언어 장벽 문제를 해결할 수 있는 방법이기도 하다. 또 다른 혜택은 때때로 내담자들이 온라인 심리상담에서 덜 거리끼고 보다 개방적으로 된다는 것이다. 이 영역에 대해서는 연구가 거의 진행된 것이 없어 특히 이 집단에 대한 원격 정신건강 서비스의 효과성을 판단하기는 어려운 문제이다.

저메인Germain(2010)은 화상만남 상담 또는 면대면 상담을 받은 외상후 스트레스 증후군PTDS 내담자들에게 있어 치료 동맹의 발달을 측정했다. 그 결과 치료 동맹은 두 상담 조건 모두에서 아주 잘 발달했으며 그 둘 사이의 유의미한 차이는 발견되지 않는 것으로 나타났다. 이제 질문은 이러한 화상만남이 커플에게도 여전히 유효한가 하는 것이다.

2부의 목표는 화상만남을 이용한 커플 및 가족 치료 분야의 보다 최근의 연구들을 제시하고, 이 주제에 관해 가장 저명한 커플치료자 중 한 명인 가트맨Gottman의 관점을 소개하며, 커플치료의 사례를 제시함으로써 이런 양식을 자신의 임상에 활용하고자 하는 치료자들에게 실질적인 함의를 전하는 데 있다.

트럽Trub과 매갈디Magaldi는 여기서 가족 치료 사례를 제시하고, 화면으로 작업할 때의 네 가지 딜레마에 대해 실례를 들어 설명할 것이다. 첫 번째는 새로운 의사소통 규준을 채택하는 것으로써 치료자와 내담자는 이를 잘 인지하고 받아들일지 말지, 받아들인다면 어떻게 받아들일지를 결정한 후 각 사람들이 목소리를 낼 수 있도록 도와야 한다(예를 들면, 반응의 즉각성, 상호작용의 속도 등등). 두 번째는 침묵에 관한 것으로, 이는 비언어적인 것보다 언어적인 것이 더 좋게 여겨지는 이 매체를 사용할 때의 어려운 부분일 수 있으며, 치료자와 내담자 모두 서로 연결이 끊어질까봐 두려워하게 만드는 화면 정지와 같은 사건들도 여기에 포함된다. 세 번째는 친밀감에 관한 것으로써, 기술technology에 의해 도전을 받을 수 있는 부분이다. 기술은 사람들 간의 접촉을 증진시켰으나, 동시에 더 많이 외로워지게도 하기 때문이다. 네 번째 딜레마는 기술이 정체성을 형성하는 방식에 대한 것으로, 디지털 자기digital self와 디지털이 아닌 자기 사이의 관계는 무엇인가에 대한 내용이다. 치료자는 온라인으로 치료적인 만남을 가질 때 이런 딜레마들을 잘 인지하고 있어야 한다.

허틀라인Hertlein과 얼Earl은 이 장을 통해 커플 및 가족 치료에 대한 내담자 주도의 장벽들 그리고 동맹, 비언어적인 단서를 관찰하지 않는 것, 모호한 경계들과 훈련 장벽과 같은 치료자 주도의 장벽들에 대해 논의한다. 또한 인터넷으로 전달하는 커플 및 가족 치료의 장점, 시골지역에 사는 사람들의 접근가능성, 비용, 윤리적이고 법적인 고려사항들, 인터넷을 통한 상담 서비스를 시행할 때의 지침 등에 대해서도 다룰 것이다.

커플치료에 대한 혁신적인 개념으로 유명한 가트맨 부부의 인터뷰에서는 커플치료에서의 화상만남에 대한 그들의 관점을 보여준다. 그 내용은 대부분 반드시 면대면으로 만난 후 화상만남을 활용하는 것의 어려움들과 관련되어 있다. 이들은 온라인 개인치료와 커플치료 간에 차이가 있다고 느낀다. 생리학 그리고 상담에서 생리학을 사용하는 것은 가트맨 이론의 주요한 개념이며 여러 가지 개입들은 이 분야에서의 연구 결과를 바탕으로 하고 있다. 이 개입들은 커플들과 화면으로 만날 때 문제가 된다(대개 감정의 홍수가 일어나는 경우). 커플치료에서 또 차이나게 중요한 부분인 공감과 표정을 가늠하는 일은 특히 평가를 하고 치료 계획을 수립해야 하는 초기 단계에서 어려운 과제일 수 있다. 가트맨 부부에 따르면 심각한 외상 후 스트레스 장애가 있거나 이에 더해 장거리 관계를 유지하는 커플들처럼 온라인으로 치료를 받을 수 없는 특수 집단이 있다고 한다. 기술적인 문제들은 화상만남을 비효율적으로 만들 수도 있는데 특히 의사소통에 대한 작업을 할 때 더 그러하다.

우리는 커플과 가족을 치료하고 있을 뿐만 아니라 화상만남을 임상에 사용하고 있기 때문에 다음과 같은 문제들에 대해서도 대처해야 한다. 이에 대해 2부 첫 부분에서 소개했던 예시와는 조금 다른 커플의 사례를 통해서 설명해보겠다.

이들은 몇 차례 상담실에서의 만남 이후, 치료자의 여행으로 인해 화상 만남으로 치료를 계속하는 것에 합의했다. 이렇게 합의한 것은 이들 역시 여행이 잦아 이런 방식으로 확대 가족과 의사소통을 하는 일에 익숙하기 때문이었다. 또 다른 이유로는 바쁜 스케줄 때문에 규칙적으로 상담실에 오는 게 녹록하지 않던 차에 이런 방식이면 편리한 때에 집에서 상담을 받을 수 있기 때문이었다.

토마스Thomas는 43세의 교수였다. 그의 아내는 동양인으로 무용수이자 교사이며 35세였다. 이들은 2년 전 결혼했다. 토마스는 이전 결혼에서 얻은 7세의 딸이 있었고, 3년 전에 이혼했다. 그의 전 부인 역시 동양인으로 같은 도시에 살면서 공동 양육권을 갖고 있었다. 토마스는 양육의 전권을 갖고 싶었으나 두 번째 부인인 잉Ying은 이를 반대했다. 잉은 이 결혼이 첫 번째 결혼이었는데, 토마스의 딸이 부담스럽고 부부 관계의 걸림돌이라고 느꼈다. 딸은 과잉행동 주의력결핍장애ADHD와 같은 행동적인 문제와 그 외 여러 문제를 보여, 가까워지거나 양육하는 것은 어려운 문제였다. 이 치료의 목표는 딸을 키우는 것에 대한 두 사람 사이의 간극과 커플 간의 문화적 차이에 다리를 놓는 것이었다. 잉은 자신의 원 가족 및 친구들과 단절됐다고 느꼈으며 자신의 아이를 임신하고 키우기를 원했다. 그녀는 토마스보다 훨씬 더 내향적인 사람이었다. 이 치료에서는 가트맨식의 몇 가지 방식을 더한 해결중심치료 및 인지행동치료 접근이 사용되었다. 상담실에서 면대면으로 만났을 때, 우리는 가트맨식 의사소통 기술을 연습했고 딸을 돌보는 데 잉이 더 많이 참여할 수 있게 하는 걸 목표로 작업했다. 화상만남이 시작되었을 때 이 커플은 만족스러워했는데, 바쁜 일정 속에서 시간을 벌어주었기 때문이다. 심리상담실에는 오지 않았던 딸도 마침내 이 치료에 참여할 수 있게 되었다. 아시아에 살고 있는 조부모를 치료에 참여시키는 선택지도 있었는데 면대면 치료에서는 가질 수 없는 장점이었다. 이들이 화상만남에 모두 참여했을 때, 나는 반드시 두 사람이 카메라가 아니라 서로를 바라보며 대화하도록 안내했다. 이는 가트맨의 개입 중 일부를 시행하며 상담실에서도 연습했던 부분이었다. 또한 집이라는 특수한 환경에서 사생활이 보호될 수 있고 외적인 방해가 없을 만한 시간과 장소에 대해서도 논의하고 정했다. 성공적인 몇 번의 회기를 진행한 다음 이 커플은 관계가 향상됐고 딸과의 의사소통 문제도 줄어들었다고 보고했다. 그중 한 회기에서 또 다른 아이를 갖는 것에 대한 주제가 등장했는데, 토마스는 아이를 하나 더 갖는 것에 불만을 드러냈다. 그러자 잉은 몹시 화가 나서 입을 다문 채 있더니 마침내 방을 나가버려 화면에서 사라졌다. 우리는 이전에 면대면으로 회기를 가졌을 때 가트맨식 접근에 따라 그녀의 분노를 감정의 홍수로, 침묵을 담쌓기로 명명했었다. 하지만 심리상담실에서는 완전히 사라지는 선택지가 가능하지 않았다. 이는 면대면과 비교했을 때 화상만남이 갖는 단점의 한 가지 예이다. 이 커플은 그들의 익숙한 집에 있었고, 그곳은 중립지대라고 할 수 있는 상담실이 아니었다. 화면에서 사라지는 것은 쉬운 일이었고 아마도 이는 집에서 싸움이 있었을 때 그들의 관계 패턴이었을 것이다. 이 위기 상황에서 '적신호'는 그리 많지 않았는데, 이는 카메라 때문이었다. 화면으로는 비언어적인 단서들이 그리 두드러지지 않았을 것이다. 수천 킬로미터 떨어져 있는 치료자로서는 선택지가 많지 않았다. 이제 문제는 그 회기를 계속하기 위해 토마스에게 그녀를 찾아보라고 할지, 아니면 그 회기를 다른 시간으로 연기할지가 되었다. 화상만남 회기 동안 갈등을 어떻게 다루고 위기 상황에 어떻게 대처할 것인가? 치료자와 연결될 수 있고 그 커플에게 편리함을 줬으며 치료에 다른 가족 구성원들도 쉽게 참여할 수 있다는 장점에도 불구하고, 물리적 현존과 대비하여 온라인 현존의 단점도 분명 있었다.

최근 점점 더 많은 가족들이 해외로 이주하고 직업이나 장기 여행 때문에 이동하면서 같은 언어를 사용하고 그 문화를 이해할 수 있는 치료자를 필요로 한다. 화상상담은 이런 경우에 좋은 해결책처럼 보인다.

이 분야에 대한 연구가 늘어나고 기술이 보다 발달하여 커플과 가족을 위한 화상 심리치료의 단점들을 해결할 방법을 찾을 수 있길 바란다.

참고문헌

Bagnini, C. (2015) Technology stirred projective processes in couple tele therapy. In *Psychoanalysis* Online 2 (pp. 186‒195). London: Karnac.

Blumer, M., Hertlein, K., Smith, J., and Harrison, A. (2014) How many bytes does it take? A content analysis of cyber issues in couple and family therapy journals. *Journal of Marital and Family Therapy*, 40(1): 34‒48.

Farero, A., Springer, P., Hollist, C., and Bischoff, R. (2015) Crisis management and conflict resolution: Using technology to support couples throughout deployment. *Contemporary Family Therapy*, 37(3): 281‒290.

Germain, V., Marchand, A., Bouchard, S., Guay, S., and Drouin, M. (2010). Assessment of the Therapeutic Alliance in face-to-face or videoconference treatment for posttraumatic stress disorder. *CyberPsychology, Behavior & Social Networking*, 13(1): 29‒35.

Hertlein, K.M., Blumer, M., and Mihaloliakos, J. (2014) Marriage and family counselors perceived ethical issues related to online therapy. *The Family Journal*, 23: 1‒8.

Jencius, M., and Sager, D. E. (2001) The practice of marriage and family counseling in cyberspace. *The Family Journal*, 9(3): 295‒301.

McCoy, M., Hjelmstad, L., and Stinson, M. (2013) The role of tele-mental health in therapy for couples in long-distance relationships. *Journal of Couple and Relationship Therapy, 12*: 339‒358.

9   줄리/존 가트맨 부부 인터뷰[1]

G=줄리와 존 가트맨Julie and John Gattman
S=쇼샤나 헬먼Shoshana Hellman
A=아넌 롤닉Arnon Rolnick

S   자, 제가 첫 번째 질문을 드려도 될까요? 두 분은 개인치료와 커플치료
    를 둘 다 하신다고 말씀하셨어요. 스카이프를 사용해서 한 사람과 작
    업할 때와 커플과 작업할 때의 차이가 있다고 느끼시나요?

G   네. 그렇습니다. 큰 차이가 있지요. 먼저 개인의 경우에는 치료자와 1 : 1
    의 관계를 맺습니다. 기술적으로 약간 복잡하긴 하지만, 눈맞춤이 그
    래도 좀 쉬운 편이죠. 컴퓨터를 쓸 때의 경험을 떠올려봐도 알 수 있지
    만 기술은 때때로 완벽하지 않습니다. 갑자기 멈춰버리거나 좀 우스
    운 일이 일어나기도 하지요. 기술의 변덕에 맞춰야 될 때가 있어요. 그
    래서 제 생각에는 커플과 하는 작업이 훨씬 어렵습니다. 그 이유들은
    이렇습니다. 가장 먼저, 두 사람을 동시에 보기 위해서는 그 두 사람이
    아주 가깝게 앉아 있어야 하는데 이는 대개 자연스러운 자세는 아니에
    요. 그리고 두 사람은 동시에 나를 쳐다보고 있다가, 두 사람이 서로를

바라보며 이야기를 했으면 좋겠다 싶은 많은 순간에는 두 사람이 얘기하면서 고개를 아래로 숙이거나 다른 데를 쳐다봅니다.

또 다른 어려운 점으로는 신체언어body language에요. 제가 그들의 신체언어를 잘 읽을 수가 없어요. 그리고 제 생각에, 또 감지하기sensing로 아주 중요한 것을 알 수 있기 때문에 커플 사이에 무슨 일이 벌어지고 있는지를 감지하려고 애씁니다. 이게 실제로 같은 방에서 그 사람들과 함께 있으면서 물리적인 에너지를 느끼는 것은 훨씬 쉽지만, 화면으로는 훨씬 어렴풋해요. 그리고 무슨 일인지, 컴퓨터에 유령이라도 있는 것처럼 그들이 진짜 중요한 무언가를 말하려는 순간 화면이 정지해버리죠. 유령은 무슨 일이 일어나고 있는지를 아는 거예요. 네가 할 수 있는 게 뭐가 있겠어? 그냥 좀 기다려. 이건 마치 아주 멋진 미스테리 쇼를 관람하는 것과 비슷하게 긴장감을 느끼면서 그들이 무슨 말을 할지 모르겠고 그 말을 정말 듣고 싶어죽겠는데 정지해버리는 거죠. 그런 후엔 또 결국 복구가 돼요. 이 모든 것에 적응해야 합니다. 물론 이것이 면대면으로 작업하는 것보다 효율적이거나 효과적이란 생각은 안 들어요.

S   그러면 개인치료의 경우에는 커플에서보다 더 효율적일까요?

G   그럼요. 개인과 작업할 때에는, 제 말은 그 사람은 당신을 가능한 한 많이 바라볼 거예요. 당신도 그 외 다른 사람을 볼 필요가 없고요. 그래서 저는 그 내담자와 연결이 돼요. 하지만 동시에 이걸 뭐라고 해야 할지 모르겠는데 면대면 연결, 즉 같은 방에서 몸과 몸이 만날 때는 아주 강력한 무언가가, 더 좋은 단어를 모르겠지만 어쨌든 당신은 상대방에게서 무슨 일이 일어나고 있는지 그 에너지를 감지할 수 있어요. 그리

고 저에겐 그 에너지가 대부분 아주 중요했어요. 저는 누군가와 화면 작업이 아닌 면대면으로 작업할 때 더욱 직관적 감각을 갖게 돼요. 그렇기는 하지만, 보세요, 저는 수천 킬로미터 밖에서도 치료라는 형태를 지속할 수 있어요. 예를 들면 호주에 있는 커플과 스카이프 회기를 많이 진행해왔는데요, 호주는 제가 있는 곳에서 정말 먼 거리죠. 1만 6천 킬로미터 또는 그 이상일 거예요. 이런 형태라도 가능하다는 사실은 정말 경이로운 일이고 시간이 지날수록 기술이 꾸준하게 향상될 거라고 기대합니다.

A 그러면 혹시 반드시 면대면 상담을 먼저 시작한 다음에야 스카이프 회기로 옮겨갈 수 있다고 생각하시나요?

G 저는 개인치료의 경우에만 스카이프로도 회기를 시작합니다. 저는 그렇게 해오고 있습니다. 예를 들면, 저랑 치료를 시작한 한 내담자는 동부 해안 쪽에 살고 있어요. 5천 킬로미터 정도 떨어진 곳이지요. 그녀와는 규칙적으로 만나고 있습니다. 하지만 커플의 경우에는 아주 다른 이야기예요. 우리의 커플치료에서는 무엇보다도 … 아시다시피, 평가를 거쳐요. 그 평가 과정은 대단히 중요합니다. 그 평가가 이후 우리가 하는 작업들 모두를 안내하는 것이죠. 그리고 또 저는 커플의 각 개인들과 충분한 신뢰, 충분한 관계를 쌓아야 해요. 그리고 그 커플이 일상적인 환경에서 서로 어떻게 관계를 맺는지를 확인하는 것 역시 아주 중요합니다. 서로 관계 맺는 일상적인 방식과 많이 다른 조건에서는 상담받고 싶은 어려움들, 관계에서 맞닥뜨리는 어려움들로부터 훨씬 더 멀어지는 셈이 됩니다. 따라서 저는 처음부터 기술을 통해서 내린 평가는 충분히 타당하다고 보지 않아요.

S   이는 다음 질문이랑 연결될 것 같은데, 분명하게 두 분은 접근법에 있어 아주 구체적인 원칙을 갖고 계시잖아요. 제가 아는 걸 예로 들면, 표현이 아주 중요하다는 것, 평가가 극도로 중요하고 생리학도 마찬가지고요. 그렇다면 두 분은 이론의 이 모든 원칙들을 어떻게 통합해서 온라인 커플치료에 반영하시는지요? 스카이프Skype를 사용하실 때도 이렇게 하십니까?

G   스카이프로 시작하는 치료에서는 분명 그럴 수 없습니다. 저희가 스카이프로 시작하지 않는 이유이기도 하고요. 저는 15시간에서 18시간 사이의 집중적인 치료를 한 이후에만 스카이프를 씁니다. 집중적인 치료—마라톤 치료—에서 저는 커플을 3일 연속, 하루에 5시간에서 6시간 정도 만납니다. 그 시간 동안 저는 그들에 대해 꽤 잘 알게 되고 그들이 이미 어떤 진전을 보이고 있을 때 스카이프를 흔쾌히 사용합니다. 하지만 어떤 사람들은, 또 어떤 문제에 따라 스카이프를 많이 사용하지 않으려고 하고 그런 경우 내담자들은 다시 면대면으로 와야 할 때도 있습니다. 예를 들면 우리가 만난 한 커플의 신사분은 유명한 사람으로 여행을 자주 다녔고 12년 동안 57번의 외도를 해왔습니다. 애정관계에 빠졌던 이들 중 세 명과 아이 셋을 낳아서 집으로 데려와 키우고 있었지요. 우리는 첫 번째 마라톤 상담에서 꽤 많은 진척을 이루었지만 분명 그들에게는 더 많은 면대면의 집중 상담이 필요했는데, 특히 아주 강렬한 정서를 다뤄야 할 때 그러했습니다. 저는 지금 어떤 사람이 아주 열정적이라거나 또는 아주 진지하다거나, 그들이 자신의 감정을 언어화하는 방식에 대해서 말하는 게 아닙니다. 어떤 사람의 고통이 아주 극심한 경우, 그리고 그게 상대방에 의해 야기된 경

우, 그 사람에게는 어떤 종류의 지지가 필요하고 그 상대방 역시 파트너의 고통을 들을 때 심리적인 지지가 필요하다는 이야기를 하는 거예요. 그래야만 그 상대방이 다리에서 바로 강으로 뛰어내려 버리는 걸 막을 수 있는데 이런 과정을 화면으로 진행하는 게 저는 좀 불편하더라고요. 이 작업은 정말 직접 그 사람 옆에서 진행하고 싶어요. 그리고 제 생각에는 아주 심한 외상 후 스트레스가 있는 커플과 작업할 때도 마찬가지예요. 예를 들면 전투를 비롯한 심각한 외상 후 스트레스를 겪는 커플과도 작업을 한 적이 있어요. 남자는 해군이었는데 14년 동안 이라크와 아프가니스탄 전쟁에 열세 번 배치되었죠. 그는 거의 집에 있지 않았고 아주 비밀스럽고도 열렬하게 주어진 임무를 수행했어요. 이 젊은 남자는 열여덟 살에 해군에 입대해서 지금 서른두 살인데, 너무 많은 트라우마를 겪었고 그래서 앞을 거의 보지 못해요. 그동안 해외에서 외도도 있었고요. 이건 여기 군대에 있는 사람들, 특히 남자 군인들에게 흔한 문제이기도 합니다. 이 문제 역시 저는 스카이프로만 작업하는 게 불편합니다. 이들 사이에, 특히 그 남성 내부에 너무 극심한 고통이 있었어요. 이 남성의 경우처럼 아주 심각한 증상들은 드러날 때 아주 끔찍하고 심각해요. 그런 경우에 이 방식은 위험하지요. 특히 제 생각에 미국에는 여기 이스라엘과 달리 아주 다양한 문제들이 나타나서, 복무 중에 죽음을 맞는 사람들 숫자만큼이나 군대 내 자살로 죽는 사람이 많아요. 자살률이 믿을 수 없는 정도이지요. 도움을 받을 수가 없기 때문이에요. 그러니까 어슬렁거리면서 돌아다니는 부상자라고 할 수 있는 이런 사람들은 아주 끔찍하게 고위험 상태에 있는 거죠. 이건 스카이프로 치료할 수 없는 종류의 것입니다.

S 이 사례가 장거리 관계 같은 거였나요? 제 말은 그 역시도 커플이었나요?

G 네. 이것은 커플 사례였습니다. 그의 집에는 아내와 두 아이들이 있었어요. 그 아내도 외도를 했고요. 그는 치료 전에는 아내에게 전투에 대해 그 어느 것도 말한 적이 없었습니다. 그건 아내가 견디지 못할까봐 두려워서도 아니고, 아, 물론 그것도 일부 있겠지만, 아내가 그를 미워할까봐서도 아닙니다. 그 스스로가 그 당시를 다시 생각하는 걸 견딜 수가 없는데 그때의 기억에 완전히 사로잡혀 있었기 때문이에요. 특히 주의를 분산시킬 게 없는 밤에 더 그랬어요. 그 상태에서 더 깊이 들어가는 걸 견딜 수가 없었던 거예요. 그것 말고는 결국 그는 해냈지요.

S 그 말씀을 들으니 장거리 관계를 유지하고 있는 커플에 대해 질문하고 싶어지네요. 이런 커플들을 만나시는지, 그렇다면 그 치료를 스카이프로 하시는지 궁금합니다. 왜냐하면 이 방식은 그들이 관계를 이어가는 방식이니까요. 그래서 이런 커플들을 만나보셨어요?

G 장거리 관계를 갖고 있는 수많은 커플들을 만나봤습니다. 그러나 그 커플들은 치료에 함께 왔어요, 그러니까 당신과 아넌이랑 제가 하고 있는 것처럼 [인터뷰를 하는 사람과 받는 사람이 모두 각각 물리적으로 다른 공간에 있는] 세 개의 다른 화면 속에서 상담을 진행하지는 않습니다. 그 커플들은 주말 또는 두 달에 한 번이라든가, 다른 치료가 있는 때나 그럴 때 같이 방문을 했어요. 또는 집중 치료를 위해 오기도 했지요. 그러니까 우리가 그런 커플들을 만난 것은 맞습니다. 장거리는 분명히 긴장을 조성해요. 친밀한 관계를 만드는 게 아주 어려운 과정입니다.

A 두 분이 단지 치료만 하시는 게 아니라 결혼 생활을 더 낫게 만들기 위

한 방법들에 대해서도 조언을 하시잖아요. 그렇다면 장거리 관계에서 스카이프로 또는 비슷한 방법으로 이를 어떻게 할지에 대해 저술하신 적이 있거나 또는 쓰실 계획이 있으신가요?

G 아주 좋은 질문이에요, 아닌. 아직 없습니다. 우리는 연구하지 않은 주제에 대해서는 아무것도 쓰지 않기 때문입니다. 또 아시다시피, 도처에 장거리 커플들이 있긴 하지만 우린 아직 그 관계에 대해 공들여서 연구를 한 적이 없습니다. 그걸 하고 계신 분들이 있어요, 저희는 아니라는 겁니다. 또 저희는 그런 커플들을 대상으로 우리의 치료를 실험해본 적이 없고 당연히 그 치료를 스카이프로 실험해본 적도 없습니다. 실제로 연구를 진행한 적이 없는 경우, 저희가 쓰려는 주제가 되지 않는 거지요.

S 자, 그럼 이제 커플과 원거리 관계에서 가족 치료로 주제를 바꿔볼게요. 실제로 두 분이 하시는 가족 치료의 종류가 있습니까? 제가 알기로 두 분은 대부분 커플치료를 하시지, 가족 치료를 아주 많이 하진 않으시잖아요. 가족 치료에 대한 의견은 어떠신가요. 두 분은 스카이프로 하는 게 가능하다고 생각하세요?

G 잘 모르겠습니다. 성인들인 경우를 제외하고 저는 가족 치료를 하지 않아요. 자녀들이 다 성장해서 성인인 경우에는 분명 부모와 자녀를 위한 가족 치료를 합니다. 제 생각으로는 작은 화면으로 만나는 사람이 더 늘어날수록 각각의 개인들로부터 얻는 정보는 더 적어지는 것 같아요. 그들은 화면에서 더 떨어져 있을 수밖에 없고, 누가 하는 이야기인지 정확도가 더 떨어질 수밖에 없고, 여러 대의 카메라가 돌아가지 않는 한 그들의 얼굴을 다 볼 수 없죠, 대개는. 그래서 보다 밀접한

거리에서 진행할 때와 비교해 막대한 양의 정보를 놓치게 되는 것 같아요. 어린 자녀가 있다면 말하려는 내용에 따라 다르겠지만, 아이들은 일어서서 움직이고 싶어 하고 한 자리에 앉아 있으려고 하지 않을 거예요. 어려운 일이지요. 화면을 통해서는 할 수 없을 거예요. 10대의 경우 가능은 하겠지만 마찬가지로 많은 정보를 놓치게 될 겁니다. 제 생각에는 화면으로 안정적으로 작업할 수 있는 최대 숫자는 두 명에서 세 명 정도인 것 같아요. 한쪽 화면에 둘이 있고 치료자가 다른 쪽에 있는 경우에요. 세 명은? 잘 모르겠어요. 아마도 꽤 어려울 것 같습니다.

A 두 분을 인터뷰하는 게 중요했던 이유 중 하나는 두 분이 생리학의 역할과 몸의 역할을 강조하신다는 점인 것 같습니다. 두 분이 대인관계 신경생물학 시리즈에서 책을 내신 걸 보고 좀 기뻤습니다.

G 맞습니다. 제 책이지요.

A 만약 우리가 몸에 '귀를 기울여야 한다'거나 또는 몸을 잘 감지해야 한다 또는 핵심 신경계를 감지해야 한다는 내용을 고려해본다면 말입니다. 실제로 존John은 심장박동을 측정하는 등의 생리학과 관련된 작업을 아주 많이 해오신 걸로 알아요. 우리가 스카이프 회기를 하게 될 때는 이런 지침을 어떻게 해야 할지 궁금합니다. 스카이프 상담에 대해 이야기할 때, 화면에서 제가 당신의 심장박동수를 볼 수 있다면 어떨 것 같습니까? 그게 어떤 식으로든 도움이 될까요?

G 물론입니다. 저는 심박수를 모니터링하는 데 찬성합니다. 분당 100회 이상의 심장 박동수는 대부분의 건강한 심장이 아드레날린이나 코르티졸의 순환, 베타 교감 신경의 활성화에 영향을 받기 시작하는 지점에서 나타납니다. 이 두 가지 요인은 심근의 수축성 및 속도를 높이고

동맥을 수축시키며 투쟁/도피 반응을 동반한 사건의 생리적인 폭포를 야기하여 인지와 정서에 엄청난 결과를 가져옵니다. 내담자와 치료자 대부분이 의식하지 못하는 사이에 말입니다. 따라서 '저항'처럼 보이는 것들이 실은 생리적인 각성이 확산된 결과일 수도 있습니다.

A   초기에 두 분은 만나는 커플의 각성 수준을 알아보기 위해 심박수 측정을 제안하셨어요. 요즘은 심박수뿐만 아니라 심박변이도Heart Rate Variability까지 측정할 수 있는 보다 발전된 방법들이 있더라고요. 그렇다면 이런 추가적인 측정을 면대면이나 온라인 커플치료에 추가하실 생각이 있으신지요?

G   심박변이도는 호흡성 동성 부정맥Respiratory Sinus Arrhythmia(RSA)을 대체하기 좋습니다. 이는 평균 성인의 호흡 범위 내에서 일정 기간 동안의 심장 스펙트럼 밀도 함수에 미달하는 영역을 스펙트럼 분석spectral analysis한 것으로부터 상당히 효과적으로 측정될 수 있습니다. 이런 산출치는 미주신경 긴장도vagal tone[1]에 대한 더 좋은 측정치로써 우리는 이 수치를 내담자들이(그리고 치료자도) 증가시키기를 바랍니다.

G   물론입니다. 그럼요. 도움이 됩니다. 저희는 지금 화면으로 생리적인 정보를 확인하는 치료를 고안하고 과정을 추적 관찰할 수 있는 기술을 작업 중인데 개발 중에 있습니다. 생리학은 아주 중요한 역할을 하지요. 심장 박동도 물론 중요하고요, 때로는 호흡을 통해서도 여러 가지를 알 수 있습니다. 미묘한 움직임으로 호흡을 관찰할 수도 있는데 예

---

1   수치가 높을 수록 스트레스를 더 잘 해소할 수 있음을 의미한다.

를 들면 숨을 쉴 때 피부색이 미묘하게 달라집니다. 또한 심장박동에 대한 장치들이 무척 많은데, 맥박 산소측정기pulse oximeter에 대해서는 잘 모르실 수도 있겠습니다. 이 기계는 프로그래밍을 통하면 다른 기계의 화면과 결합시킬 수도 있고 지금 여러분이 하고 계신 이 작업에 통합시킬 수도 있어요. 네, 이건 중요한 일입니다. 가끔 전 스카이프로 만나는 사람들에게 때때로 19달러짜리 맥박 산소측정기를 사서 손가락을 끼우라고 한 후 갈등 대화를 하도록 요청합니다. 그러면 무슨 일이 일어나냐면요, 내장된 알람이 있어 설정된 숫자 이상으로 심장 박동수가 올라가면 알람이 울려요. 대개 100bpm에 맞추지요. 그게 생리적인 각성이 확산됐다는 신호인데 그 알람을 제가 들을 수 있는 거지요. 물론 그들도 듣고요. 그러면 저는 감정의 홍수가 일어나고 있다는 걸 알게 되고 개입할 수 있어요. 하트매스Heartmath라는 기업에서 만든 기술이 있는데, 저는 감정의 홍수에 저항하는 능력이 강화되는지 아닌지를 알아보는 용도로 그걸 써보라고 요청하곤 합니다. 그래서, 맞습니다. 짧게 답변하자면 생리학은 치료와 통합된다는 면에서 아주 유용하고 아주 중요합니다.

S   말씀하신 걸 들으니까 스카이프에서 사용하신다는 거군요. 그 알람 때문에, 온라인에서도 사용할 수 있는 기능 때문에 스카이프로 상담하실 때 그걸 사용해서 개입을 하신다는 거지요?

G   맞습니다. 사실 할 수 있는 방법들이 있을 거예요. 카메라가 여러 대 있어야 하지만요. 이건 정말 비밀입니다. 우리 연구소에서 해보려고 연구소를 다시 열고는 3대의 카메라를 갖춘 후 화면을 분할하고, 관찰된 생리지표들을 커플이 서로 대화할 때 일어나는 사건과 통합할 수 있는

프로그램을 준비했습니다. 그들의 대화는 모두 화면에 등록되었지만 우리의 관심은 화면을 통해 치료를 하는 것이 아니었습니다. 초점은 대면 치료를 하고 수집한 모든 자료들을 분석하는 것이었어요. 전 이론적으로 아주 복잡하게 설치해야하는 것에 대해 집중하고 있었는데 문제는 커플이 모든 장비가 갖춰진 장소에 있어야 한다는 점이었어요 …. 그리고 치료자는 다른 어디에 있고.

A 지금 제가 줄리Julie랑 같은 방에 있고 당신이 제가 신나하는 걸 봤다고 가정해봅시다. 그게 한 가지에요. 그리고 지금 우리가 한 방에 있지 않지만 [어떤 센서를 통해] 당신이 제 심장 박동수가 높아지는 걸 확인할 수 있는 다른 상황도 있어요. 이론적으로는 제가 각성된 걸 당신이 알아차릴 수 있다는 점에서 같은 경험이라고 할 수 있어요. 하지만 제가 느끼는 바로는, 뇌의 우반구 의사소통에 있어서는 다른 종류일 거예요. 제가 당신을 지금 보고 있고 당신이 내 말을 이해하려고 애쓰는 표정을 보고 있을 때, 이 정보는 오른쪽 뇌에서 생겨나는 것이에요. 제 생각으로는요. 만약 이 과정이 센서와 함께였다면 당신은 "좋아요. 아넌의 심장 박동수가 높아지고 있군요" 또는 "줄리의 알파파가 떨어지고 있어요"라고 얘기할 수 있지요. 이건 다른 종류의 분석인 거죠. 제가 무슨 이야기를 하는 건지 아시겠어요?

G 물론이에요. 아주 잘 따라가고 있어요. 제 생각에 아넌이 아주 중요한 얘길 해주셨어요. 이건 제가 전에 얘기하려던 건데, 실제로 아주 명료하진 않지만 아마도 제가 같은 방에 함께 앉아 있으면 당신을 느낄 수 있잖아요. 진동기록기oscilloscope에서 작은 파장이 오르락내리락하는 걸 보는 것과 대비해서 말이죠. 그게 제 안에서 아주 다른 반응을 만들

어요. 그 반응이 제가 개입하는 방식을 안내합니다. 그래서 만약 화면에서 신호를, 예를 들면 생리 지표가 올라가는 걸 보는 경우 아주 대뇌적인 반응을 하겠지요. 좌뇌, 우뇌 뭐 이런 것은 보이는 거랑 꼭 같진 않아서 저는 그런 류의 언어는 사용하지 않지만, 분명 더 제거된 반응이에요. 지적인 반응인 거지요. 반면 제가 당신과 같은 방에 있을 때는 훨씬 더 깊은 수준에서 느낄 수 있어요. 따라서 당신과 얼굴을 맞대고 있는 경우에는 제 개입이 아마도 더 강력하고 더 효과적일 거예요. 그건 당신을 느끼게 만든 무언가를 분석하는 내 지성에서 나왔을 뿐만 아니라 제가 감지한 것, 직관한 것으로부터 나온 것이기 때문입니다. 당신의 존재와 현존하는 거지요. 그래서 아시다시피 화면으로 하는 치료가 정말 그걸 똑같이 해낼 수 있을까요? 제가 봐온 바로는 아니에요.

S   정신분석가가 원격 상담에 대해 공감이 화면으로도 보여지는지, 실제처럼 느껴질 수 있는지에 대해 다룬 논문이 있어요. 두 분의 대답을 들어보고 싶어요. 왜냐하면 정서중심치료를 두 분의 접근법에 통합하고 계시고 극단적인 PTSD 사례에 대해서 말씀해주셨는데 다른 정서의 경우는 어떨까요?

G   다시 말씀드리지만 공감은 분명 시각적으로 전달할 수 없습니다. 제 생각에는 듣는 사람에게, 수신인에게 인식될 때 당신이 사용하는 어휘, 말하는 방식의 측면에서, 음성의 품질이 영상 품질보다 훨씬 낫습니다.

A   제가 잘 이해했는지 모르겠어요.

G   제가 하고 싶은 말은 스카이프에서 수신인에게 영상 품질보다 음성의 품질이 훨씬 더 선명하게 전달된다는 것이에요.

S 그러니까 지금 스카이프에서 음성이 영상보다 훨씬 중요하다 또는 훨씬 효과적이라는 말씀이신가요?

G 아닙니다. 제 뜻은 스카이프의 음성과 영상을 비교했을 때 소리가 분명 훨씬 잘 조율되고 더 효과적이에요. 그리고 쇼샤나, 당신의 질문과 관련해서 어느 정도의 공감은 목소리, 단어도 당연히 포함되고, 어조도 물론이고 속도, 소리의 크기 등을 통해 전달할 수도 있을 것 같아요.

G 다시 그 지점으로 돌아가자면 당신은 공감을 표현할 수 있을 거라고 생각해요. 목소리를 통해 공감을 표현하는 일은 더 잘할 수 있지만 화면으로는 공감을 담은 눈맞춤, 얼굴 표정 등이 소실될 수 있고 공감을 담은 몸짓도 화면으론 할 수가 없어요. 그래서 대략 그 사람에게 전달하려고 하는 공감의 힘 중 50% 정도는 사라지는 것 같아요. 할 수 있는 만큼 최선을 다하는 수밖에 없겠지요.

A 공감에 대해 말씀하시니까 말인데요, 우리가 얼굴 표정을 사용할 수가 있을까요? 제 기억으로는 존이 특정 감정 부호화 시스템Specific Affect Coding System(SPAFF)을 사용해서 비디오 녹화를 통해 참가자의 특정 정서에 따른 행동을 부호화한 첫 번째 연구자 중 한 분이신데요.

G 아, 저는 특정 감정 부호화 시스템을 사용했을 뿐만 아니라 개발하기도 했습니다. 네, 맞아요, 그건 아주 효과적인 부호화 시스템이고 커플의 맥락에서는 장기적인 결과를 예측하는 데 있어 에크만의 얼굴 표정 부호화 시스템Ekman's Facial Affect Coding System, FACS보다도 더 낫습니다. 물론 FACS는 기막히게 멋진 체계이고 폴 에크만은 우리가 정서를 이해하는 것에 대해 막대한 공헌을 했습니다.

A 온라인 심리상담에서는 카메라가 이미 있기 때문에 전반적인 그림이

즉각 컴퓨터로 전달됩니다. 따라서 이 방식은 얼굴 표정이 컴퓨터를 거쳐 '정서 점수emotional score'로 환산된 결과를 환자에게 보여줄 수 있는 멋진 기회인 것이지요. 아마도 간단한 노트북 카메라를 이용해서 인간의 감정을 평가할 수 있는 매사추세츠공과대학MIT/에펙티바 솔루션Affectiva solution에 대해 잘 아실 거예요. 그와 같이 방해하지 않는 방식을 전반적인 커플치료와 온라인으로 하는 개인치료 또는 커플치료 회기에 추가하는 것에 대해 어떻게 생각하세요?

G   MIT에서의 미디어 연구 작업과 자동적인 얼굴 표정 부호화에 대해 전반적으로 잘 알고 있습니다. 지금까지는 실패한 부분들이 비신뢰도 unreliability 계산에 포함되지 않기 때문에 아직 만족스럽지 않아요. 자동화된 특정 얼굴의 정서가 관찰자가 한 것과 90% 또는 그 이상 일치하다는 걸 보여줘야 해요. 만약 분노를 부호화하는 경우, 자동적인 부호화와 관찰자 모두에게 분노라고 읽혀야 하는 거지요. 심각한 문제는 사용된 사진들 더미가 대부분 쓰레기라는 겁니다. 사람들은 돈을 받고 정서를 표현했고 그 사진들은 검토 과정 없이 채택됐어요. 따라서 예를 들면, 역겹다는 표현의 더미들은 사람들이 혀를 내밀고 있는 사진인데 이는 윗입술이 올라가거나 코를 찡그리거나 같은 전형적인 역겨울 때의 표현이 아닌 것이죠. 뿐만 아니라 포즈를 취한 것과 자연스러운 표현은 아주 다릅니다. 따라서 좋지 않은 사진 더미들로 자동 부호화된 것은 말도 안 되는 것들이 많아요.

     하지만 저는 자동화된 부호화를 좋아합니다. 정말 도움이 될 겁니다. 많은 치료자들이 실제로 감정을 감지해내는 데 능숙하지 않아요. 이건 치료자들의 과오를 시사하는 결론이란 걸 알지만, 이 치료자들이 어디서 훈련을 받을 수 있겠어요? 대학원에서도 아니고. 안타까운 일이지만 얼굴에 드러난 미세한 표정을 읽는 법을 배우는 것보다 투사 검사를 통해 훈련받게 될 가능성이 더 많은 것 같아요.

A 자 그럼 광범위한 질문을 드려보겠습니다. 연구 결과에 따르면 스카이프 또는 온라인 심리상담 결과가 면대면 심리치료와 다름없고 치료 동맹 또한 마찬가지라고 합니다. 이걸 어떻게 설명할 수 있을까요?

G 우선 저는 그 연구와 측정도구, 정말 측정하려고 하는 바를 어떻게 측정했는지를 좀 보고 싶어요. 예를 들어 치료 효과에서 어떤 수준의 치료자를 활용한 결과인지 말이죠. 그저 그런 심리치료는 그저 그런 스카이프 작업이나 우열이 없을 것이고 그러면 마찬가지라는 결과가 나오겠지요. 하지만 그게 좋은 치료를 의미하는 것은 아닐 겁니다. 따라서 그 연구는 좀 더 세심하게 살펴봐야 할 것 같아요. 그 연구에서 실제로 검토한 것이 무엇인지, 그리고 그걸 어떻게 측정했는지를 분석해야 합니다. 아주 중요한 부분이지요. 그리고 아시다시피 전형적으로 많은 연구에서 측정방법으로 자기보고를 사용하는데, 이 자기보고라는 것이 형편없는 측정입니다. 특히 내담자가 치료자의 기분을 맞춰주려고 노력하는 치료 상황에서라면 더 그렇지요. 내담자들은 치료자로부터 받은 것에 대해 감사한 마음이 있고, 그 치료가 연구의 일부라면 대개의 경우 무료로 진행되니까요. 따라서 아넌, 그 연구를 잘 살펴봐야 하고 반드시 액면 그대로 받아들여서는 안 됩니다. 또 제가 알고 싶은 것은 효과성이라는 측면인데요, 종단적인 후속 연구 결과를 알고 싶습니다. 아마도 치료가 종결된 직후에는 내담자가 더 나아졌다고 느낄 수 있습니다. 일 년이 지나고서도 여전히 나아졌다고 느끼

는가. 전 그걸 알아보고 싶어요. 따라서 치료의 질을 평가하는 것과 관련해서는 상당히 높은 수준의 기준이 필요할 것 같아요.

A   다음 질문도 우리가 앞서 이야기 나눈 것과 연결되는데요, 분명 두 분도 익숙하실 거예요. 어떤 경우에는⋯ 개인 치료에서 성적 전이가 있잖습니까. 커플치료에서는 한 파트너와 치료자 사이에서도 일어날 수 있을 거고요. 여기서 제가 궁금한 건 스카이프 상담에서도 마찬가지로 성적인 전이가 일어날 수 있다고 생각하시는지요.

G   아주 재미있는 이야기입니다. 그건 화면이 얼마나 큰지, 그리고 내담자가 치료자의 전신을 보는지 아니면 얼굴만 보는지에 따라 다를 것 같습니다. 약간 농담을 섞어 얘기해봤습니다. 제 생각에는⋯ 물론 일어날 수 있어요. 왜냐하면 사실상 그것도 전이니까. 하지만 여러 가지 이유로 아마도 그렇게 되지 않을 수 있어요. 잘 모르겠네요. 여기에 대해서는 아무도 측정해본 적이 없는 것 같은데 흥미로운 연구가 될 것 같습니다. 치료에서 내담자의 페로몬을 살펴보는 연구는, 사실 이는 주로 신체적으로 누군가에게 끌리는 거잖아요. 따라서 명백히 이런 건 스카이프 상에서 전달되지 않으니까. 그렇지만 아마도 일어날 수도 있겠지요? 초점이 아주 명확하지 않은 얼굴을 바라보고 있을 때도 단지 그 심리치료 자체에서, 다른 사람의 신체적인 현존이 없는 상태에서도 여전히 성적인 전이를 느낄 수도 있겠지요. 저는 잘 모르겠어요. 정말 흥미로운 연구가 되겠군요. 가능하다는 확신이 들어요. 일어날 수는 있을 것 같은데, 하지만 마찬가지의 빈도일 것 같진 않아요.

S   전혀 관계없는 질문을 하나 더 해볼게요. 많은 개입들, 다수의 자조自助 self-help 개입이 온라인에 있지 않습니까. 많은 치료자들도 이용하고

있고요. 제가 알기로 두 분도 온라인 검사를 당연히 사용하고 계시는 데 이게 비디오로 된 것도 있습니다. 이런 것들을 통합할 방법이 있을 까요? 컴퓨터로 된 개입들을 통합할 방법에 대해 생각하시는지요. 두 분이 하고 계신 접근법은 아닌 것 같지만 이런 종류의 비디오 컴퓨터 용의 자조 개입에 대해 어떻게 생각하시는지요.

G 우리는 실제로 이야기한 바와 같이 작업 중에 있습니다.

A 어떤 방식인가요?

G 아주 자세하게 들어갈 순 없지만 제가 말씀드릴 수 있는 것은 그런 개 입이 가능하다는 것입니다. 특히 기술을 통해 수행되는 이자二者, dyadic 개입 말입니다. 그러나 깊게 들어가는 것은 치료자의 판단, 직관, 지향 등등에 의존하는 것은 훨씬 어려울 것입니다. 그걸 할 수는 없을 거예 요. 만약 아주 간단한 개입이 있다면 사람들에게 서로서로 어떻게 할 것인지에 대해 지시사항을 줄 수 있을 것 같아요. 성공할 수 있길 희망 하면서요.

S 따라서 두 분은 그걸 회기, 그러니까 스카이프 회기에도 통합하시나 요, 예를 들면?

G 흠 ⋯ 우리의 스카이프 회기에서 그렇게 합니다. 그냥 회기에서도 그 렇게 하고요.

A 두 분은 집단 수퍼비전을 스카이프로도 하시는지 궁금하네요.

G 엄청난 숫자의 집단 수퍼비전을 스카이프로 하고 있습니다. 사실 대 부분을 그렇게 합니다. 우리 자격증 훈련 과정에는 면허를 딴 숙달된 훈련 담당자들이 있습니다. 그분들은 사람들이 자격증을 받을 수 있 도록 안내하는, 자문을 위한 스카이프 모임을 작은 집단으로 진행합

니다. 따라서 우리는 그런 모임을 엄청 하고 있는 거지요. 전 세계에 걸쳐서 말입니다. 면허를 딴 훈련 담당자가 해당 국가 또는 그 도시에 없는 경우에 자격증을 취득할 수 있도록 우리가 도와줄 수 있는 유일한 방법이기도 하지요. 그래서, 맞습니다. 우리의 상급 훈련 과정 대부분이 사실 그런 방식으로 진행되고 있어요. 마지막 과정, 여러분들이 부르기로는 4단계에서요. 그래서 첫 번째 질문에 대한 대답은 '그렇다'입니다.

A　기술이 인간 관계에 어떻게 영향을 미치는지에 대해 두 분의 의견이 궁금합니다.

G　기술이 관계에 어떻게 영향을 줄까요? 그 점에 대해서는 의견이 분분합니다. 잠재적으로 기술은 더 큰 공동체를 만들 수 있어요. 동시에 사람들을 상처 입히고, 분리시키고, 면대면 상호작용 대신 문자에 의존하도록 만드는 데 사용될 수도 있습니다. 아주 해로울 수 있는 것이죠. 그러나 사람들은 또한 전화에 대해서도 그렇게 이야기를 했었는데 그건 기우였어요. 따라서 저는 꼭 해롭다고 판단하지 않습니다. 기술의 다른 측면들처럼 사람들을 연결하는데 사용될 수도 있고 사람들을 멀어지게 하는 데도 사용될 수 있어요. 저는 데이빗 레비David Levy의 책, 『로봇과의 사랑과 성생활Sex and Love with Robots』이 아주 멋지다고 생각합니다. 왜냐하면 작가는 인간이 기계와 사랑에 빠지려면 무엇이 필요한가에 대한 질문을 던지는데, 그 대답이 그렇게 많이 필요하지는 않다는 것입니다. 지구상의 어떤 사람들은 진짜 사람과 성관계를 맺는 대신 구강성교를 할 수 있는 인형을 선택하는데, 그 사람들에게 이 인형을 허용하지 않을 이유가 있나요? 이는 매매춘과 성노예화를 종

식시킬 수도 있습니다. 제 생각에는 깊은 배려 없이 기술을 비난하는 것은 바보같은 짓 같아요. 예를 들면 가상의 심리치료사 프로그램인 엘리자Eliza(그리고 이것의 새로운 화신化身이라고 할 수 있는 우봇woebot)를 개발할 때, 무작위 임상 실험은 이 프로그램이 우울에 효과적이라는 것을 보여줬습니다. 이런 주장을 할 수 있는 치료자가 얼마나 될까요? 따라서 장기적인 관점에서는 엘리자가 치료자의 능력을 향상시켜줄 수도 있을 것 같습니다.

G   그렇다면 미래에는 어떻게 될까요? 저는 인간이 영영 대체될 수 있을 것 같진 않아요. 제 생각에 가장 효과적인 것은 면대면 작업이거든요. 이건 제 편견이긴 합니다만. 컴퓨터가 아무리 훌륭해진다고 하더라도, 로봇 또는 로봇 프로그램이 아무리 잘한다고 하더라도 말입니다. 인공지능이라도 마찬가지입니다. 모든 것이 머신 러닝machine learning과 인공지능 쪽으로 흘러가는데, 제 생각에는 우화같은 얘기에요. 제 말은 정말로 믿을 수 없을 정도로 대단하다는 뜻이에요. 그리고 이는 분명 우리 작업의 일부이고 그중 또 어떤 것은 우리가 통합 중이지요.

A   아주 흥미로운 메시지를 주셨어요. 한편으로는 두 분이 일종의 인공지능과 로봇 같은 개입을 사용하신다는 점을 알게 됐고 또 동시에 우리는 여전히 인간의 손길이 필요하다는 말씀을 하셨어요.

G   네, 맞습니다. 요약하자면 그렇지요.

A   그런 작업에 알렉사Alexa² 같은 새로운 장치를 시도해보신 적이 있나요?

---

2   아마존이 2014년 출시한 음성인식 인공지능(AI) 비서. (역주)

G 치료의 측면에서, 치료에 대한 제 근본적인 철학은 이렇습니다. 좀 느끼하거나 진부하거나, 너무 미국식이라든가 등등처럼 들릴 수도 있겠고, 또 낙관적으로도요. 하지만 저는 정말로 내담자에 대한 치료자의 사랑이 궁극적으로 내담자를 치유하는 것이라고 믿어요. 그런데 화면으로 사랑을 어떻게 전송할 수 있느냐, 특히 우선 신뢰를 쌓아야 하는데요. 내담자를 제대로 알기 전에 말이죠. 그건 시간이 걸리는 일이고, 음, 그게 가능할지 모르겠어요. 제 생각에는 화면으로 진행할 때 그렇게 효과적일 수 없다고 생각해요. 제 생각에는 진짜 접촉이 필요할 것 같습니다. 저는 자연이 창조된 방식에는 모든 수준에서 완벽한 무언가가 있다고 생각해요. 그리고 무엇이 자연스러운 것인가 하면 생명체와 생명체의 접촉, 생명체와 생명체의 의사소통, 그게 동물 대 동물이든 인간 대 인간이든 말이죠. 그리고 우리는 근본적으로는 동물이에요. 만약 여러분과 다른 사람 사이에 고기 덩어리 또는 다른 물건을 놔둔다고 해봅시다. 그럼 어떨까요? 아마도 이는 어느 수준에서는 인간성을 파괴하는 것이고 우리는 연결에 대해 인간성이 말살된 결과를 부인하려고 아주 아주 애쓰고 있습니다. 하지만 다시, 저는 자연스러운 것이 어떤 점에서는 옳거나 최선이므로 직접 만나 얼굴을 맞댔을 때나 가능한 것을 똑같이 해낼 수는 결코 없을 거라고 생각하는 사람입니다. 따라서 저는 우리가 항상 그런 걸 필요로 하고, 더 심각한 사례에서는 더 그렇겠지만, 모든 사람이 어쨌든 그걸 필요로 한다고 생각합니다. 우리는 점점 더 많이 인간의 연결을 흉내내는 쪽으로 옮겨갈 수 있고 인공지능은 모두 설계된 것이다보니 … 아시다시피 모두 그것을 바라고 있지만, 사실 기계가 사람이 하는 방식을 학습할

때 진짜 감정을 실제로 만들어낼 수 있을까요? 아마도 어느 정도는 그렇겠지요. 하지만 근본적으로는 인간 대 인간이 최고겠지요. 커플치료의 관점에서도 마찬가지입니다.

A 그 말씀은 우리 만남을 요약하는 아주 멋진 방식일 수도 있을 것 같아요. 저는 박사님을 만난 적이 없고 박사님도 저를 만난 적이 없지만 우리의 의사소통은 박사님이 쇼샤나와 나누신 것과 마찬가지로 조화롭게 진행되었잖아요.

G 사실입니다. 하지만 아넌, 우리는 지적인 수준에서 이야기를 나누고 있어요. 깊은 감정이나 정서, 고통이나 트라우마 이력, 어린 시절 등에 대해서 이야기하는 게 아니지요. 그렇지 않나요? 따라서 네, 물론 이 수준에서도 당신은 많은 걸 할 수 있어요. 지적으로 많은 걸 할 수 있지요. 하지만 그 자리는 진짜 치유가 일어나는 곳이 아닙니다. 저는 당신을 치유하려고 하는 게 아니고 당신도 저를 치유하려는 게 아니지요. 우리는 지적인 대화를 나누고 있을 뿐이에요. 그러니까 그렇게 생각할 수 있어요.

G 아넌의 요점에 대해 생각해봤는데, 바깥에는 정말 많은 도움이 필요해요. 정말 많은 사람들이 엄청난 도움을 필요로 하고, 특히 도움을 필요로 하는 커플들의 경우 면대면으로 만날 수 있는 치료자가 충분치 않은 나라마다 치료자들의 1%만이라도 도움을 줄 수 있다면 어떨까요. 저는 기술이 정말 더 많은 사람들에게 최소한 일말의 도움이라도, 약간의 도움이라도 닿을 수 있도록 한다는 엄청나게 중요한 목표에 기여하고 있다고 생각합니다. 질적으로 똑같지는 않겠지만 '모 아니면 도'식으로 하지는 말아야지요. 가능한 걸 갖고 가면 됩니다. 우리가 줄

수 있는 걸로요. 그리고 어떤 도움이든 유익하지요 … 그 질문에 대해서는 그 방식이 얼마나 효과적인지 연구가 증명할 것이고 우리는 바깥에, 할 수 있는 한 많은 사람들에게 손을 뻗어 닿도록 해야지요. 이 정도면 괜찮은good enough[3] 상담으로 말입니다. 이 정도면 괜찮은 결혼으로 만들면 돼요. 완벽할 필요가 없습니다.

A   토다 라바Toda Raba(히브리어로 '대단히 감사하다'는 뜻).

S   시간을 내주셔서 정말 고맙습니다. 깊이 감사드려요.

G   즐거웠습니다. 멋진 경험이었어요. 이렇게 저희에게 관심을 보여주셔서 감사합니다.

🖋 주석

1. 이 인터뷰는 두 단계로 진행됐다. 첫 번째는 줄리 슈워츠 가트맨 박사와 화상회의(줌zoom)로 만났다. 두 번째 단계에서는 존 가트맨 박사와 이메일로 교신하였다. 이 두 개의 인터뷰를 하나로 합쳤다.

---

3   이 용어의 번역에 대해서는 제5장의 각주 1번 참조.

10 인터넷을 통한 커플 및 가족의 치료작업

캐서린 허틀라인Katherine M. Hertlein · 라이언 얼Ryan M. Earl

들어가며

인터넷을 통한[인터넷 전달] 심리상담Internet-delivered therapy은 커플 및 가족 치료를 포함하여 정신건강 돌봄 서비스를 전하는 데 있어 급속도로 일상화되고 있고 또 아주 효과적인 방식이 되고 있다. 인터넷을 통한 심리 상담은 인터넷이나 다른 전자 미디어(예: 채팅, 화상 전화, 토론 게시판, 이메일, 문자메시지, 웹사이트, SNS 사이트 등)를 사용하는 내담자와 치료자/수퍼바이저 사이의 모든 전문적인 상호작용이라고 광범위하게 정의내릴 수 있다(Blumer et al., 2015). 그 효과는 섭식장애(Wagner et al., 2015), 우울(Choi et al., 2014; Luxton et al., 2014; Mohr et al., 2008; Osenbach et al., 2013), 강박장애를 포함한 불안장애(Rees & Maclaine, 2015; Yuen et al., 2015), 물질남용(King et al., 2014), 신체적인 걱정거리가 있는 사람들의 정신건강 증상들(Cosio et al., 2011; Crowe, 2017), 기타(Maheu et al., in press; Mohr et al., 2010) 등 다양한 증상별로 잘 정리되어 있다.

목 적

커플 및 가족 치료자들의 인식은 일반적으로, 관계를 다루는 사례를 이런 형식으로 치료하는 것이 효과적인가(또는 적절한가)에 대해 의문을 제기하고 있고, 특히 이런 방식이 치료관계를 훼손한다고 여긴다(Hertlein & Blumer, 2013). 인터넷을 통한 심리상담에 대해 검토한 결과물 중 다수가 개인 작업에 초점 맞추어져 있지만 인터넷을 통한 심리상담이 커플 및 가족과 관계적인 작업을 하는 임상가에게도 효과적이라는 증거들도 다소 있다. 이 장의 목적은 인터넷 매개의 심리상담을 통해 커플 및 가족 치료를 진행하는 것의 가치를 강조하는 동시에, 온라인으로 진행하는 상담보다 면대면 상담이 더 효과적이라는 오해에 대해서도 다루는 것이다.

인터넷 전달 서비스에 대한 장벽

커플 및 가족 치료에서 내담자가 주도하는 일반적인 장벽들

인터넷을 통한 서비스를 이용하는 것에 대한 저항 중 일부는 전반적으로 관계의 치료작업에 대한 저항들이 포함되어 있다. 예를 들면, 부모의 참여engasgement(상담 지속, 참석, 이행으로 정의되는) 부족은 심리치료가 효과를 내지 못하는 주요 이유가 된다(Baker-Ericzén et al., 2013; Staudt, 2007). 인구통계적, 사회경제적 지위와 관련된 많은 요인들이 커플 및 가족의 치료작업을 방해한다. 이를 테면, 심리치료에서 중도하차drop out하는 어린 이들은 보통 나이가 많고, 소수 민족이며, 행동으로 표출한다(Oruche et al., 2014; Pellerin et al., 2010). 부모와 청소년의 경우, 스트레스 수준이 높고 교육 수준이 낮은 것이 중도하차와 관련 있었다(Frars & Mellor, 2007; Oruche et al., 2014; Staudt, 2003). 본인에게 필요한 서비스를 제공해주는 기관을 경험한 어린이와 가족은 중도하차하지 않는 경향을 보였다(Kim et al., 2012; Staudt, 2003; Thompson et al., 2009). 중도하차는 심리치료 비용이 상당히 부담되는 경우에도 발생하곤 했다(Rose et al., 2004).

이런 장벽은 인터넷을 통한 커플과 가족 치료에서도 고스란히 나타났다. 미국 인구의 약 88%가 인터넷에 접속하지만(Internet Stats, 2016), 인구의 일정 비율은 인터넷에 접속하지 못하고 있고, 또 어떤 사람들은 일상적으로 접속하지 않기 때문에 심리상담 서비스를 온라인으로 제공하기 어렵다. 커플과 가족들 중에 그 서비스가 무척 비싸다고 인지하거나 학업 성취가 낮아 그런 서비스를 받을 능력이 없는 상황으로 이어졌거나, 위에서 언급한 다른 특징들을 갖고 있는 사람들이 있을 것이다. 다른 요인들과 결합되어 접근이 제한된 상황은 어떤 경우에서는 중도하차를 증가시키기도 하는데, 특히 치료자가 곁에 없는 경우 내담자가 치료자와의 관계를 끝내는 게 '종료' 버튼을 한 번 클릭하는 것처럼 쉽기 때문이다.

치료자 주도의 장벽들

인터넷으로 전달되는 심리상담은 효과적이지 않다는 믿음에 내담자가 주로 기여하는 장벽이 있는가 하면, 임상가들(커플 및 가족 치료자들에게 국한되지 않는) 역시 인터넷 전달 서비스에 대한 선입견을 갖고 있다(Myers & Vander Stoep, 2017). 그 인식 중 많은 부분은 인터넷 전달 심리상담이 적절한 평가와 진단에 필요한 치료 동맹을 형성하기에 부족하고 고

위험 사례나 비밀보장 문제, 훈련 기회의 부족에 대해 적절한 대비를 하지 못한다는 것이다. 이러한 장벽들 각각에 대해 차례로 논의해보고자 한다.

동맹에 어려움이 있을 것이라는 인식

치료 동맹에 주의를 기울이는 것은 효과적인 심리치료를 수행하기 위한 핵심 요소라고 널리 인식되고 있다. 동맹의 지각과 커플/가족에 대한 직접적인 연구가 없음에도 불구하고 치료자들의 주된 고충(61% 수준)은 직접 만나 치료 관계를 맺을 때만큼 치료 동맹이 강력하게 형성되지 않는다는 것이었다(Hennigan & Goss, 2016; Hertlein et al., 2015). 우호적인 치료 동맹은 내담자로서는 민감한 정보의 개방을 좀 더 편안하게 느끼도록 하고, 개입에 우호적으로 반응하도록 하며, 치료자로서는 해당 사례에 대해 정확한 가설을 세우고 의미 있는 개입을 설계할 수 있도록 하는 데 기여한다.

많은 치료자들이 인터넷을 통한 심리상담은 협동 과정에 지장을 주고, 과제보다 과정에 집중하는 회기를 구조화하는 데 방해가 되며, 강력한 동맹을 발전시키고 유지하는 걸 지연시킨다고 믿고 있다(Hertlein, Blumer & Smith, 2014; Reese & Stone, 2005; Richardson et al., 2015; Simms et al., 2011). 그러나 치료 동맹과 인터넷을 통한 심리상담의 교차점에 초점을 맞춘 연구는 이런 의견을 지지하지 않는다. 문헌에 따르면, 치료 동맹은 전통적인 심리상담과 인터넷을 통한 심리상담 간에 설사 차이가 있다 하더라도 매우 적은 것으로 의견이 모아졌다(Glueck, 2013; Morgan et al., 2008). 이는 호소 문제(Jenkins-Guarnieri et al., 2015)나 기법(Rochlen et al., 2004)과는 관계 없었다. 사실 어떤 증거는 인터넷 상담이 면대면 환경보다 치료 동맹이 더 강력할 수 있음을 시사하기도 했다(Knaevelsrud & Maercker, 2006). 이러한 결과들이 커플 및 가족 치료에도 동일하게 해당되는지는 분명치 않다. 예를 들면, 일기쓰기는 온라인 심리상담의 일부로 자주 사용되고 있는데, 이럴 경우 동맹이 형성된 것으로 여겨져 왔었다(Glueck, 2013a). 그러나 관계에 대한 작업을 하는 경우에는 한 사람만 일기를 제출하여 신임을 얻게 되는 것이 다른 구성원과의 동맹 형성에는 방해가 될 수 있다.

상담의 표준에 부합하는 서비스를 제공할 수 없다는 인식

헤니건Hennigan과 고스Goss(2016)의 연구참여자 중 전체의 37%가 언급한 물리적인 현존과 관련된 다른 쟁점은 내담자가 보이는 비언어적 단서와 신체언어를 제대로 관찰하기 어렵다는 점이었는데, 이는 적절한 평가와 이에 따른 치료 전략을 위태롭게 할 수 있다. 더 나아가 치료자 표본의 28%는 주의 깊게 살펴야 하는 사례인 경우 개입을 할 수 없을까봐 걱정이라고 응답했고, 44%는 비밀보장과 관련된 사안들이 이런 종류의 작업에 참여하지 못하게 하는 장벽이라고 언급했다(Hennigan & Goss, 2016). 이는 비언어적 단서를 관찰하기 위한 창窓이 더 작은 커플 및 가족 치료자들에게서 더 높은 수치로 나타날 수 있을 것 같다. 예를 들면 커플과 작업하는 경우, 치료자가 가장 처음으로 평가해야 하는 것 중 하나가 그 커플이 어디에 (함께 또는 떨어져서) 앉는지인데, 치료자가 온라인에 있는 경우 멀찍이 떨어져 앉을 만큼 충분한 공간이 없어서 이런 정보를 사용하는 게 불가능할 수 있다.

모호한 인식

인터넷을 통한 상담을 경계하는 치료자들 중 19%가 언급한 것으로, (작업 시간에 국한되지 않고) 어느 시간이든 스마트폰을 통한 인터넷 사용의 접근가능성, 수용가능성 및 메시지를 보내기 용이하다는 사실이 경계 boundaries를 어지럽힐 수 있다는 인식도 있다(Hennigan & Goss, 2016; Hertlein & Blumer, 2013). 따라서 내담자와 전문적인 경계를 유지하는 것에 대해 걱정하는 치료자들은 기술을 자신의 임상 계획에 통합하는 것을 유익하다고 보는 경향이 적었으며, 최악의 경우에는 내담자에 대해 기술을 활용하는 것은 치료자가 수립하고자 하는 경계를 손상하는 일이라고 생각하기도 했다. 치료적 시각에서 보면, 이는 내담자로 하여금 어느 시간에든 치료자에게 연락을 취해 빠르게 최근의 정보를 공유할 수 있게 한다는 의미이다. 내담자는 또한 치료자가 핸드폰이나 다른 기술을 통해 접속 가능하다는 것을 알고 있기 때문에 치료자가 가능한 한 빨리 응답해야 한다고 믿을 수도 있다. 기술이 내담자에게 이런 접근가능성을 허용할 수 있다는 사실은 치료자가 자신의 임상에 이 기술을 포함시키는 걸 단념하게 만드는 일일 수도 있다. 더 나아가 커플 및 가족 치료에서 구성원들 각각이 자신만의 장비를 갖고 있기 때문에 치료자는 커플이나 가족의 개별 구성원들로부터 문자나 전화를 받을 수도 있다.

훈련 장벽들

치료자가 받은 초기 훈련은 온라인 서비스를 염두에 둔 것이 아니었을 확률이 높다. 치료자들은 대개 실시간으로, 내담자가 물리적으로 현존하는 가운데 어떻게 평가하고 진단하고 치료할 것인지에 대해 배운다. 치료자들이 온라인 심리상담에 대해 추가적인 훈련을 받고 싶어할 때, 미묘한 차이에 대해서는 추후에 알게 되거나 대개 치료자의 몫으로 남겨진다. 이런 방식에 대한 훈련의 부재는 치료자 표본의 20%가 인터넷 심리상담을 진행하지 않는 구체적인 이유로써 지목된 바 있다(Hennigan & Goss, 2016). 이 쟁점 중 하나는 보다 역량 기반competency-based 교육이 많아져야 한다는 요구이다. 역량 기반 접근은 의학 분야에서 비롯되었으나 최근 들어 커플 및 가족 치료학, 간호학, 정신의학, 심리학, 사회복지학과 같은 다양한 건강관리 전문직종에 채택되고 있다(Halcomb et al., 2016; Kaslow, 2004; Poulin & Matis, 2015). 역량 기반 교육은 명시적으로는 2007년에 커플 및 가족 치료 분야에 적용되었고, 이때 대책위원회가 이후 핵심 역량core competencies이라 부르는 개념으로 발전시켰다(Nelson et al., 2007). 그러나 이러한 능력들이 결혼 및 가족 치료자들Marriage and Family Therapists(MFTs)의 임상에서 기술을 중심으로 삼은 것은 아니고 사례 관리, 개입, 승인과 같은 영역들에 포함되었다. 블루머 등(Blumer et al., 2015)은 MFT의 핵심 역량 중 일부를 커플 및 가족 치료자들의 임상에서 기술을 어떻게 포함시키고 있는지를 평가하는 것에 적용하기 시작했고, 이 작업은 커플 및 가족 치료를 포함한 원격 행동 치료 전반의 역량과 관련하여 힐티Hilty 등(2015; 2017)의 보다 최근 (그리고 일반화한) 작업에 스며들어 있다.

인터넷으로 커플 및 가족의 치료작업을 진행할 때의 장점

인터넷을 통한 심리상담에 대해 커플 및 가족 치료자들이 지닌 인식은 본질적으로 이 양식으로 작업할 때의 성공에 영향을 준다. 그 방식으로 상담하는 것에 대해 치료자가 편안함을 느끼는지가 달라지기 때문이다. 커플 및 가족과의 치료작업을 향상시킬 도구로써 인터넷을 사용하는 것에는 많은 이점이 있다.

친밀감 및 자기 개방의 증진

대부분의 정신건강 전문가들과 마찬가지로, 관계를 다루는 치료자들은 치료 관계 내의 친밀감에 큰 가치를 부여하는 경향이 있다. 그 결과, 진정성을 드러내고 진실함과 상담 관계 발전에 기여하는 방식으로 내담자들이 정보를 공개하길 기대한다. 온라인으로 촉진된 치료 관계는 사용자들에게 이런 경험의 부족으로 귀결되지 않았다. 오히려 친밀감을 형성하는 데 실제로는 유리할 수도 있는, 다른 종류의 경험이었다. 이런 차이는 주되게 온라인에서의 의사소통이 내담자의 자의식을 덜어주는[탈억제] 효과와도 관련될 수 있으며, 대면해서 진행했을 때보다 치료적 표현과 자기 성찰을 훨씬 빨리 하도록 격려하기 때문일 수도 있다(Suler, 2002). 로클렌Rochlen 등(2004)은 특히 치료 초기에, 친밀한 치료 관계를 방해하는 사회적인 '가면'을 벗는 과정이 더 이상 필요하지 않기 때문에 내담자들이 핵심 주제에 대해 "바로 본론으로 들어가"(271쪽)는 경향에 대해 시사했다. 게다가 기술과 심리상담에 대한 이전의 연구에서 대상이 "실제로 자기 앞에 있는 것이 아니기" 때문에 더 취약한 모습을 드러낼 수 있다고 느끼므로 화상 서비스로 주고받는 친밀감이 더 클 수 있다고 밝히기도 했다.

서비스에 대한 접근성을 향상시키기

인터넷으로 전달되는 서비스에 참여하는 치료자들은 지정학적으로 다양한 영역, 지역, 인구에 대해 서비스를 제공할 수 있다. 시골 지역의 사람들은 해당 지역에 정신건강 종사자들이 부족하여 서비스를 제공받기가 물리적으로 가장 어려웠다(Gibson et al., 2011; Morland & Kloezeman, 2013; Wang et al., 2005). 인터넷으로 전달되는 심리상담은 그 방식이 아니면 서비스에 접근할 수 없는 시골지역 사람들에게까지 접근할 수 있게 하기는 하나, 아직은 충분하게 활용되지 못하고 있다(Frueh, 2013). 연구에서는 이러한 시골지역의 커플 및 가족들이 정신건강 서비스의 이용이 가능할 경우 이를 활용하고 싶어 한다고 밝히고 있어(Grubaugh et al., 2008; Harwood & L'Abate, 2009), 인터넷 전달 심리상담은 그 간극에 다리를 놓을 수 있을 것으로 보인다.

인터넷을 통한 심리상담은 또한 치료자에게나 내담자에게나 마찬가지로 비용을 절감하는 서비스 방식일 수 있다(Flaum, 2013). 예를 들어, 인터넷 전달 심리상담을 제공하는 치료자들은 치료 공간을 빌릴 필요가 없는데, 이러한 공간에 대한 비용이 치료자가 35km 이상 통근하는 비용보다 더 많이 비싸다면 엄두를 내지 못할 수도 있다(Glueck, 2013b; Modai et al., 2006; O'Reilly et al., 2007). 물리적인 심리치료 공간으로 이동하던 시간은 지리적으로 더 다양한 곳에 있는, 더 많은 내담자를 만남으로써 더 많은 수입을 창출하는 시간으로 가치 있게 바뀔 수 있다(Glueck, 2013a; 2013b).

커플과 가족에게도 이는 마찬가지이다. 커플들과 가족들 역시 시간을 빼기 위해, 아이 돌봄을 맡기느라, 이동 등에 따른 비용이 발생했던 경우 인터넷을 통한 심리상담이 재정적으로 이익이 된다(Glueck, 2013a). 커플 및 가족 작업에서 가장 어려운 측면 중 하나는 모두가 함께 같은 시간에 모이는 것이다. 심지어 일, 학교 활동, 방과 후 활동 사이에 공통적으로 시간이 있다 할지라도, 상담에 오고 가는 추가적인 시간이 또 필요하다. 이런 방식에서 인터넷 심리상담은 커플 및 가족들의 시간을 가장 효율적으로 사용하는 방법일 수 있다.

인터넷은 또한 '따로 살되 함께하는Live Apart Together' 커플이나 장거리 long-distance 관계 커플이 상담을 받고자 할 때에도 도움이 될 수 있다. 따로 살되 함께하는 커플은 연애 관계에 있으나 같이 살지는 않는 것을 말한다. 장거리 관계는 지리적인 거리가 멀어 따로 사는 관계라는 점에서 서로 구분된다. 따로 살되 함께하는 관계를 갖는 사람들은 관계를 덜 중요하게 여기거나 함께 살아야 한다는 사회적 규준에 맞출 필요를 느끼지 않기 때문에 함께 사는 데 관심이 없을 수 있다(Duncan et al., 2014). 장거리 관계와 따로 살되 함께하는 관계 모두 심리상담을 위해 인터넷을 도구로 사용하게 되면 근접성 유지를 요구하지 않는 이러한 방식의 서비스를 더 많이 이용할 수 있다. 다시 말해, 심리상담이 근접성/접근을 제약하기보다 그들의 관계 배치/물리적인 상태를 수용할 수 있게 되는 것이다. 예를 들면, 따로 살되 함께하는 커플 중 다수(86%)는 분명히 문자메시지, 전화 또는 인터넷으로 일상적인 연락을 주고받는다. 마찬가지로 장거리 관계도 기술을 사용하여 서로에게 빈번하게 연락하고 가족들은 국경을 초월하여 연결하려할 때 인터넷을 사용한다(Bacigalupe, 2011). 이러한 방식의 유익은 서로 다른 시간대에 속하거나 다른 시간표를 갖는 가족들을 연결할 수 있다는 것이다(Treas & Gubanskaya, 2018). 이렇게 하는 것이 내담자가 거주하는 국가에서 합법적이고 윤리적이라면 말이다(Caldwell et al., 2017).

윤리적·법적 고려사항들

인터넷을 통한 서비스라고 윤리적, 법적 쟁점이 없는 게 아니다. 커플 및 가족을 대상으로 하는 경우에는 특히 비밀보장이 뜨거운 쟁점이다. 첫째, 관계 내 다수 구성원들이 심리상담 포털사이트에 접근해야 하기 때문에 보안은 주된 쟁점으로 종종 언급된다. 여기에는 일기, 편지, 그림과 같은 심리상담 관련 아이템에 대한 접근 기회도 포함된다. 둘째, 치료자와 별도 회기에서 사적인 대화를 하는 경우 다른 가족 구성원들이 이러한 당사자 일방의 대화 내용을 절대 듣지 못하도록 강력하게 요구한다. 이는 치료자가 내담자의 환경을 통제할 수 없기 때문에 어려운 일일 수 있다. 동시에 치료자의 물리적 공간 또한 이를 보호할 수 있어야 하는데 종종 백색 소음 장치나 다른 도구들을 사용하는 방법도 있다. 가족 작업을 온라인으로 하는 치료자 또한 마찬가지의 예방조치들을 취해야 한다.

인터넷을 통한 서비스를 시행할 때의 안내지침들

안내지침들을 포함해야 할 주요 영역 중 하나는 상세하고도 개선된 훈련 영역일 것이다. 허트라인Hertlein과 블루머Blumer(2013)는 면허가 있는 커플 및 가족 치료자들 중 확실히 다수가 인터넷을 통한 심리상담에 대한 훈련을 받지 못했다고 밝혔다. 헤니건Hennigan과 그로스Goss(2016)의 학교 심리상담자에 대한 연구에서, 가장 유용한 훈련은 학생 집단에 대해 특화하여 심리상담 서비스를 이렇게 전달하는 것의 접근성에 대한 훈련, 관계에 미치는 영향에 대한 훈련 그리고 그 밖에 이런 치료를 구체적으로 어떻게 수행할지와 같은 훈련들이라고 했다. 커플 및 가족 치료자들에게 인터넷을 통한 서비스 역량은—만약 적용된다면— 아마도 미국 부부 및 가족 치료학회American Association for Marriage and Family Therapy(AAMFT)의 지도를 받을 수 있을 것이다. AAMFT는 '기술의 도움을 받는 전문적 서비스Technology-Assisted Professional Services'라는 용어를, 훨씬 적은 빈도로는 '커플 및 가족 치료에서의 기술Couples and Family Therapy Technology(CFTT)'이라는 용어를 사용해왔다. 최근 AAMFT에서 발표한 일련의 윤리적 규준들에서 관련 있는 부분은 '규준 VI 기술 지원 전문 서비스Standard VI Technology-Assisted Professional Services'(2015)이다. 학회는 이 규준에서 구성원들에게 다음과 같이 제안한다.

1) 기술이 관련되는 심리상담 전달에서 관련 법규를 잘 인식하고 따를 것, 권장하는 기술이 수혜자(내담자)에게 반드시 적합할 것, 전송 시 보안을 유지할 것, 적절한 교육, 훈련 또는 수퍼비전 후에 사용할 것

2) 위험, 유익, 한계, 비밀보장 및 보안과 관련된 잠재적 쟁점 등 기술과 관련된 모든 내용에 대해 서면 동의를 얻을 것

3) 서비스가 적합한 순간을 판별할 수 있어야 하고, 그럴 경우 어떤 종류

가 가장 적절할지를 결정할 것

4) 적합한 교육, 훈련 또는 수퍼비전을 완료한 이후라야만 기술 관련 서비스에 참여할 것(역량을 갖추는 것이 선행된 후에 최선의 온라인 임상 실천best online practices에 맞춰 실시함)

흥미롭게도 AAMFT가 제시한 온라인 심리상담을 위한 최선의 실행 방식은 다른 형식의 매체를 구체적으로 다루지는 않았다. "예를 들어 우리는 여기서 대면 심리상담의 보완물로서 문자 메세지, 이메일, 온라인 약속 잡기 등의 관련된 기술들을 다루고 있지 않다."(AAMFT, 2016: 1)

매휴Maheu 등(2017)은 최근 논문에서 역량 개발에 대해 제안하고 있다. 이 논문에서 원격행동 건강telebehavioral health에서의 역량 파악 임무를 맡은 매후의 학제간 프로젝트 팀은 역량의 7가지 영역을 제시하고 있다. 이 팀은 상담심리학, 정신의학, 심리학, 사회복지학, 간호학, 커플 및 가족 치료학의 사례에서 인터넷을 통한 서비스가 어떻게 이루어지는지를 주의깊게 살펴보았다. 그 영역들은 다음과 같다. 임상적 평가와 치료, 가상 환경과 원격 현존telepresence, 기술에서의 역량, 기술과 관련된 법적, 규범적 쟁점에서의 역량, 증거 기반 치료, 모바일 애플리케이션과 소셜미디어, 원격실무telepractice의 개발(Maheu et al., 2017) 등이 그것이다. 기술에서의 역량이란 온라인으로 실행되게 하는 실질적인 하드웨어와 소프트웨어를 얼마나 잘 사용하는가로 정의된다. 커플 및 가족 치료에서 이는 임상가가 가족 구성원 각각에게 동일한 임상기준을 갖고 적합하게 문서화하며 커플과 가족 개인들에게 현재 하고 있는 내용을 확실히 적용할 수 있는가를 의미한다. 모바일 헬스mobile health[1]와 기술은 임상 치료와 목표를 지원하기 위해 적절한 애플리케이션을 임상가가 실행할 수 있는 정도와 연관된다. 인터넷을 통해 커플 및 가족과 작업하는 치료자들은 기술과 관련된 개입(애플리케이션을 제안하는 것 포함)이 커플 및 가족의 요구와 능력에 맞는지를 확실히 할 필요가 있다. 예를 들면, 가족들이 데이터를 기록하고 치료자에게 전송하기 위한 특정 애플리케이션을 제시하는 것은 자기만의 핸드폰에 접근 권한이 없는 어린 가족 구성원들에게는 현실적이지 않을 수 있다. 원격실무 개발telepractice development이란 자신의 임상적 실행을 적합한 방식으로 내놓기 위해 기술을 사용하는 걸 뜻한다. 이는 특히 카메라를 통해 가족 역동이 등장했을 때 이를 어떻게 다룰지에 대해 구체적인 훈련을 받지 않은 사람들이 스스로를 커플 및 가족 인터넷 심리치료자라고 광고하기 전에 이런 훈련을 받고 싶어 하도록 만들어야 한다는 의미이다. 게다가 매휴 등(2017)은 이 영역들 각각에 초심자, 능력자, 전문가라는 세 단계의 역량이 있다고 파악했다. 일반적으로 말하자면 초심자는 학생이나 막 기술을 배우고 있는 사람이고, 능력자는 독립적으로 운영할 수 있는 사람이며, 전문가는 기술 시행에 대해 지도하고 연구를 수행하며 훈련을 제공하는 사람이다.

---

1 휴대전화나 다른 전자기기를 통해 전문의가 환자에게 제공하는 의료 조언을 말한다.

결 론

기술은 완벽한 것이 아니고 인터넷 플랫폼을 통한 서비스 전달은 다양한 도전을 계속 맞닥뜨리게 될 것이다. 하지만 훈련이 잘 이루어지고 커플 및 가족 치료 전문가들의 심리상담 규준을 잘 따르는 방식으로 사용한다면, 인터넷 사용은 심리상담 접근 격차를 줄이고 자기 개방을 증진시키며 집단 과정을 유용하게 보조하거나 다양하게 드러나는 문제들에 효과적인 서비스를 제공하는 데 도움이 될 수 있다. 인터넷 심리치료자들이 심리상담의 참여 또는 평가 과정에 지장을 주지 않는다는 증거를 보다 분명하게 뒷받침해줄 데이터를 생성하고 커플 및 가족들에게 인터넷을 통한 개입의 효과성을 계속적으로 시험하기 위한 후속 연구가 필요하다.

주석

1 역량의 목록과 그 설명이 상세하게 기술되어 있는 매휴 등(2017)에서 구체적인 내용을 참조하기 바란다.

참고문헌

Aboujaoude, E., & Salame, W. (2016). Technology at the service of pediatric mental health: Review and assessment. *The Journal of Pediatrics, 171*: 20−24, doi:10.1016/j.jpeds. 2015.12.009.

Abrams, J., Sossong, S., Schwamm, L., Barsanti, L., Carter, M., Kling, N., ⋯ Wozniak, J. (2017). Practical issues in delivery of clinician-to-patient telemental health in an academic medical center. *Harvard Review of Psychiatry, 25*(3): 135−145, doi:

10.1097/HRP.0000000000000142.

American Association for Marriage and Family Therapy (2015). Revised American Association for Marriage and Family Therapy code of ethics. Available online at www.aamft.org/iMIS15/AAMFT/Content/Legal_Ethics/Code_of_Ethics.aspx.

American Association for Marriage and Family Therapy (2016). *Best Practices in the Online Practice of Couple and Family Therapy.* Washington, DC: AAMFT.

American Counseling Association (2014). Code of Ethics. Available online at www.counseling.org/resources/aca-code-of-ethics.pdf.

American Telemedicine Association Practice Guidelines for Video-based Online Mental Health Services (2013). Available online at www.americantelemed.org/docs/default-source/standards/practice-guidelines-for-video-based-online-mental-health-services.pdf?sfvrsn=6.

American Telemedicine Association Practice Guidelines for Videoconferencing-Based Telemental Health. (2009). Available online at www.americantelemed.org/docs/default-source/standards/practice-guidelines-for-videoconferencing-based-telemental-health.pdf?sfvrsn=6.

Bacigalupe, G. (2011). Is there a role for social technologies in collaborative healthcare? *Families, Systems & Health, 29*(1): 1.

Baker-Ericzén, M.J., Jenkins, M.M., & Haine-Schlagel, R. (2013). Therapist, parent, and youth perspectives of treatment barriers to family-focused community outpatient mental health services. *Journal of Child and Family Studies, 22*(6): 854–868, doi:10.1007/s10826-012-9644-7.

Barrett, M.S., Chua, W., Crits-Christoph, P., Gibbons, M.B., & Thompson, D. (2008). Early withdrawal from mental health treatment: Implications for psychotherapy practice. *Psychotherapy: Theory, Research, Practice, Training, 45*(2): 247–267, doi:10.1037/0033-3204.45.2.247.

Blumer, M., Hertlein, K.M., & VanderBosch, M. (2015). Towards the development of educational core competencies for couple and family therapy technology practices.

Contemporary Family Therapy, 37: 113−121.

Caldwell, B.E., Bischoff, R.J., Derrig-Palumbo, K.A., & Liebert, J.D. (2017). Best practices in the online practice of couple and family therapy. Report of the Online Therapy Workgroup presented to the Board of AAMFT. February 17.

Choi, N.G., Marti, C.N., Bruce, M.L., Hegel, M.T., Wilson, N.L., & Kunik, M.E. (2014). Six-month post-intervention depression and disability outcomes of in-home telehealth problem-solving therapy for depressed, low-income homebound older adults. *Depression and Anxiety, 31*(8): 653−661, doi:10.1002/da.22242.

Chou, T., Bry, L., & Comer, J. (2017). Overcoming traditional barriers only to encounter new ones: Doses of caution and direction as technology-enhanced treatments begin to "go live". *Clinical Psychology-Science and Practice, 24*(3): 241−244, doi:10.1111/cpsp.12196.

Cosio, D., Jin, L., Siddique, J., & Mohr, D.C. (2011). The effect of telephone-administered Cognitive&Behavioral therapy on quality of life among patients with multiple sclerosis. *Annals of Behavioral Medicine, 41*(2): 227−234, doi:10.1007/s12160-010-9236-y.

Crowe, T.V. (2017). Is telemental health services a viable alternative to traditional psychotherapy for deaf individuals? *Community Mental Health Journal, 53*(2): 154− 162, doi:10.1007/s10597-016-0025-3.

Duggan, M. (2015, December) "Gaming and Gamers." Pew Research Center. Available online at http://assets.pewresearch.org/wp-content/uploads/sites/14/2015/12/PI_2015-12-15_gaming-and-gamers_FINAL.pdf.

Duncan, S., Phillips, M., Carter, J., Roseneil, S., & Stoilova, M. (2014). Practices and perceptions of living apart together, *Family Science, 5*(1): 1−10, doi:10.1080/19424620.2014.927382.

Flaum, M. (2013). Telemental health as a solution to the widening gap between supply and demand for mental health services. In K. Myers & C.L. Turvey (Eds), *Telemental Health: Clinical, Technical, and Administrative Foundations for Evidence-based Practice* (pp.

11−25). New York: Elsevier.

Friars, P.M., & Mellor, D.J. (2007). Drop out from behavioral management training programs for ADHD: A Prospective Study. *Journal of Child and Family Studies, 16*: 427−441, doi:10.1007/s10826-006-9096-z.

Frueh, B.C. (2015). Solving mental healthcare access problems in the twenty-first century: Mental healthcare access. *Australian Psychologist, 50*(4): 304−306, doi:10.1111/ap.12140.

Gibson, K.L., Coulson, H., Miles, R., Kakekakekung, C., Daniels, E., & O'Donnell, S. (2011). Conversations on telemental health: Listening to remote and rural first nations communities. *Rural and Remote Health, 11*(2): 1656.

Glueck, D. (2013a). Business aspects of telemental health in private practice. In K.M.L. Turvey (ed.), *Telemental Health: Clinical, Technical and Administrative Foundations for Evidence-Based Practice* (pp. 111−133). Oxford: Elsevier.

Glueck, D. (2013b). Establishing therapeutic rapport in telemental health. In K. Myers., & C. L. Turvey (eds). *Telemental Health: Clinical, Technical and Administrative Foundations for Evidence-Based Practice*. London, UK: Elsevier.

Grubaugh, A.L., Cain, G.D., Elhai, J.D., Patrick, S.L., & Frueh, B.C. (2008). Attitudes toward medical and mental health care delivered via telehealth applications among rural and urban primary care patients. *The Journal of Nervous and Mental Disease, 196*(2): 166−170, doi:10.1097/NMD.0b013e318162aa2d.

Halcomb, E., Stephens, M., Bryce, J., Foley, E., & Ashley, C. (2016). Nursing competency standards in primary health care: An integrative review. *Journal of Clinical Nursing, 25*(9−10), 1193−1205, doi:10.1111/jocn.13224.

Harwood, T.M., & L'Abate, L., 1928, & SpringerLink (Online service). (2010). *Self-Help in Mental Health: A Critical Review.* New York: Springer.

Hennigan, J., & Goss, S.P. (2016). UK secondary school therapists' online communication with their clients and future intentions. *Counselling and Psychotherapy Research, 16*(3): 149&160, doi:10.1002/capr.12082.

Hertlein, K.M. (2012). Digital dwelling: Technology in couple and family relationships. *Family Relations, 61*(3): 374–387, doi:10.1111/j.1741-3729.2012.00702.x.

Hertlein, K.M., & Blumer, M.L.C. (2013). *The Couple and Family Technology Framework: Intimate Relationships in a Digital Age.* New York: Routledge.

Hertlein, K.M., Blumer, M., & Mihaloliakos, J. (2015). Marriage and family therapists' perceptions of the ethical considerations of online therapy. *The Family Journal, 23*(1): 5–12.

Hertlein, K.M., Blumer, M.L., & Smith, J.M. (2014). Marriage and family therapists' use and comfort with online communication with clients. *Contemporary Family Therapy, 36*: 58–69.

Hilty, D., Maheu, M., Drude, M., Hertlein, K., Wall, P., Long, K., & Luoma, K. (2017). Telebehavioral Health, Telemental Health, e-Therapy and e-Health Competencies: The Need for an Interprofessional Framework. *Journal of Technology in Behavioral Science, 2*: 171–189.

Hilty, D., Crawford, A., Teshima, J., Chan, S., Sunderji, N., Yellowlees, P., Kramer, G., O'Neill, P., Fore, C., Luo, J., & Li, S. (2015). A framework for telepsychiatric training and ehealth: competency-based education, evaluation and implications. *International Review of Psychiatry, 27*: 569–592.

Internet Stats (2016). U.S. Usage Stats. Available online at www.internetlivestats.com/ internet-users/us/.

Jenkins-Guarnieri, M.A., Pruitt, L.D., Luxton, D.D., & Johnson, K. (2015). Patient perceptions of telemental health: Systematic review of direct comparisons to in-person psychotherapeutic treatments. *Telemedicine and e-Health, 21*(8): 652–660.

Jones, A.M., Shealy, K.M., Reid-Quinones, K., Moreland, A.D., Davidson, T.M., Lopez, C.M., et al. (2014). Guidelines for establishing a telemental health program to provide evidence-based therapy for trauma-exposed children and families. *Psychological Services, 11*(4): 398–409.

Kasckow, J., Zickmund, S., Rotondi, A., Mrkva, A., Gurklis, J., Chinman, M., ... Haas, G.

(2014). Development of telehealth dialogues for monitoring suicidal patients with schizophrenia: Consumer feedback. *Community Mental Health Journal, 50*(3): 339–342, doi:10.1007/s10597-012-9589-8.

Kaslow, N.J. (2004). Competencies in professional psychology. *American Psychologist, 59*(8): 774–781, doi:10.1037/0003-066X.59.8.774.

Kim, H., Munson, M.R., & McKay, M.M. (2012). Engagement in mental health treatment among adolescents and young adults: A systematic review. *Child and Adolescent Social Work Journal, 29*(3): 241–266, doi:10.1007/s10560-012-0256-2.

King, V.L., Brooner, R.K., Peirce, J.M., Kolodner, K., & Kidorf, M.S. (2014). A randomized trial of Web-based videoconferencing for substance abuse counseling. *Journal of Substance Abuse Treatment, 46*(1): 36–42, doi:10.1016/j. jsat.2013.08.009.

Knaevelsrud, C., & Maercker, A. (2006). Does the quality of the working alliance predict treatment outcome in online psychotherapy for traumatized patients? *Journal of Medical Internet Research, 8*(4): 31, doi:10.2196/jmir.8.4.e31.

Leininger, M.M. (1985). *Qualitative Research Methods in Nursing.* Grune & Stratton.

Luxton, D.D., Nelson, E., & Maheu, M.M. (2016). *A Practitioner's Guide to Telemental Health: How to Conduct Legal, Ethical, and Evidence-based Telepractice,* 1st edition. American Psychological Association.

Luxton, D., Pruitt, L., O'Brien, K., Stanfill, K., Jenkins-Guarnieri, M., Johnson, K., ... Gahm, G. (2014). Design and methodology of a randomized clinical trial of home-based telemental health treatment for US military personnel and veterans with depression. *Contemporary Clinical Trials, 38*(1): 134–144, doi:10.1016/j.cct.2014.04.002.

Maheu, M., Drude, K., Hertlein, K.M., Lipschutz, R., Wall, K., & Hilty, D. (2017). An interprofessional framework for telebehavioral health competencies. *Journal of Technology and Behavioral Sciences.*

Modai, I., Jabarin, M., Kurs, R., Barak, P., Hanan, I., & Kitain, L. (2006). Cost effectiveness, safety, and satisfaction with video telepsychiatry versus face-to-face care in ambulatory settings. *Telemedicine and e-Health, 12*: 515–520.

Mohr, D.C., Siddique, J., Ho, J., Duffecy, J., Jin, L., & Fokuo, J.K. (2010). Interest in behavioral and psychological treatments delivered face-to-face, by telephone, and by internet. *Annals of Behavioral Medicine, 40*(1): 89–98, doi:10.1007/s12160-010-9203-7.

Mohr, D.C., Vella, L., Hart, S., Heckman, T., & Simon, G. (2008). The effect of telephone-administered psychotherapy on symptoms of depression and attrition: A meta-analysis. *Clinical Psychology: Science and Practice, 15*(3): 243–253, doi:10. 1111/j.1468-2850.2008.00134.x.

Morgan, R.D., Patrick, A.R., & Magaletta, P.R. (2008). Does the use of telemental health alter the treatment experience? Inmates' perceptions of telemental health versus face-to-face treatment modalities. *Journal of Consulting and Clinical Psychology, 76*(1): 158–162, doi:10.1037/0022-006X.76.1.158.

Morland, L.A., & Kloezeman, K. (2013). Rural Veterans and telemental health service delivery. In K. Myers & C. Turvey (Eds), *Telemental Health: A Comprehensive Text for Clinical Practice and Research* (pp. 223–249). Maryland Heights, MO: Elsevier.

Myers, K., & Vander Stoep, A. (2017). i-Therapy: Asynchronous telehealth expands access to mental health care and challenges tenets of the therapeutic process. *Journal of the American Academy of Child & Adolescent Psychiatry, 56*: 5–7.

Myers, K.M., & Turvey, C.L. (2013). *Telemental Health: Clinical, Technical, and Administrative Foundations for Evidence-based Practice*, 1st edition. New York: Elsevier.

Nelson, T.S., Chenail, R.J., Alexander, J.F., Crane, D.R., Johnson, S.M., & Schwallie, L. (2007). The development of core competencies for the practice of marriage and family therapy. *Journal of Marital and Family Therapy, 33*(4): 417–438, doi:10.1111/ j.1752-0606.2007.00042.x.

O'Reilly, R., Hutchinson, L., Takhar, J., Fisman, M., Bishop, J., & Maddox, K. (2007). Is telepsychiatry equivalent to face-to-face psychiatry? Results from a randomized controlled equivalence trial. *Psychiatric Services, 58*(6): 836–843, doi:10.1176/ ps.2007.58.6.836.

Oruche, U.M., Downs, S., Holloway, E., Draucker, C., & Aalsma, M. (2014). Barriers and facilitators to treatment participation by adolescents in a community mental health clinic. *Journal of Psychiatric and Mental Health Nursing, 21*(3): 241–248, doi:10.1111/jpm.12076.

Osenbach, J.E., O'Brien, K.M., Mishkind, M., & Smolenski, D.J. (2013). Synchronous telehealth technologies in psychotherapy for depression: A meta-analysis. Depression and Anxiety, 30(11): 1058–1067, doi:10.1002/da.22165.

Pellerin, K.A., Costa, N.M., Weems, C., & Dalton, R. (2010). An examination of treatment completers and noncompleters at a child and adolescent community mental health clinic. *Community Mental Health Journal, 46*: 273–281, doi:10.1007/ s10597-009-9285-5.

Poulin, J., & Matis, S. (2015). Social work competencies and multidimensional assessment. *The Journal of Baccalaureate Social Work, 20*(1): 117–135, doi:10.18084/1084-7219.20.1.117.

Rees, C.S., & Maclaine, E. (2015). A systematic review of Videoconference-Delivered psychological treatment for anxiety disorders. *Australian Psychologist, 50*(4): 259–264, doi:10.1111/ap.12122.

Rees, C.S., & Stone, S. (2005). Therapeutic alliance in face-to-face versus video-conferencing psychotherapy. *Professional Psychology: Research and Practice, 36*: 649–653, doi:10.1037/0735-7028.36.6.649.

Richardson, L., Reid, C., & Dziurawiec, S. (2015). "Going the extra mile": Satisfaction and alliance findings from an evaluation of videoconferencing telepsychology in rural Western Australia. Australian Psychologist, 50(4): 252–258, doi:10.1111/ap.12126.

Rochlen, A.B., Zack, J.S., & Speyer, C. (2004). Online therapy: Review of relevant definitions, debates, and current empirical support. *Journal of Clinical Psychology, 60*: 269–283.

Rose, L.E., Mallinson, R.K., & Walton-Moss, B. (2004). Barriers to family care in psychiatric settings. *Journal of Nursing Scholarship, 36*(1): 39–47, doi:10.1111/

j.1547-5069.2004.04009.x.

Simms, D.C., Gibson, K., & O'Donnell, S. (2011). To use or not to use: Clinicians' perceptions of telemental health. *Canadian Psychology, 52*(1): 41–51.

Staudt, M. (2007). Treatment engagement with caregivers of at-risk children: Gaps in research and conceptualization. *Journal of Child and Family Studies, 16*(2): 183– 196, doi:10.1007/s10826-006-9077-2.

Staudt, M.M. (2003). Helping children access and use services: A review. *Journal of Child and Family Studies, 12*: 49–60, doi:10.1023/A:1021306125491.

Suler, J. (2002). The online disinhibition effect. *In The Psychology of Cyberspace.* Available online at http://truecenterpublishing.com/psycyber/disinhibit.html.

Thompson, S.J., Bender, K., Windsor, L.C., & Flynn, P.M. (2009). Keeping families engaged: The effects of home-based family therapy enhanced with experiential activities. *Social Work Research, 33*: 121–126.

Treas, J., & Gubernskaya, Z. (2018). Did mobile phones increase adult children's maternal contact? In J. Van Hook, S. McHale & V. King (eds), *Families and Technology* (pp. 139–151). New York: Springer.

Wagner, G., Penelo, E., Nobis, G., Mayrhofer, A., Wanner, C., Schau, J., ... Karwautz, A. (2015). Predictors for good therapeutic outcome and Drop-out in technology assisted guided Self-Help in the treatment of bulimia nervosa and bulimia like phenotype. *European Eating Disorders Review, 23*(2): 163–169, doi:10.1002/erv.2336.

Wang, P.S., Lane, M., Olfson, M., Pincus, H.A., Wells, K.B., & Kessler, R.C. (2005). Twelve-month use of mental health services in the United States: Results from the National Comorbidity Survey Replication. *Arch Gen Psychiatry, 62*(6): 629–640.

Yuen, E.K., Herbert, J.D., Forman, E.M., Goetter, E.M., Juarascio, A.S., Rabin, S.,… Bouchard, S. (2013). Acceptance based behavior therapy for social anxiety disorder through videoconferencing. *Journal of Anxiety Disorders, 27*(4): 389–397, doi: 10.1016/j.janxdis.2013.03.002.

11 디지털 변증법
온라인 심리치료에서 기술의 역설을 다루기

리오라 트럽Leora Trub · 다니엘 매갈디Danielle Magaldi

들어가며

 화면 너머 치료의 가능성은 임상가들에게 본질적인 딜레마를 야기했다. 한편의 사람들은 임상적 직관으로, 같은 방에서 신체적으로 함께 있는 것이 최상의 심리치료로써 치료적으로 반드시 필요한 것이라고 주장했다(예컨대, Rees & Stone, 2005; Simpson & Reid, 2014). 다른 한편에서는 여러 임상가들이 컴퓨터가 매개하는 심리치료에 참여하여 긍정적인 결과를 얻었다. 반면 어떤 연구들은 화면과 항상 존재하는 디지털 기술의 방식이 단절감을 부채질하고 친밀감을 방해할 수 있다고 계속 강조해왔다(예컨대, Hanlon, 2001; Przybylski & Weinstein, 2012; Turkle, 2011; 2015). 치료적 이자二者, therapeutic dyad는 이러한 부정적 효과의 유일한 예외로서 존재할 수 있을까? 기술이 매개되는 심리치료에 참여하는 것을 복잡하게 만드는 이 잠재적인 불일치들과 당면하여, 심리치료자들은 사실 그 딜레마 자체에 중요한 무언가가 있을 때 해결책을 촉구하는 스스로를 발견할 수도 있다. 실제로 기술과 우리의 연결을 반대하는 다양한 요소들을 아우를 방식을 찾는 것은 기술이 삶에 미치는 영향을 이해하는 동시에 자신의 욕구를 가장 잘 충족시켜주는 방식으로 기술과 관계를 형성할 수 있는 치료 경험을 만들기 위해서라도 중요하다.

기능적 등가성과 해결책을 위한 다른 시도들

해결 시도 중 하나는 기술에 연루되는 것 자체를 거부하는 것이다. 이 자리는 고수하기가 점점 더 어려워질 뿐만 아니라 환자 삶에 기술이 갖는 중요성을, 그 긍정적 영향에 대해 이해하기 어렵게 만들 수 있다(Essig, 2012). 다른 해결 시도는 기능적 등가성functional equivalence 개념을 채택하는 것으로, 직접 만나는 것과 컴퓨터 매개 치료 사이에 차이가 없다는 주장이다. 동등함에 대한 환상을 유지할 때의 잠재적인 위험(Essig, 2015; Isaacs-Russell, 2015) 외에도, 이 두 방식들 간 잠재적 차이를 부인하는 입장은 치료적 핵심 가치들을 거스르는 것이다. 즉, 치료자는 상담에서 전개되는 것이 무엇이든 간에 열려 있어야 하고, 환자가 치료의 모든 요소들을 어떻게 경험하는지에 주목하며, 선택한 방식에서의 한계를 인식할 수 있어야 한다는 핵심 가치들과 어긋나는 것이다.

이런 가정은 화면을 통해서도 대면했을 때와 마찬가지로 강력한 치료 동맹을 발전시키는 것이 가능하다고 주장하는 일련의 연구들로부터 촉진된 것일 수 있다(Day, 1999; Glueckauf et al., 2002; Schneider, 2001). 어떤 사람들은 심지어 화면을 통한 방식을 더 선호하기도 하는데, 보다 솔직해질 수 있고 얼마간 떨어져서 자기를 드러낼 수 있으며 또는 자신의 치료에 대해 더 큰 책임감을 갖기 위해 그러한 거리를 이용한다(Day & Schneider,

2000; Simpson & Reid, 2014). 어떤 이들은 이 방식이 덜 침범적이라고 느낀다(Simpson, 2001). 이는 환자들이 살고 있는 곳에서 만나는 것과 자신의 안전지대에서 벗어나 관계에 대한 신뢰를 발전시키는 것, 즉 처음에는 도전적일 수 있지만 궁극적으로는 상당히 치료적인 방식을 격려하는 것 사이의 잠재적인 갈등을 드러낸다. 심슨Simpson(2009)이 언급한 바와 같이, "친밀감을 두려워하는 환자는 화상 심리치료를 더 선호할 수 있지만 실은 얼굴을 맞댄 심리치료에서 물리[신체]적인 가까움에 노출되는 것으로부터 더 많은 도움을 받을 수 있다"(p. 274).

많은 연구가 환자들의 필요에 더 잘 맞는 심리치료 방식(컴퓨터 매개 대 직접 대면)을 선택하는 것의 중요성을 강조해왔다(Simpson, 2009; Simpson & Reid, 2014). 예를 들면, 통제되지 않는 대인관계 행동을 보이는 성적 학대의 개인사가 있는 사람들은 컴퓨터 매개 심리치료에서 느낄 수 있는 것보다 더 많은 안정감과 지지가 필요하다는 주장에 주목하는 것이다(Richardson, 2011). 단기 CBT 치료에서 컴퓨터 매개 회기는 회기 내에서나 회기들 사이에서나 치료에의 참여를 증진시키고 이탈을 방지하는 데 성공적이었다(Clough & Casey, 2015; Day & Schneider, 2002). 이론적 지향은 임상가들이 컴퓨터를 바라보는 방식에도 영향을 미쳤는데, 질버스타인Zilberstein(2013)은 인지행동 치료자들이 치료를 위한 도구로써 이에 주목하는 경향이 있는 반면, 정신분석 임상가들은 이것이 근본적인 갈등, 욕망, 관계에 어떻게 영향을 줄 것인지에 주목한다고 밝혔다. 이론적 지향에 따라 일반적으로 이렇게 나뉘기는 하나, 그녀는 이렇게 구분할 경우 모든 현대 임상가들이 양 측면 모두 주목해야 하는 필요성을 인식하지 못하게 될 수 있다고 경고한다. 이는 가족, 커플, 집단 치료에서 다수의 사람과 작업하며 화면을 어떻게 사용할지를 고려할 때 훨씬 더 중요해진다. 따라서 이 장에서는 현대 생활에 화면이 도입됨에 따라 야기된 네 가지 핵심 딜레마를 통해 컴퓨터 매개 심리치료에 대한 질문들을 검토해보고자 한다.

디지털 제3자

컴퓨터 화면은 이론적 지향에 관계없이 모든 이자dyad에게 치료의 차원을 변화시켰다. 우리는 같은 공간에서 몸이 함께 있을 기회를 잃었다. 치료자의 몸은 물질적인 실제일 뿐만 아니라 지지적이면서 치료적으로 환경을 지지하는 컨테이너로써의 상징적인 의미도 갖고 있다(Burka, 1996). 치료자의 물리적인 몸의 존재는 엄마의 자궁을 상징하는 것으로 여겨지면서 아주 강력한 것으로 간주되는(Ferenczi, 1950), "의미의 전달자carrier of meaning"이다(Ogden, 1994). 버카Burka(1996)가 저술한 바와 같이, "치료자 몸의 물리적인 실체는 파운드pound와 인치inch로 측정될 수 있지만 치료자 몸의 정신적 실체는 보이지도 않고, 측정할 수도 없으며 특정 환자/치료자 이자dyad의 신체적, 심리적 맥락으로부터 분리될 수 없다."(p. 264) 환자와 치료자는 계속해서 의식적이면서 동시에 무의식적인 방식으로 서로의 몸에 대해 반응하고, 그들의 몸이 함께 있는 것을 통해서만 접근할 수 있는 중요한 정보를 공유한다. 함께 있는 방에서 몸으로부터 얻은 통찰은 심리치료 작업에 헤아릴 수 없을 만큼 커다란 기여를 한다. 심리치료에서 신체성physicality에 대한 이런 주목은 환자가 자신의 특정한 몸으로 살고 있다는 것이 어떤 것인지를 발견할 수 있게 했을 뿐만 아니라 트라우마가 그 몸에 어떻게 저장되는지에 대해서도 탐색하도록 했다(Van der Kolk, 2015).

치료자와 환자의 몸이 2차원의 표상으로 대체될 때, 우리는 흘낏 보는 것, 냄새, 움직임, 상호주관적인 차원이 등장하도록 촉진시켜주는 모든 중요한 세부 요소들―옥든Ogden(1994)이 "분석의 제3자the analytic third"라고 부르는 것―을 놓치게 된다. 화면에서 분석가와 환자는 그들의 개별적인 주관성을 유지할 수 있지만, 계속적으로 공동 창조되는 상호주관성은 이미지가 물리적인 몸을 대체하는 경우 상당히 크게 달라진다. 화면이 매개하는 회기에서 기술적인 통화 품질에 대해 경계를 늦출 수 없다는 점은 치료자가 침묵을 허용하고 연결에 대한 보다 상징적인 표상에 주의를 기울이는 능력을 시험대에 오르게 한다(Isaacs-Russell, 2015). 침묵의 상실은 치료자가 레브리[1]와 공상 ―분석의 제3자의 발달을 가능하게 하는 과정들―에 접근할 수 있는 기회를 잃어버리게 만들 수 있다(Isaacs-Russell, 2015). 이전의 연구에서 한 분석가는 이렇게 말했다. "저는 스카이프상에서 상호주관적인 공간을 버텨낼 수가 없어요. 저는 이게 정말로 불편하게 느껴져요"(Trub & Magaldi, 2017). 컴퓨터가 매개하는 회기에서 분석의 제3자에 접근하기가 더욱 어려워지면서, 상호주관적인 공간은 대신 또 다른 '제3의' 개체, 즉 기술이 지배하게 된다. 이를 디지털 제3자the digital third라고 부른다.

화면이 매개하는 회기에서 디지털 제3자는 치료 관계에 영향력을 미치면서 작업에 강력한 영향력을 행사하는데, 이는 잠재적으로 강렬한 전이

---

1 「시작하는 글」의 역주 1(p. 9) 참조. (역주)

및 역전이 감정을 촉발시킬 수 있다(Bagnini, 2015). 이런 감정들은 대개 탐색되지 않은 채 넘어간다(Isaacs-Russell, 2015; Trub & Magaldi, 2017). 하지만 기술은 고유의 상호주관적인 의미를 띠기 시작했다. 이는 정서적 장벽, 안전망, 환자의 세계를 들여다보는 창, 시간과 공간을 뛰어넘는 힘을 지닌 마법의 매개체 등일 수 있다. 하지만 치료를 깊이 있게 할 이런 의미들을 탐색하는 대신, 정신분석 임상가는 기술적인 연결감이 안아주기holding를 제공하지 못할 경우 환자가 고통스러워할 수도 있는 감정으로 대화가 흘러가지 않도록 무의식적으로 조종할 수도 있다. 그런 후 환자의 어휘에 과도하게 초점 맞춤으로써 정서적으로 단조로워진 치료적 상호작용을 과잉 보상하려 할 수 있다(Isaac- Russell, 2015). 이는 과정과 상호주관적인 의미보다 내용을 특별하게 다룸으로써 임상적인 직관을 방해하게 된다.

이론적 지향에 관계없이 치료자들은 화면을 통해 환자를 '안아줄hold' (Winnicott, 1953) 수 있을지 염려한다. 디지털 제3자에 대한 영향력이 탐색되지 않는 경우 이자dyad는 더욱 취약해져서 보다 깊고 보다 어려운 내용과 감정들은 건드리지 못하거나 회피하면서 심리치료 자료들의 겉만 훑고 지나가게 된다. 그런 심리치료에서는 치료적 개입이 계속 피상적인 수준에만 머물게 된다. 이때 환자와 치료자는 그 심리치료가 잘 진행됐다고 평가하는데 왜냐하면 현존, 위기, 디지털 제3자의 영향 등을 인지하는게 필요한 보다 위태로운 곳에 대해서는 위험을 무릅쓰고 도전해보지 않았기 때문이다. 환자는 치료자가 더 깊이 가거나 매체의 한계를 인정하기를 주저한다는 것을 감지할 수도 있다. 마찬가지로 이런 위험으로부터 환자를 보호하고 싶은 치료자의 소망을 환자가 감지하거나, 심리치료에서 취약하거나 퇴행적인 상태를 피하려고 하는 공모를 하게 될 가능성을 만들면서 스스로 보호할 필요를 느낄 수도 있다(Isaacs-Russell, 2015). 그러나 치료자가 화면 매개 심리치료에서 디지털 제3자의 존재를 인식하거나 인정할 경우, 화면을 사용하는 것으로부터 야기된 치료자와 환자 사이에서 공동의 무의식이 창조해낸 의미가 탐색될 가능성이 있다.

화면을 통한 심리치료에 영향을 미치는 네 가지 딜레마

심리치료 공간에 화면을 도입한다는 결정은 단순히 심리치료 수행에 새로운 매체를 도입한다는 것 이상을 의미한다. 기술적 장치로 인해 각 사람들이 타인과 관계 맺는 방식에 새롭고 계속 변화하는 기준, 규칙, 복잡성이 등장한다. 게다가 기술의 영향력 중 다수는 그 특성상 모순적이어서 연결감과 단절감, 권능감empowerment과 노예화enslavement, 독립성과 의존성 등의 느낌을 동시에 야기한다(Jarvenpaa & Lang, 2005; Turkle, 2011; Weinberg, 2014). 이런 역설적인 영향력은 전화나 컴퓨터를 도입할 때 더 복잡해지는데, 이 장비들은 그 고유의 참여 규칙이 있기 때문이다. 치료자와 내담자 사이의 친밀한 만남인 심리치료는 세심한 심사숙고, 통찰의 추구, 충동적인 행동을 하지 않기 위한 자리를 만드는 것을 목적으로 한다. 화면을 통한 심리치료를 할 때, 치료 관계에 화면을 도입함으로써 야기되는 사회적 변화는 치료적 만남에 되돌아온다. 아래에서는 대면 심리치료 중 가족 화상 회기가 여러 번 포함되었던 네티Nattie의 임상 사례를 소개하여, 가족 치료에서 기술과 심리치료가 합쳐지는 경우 나타날 수 있는 네 가지 딜레마의 예시를 보이고자 한다.

사례(환자의 사생활 보호를 위해 식별 가능한 정보는 변경함)

네티는 불안과 공황 발작을 다루기 위해 심리상담을 받으러 왔다. 불안에 대해 탐색하자마자, 그녀는 15년간의 결혼 생활이 상당히 폭력적이었고 이를 인정하는 걸 꺼리며 불안해하는 것이 더 강렬한 불안과 슬픔을 만들어내고 있다는 것을 이해하기에 이르렀다. 그녀가 속한 필리핀 가톨릭 공동체 내에서는 심리상담과 별거 둘 다 수치스러운 것으로 취급되었기 때문에 그녀는 선택지가 제한적이라고 느꼈다. 그러나 악화되고 만성화된 네티의 불안은 깊숙이 박힌 문화적 관습을 뛰어넘을 정도로 '지긋지긋한' 것이어서 심리치료를 찾게 된 것이다. 내가 단순한 심리치료자가 아니라 의사란 사실이 중요했고 이는 가족들이 그녀의 심리치료를 타당하게 받아들일 수 있게 했다. 의사와 환자로서 우리는 그녀가 가정폭력 치료집단을 포함하는 지지체계망을 만들 수 있도록 함께 작업했다. 그녀는 자기 목소리를 찾기 시작했고 남편에게 한계를 설정함으로써 아이들의 안전을 보호했다. 또 남편과의 관계에서 어떤 것을 참고, 어떤 것은 참지 않을지에 대해 기준을 만들었다. 그는 화를 낼 수는 있지만 그녀의 10대 아들들이 싸울 때 "머리통들을 한꺼번에 부셔버릴 것"이라고 위협할 수는 없었다. 그녀의 자신감과 의지가 점차 커지자, 남편과 분리되고 싶은 소망이 더 분명해졌다. 그러나 가족들이 못마땅해할까봐 두려웠다. 그녀의 제안에 따라 우리는 필리핀과 중국에서 살고 있는 그녀의 오빠 두 명을 포함시킨 일련의 온라인 회기를 진행하였다. 화면을 통해 네티는 그녀의 결혼생활에서 무슨 일이 일어나고 있는지를 밝히고 학대를 받은 경험과 별거하고 싶은 소망에 대해 얘기했다. 우리는 오빠들에게 그녀가 별거할 경우 경제적으로 불안정해지고 인생이 망가질까봐 걱정이 되겠지만, 네티는 스스로 보다 낫고 보다 안정적인 삶을 만들기 위해 노력하고 있음을 설득하는 작업을 했다. 그녀의 오빠들은 나의 전문성을 존중하며, 네티가 무분별하게 행동하는 것이 아니라 오히려 심사숙고하여 사려깊게 행동하려는 것이라는 내 판단을 받아들였다. 여러 회기 후, 그녀의 오빠들은 마지못해 승락하면서 그녀가 아주 어렵게 여겨지는 별거를 진행하도록 허락하였다.

딜레마 1: 새로운 의사소통 규준을 채택하기
치료자로서 기술의 이용 가능성을 둘러싸고 사회가 채택한 새로운 규준들에
어떻게 반응하고 이를 통합할 것인가?

　네티와 나는 흩어진 가족들이 연결되기 위해 기술을 사용하면서 새로운 의사소통 규준에 적응하도록 하는 과정에서 화면을 치료작업에 도입했다. 초기에 화면은 그녀가 자원—내적인 동시에 외적인—에 접근할 수 있게 해주는 혁신적인 해결책처럼 보였다. 그녀가 자신의 욕구를 인식하고 표현하며 궁극적으로는 가족들의 지지를 얻었기 때문이다. 하지만 이후에 네티가 컴퓨터 매개 회기에 자신의 신부神父를 포함시켜달라고 요청하자 나는 화면의 접근 가능성이라는 게 그녀를 복잡한 관계와 대면하게 하는 것에 대한 너무 쉬운 해결책을—심지어 본질적으로는 그녀가 스스로 그 관계들을 대면하는 것이 훨씬 더 치료적일 수 있을 때조차도— 제공하는 건 아닌지 의문을 품게 되었다. 화면은 내가 그녀의 남편인 양, 그녀를 대신해서 강력하게 이야기하는 역할을 맡았던 치료적 실연enactment을 가능하게도 하고 감추기도 하였다. 그리하여 기술은 그녀에게 해결책을 제공하고 지원을 해준 한편, 가족 내에서 문제가 되는 패턴을 중단시키기는커녕 강화시키기도 하였다. 영향력이 있는 타인으로부터 통제와 지배를 받는 문화에 맞춰 승인을 받고자하는 그녀의 욕구는, 그녀가 다루고 싶고 맞서는 작업을 하고 싶은 주제였다. 하지만 그녀의 오빠들과의 회기에서는 그녀의 느낌과 생각 대신 의사라는 나의 전문성이 오빠들의 승인을 얻는 데 활용되었다. 네티에게 있어 화면으로 오빠들을 우리 회기 안으로 데려올 수 있다는 사실이 결국엔 그녀의 목소리 —더 큰 소리를 내기 위해 열심히 작업 중이었던 목소리—를 수면 아래로 잠기게 한 것일 수도 있다. 가족 작업의 핵심적인 요소는 서로를 이해하기 힘들게 만드는 관계 역동을 각 구성원들이 파악하면서 각각 자신의 목소리를 찾도록 돕는 일이다. 이 사례에서 화면은 이를 어렵게 만든 것일지도 모른다.

우리는 심리치료에서 의사소통의 새로운 규준을 채택할지 말지, 한다면 어떻게 할지에 대한 중요한 결정을 내렸다. 즉시 즉각의 의사소통은 이제 어쩔 수 없는 현실이 되었다. 하지만 기술과 상담은 서로 융합되어서는 안 될 두 가지 아주 다른 종류의 즉각성immediacy을 제공한다. 하나는 즉각적인 접촉의 가능성과 기대이며, 다른 하나인 치료적 즉각성은 감정의 지금 여기에서의 표현이다. 의사소통에 대한 우리의 가치관과 기대들이 변화함에 따라, 사람들은 치료적 즉각성의 발견과 친밀감을 문자메시지, 스냅챗snapchat, 스카이프skype를 통한 즉각적인 접촉이 주는 만족감과 교환하곤 한다. 화면을 통한 가족 치료도 무심코 이런 교환을 만들 수 있다. 심리치료에 가족들을 함께 불러 모을 때 일어나는 감정을 알아차리고 표현하는 대신 문제 해결을 더 우선시하면서 말이다.

우리가 의사소통하는 방식에 미치는 기술의 영향은 심리치료를 당혹스럽게 만들고 치료적 방편을 둘러싼 문제들을 제기하고 있다. 기술은 상호작용의 속도를 높이고 효율성을 향상시킬 수 있지만 동시에 인내심 또는 만족 지연이 요구될 때에도, 즉각적인 만족에 대한 갈급을 채워주기 때문이다. 가족 관계, 심리적 고통, 삶의 변화 등의 어려움들이 별로 치유되지 않고, 잘해봐야 간신히 다뤄지고 탐색될 때, 기술은 만병통치약, 즉 치료해준다고 소문난 마법 지팡이를 바라고 있는 우리의 관심을 끌게 될 수 있다. 기술 덕분에 늘어난 선택지와 커진 접근가능성은 가족 문제를 이해하기 이전에 그걸 해결하고 싶다는 소망 안에 담긴 의미를 알아차리고 탐색하는 걸 방해할 수 있다.

기술은 심리치료의 근본적인 어떤 측면에 지장을 준다. 몇 가지만 언급하자면, 경계, 사생활 보호, 고독, 친밀감, 연결과 같은 것들이다. 기술을 통해 환자가 이용할 수 있는 치료자 수가 늘어나는 것은 치료적 만남의 골격을 변화시킨다. 이런 새로운 규준들 때문에 우리는 표준적인 치료적 경계를 유지하게 할 때의 이득에 대해 고려하는 걸 잊기 쉽다. "화상만남의 가능성과 함께 우리는 그게 없어서 사용하지 않았다는 생각에 빠져들 수 있다. 그걸 사용하는 게 더 나을지 말지에 대한 고민은 사라진다."(Trub & Magaldi, 2017)

한편, 집에 틀어박혀 있는 환자와 컴퓨터를 이용하여 개인치료를 한다거나 세계 곳곳에 떨어져서 사는 가족 구성원들이 위기에 처한 상황에서 가족 치료를 하는 것의 이점을 반박하기는 어렵다. 기술은 의사소통할 수 있는 선택지를 늘려주고, 이는 의심할 여지없이 가족 치료 내의 특정 문제들을 해결할 수 있다. 그러나 어떤 환자에게 당연히 이런 접근을 늘릴지, 어떤 환자에게는 이를 막을지, 또 어떤 상황에서 그렇게 할지를 결정하는 것은 기술과 반대되는 마음챙김mindfulness을 필요로 하는 일이다. 치료자들은 문자나 이메일을 통해 빠르고 쉽게 연락할 수 있을 거라는 환자의 기대로부터 압박감을 느낀다고 한다(Trub & Magaldi, 2017). 그동안 우리가 소통을 늘리기 위해 기술을 언제 어떻게 사용할지에 대해 고심하고 엄격했음에도 불구하고, 소통을 증가시키는 것은 우리가 손쉽게 접근가능하고 이용가능하다는 암묵적인 메시지를 전한다. 위급한 상황에서 문자를 한다는 것은 환자들에게 우리가 겨우 문자메시지만큼만 떨어져 있다는 걸 상기시킨다. 항상 곁에 있어주고 너그러운 엄마가 되고 싶은 우리의 바람과 문자 알람에 보이는 조건반사적인 반응, 즉각적이고 끊임없는 연락 등 관계에서의 새로운 규준의 내면화 등은 가족 치료에서 우리가 맡는 참여자-관찰자 역할 중 관찰하는 측면을 혼란스럽게 만들 수 있다(Hirsch & Aron, 1991). 가족 치료에 기술을 접목하는 것으로 이 새로운 규준에 화답하는 것은 치료자를 인간화하는 데 유익할지도 모른다. "직접 만나는 심리치료만 한다"는 게 촌스럽고 시대에 뒤떨어졌다고 느끼는 환자 세대와도 접촉할 기회가 늘어나고 환자들이 하는 방식으로 치료자도 소통한다는 신호를 보낼 수도 있다. 그걸 '해낸' 치료자가 된다는 경험은 유혹적이다.

동시에, 심리치료실에서 직접 만나 소통하는 것을 신성하게 고수하겠다는 결정은 그 특유의 이점이 있을 것이다. 일상에서 불가피하게 화면과 함께 성장한 연령대의 환자는 그 이전 세대가 경험한 것보다 훨씬 더 정교하고 끊임없는 사회 교류망을 갖고 있다. 그러나 이들은 그 어떤 이전 세대들보다 더 많이 외롭고 슬프고 불안하다(Twenge, 2017). 화면은 가족 구성원들이 서로를 외면할 수 있는 한 방식이 된다. 따라서 우리는 친밀한 관계 내에서 소통하고 신뢰를 쌓는 본보기가 되는 자리에 있게 되는데, 이러한 소통과 신뢰구축은 삶의 다른 영역들에서는 점점 더 성취하기가 어려워지고 있다. 우리가 새로운 기술 규준에 저항하는 경우 뒤떨어질까봐 두려워하는 동안, 대면 가족 치료는 통찰과 변화를 가능케 하는 가깝고, 친밀하고, 직접적인 만남을 경험할 수 있는 남겨진 보루 중 하나가 될 수 있다. 기술은 끝없는 약속을 하는 것처럼 보인다. 하지만 치료적 만남이라는 소박함은 또한 아주 귀중한 가능성들을 품고 있다.

딜레마 2: 침묵

임상 작업에서 비언어적인 부분의 중요성을 고려해봤을 때, 비언어적인 것보다 언어적인 것이, 침묵보다 말하기가 특권을 갖는 매체로 소통할 때 우리가 당면하게 될 임상적 도전은 무엇인가?

치료에서 침묵은 심오하고 다양한 의미를 지닌다. 그것은 인지적 처리, 정서적 조율, 분노 표현을 위한 공간일 수도 있고(Levitt, 2001), 저항 행위일 수도 있으며(Reik, 1926), 스스로 통제하는 침묵을 경험함으로써 죽음이나 유기에 대한 공포를 완화시키는 데 침묵을 사용할 수도 있다(Kaftal, 1980). 침묵은 퇴행적인 것일 수도 있다. 이때 환자는 어린 시절, 또는 심지어 언어 이전 단계를 치료자와 함께 하는 가운데 경험할 수도 있다. 환자가 지닌 특정 순간의 욕구를 충족시키는 것은 생성적generative일 수 있다(Balint, 1958; Levitt, 2001). 침묵은 가족 내에서는 할 수 없었던 말들을 위한 공간이 되기도 한다. 이때의 언어 부재는 언어로는 표현될 수 없는 감정이나 메시지를 표현하기도 한다(Sabbadini, 1991). 이는 환자와 치료자 사이의 이해와 친밀감을 가능케 한다(Sharpley et al., 2005).

네티의 가족 치료에서 연결감이라는 중요한 쟁점이 있었으나, 때때로 화면을 멈추고 얼어붙게 만드는 지연 및 실수들이 침묵을 어렵게 만들고 그렇지 않아도 빈약한 가족 관계 안에서 단절의 조짐이 되곤 했다. 대면 작업에서 침묵은 네티에게 생각하고 반응할 시간을 주는 데 효과적이었다. 그녀는 자신의 감정을 천천히 소화했고 우리가 토론한 전략들에 접근하기까지 시간이 필요했지만 그런 후엔 자신을 드러내기 위한 시연 행동을 했다. 화면으로는 이것이 더 어려워져서, 나는 침묵을 허용하며 어떻게 펼쳐질지를 기다리는 대신 그녀의 감정을 확인하기 위해 때때로 개입했다.

이러한 순간들은 부지불식간에 '어떤 감정이 타당하고 인정받을 만한지는 타인이 결정하는 것이다'라는 그녀의 신념을 강화하며 유익하지 않은 가족 역동도 같이 강화되곤 했다.

기술은 침묵에 도전이 된다. 심리치료 외에도 기술이 제공하는 무수히 많은 편리함, 혜택, 끊임없이 집중을 방해하는 것들은 진짜 침묵을 희귀한 것으로 만들었고, 심리치료에서 침묵의 필요성을 한층 더 긴요한 것으로 만들었다. 우리의 휴대폰은 이제 사람들이 매일의 계획과 활동을 조직화할 때 가장 흔히 사용하는 방식이며, 심지어 치료자들도 환자와 약속을 잡을 때 휴대폰에 의존하고 있다. "항상 접속되어 있는always-on", "속박된 자아들tethered selves"(Turkle, 2006)의 세계에서 방해받지 않는 고독은 획득하기 훨씬 더 힘든 게 되었다. 역사적으로 (대면) 심리치료에서 침묵은 의미심장한, 무거운, 성찰적인 또는 표현적인 등의 단어들과 함께 사용되어왔다(Levitt, 2001). 하지만 화면 너머의 침묵은 꽤 다르게 느껴질 수 있다. 이런 일이 일어날 경우, 치료자는 디지털 연결의 장애 가능성에 대해 경계해야 하기 때문에 대면 심리치료에서의 침묵보다 더 불안해질 수 있다(Isaacs-Russell, 2015; Trub & Magaldi, 2017). 중단 상태가 길어질 때는 바로 "거기 계신가요?"나 "우리가 연결되어 있나요?"라는 질문이 잇따를 것이다. 당연하게도, 구체적인 수준에서뿐만 아니라 상징적 수준에서 무엇이 일어나고 있는지를 이해하려고 애쓰는 치료자와 가족들에게 화면에서의 침묵은 가족 구성원이 지닌 유기나 거절에 대한 깊숙한 공포를 자극할 수도 있다. 치료자들은 화면으로 하는 가족 회기에 가족들이 안전하고 사려 깊은 방식으로 치료에 참여할 수 있도록 하기 위해서 화면에서 무엇이 달라졌는지, 침묵 속에서 가족 구성원들이 경험할 수 있는 취약성이 무엇인지, 연루된 위험이 무엇인지를 인식하면서 각각의 침묵을 다르게 이해할 수 있어야만 한다.

딜레마 3: 친밀감

친밀감과 진정성을 높이기 위한 수단이면서도 친밀감의 가능성에 어려움을 야기하는 바로 그 기술을 사용하는 것의 임상적 함의는 무엇인가?

디지털 연결에 대한 개념은 규정하기 힘들다. 끊임없고 즉각적이라고 할 수 있지만 왠지 만족스럽진 않다. 정신분석가이자 기술 연구자인 셔리 터클Sherry Turkle은 친밀감이 두렵지만 근접성은 원하는 사람들을 위하여 기술이야말로 완벽한 해결책이라고 오랫동안 주장해왔다. 기술은 모든 관계 경험을 매개하기 때문이다. "기술은 인간의 취약성을 충족시켜줄 수 있을 때 유혹적이다. 그리고 알다시피, 우리는 실제로 아주 취약하다. 우리는 외롭지만 친밀해지는 걸 두려워한다."(Turkle, 2011: 1) 세계에서 이렇게 존재하는 ㅡ연결되어 있으나 혼자인ㅡ 방식은 일상이 되어가고 있다. 기술에 대해 어린이와 어른들을 수백 명 인터뷰한 내용에 근거하여 터클(2011)은 이렇게 말했다. "우리가 스스로를 여기저기 배분할 때, 그것은 자신을 버리는 것일 수도 있다. 종종 사람들은 몇 시간 동안 연결된 후에도 소통이 이루어졌다는 느낌을 받지 못하곤 한다. 그리고 이들은 관심을 거의 기울이지 않을 때 친밀함을 느낀다고 보고한다."(p. 12) 이는 와인버그Weinberg(2014)의 E-친밀감E-timacy 개념과 비슷한데, 사람들이 친밀감을 추구할 때 종종 얻게 되는 것이다. 그 밖의 다른 것이 부재할 때, 이 두 가지가 혼동될 가능성이 높다.

기계는 특정한 힘을 우리에게 행사하는 경향이 있고 계속 사용하다가 더 이상 우리의 욕구를 충족시키지 못하는 순간이 되어서도 이를 알아차리기 어렵게 만든다. 전화기는 가족 관계 내에서 빈번한 접촉에 대한 기대를 양산할 수 있다. 이것이 만족을 증진시킬 수 있는 반면, 동시에 과도한 의존성과 올가미에 걸린 느낌, 죄책감과 압박감을 야기하며 이미 존재하던 가족 역동이 기술을 통해 펼쳐지게 만든다(Hall & Baym, 2012). 다른 논문도 비슷하게 역설적인 경험에 주목하는데, 기술이 사람들로 하여금 자신의 기계 사용에 대해 최적의 통제권을 행사하는 걸 어렵게 만들 수 있다는 내용이다(Jarvenpaa & Lang, 2005; Trub & Barbot, 2016). 실제로 접촉 욕구에 의해 기계를 찾게 되는 게 아니라, 기계 자체가 때로는 접촉 욕구를 촉발하곤 한다(Turkle, 2011). 리박Ribak(2009)은 성인 자녀와 그 부모 사이에서 전화기가 지닌 연결 가능성이 실제 발생하는 대화보다도 더 의미가 있다는 결과에 근거하여 전화기를 탯줄에 비유하기도 했다. 기술은 점차 '계속해서 부분적으로만 주의를 기울이는' 상태로 존재하는 공통적인 경향성을 야기했으며(Stone, 2014), 오직 부분적으로만 주의를 기울이는 행동은 온전하게 주목을 받지 못하는 것에 대한 실망감을 회피할 수 있게 해준다.

좀 분명하지 않은 것은 이러한 경험들이 이후 가족 치료에서 소통을 위해 같은 도구가 사용될 때 어떤 경험으로 펼쳐지는가이다. 면대면 가족 회기에서 신성시되는 것 중 일부는 지정된 시간 동안은 대화가 방해를 벗어나 자유롭게 이어질 것이라는 확신이다. 응급 상황을 제외하고는 전화기를 꺼놓는 것이 규범이다. 즉, 전화기와 연결되어 있어서는 안 된다. 이는 컴퓨터를 매개로 하는 회기에서는 사실이 아니다. 가족과의 접촉으로부터 주의를 돌리거나 스스로를 구해내기 위하여 사용하곤 하는 바로 그 화면 앞에 가족들이 앉아서 가족 치료 동안에도 소셜미디어, 문자, 이메일 알람을 통해 새로운 소식을 전달받는 경우가 그러하다. 아무리 치료자가 방해 가능성을 막기 위한 조치들을 하더라도 환자는 그러지 않을 수 있고, 임상적 순간에서 빠져나와 연락을 받음으로써 기술에 의한 전형적인 방해 때문에 무심코 은밀하게 조성되는 강력한 가족 역동에 주의를 기울이지 못할 수 있다.

이런 방해 가능성은 관계와 관련된 함의를 지니고 있다. 대화 상대에 대한 감정을 살펴본 연구에 따르면 핸드폰이 탁자 위에 올려져 있다는 사실만으로도 상대에 대한 신뢰와 친밀감에 부정적인 영향을 끼쳤고, 공감받고 이해받는다고 느끼는 정도가 감소되었다(Przybylski & Weinstein, 2012). 취약함을 담고 있거나 의미 심장한 대화 중에 단지 단말기가 함께 있다는 것이 미치는 이런 부정적인 결과로부터 가족 치료는 자유롭지 못하다. 연구는 또한 이 과정들이 우리 의식 밖에 존재하는 관계 도식relational schema을 활성화하면서 자동적이고 무의식적으로 일어난다고 밝혔다(Lyons-Ruth, 1999). 따라서 이런 과정들을 완전히 역전시킬 방법은 없을 것 같다. 탁자 위에 핸드폰을 올려두는 것은 소통을 위해 화면을 사용하는 것과 다르기는 하지만, 이러한 상황들은 현재의 대화 밖에 있는 사람들과 연결될 수 있고 이로 인해 방해받을 수 있다는 데 공통점이 있다. 그렇다면 우리는 심리치료를 화면으로 옮기더라도 치료 동맹이 영향받지 않는다고 주장하는 앞선 언급에 대해, 방해를 받을 수 있다는 이런 연구 결과를 어떻게 이해할 수 있을까?

오늘날 가족들과 친밀감을 둘러싼 어려움들을 다루는 작업을 할 때, 환자들이 가족 구성원과 대화를 나누고 있는 매체에 주의를 기울이는 것은 아주 중요하다. 환자들은 중요하게 '나누었던 대화'를 묘사하면서도 그것을 문자메시지로 나눴다는 것은 언급하지 못할 수도 있다. 판단 받는 게 두렵거나, 또는 그런게 아주 정상이라고 생각하기에 언급할 필요성을 느끼지 않기 때문이다. 마찬가지로 우리는 환자들에게 연결이 흐릿해지기 직전에 멈췄던 곳에서부터 이야기를 시작하도록 독려하면서, 실은 더 큰 영향을 못본 척하도록 강요함으로써 단절의 순간을 수습하려는 스스로를 발견하기도 한다. 스카이프 전화가 '끊어졌었다'는 사실이 불편하여, 치료가 연결되지 않았던 순간과 각 가족 구성원들이 잇따라 느낀 감정들을 무시하는 것일 수도 있다. 가족 치료 중 '기술 모드technologucal mode'를 체현하는 것은 의사소통과 내적 과정들에 영향을 줄수도 있기 때문에 우리는 합리화 또는 무시하려는 충동을 중단하고 이를 함께 이야기하며 가족 구성원들끼리 논의하도록 촉진하는 의식적인 노력을 기울어야 한다.

딜레마 4: 디지털 자기를 초대하기

기술이 정체성을 형성하는 역할을 하는 한, 기술이 매개하는 자기의 부분을 임상적 상호작용 안으로 초대하는 것은 얼마나 중요한가?

기술은 어떻게 정체성을 형성하는가? '디지털 자기digital self'란 무엇이며 디지털이 아닌(아날로그) 자기와는 어떻게 연결되는가? 어떤 가족 구성원은 디지털 자기를 발전시키는 것에 반해, 다른 구성원은 그렇지 못하다는 것은 무엇을 의미하는가? 기술과 자기가 복잡하게 얽힌 상황을 샅샅이 탐색하는 것은 이 장의 영역을 훨씬 뛰어넘는 것이지만, 이 질문들을 의식하는 것은 디지털 문화가 가정에 미치는 영향을 과소평가하거나 부지불식간에 환자들에게 문간에서 바로 자신의 '디지털 자기들'을 살펴보라고 강요하는 일을 막아줄 것이다. 디지털 기술은 정체성을 탐색하고 구현해낼 또 다른 무대를 제공하기 때문에 우리는 가족 구성원들이 대면 상호작용이 부재하는 곳에서 자신의 일부를 드러내기 위하여 소셜 미디어를 어떻게 사용하는지에 주의를 기울어야 한다. 이 정보는 주요하게 두 가지 측면에서 유용한다. 첫째, 이는 치료자가 다른 방식으로는 볼 수 없는 가족구성원의 어떤 부분에 대해 알려줌으로써 보다 온전한 그림을 그릴 수 있게 한다. 두 번째로 가족들은 이 세상에서의 자기에 대한 변화와 적용을 알려주는, 디지털 영역에서 구성된 자기 이미지에 근거한 인식을 얻을 수 있게 된다.

치료자들은 직접 만나 상호작용하는 것을 우선시하는 경향이 있기 때문에 인터넷이 자기 탐색의 무대로 사용될 가능성에 대해 이해하지 못할지도 모른다. 우리의 연구에서 치료자가 환자들에게 디지털 세계의 복잡성에 대해 말하기를 회피하는 몇 가지 이유를 밝혀냈다. 여기에는 압도감(누가 애플리케이션을 가장 최신으로 유지할 수 있는가? 그리고 환자의 온라인 데이트를 이해하기 위해, 여성이 먼저 움직일 수 있도록 하는 데에 있어 범블Bumble[2]이 다른 애플리케이션과 다르다는 점을 알 필요가 있는가?), 회기 중에 환자가 단말기에 접속하는 것에 대한 불편감(치료자는 전

---

2   남녀를 연결해주는 데이팅 애플리케이션. 여성만 먼저 대화를 걸 수 있다.

화기상에서 직접적으로 상호작용을 읽는 것보다 환자로 하여금 상호작용에 대해 설명하도록 하는 것을 선호한다), 알지 못하는 것에 뒤따르는 불안한 느낌 등이 포함되는데, 이와 같은 것들은 종종 세대차를 드러낸다. 따라서 우리는 가족 내에서 환자의 디지털 자기의 중요성을 인식하는 것과 관련하여 사각지대blind spot에 직면하게 될 수도 있다. 그리고 앞서 설명한 바와 같이, 디지털 상호작용(문자메세지, 애플리케이션을 통한 채팅, 게임 등)은 가족 중 나이가 더 어린 구성원끼리의 상호작용 중 상당한 부분을 차지한다.

심리학자들은 이론과 실제 모두에서 인터넷이 어떻게 때때로 사람들로 하여금 자기의 접촉되지 않은 부분들disowned parts of self에 대해 생산적으로 참여하고, 탐색하며, 극복 과정을 진행할 수 있게 하는지, 또 그 반면에 때로는 자기의 이런 부분들이 여전히 해리되고 부인될 수 있게 하는지에 대해 오랫동안 주목해왔다(Dryer & Litmaer, 2007; Pilecki, 2017; Trub, 2016). 디지털 자기를 조직화할 수 있는 자유(온라인 소셜 미디어의 프로필, 데이트를 위한 프로필, 아바타 등의 창작을 통해)와 동시에 기록으로 남아 공개될 뿐만 아니라 다른 사람들이 볼 수도 있고 자유롭게 의견을 낼 수도 있는 온라인 정체성이 형성되는 것에 따른 압박감이 생겨난다. 따라서 정체성 탐색은 인상impression 관리로 인해 얼룩지게 된다. 크리스틴 로즌 Christine Rosen(2007)이 주목한 바와 같이 "아폴로 신전의 델포이 신탁Delphic oracle은 '너 자신을 알라know thyself'였다. 오늘날 온라인 소셜망의 세계에서라면, 신탁은 이렇게 조언할 것이다. '너 자신을 보여라show thyself.'"

온라인에서의 자기표현은 여러 방식으로 드러날 수 있다. 어떤 사람들은 가능한 한 오프라인에서의 성격과 유사한 자기를 만들려고 노력하기도 하지만, 또 어떤 사람은 스스로의 가장 이상적인 버전(스스로에게 바랄 수 있는 모습)을 조직할 것이고 또는 다른 정체성들을 실험할 기회로 삼는 사람도 있다(Bessière et al., 2007; Dryer & Litmaer, 2007; Koles & Nagy, 2016; Pilecki, 2017; Trub, 2016). 이들 각각은 다양한 함의를 지니고 있고 가족 구성원들에 따라 서로 다를 수 있다. 예를 들면, 이상적인 패션을 한 모습으로 디지털 자기를 제시하는 것은 긍정적인 함의와 부정적인 함의를 지닐 수 있는데, 이는 그 사람이 이상적인 자기를 체현할 수 있는 정도에 따라 또는 그것이 고립 또는 소외를 야기하는 정도에 따라 다르다. 십대 블로거들에 대한 문화기술지 연구에서 호킨슨Hodkinson(2007)은 어떤 사람들에게 디지털 프로필은 하나의 정체성에 집중할 필요 없이 다양한 정체성을 시도함으로써 스스로를 탐색할 수 있는 공간을 제공하는 반면, 다른 이들에게는 온라인 공동체를 통해 지지를 받음으로써 보다 현실에 기반하는 통합된 자기감을 촉진한다고 밝혔다. 십대 환자에 대해 논의한 나소Naso(2011)도 유사하게 제2의 인생Second Life(나의 아바타가 다른 아바타와 상호작용할 수 있는 곳)이라는 플랫폼에서 의미 있는 대인관계를 구축하는 방식이 이전에 부재했던 자비compassion와 공감의 발달을 가능케 한다고 설명했다.

마지막으로 어떤 이들에게는 온라인 상호작용이 주는 거리감과 익명성이, 스스로 수치스럽게 여기거나 가족 내에서 받아들여지지 않을 수도 있는 자기의 부분들을 표현하고 탐색하는 데 유용할 수 있다고 한다(de Varela, 2015; Koles & Nagy, 2016; Trub, 2016; Trub, Revenson & Salbod, 2014). 온라인 공간은 거절과 관련된 사회 불안감을 희석시키면서 자기를 더 개방하고 대인관계에서의 신뢰를 더 쌓을 수 있게 하므로 더 안전하게 느낄 수 있다. 자기를 표현하는 것에 따르는 불안감을 극복하기 위해 온라인 공간을 활용하는 것은 수줍음이 많거나 내향적인 가족 구성원들(Amichai-Hamburger et al., 2002; Dunaetz et al., 2015), 주변화marginalized 집단과 동일시하는 사람들(Hodkinson, 2007; Pilecki, 2017), 자율성과 친밀감에 대한 욕구를 다루는 데 어려움을 느끼는 사람들(Jenkins-Guarnieri et al., 2012; Morey et al., 2013; Nitzburg & Farber, 2013; Trub et al., 2014; Trub, 2016)에게 특히 더 유용할 수 있다.

네티에게는 이 모든 것이 사실이었다. 그녀는 온라인 상호작용을 다른 자기를 보여주는 장으로 만들었고, 자신의 이야기에 더 많은 책임을 느꼈으며, 이를 가족 치료로 가져왔다. 비슷한 맥락에서 어떤 가족 구성원들은 직접 만나거나 통화로는 드러낼 수 없었던 자신을 표현하기 위해 문자메세지를 이용하여 상호작용을 한다(Trub & Barbot, in press; Reid & Reid, 2007). 또한 비밀번호로 잠겨서 클라우드에 저장되는 디지털 일기장을 사용함으로써 그동안 네티가 소리내어 말할 수 없었던 남편의 행동에 대한 두려움과 공포를 안전하게 표현할 수 있었던 것도 사실이었다. 그녀는 어떤 부분을 나와 공유할지 결정한 후, 그 디지털 자료들에 접근할 수 있는 링크를 이메일로 보내줬고 말로 옮기지 않고도 자기의 느낌을 알릴 수 있었다. 디지털 일기장은 또한 그녀가 남편에 대해 통제권을 갖는 전복적인 행동을 나타내기도 했는데, 이 공간에서 네티는 기술을 사용하여 안전하고도 비밀스럽게, 남편의 보복이 두려워 드러내길 꺼려했던 자신의 부분들을 내어놓을 수 있었기 때문이다.

어린 자녀가 함께 하는 가족 치료에서는 자녀의 내적 세계로 들어가기 위한 목적으로, 자녀의 시각을 이해하기 위해 직접 그 세계에 빠져봄으로써 기술과 연결된 그들의 삶을 이해하는 과정이 포함될 수 있다. 치료자는 자녀의 게임 아바타를 알아봄으로써 자녀가 외적, 내적 환경의 제약과 곤란이 없을 때 무엇이 되고 싶은지에 대한 환상에 접근할 수 있다(Koles & Nagy, 2016). 말버그Malberg(2011)는 심리치료의 초기 단계에서 청소년 환자와 게임을 열정적으로 하는 것이 어떻게 신뢰와 즐거움을 발전시키는가에 대해 설명한다. 심리치료에서 게임을 사용하는 것은 또한 트라우마 경험에 대해 작업하고 개인의 주체성을 발달시키기 위해서도 필수적인데, 이 과정이 궁극적으로 치유와 심리적인 성장을 가능케 하기 때문이다. 성인의 디지털 자기와 관계를 맺는 것 역시 중요하고, 각자에게 갖는 의미를 가족 구성원들이 이해할 수 있도록 돕는 것은 현재 가족 역동의 핵심적인 측면이라 할 수 있다.

하지만 역설적으로, 화상만남으로 관계를 맺는 것은 치료자가 그 사람의 디지털 자기와 관계 맺는 능력을 방해하기도 한다. 물론 기술이 매개하는 심리치료에서도 우리는 어떻게 디지털 자기를 불러내는지에 대해 충분히 알지 못한 채 암암리에 또는 명백하게 기술이 개입하지 않는 치료 환경을 만듦으로써 의도치 않게 이를 해내기도 한다. 한 공간에 함께 있는 경우는 회기 중에 가족 구성원과 함께 어떤 단말기를 보게 될 수도 있어서, 치료자가 환자의 디지털 자기를 관찰하는 것이 훨씬 쉽다. 대면 회기와 달리, 환자와 치료자가 함께 화면을 바라볼 수 있는 상황에서는 컴퓨터가 매개하는 회기 중에 주의를 돌려서 연결이 끊어질 위험을 감수하지 않고서는 치료자에게 자신의 디지털 자기를 보여주기란 아주 힘든 일이다. 따라서 온라인 심리치료자가 환자의 모든 부분, 특히 디지털 영역에서 존재하는 부분들에 대해 안다는 것은 훨씬 더 힘든 일일 수 있다.

결 론

심리치료는 사람들이 서로 소통하고 관계 맺는 방식에 기술이 불러오는 무수히 많은 심오한 변화로부터 자유롭지 못하다. 가족 치료자들은 기술이 소통, 접촉, 친밀감, 자기표현과 자기 탐색에 미치는 영향의 모순적 특징과 관련하여 미묘한 차이를 인식하면서도, 가족들이 삶과 관계에서 경험하는 기술의 역할을 탐색함으로써 가족 안팎의 소통에 대해 더 의식적으로 선택할 수 있도록 돕는 자리에 있다. 이는 친밀감을 증진시키는 동시에 자율성을 촉진할 수도 있다. 치료적 만남은 깊은 관계를 맺는다는 점에서 특별한데, 이는 통찰, 알아차림, 가족들이 서로에게 또는 타인에게 표현하지 못했던 친밀감의 기회를 제공한다. 그 만남이 화면으로 전환될 때 가족들은 기술이 사회에 스며듦으로써 내재하게 된 유익, 복잡성, 그리고 위험에 노출될 수밖에 없다. 이에 치료자는 기술이 가족 치료와 섞이면서 등장한 갈등과 일련의 딜레마들에 맞닥뜨리게 된다. 이 장에서는 이러한 딜레마들 중 네 가지, 즉 새로운 의사소통 규준, 침묵, 친밀감, 디지털 자기의 초대에 주목하였다. 네티 사례에서와 같이 온라인에서의 치료적 만남에는 이러한 딜레마와 여타 다른 딜레마들이 숨어 있기에, 화면으로 진행하는 모든 치료적 만남에서 디지털 제3자가 어떻게 작용하고 있는지를 인정하지 않는 이러한 딜레마들을 알아차리지 못하거나 무시하기 십상이다. 치료자는 디지털 제3자의 현존을 무시하고 이런 딜레마들을 우회함으로써 치료적 만남에 영향을 끼치는 역동을 망각하는 대가로 뭔가 해결했다는 느낌을 얻고 싶은 유혹을 느낄 수 있다. 하지만 간단하게 말해 이는 화면 매개 심리치료의 내재된 특성으로써 이해할 필요가 있다. 오늘날 기술 문화에 동화되는 강력한 트렌드를 인식하는 것이 필수적이다. 즉, 야기되는 미묘한 복잡성을 알아차릴 수 있도록 하는 것이 컴퓨터 매개 가족 치료에서 작동하는 여러 요소들을 이해하기 위해 제일 먼저 필요한 단계이다.

 참고문헌

Amichai-Hamburger, Y., Wainapel, G., & Fox, S. (2002). "On the internet no one knows I'm an introvert": Extroversion, neuroticism, and internet interaction. *Cyber Psychology & Behavior, 5*(2): 125–128.

Bagnini, C. (2015). Technology-stirred projective processes in couple teletherapy. *Psychoanalysis Online, 2*: 185–193.

Balint, M. (1958). The three areas of mind. *The international Journal of Psychoanalysis, 39*: 328–340.

Bessière, K., Seay, A.F., & Kiesler, S. (2007). The ideal elf: Identity exploration in World of Warcraft. *Cyberpsychology & Behavior, 10*(4): 530–535.

Burka, J.B. (1996). The therapist's body in reality and fantasy: A perspective from an overweight therapist. In B. Gerson (Ed.), *The Therapist as a Person: Life Crises, Life Choices, Life Experiences and their Effects on Treatment* (pp. 255–276). Hillsdale, NJ: The Analytic Press.

Clough, B.A., & Casey, L.M. (2015). The smart therapist: A look to the future of smartphones and mHealth technologies in psychotherapy. *Professional Psychology: Research and Practice, 46*(3): 147–153.

Day, S.X. (1999). Psychotherapy using distance technology: A comparison of face-to-face, video, and audio treatments (Doctoral dissertation, University of Illinois at Urbana & Champaign). *Digital Dissertations.*

Day, S.X., & Schneider, P. (2000). The subjective experiences of therapists in face-to-face, video, and audio sessions. In J.W. Bloom & G.R. Walz (Eds), *Cybercounseling and Cyberlearning: Strategies and Resources for the Millennium* (pp. 203–218). Alexandria, VA: American Counseling Association.

Day, S.X., & Schneider, P.L. (2002). Psychotherapy using distance technology: A comparison of face-to-face, video, and audio treatment. *Journal of Counseling Psychology, 49*(4): 499–503.

de Varela, Y. (2015). Cyberspace as potential space. In J.S. Scharff (Ed.), *Psycho-analysis Online 2: Impact of Technology on Development, Training, and Therapy* (pp. 233–238). London: Karnac Books Ltd.

Dryer, J.A., & Litmaer, R.M. (2007). Cyber-sex as twilight zone between virtual reality and virtual fantasy: Creative play space or destructive addiction? *Psycho- analytic Review, 94*(1): 39–61.

Dunaetz, D.R., Lisk, T.C., & Shin, M.M. (2015). Personality, gender, and age as predictors of media richness preference. *Advances in Multimedia, 2015*(7): 1–9.

Essig, T. (2012). Psychoanalysis lost and found in our culture of simulation and enhancement. *Psychoanalytic Inquiry, 32*: 438–452.

Essig, T. (2015a). The "Full training illusion" and the myth of functional equivalence. *Division of Psychoanalysis, 2.* Available online at http://internationalpsychoanalysis.net/wp-content/uploads/2015/05/RoundRobin2Essig2015FINAL. pagestpdel.pdf.

Ferenczi, S. (1950). Silence is golden. In J.A. Suttie (Ed. & Trans.), *Further Contributions to the Theory and Technique of Psychoanalysis* (pp. 250–252). London: Hogarth Press.

Glueckauf, R.L., Fritz, S.P., Ecklund-Johnson, E.P., Liss, H.J., Dages, P., & Carney, P. (2002). Videoconferencing-based family counseling for rural teenagers with Epilepsy: Phase 1 Findings. *Rehabilitation Psychology, 47*(1): 49–72.

Hall, J.A., & Baym, N.K. (2012). Calling and texting (too much): Mobile maintenance expectations, (over) dependence, entrapment, and friendship satisfaction. *New Media & Society, 14*(2): 316–331.

Hanlon, J. (2001). Disembodied intimacies: Identity and relationship on the internet. *Psychoanalytic Psychology, 18*(3): 556–562.

Hodkinson, P. (2007). Interactive online journals and individualization. *New Media & Society, 9*(4): 625–650.

Hirsch, I., & Aron, L. (1991). Participant-observation, perspectivism and counter-transference. In H. Siegel, L. Barbanel, I. Hirsch, J. Lasky, H. Silverman & S. Warshaw (Eds) *Psychoanalytic Reflections on Current Issues* (pp. 78–95). New York: New York University Press.

Isaacs-Russell, G. (2015). *Screen Relations: The Limits of Computer-mediated Psychoanalysis and Psychotherapy*. London: Karnac Books Ltd.

Jarvenpaa, S.L., & Lang, K.R. (2005). Managing the paradoxes of mobile technology. *Information Systems Management, 22*(4): 7–23.

Jenkins-Guarnieri, M.A., Wright, S.L., & Hudiburgh, L.M. (2012). The relationships among attachment style, personality traits, interpersonal competency, and Facebook use. *Journal of Applied Developmental Psychology, 33*(6): 294–301.

Kaftal, E. (1980). Clinical manifestations of death imagery. *Issues in Ego Psychology, 3*(1): 7–12.

Koles, B., & Nagy, P. (2016). Avatars as transitional objects: The impact of avatars and digital objects on adolescent gamers. *Journal of Gaming & Virtual Worlds, 8*(3): 279–296.

Levitt, H.M. (2001). Sounds of silence in psychotherapy: The categorization of clients' pauses. *Psychotherapy Research, 11*(3): 295–309.

Lyons-Ruth, K. (1999). The two-person unconscious: Intersubjective dialogue, enactive relational representation, and the emergence of new forms of relational organization. *Psychoanalytic Inquiry, 19*(4): 576–617.

Malberg, N.T. (2011). From blood elf to angry young man: An atypical analysis or simply the use of a new facilitating object? *Journal of Infant, Child and Adolescent Psychotherapy, 10*(4): 392–401.

Morey, J.N., Gentzler, A.L., Creasy, B., Oberhauser, A.M., & Westerman, D. (2013). Young adults' use of communication technology within their romantic relationships and associations with attachment style. *Computers in Human Behavior, 29*(4): 1771–1778.

Naso, R.C. (2011). Role-playing games: Bridge or barrier to object relationships in socially-isolated teens? *Division/Review, 1*(2): 27–30.

Nitzburg, G.C., & Farber, B.A. (2013). Putting up emotional (Facebook) walls? Attachment status and emerging adults' experiences of social networking sites. *Journal of Clinical Psychology, 69*(11): 1183–1190.

Ogden, T.H. (1994). The analytical third: Working with intersubjective clinical facts. *Int. J. Psycho-Anal, 75*(1): 3–20.

Pilecki, A. (2017). Screen images: Transitional and defensive internet use LGBTQ adolescents and adults. In J.S. Scharff (Ed.), *Psychoanalysis Online 3* (pp. 153–168). London: Karnac Books Ltd.

Przybylski, A.K., & Weinstein, N. (2012). Can you connect with me now? How the presence of mobile communication technology influences face-to-face con-versation quality. *Journal of Social and Personal Relationships, 30*(3): 237–246.

Rees, C.S., & Stone, S. (2005). Therapeutic alliance in face-to-face versus videoconfer-enced psychotherapy. *Professional Psychology: Research and Practice, 36*(6): 649–653.

Reid, D.J., & Reid, F.J.M. (2007). Text or talk? Social anxiety, loneliness, and divergent preferences for cell phone use. *CyberPsychology & Behavior, 10*(3): 424–435.

Reik, T. (1926). The psychological meaning of silence. *Psychoanalytic Review, 55*(2): 172–186.

Ribak, R. (2009). Remote control, umbilical cord and beyond: The mobile phone as a transitional object. *British Journal of Developmental Psychology, 27*(1): 183–196.

Richardson, L. (2011). *"Can you see what I am saying?": An action-research, mixed methods evaluation of telepsychology in rural Western Australia* (Doctoral dissertation, Murdoch University).

Rosen, C. (2007). Virtual friendship and the new narcissism. *The New Atlantis* (17): 15–31.

Sabbadini, A. (1991). Listening to silence. *British Journal of Psychotherapy, 7*(4): 406–415.

Schneider, P.L. (2001). A comparison of outcome variables in psychotherapy: Distance technology versus face-to-face. Available online at www.telehealth.net/articles/litreview.html.

Sharpley, C.F., Munro, D.M., & Elly, M.J. (2005). Silence and rapport during initial interviews. *Counselling Psychology Quarterly, 18*(2): 149–159.

Simpson, S. (2001). The provision of a psychology service to Shetland via teleconferencing: Patient/therapist satisfaction and ability to develop a therapeutic alliance. *Journal of Telemedicine and Telecare, 7*(1): 34–36.

Simpson, S. (2009). Psychotherapy via videoconferencing: A review. *British Journal of Guidance & Counselling, 37*(3): 271–286.

Simpson, S.G., & Reid, C.L. (2014). Therapeutic alliance in videoconferencing psychotherapy: A review. *Australian Journal of Rural Health, 22*(6): 280–299.

Stone, L. (2014). Continuous Partial Attention. Available online at https://lindastone.net/qa/continuous-partial-attention/.

Trub, L. (2016). A portrait of the self in the digital age: Attachment, splitting, and self-concealment in online and offline self-presentation. *Psychoanalytic Psychology, 34*(1): 78–86.

Trub, L., & Barbot, B. (2016). The paradox of phone attachment: Development and validation of the Young Adult Attachment to Phone Scale (YAPS). *Computers in Human Behavior, 64*, 663–672. Digital Dialectics 153

Trub, L. & Barbot, B. (in press) Texting & Great Escape or Path to Self-Expression?

Development and Validation of the Messaging Motivations Questionnaire. *Measurement and Evaluation in Counseling and Development.*

Trub, L., & Magaldi, D. (2017). Left to our own devices. *Psychoanalytic Perspectives, 14*(2): 219−236.

Trub, L., Revenson, T.A., & Salbod, S. (2014). Getting close from far away: Mediators of the association between attachment and blogging behavior. *Computers in Human Behavior, 41*: 245−252.

Turkle, S. (2006). 10 Always-on/always-on-you: The tethered self. In J. Katz (Ed.) *Handbook of Mobile Communication Studies* (pp. 121−128). Cambridge, MA: MIT Press.

Turkle, S. (2011). *Alone Together: Why We Expect More from Technology and Less from Ourselves.* New York, NY: Basic Books. 이은주 역.『외로워지는 사람들: 테크놀로지가 인간관계를 조정한다』청림출판. 2012.

Turkle, S. (2015). *Reclaiming Conversation: The Power of Talk in a Digital Age.* New York: Penguin Press.

Twenge, J.M. (2017). Have smartphones destroyed a generation. The Atlantic. Available online at www.theatlantic.com/magazine/archive/2017/09/has-the-smartphone-destroyed-a-generation/534198/.

Van der Kolk, B.A. (2015). *The Body Keeps the Score: Brain, Mind, and Body in the Healing of Trauma.* New York: Penguin Books. 제효영 역.『몸은 기억한다』을유문화사. 2016.

Weinberg, H. (2014). *The Paradox of Internet Groups: Alone in the Presence of Others.* New York: Karnac Books.

Winnicott, D.W. (1953). Transitional objects and transitional phenomena: A study of the first not-me possession. *Int. J. Psycho-Anal., 34*: 89−97.

Zilberstein, K. (2013). Technology, relationships and culture: Clinical and theoretical implications. *Clinical Social Work Journal, 43*(2): 151−158.

12 온라인 커플 및 가족 치료에 대한 실무적인 고려사항들

아넌 롤닉Arnon Rolnick · 쇼샤나 헬먼Shoshana Hellman

* 커플치료에 화상만남을 사용하는 것과 관련하여 특정 쟁점들을 다루고 자 한다. 여기 임상가들을 위한 몇 가지 조언이 있다.

자리 배치: 커플은 같은 컴퓨터와 카메라를 사용해야 하는가, 아니면 별도의 컴퓨터를 사용해야 하는가

대부분의 접근에서는 자리 배치를 아주 중요하게 생각한다. 한편으로 우리는 커플들이 서로를 향해 이야기하길 바란다. 반면, 커플이 하나의 단 위로 치료자와 마주하길 바라기도 한다. 분명 커플 및 가족 치료에서 학파 에 따라 온라인 자리 배치가 다르다.

이마고 관계치료Imago relations therapy는 나눔과 적극적 경청을 눈에 띄게 강조하여 커플이 실제로 서로를 바라보게 한다. 이런 이유로 이 접근에서 는 두 개의 다른 컴퓨터 사용을 고려한다. 가트맨식 치료Gottman method에 서는 상호작용의 정서적 측면을 인식하기 위한 방법으로써 표정 분석을 강조한다. 수 존슨Sue Johnson의 정서중심치료Emotional Focus Therapy(EFT)는 치료자 앞에 함께 있으면서도 여전히 서로에게 이야기할 수 있는 것을 강조한다. 따라서 이 커플은 하나의 컴퓨터와 카메라를 사용하게 된다. 하지만 이 경우 치료자가 각 파트너의 표정을 알아차릴 수 있는 능력은 떨어진다.

일반적으로 화상 심리치료는 치료자가 커플들의 표정을 아주 자세히 관찰할 수 있게 한다. 각 파트너들도 역시 치료자의 표정을 자세하게 볼 수 있다. 그러므로 카메라와 가깝게 앉을 때의 독특한 장점이 있다. 하지만 일반적이고 구체적인 설명에서 언급했듯이, 이렇게 앉으면 몸이 표현하는 것들을 인식하는 게 어렵다.

엘린 베이더Ellyn Bader와 피터 피어슨Peter Pearson은 커플들에게 앉는 자리를 선택하게 함으로써 치료자가 그들의 친밀함에 대한 정보를 얻을 수 있다고 주장한다. 따라서 온라인 치료자는 커플이 선택하는 자리 배치가 어떤 종류인지를 인내심을 갖고 지켜볼 필요가 있다.

이 모든 것이 중요하게 고려해야 할 사항들이며, 치료자는 구체적인 상황과 치료 단계에 따라 자신의 선호를 선택해야 할 것이다.

치료자가 누구에게 말하는가?

직접 대면하는 상황에서, 즉 모든 사람이 같은 방에 있다면 치료자가 누구에게 이야기하는 것인지 아주 명확하다. 치료자의 머리와 몸이 한 파트너 또는 다른 상대방을 향하기 때문이다. 화상을 이용하는 경우에 치료자는 그의 몸과 머리가 향하는 쪽을 커플들이 인식할 수 없다는 점을 알고 있어야 하며, 이를 보여줄 수 있는 방법을 찾아야 한다. 때로는 간단하게 말을 거는 대상의 이름을 직접 언급하는 방식도 있다.

치료 세팅

화상 심리치료를 하기 위해 커플들이 자택 안에서 자리를 잡기 때문에, 심리치료가 진행될 구체적인 환경의 윤곽을 분명하게 하는 것이 중요하다. 또한 같은 장소를 일관되게 유지하는 것도 중요하다. 치료자는 화상상담이 일어나는 장소의 공간 배치에 주목할 필요가 있다. 종종 그 장소의 구체적인 물건들이 커플들에게 중요한 의미가 있을 수 있다. 심지어 애완동물의 존재 역시 중요할 수 있다. 화상 심리치료에 자신의 개인 심리치료실을 사용하지 않는 치료자에게도 마찬가지의 내용이 적용된다.

커플 및 가족 치료는 직접 만나서 시작한 후에 화상만남으로 이어져야 할까, 아니면 화상만남만으로 진행하는 것도 동일하게 효율적일까?

접수회기 동안 평가가 중요한 경우에는 직접 만나는 형태를 적극적으로 추천하나, 이것이 가능하지 않을 경우에는 파트너가 한자리에 앉아 화면에 보일 수 있도록 첫 번째 만남을 준비해야 한다. 왜냐하면 목적은 커플의 문제와 유대감을 평가하는 것이기 때문이다. 그 이후 이어지는 회기에서는 각 파트너가 다른 컴퓨터를 사용할 수도 있다.

한 파트너가 치료자와 함께 있고 다른 파트너는 멀리 떨어진 곳에서 화상만남을 갖는 것은 권장되지 않는데, 이런 배치는 한 파트너와 치료자 사이에 동맹이 맺어진 것으로 인식될 수 있기 때문이다.

개인 면담

커플치료자가 파트너를 개별적으로 만나는 것에 대해서는 오랫동안 논쟁이 되고 있다. 가트맨식 접근에 따르면 접수에 개인 면담이 당연하게 포함되고 이때 비밀보장이 전제되는 것은 중요하다. 다른 파트너나 다른 가족 구성원은 이러한 만남의 주변에 머물 수 없고, 이는 온라인 만남에서도 명확히 언급해야 한다. 다른 접근들에서는 커플치료에서 개인 면담을 갖는 것을 장려하지 않는다.

갈등 상황

심리치료에서 특히 갈등 상황인 경우, 치료자는 적극적으로 개입하여 파트너 각각의 개별적인 발언 기회를 반드시 확보하는 것이 중요하다. 베이더와 피어슨은 커플치료에서 치료자가 리더십을 발휘하여 회기가 분노와 적대감으로 시작되지 않게 해야 한다고 강조한다. 물리적으로 함께 있는 경우에는 치료자가 어떤 단서들(한 파트너가 의자를 가까이 끌어온다던가, 수 존슨의 주장처럼 가볍게 다른 파트너에게 접촉하는 것과 같은 것들)을 활용할 수 있지만 화상 심리치료에서는 그럴 수가 없다. 치료자와 내담자는 갈등 상황에서 치료자가 사용할 수 있는 특정 신호들(시각적이든 청각적이든)에 대해 미리 합의하는 방법도 있다. 사람들이 따로 앉아 있다면, 누군가 이야기하고 있을 때 다른 가족 구성원들에 대해서는 음소거 버튼을 사용할 수도 있다.

실제 삶과 위기 상황

심리치료가 커플의 구역에서 진행된다는 것은 이 커플이 치료자의 치료실에서보다 훨씬 더 실제 생활의 상황과 위기들을 행동으로 보여주고 치료자가 이 실제 상황을 지켜보는 동안 개입할 기회가 많음을 의미한다. 그러나 극단적인 사례의 경우에는(예: 폭력이나 실질적인 위협이 일어날 때), 치료자가 사전에 커플의 가까운 곳에서 누군가 개입할 수 있도록 준비를 해두어야 한다.

감정의 홍수

감정의 홍수는 커플을 평가하고 상담할 때 중요한 요소이다. 대개 커플 치료자들은 이를 평가하기 위해 언어적, 비언어적 단서들을 활용한다. 가트맨식 접근은 각 파트너들에게 맥박산소측정기와 같은 기술적 도구를 사용한다. 화상 심리치료에서는 이런 기술 수단을 사용하고 실행하기가 더 쉽다. 예를 들면 화상 심리치료에서는 화면으로 결과(맥박이나 심장 박동 등)를 공유하거나 심지어는 측정되는 동시에 실시간으로 확인할 수도 있는데 이는 직접 만나서 하는 심리치료에서는 어려운 일이다.

하지만 우리는 멀리서 감정의 홍수를 제어하는 게 어려울 수 있다는 점을 유념해야 한다. 왜냐하면 한 파트너의 감정이 단계적으로 격렬해져서 행동으로까지 나타나는 걸 방지하는 데 도움이 될 물리적인 근접성이 부재하기 때문이다.

이를 극복하기 위한 한 방법은 특히 위기 상황에서 이용할 수 있는 내담자 인근의 지역 자원에 대해 치료자와 내담자 모두가 확실히 해두는 것이다. 또는 이런 상황에 대처할 수 있는 이완 기법 또는 명상과 같은 전략들을 교육시키는 방법도 있다.

회기의 리듬

직접 만나서 하는 심리치료에서 침묵은 일반적인 기법이고 치료자는 다수의 다른 비언어적인 방법들을 알고 있다. 화상 심리치료에서 또렷하지 않거나 느린 말투, 말의 지연 또는 침묵은 기술적인 문제로 해석될 수 있어다. 따라서 일정한 리듬을 유지하고 지나치게 많은 침묵은 제한하는 것이 중요하다.

회기의 녹음

커플치료 회기를 녹음하는 것은 여러 커플치료 학파에서 일반적이고, 사실 커플치료자들의 훈련과정에 포함되어 피드백과 수퍼비전을 받는 데 사용된다. 평가와 상담에 녹음을 활용하는 것은 가트맨 이론의 중요한 요소 중 하나이다. 화상 녹화는 치료자가 커플을 평가하는 데 도움이 되고 어떤 경우에는 커플에게 새로운 기술을 가르치기 위한 치료에서 커플들이 활용할 수 있도록 한다. 온라인으로 회기를 기록하는 것은 치료실 세팅에서보다 훨씬 쉽고 간단하다.

원격 심리치료에서 컴퓨터와 비디오 카메라를 사용하는 것이 수월하다는 점은 커플과 치료자가 집에서의 갈등 상황에도 개입할 수 있어 유용하다. 커플이 이런 상황에서 카메라를 사용하고 이를 치료자와 실시간으로 공유한다면, 치료자는 심리치료실에서 시범을 보이거나 이런 상황에 대해 말로 들을 필요 없이 즉각 개입할 수 있다.

장거리 관계

현대 사회는 장거리 관계가 만연한 상황으로 온라인 원격 심리치료의 필요성을 강조하게 만든다. 바로 커플이 그들의 관계에서 소통하기 위해 사용하는 주된 방법 중 하나가 온라인이기 때문이다. 이런 경우에 커플이 같은 지리적 장소에서 살고 있지 않기 때문에 온라인 심리치료가 커플치료를 할 수 있는 유일한 방법이다.

가족 치료

화상만남으로 진행하는 가족 치료에서 자녀들을 다루는 경우 치료자는 아이들이 상담에 참여하는 동안 치료자의 실제적인 물리적 현존이 필요하다는 사실을 기억해야 한다. 어린이들이 장시간 집중을 유지하는 것은, 특히 온라인이라면 더 어렵다. 이것이 심리치료에 어린이를 포함하기 전에 고려해야 할 사항이지만, 당연하게도 아이들은 모두 차이가 있을 수 있다.

3부
온라인 집단상담

하임 와인버그Haim Weinberg

13 　온라인 집단상담에 대하여

하임 와인버그Haim Weinberg

　　우리는 "사회적 동물"로서, 사회적 상호작용을 하도록 타고났다. 이것이야말로 우리가 사람들을 돕기 위하여 집단을 활용하는 가장 자연스러운 이유이다. 집단상담group therapy은 프로이트로 거슬러 올라갈 정도로 긴 역사를 가진 중요한 치료 모델이다. 제2차 세계대전 동안 "포탄충격shell shock"으로 고통받은 많은 군인들을 위하여 심리적 지지와 심리상담이 필요해지면서 집단상담에 대한 관심도 증가하였다. 커트 르윈Kurt Lewin이 역장field of forces에 대한 개념을 집단에 적용하고 그것이 국립 교육 연구원the National Training Laboratories(NTL)의 감수성 집단sensitivity groups(T집단T-groups)의 발달로 이어지는 동안, 바다 건너편 영국에서는 비온Bion과 푹스Foulkes가 집단상담의 이론을 발전시키고 있었다. 70년대 미국에서는 고립된 사회에서 관계에 대한 욕구를 충족시켜주는 참만남 집단encounter group이 들불처럼 퍼져나갔다. 얄롬Yalom은 집단상담의 주창자가 되었고, 그의 저서 『집단정신치료의 이론과 실제The Theory and Practice of Group Psychotherapy』는 대다수 심리치료자들에게 널리 알려지게 되었다.

　　지난 수십 년 동안, 집단 연구의 초점은 과정 연구에서 효과 연구로 이

동해왔다. 연구를 통하여 집단의 치료적 효과는 최소한 개인상담과 동일하다는 것이 밝혀졌다. 집단상담은 전반적으로 효과가 있으며(Burlingame et al., 2003), 여러 가지 문제를 다루는 데 개인상담만큼 효과적이라는(Barlow, 2011; Bernard et al., 2008; Burlingame et al., 2004; Oei, Raylu & Casey, 2010) 연구 결과들이 있다. 그러나 근거에 기반한 타당성이 있음에도 불구하고, 다수의 서구 국가에서 집단상담에 대한 관심이 줄어들고 있는 것 같고, 상담자들은 집단상담을 덜 하고 있다. 특히 개인 상담소에서 그런 경향이 더 두드러진다.

이러한 상황이 벌어지게 된 여러 이유 중 하나로 집단을 시작하기 위해 충분한 사람을 모으기가 어렵다는 점을 들 수 있다. 개인 상담소에서는 집단원을 모집하기 위하여 상대적으로 큰 내담자 집단이 필요하다. 전체 집단원이 모일 수 있는 시간과 장소를 찾는 일은 쉽지 않고, 상담자가 마지막 집단원 후보를 만나 면접할 때쯤에는 몇 달 전 맨 처음으로 만난 집단원 후보는 이미 집단을 하지 않기로 결심했을 것이다. 이러한 실질적인 이유 때문에 집단을 시작하지 못하는 경우가 많다. 심지어 상담자가 모든 실질적인 어려움을 극복하고 집단을 시작한 경우에도 집단원이 교통체증, 질병, 출장 등으로 인하여 집단 모임에 오지 못하게 되는 제약이 존재한다. 집단이 안정적이지 못할 경우 집단원들은 안전한 느낌이 줄어들고, 좌절감이나 거부당했다고 느끼며, 집단 과정에 덜 참여하게 될 수 있다.

이 책에서 여러 번 강조된 바와 같이, 인터넷을 활용하여 더 많은 사람들이 상담에 접근할 수 있기 때문에 앞에서 언급한 문제 중 일부를 극복하는 데 도움을 받을 수 있을 것이다. 상담자의 지리적 한계를 넘어서 집단원을 모집할 수 있고, 결석이 줄어들면서 집단에 지속적이고 안정적으로 참석할 수 있어서 집단 과정이 더 잘 진행될 것이다. 그러나 50년대부터 원거리 상담이 주로 전화를 활용하여 이루어졌지만(이 책 제1부 참조), 원격 집단상담을 시도한 경우는 거의 없었다. 아마도 전화로 집단상담을 한다면 지금 누가 말을 하고 있는지 알기 어렵다는 것이 그 이유 중 하나일 것이다. 와인버그Weinberg(2001)는 21세기 초에 이미(온라인 게시판에서 보이는) 인터넷 집단 역동의 중요성에 대하여 지적하였다. 화상만남videoconferencing을 활용하는 온라인 집단상담online group therapy은 아주 최근에서야 시작되었는데, 그 이유는 아마도 화상으로 연결하기 위한 더 나은 방법이 최근에서야 개발되었기 때문일 것이다. 화상 프로그램을 활용하여 다수의 참여자가 연결할 수 있는 효과적인 기술적 방법을 찾아내기 위하여 상당한 시간이 걸렸다. 내가 알기로 집단상담에 인터넷을 활용하는 방법에 대한 심층적인 검토를 담고 있는 것은 이 책이 처음일 것이다.

비록 기술적 방법이 이미 존재하고 있지만, 원거리에서 집단 참석자들을 관리하는 것은 절대 쉬운 일이 아니다. 이 책의 '시작하는 글'에서 강조한 바와 같이, 실제로 모이지 않고서 이루어지는 상호작용은 어려움을 낳고, 그 외에도 다른 어려움들이 발생한다. 예를 들어, 집단원들은 다른 집단원이 누구를 보고 있는지 알 수 없다. 특히 집단 리더가 누구를 보고 있는지 알 수 없다는 점도 중요하다. 모든 집단원이 동시에 말하는 것을 듣게 되는 것도 문제가 된다. 새롭게 배워야 할 기술이 많다.

이 책 제3부는 집단을 이끄는 상담자뿐만 아니라, 조부모, 부모, 성인 자녀가 흩어져 사는 가족을 만나는 상담자에게도 중요한 의미가 있다. 또한 직원들이 다양한 지역에 흩어져 있는 것이 일상적인 조직과 온라인 팀 회의를 진행하는 조직 컨설턴트organizational consultants와도 관련이 될 것이다. 이와 같은 회의에서 과정적 측면은 많은 경우 간과된다. 집단상담에서 과정은 매우 중요하기 때문에, 조직 컨설턴트에게도 이 책 제3부의 내용을 추천하는 바이다.

우선 다음의 일화를 보도록 하자.

집단상담에서 한 번은 집단원 한 명이 자기가 키우는 고양이를 데리고 왔다. 그 집단원은 집단 리더나 다른 집단원들에게 허락을 받지도 않았는데, 집단에 반려동물을 데리고 오는 것이 자연스러운 일인 것처럼 행동하였다. 집단 리더가 그 집단원에게 집단에서 경계를 침범한 것에 대하여 하고 싶은 말이 있는지 묻기 전까지, 집단원 중 누구도 고양이를 데려온 것에 대하여 언급하지 않았다. 그 집단원은 자신의 행동을 경계 침범으로 보지 않았으며, 그 이야기를 꺼낸 집단 리더에게 정말 화가 났다. 다수의 집단원들이 고작 귀여운 고양이 한 마리에 대해 집단 리더가 지나친 행동을 한다고 생각했고, 고양이가 그들의 주의집중에 방해가 되거나 집단 과정에 영향을 미치지 않는다고 주장했다.

나는 집단상담에 대해 익숙하고 집단에서의 경계boundaries와 동의agreement가 중요하다는 것을 알고 있는 대다수 독자들이 고양이를 데려온 집단원의 행동이 일반적이지 않으며, 집단원들이 문제를 보지 못하는 것을 명백한 저항으로 해석할 것이라고 생각한다. 그러나 동일한 상황이 줌Zoom을 활용하여 화상으로 온라인 집단을 하는 도중에 갑자기 고양이가 테이블 위로 뛰어올라 걸으면서 털이 수북하고 예쁜 꼬리를 카메라 앞에 드러냈다고 생각해보자. 이것도 경계 침범으로 볼 수 있을까? 집단원들의 반응을 저항으로 볼 수 있을까?

이 짧은 예시를 통해 화상으로 하는 온라인 집단이 모든 집단원과 상담자가 실제로 한 공간에서 만나 진행하는 집단과 매우 비슷해 보이지만, 각경우가 적어도 어떤 면에서 다르게 느껴진다는 것을 알게 되었다. 중요한 점은 특히 화상만남을 활용하는 온라인 집단이 집단원과 집단상담자가 한 공간에 모여서 하는 집단과 어떻게 다른가 하는 점이다. 이 질문을 통해 '집단상담자는 온라인 집단을 자신의 상담실에서 집단을 할 때와 다르게 인도해야 하는가?'와 같은 집단상담에 대한 함의를 발견할 수 있다. 제3부에서는 이와 같은 유사점과 차이점에 대해 알아보고, 온라인 집단을 위한 온라인 활용에 대한 제안을 제시할 것이다.

현재 온라인 집단상담은 문자 —예를 들어, 구글그룹Google Groups이나 리스트서브 게시판Listserv Forums— 또는 영상 —예를 들어, 줌이나 스카이프Skype와 같은 프로그램— 을 통해 이루어진다. 글로 하는 방식은 동시에 참여하는 집단(채팅방에 모든 집단원이 동시에 대화를 나누는 경우)과 비동시적으로 이루어지는 집단(온라인 게시판에서 시간을 정하지 않고 집단원들이 각자 시간이 될 때 글을 보내고 읽는 경우)에 모두 활용할 수 있다. 온라인 게시판에는 고유한 집단 역동이 있으며, 이는 와인버그Weinberg의 다른 저서 『가상의 타자들이 현존하는 가운데 홀로 있는Alone in the Presence of Virtual Others』(2014)에 자세히 나와 있으니 참고하기를 바란다. 그는 온라인 게시판을 소집단을 가장한 대집단으로 보았고, 문자를 기반으로 한 의사소통에서만 발생하는 대규모의 투사가 발생한다고 지적하였다. 그는 또한 사람들이 온라인에서 보이는 행동에 영향을 주는 무의식적 가정과 신념 ("인터넷 무의식the Internet unconscious")이 있다고 가설을 세우고 그와 같은 경계가 모호한 가상의 집단에서 집단 리더의 현존이 중요하다고 강조하였다(이는 온라인 상담에 대한 거의 대부분의 책에서 다루는 내용이다). 그는 또한 그와 같은 온라인 집단에서 보이는 친밀감은 현실에서 얼굴을 맞대고 있을 때와 다르다고 주장하였고, 이를 E-친밀감E-ntimacy이라고 불렀다.

컴퓨터를 이용한 화상 소통의 질이 2010년경에 극적으로 향상되면서 집단상담과 일반적인 온라인 상담에 화상만남이 점점 널리 활용되고 있는데, 이는 아마도 "현실"과 훨씬 유사하기 때문일 것이다. 사실 화상통화는 직접 만나는 것이 아니라 얼굴을 마주하고 의사소통하는 방식이다. 화상을 사용하는 온라인 개인 상담에 관한 논문과 몇몇 연구들이 등장하고 있으나, 화상을 활용한 온라인 집단에 대한 논문은 아직 보지 못하였다. 제3부의 내용이 집단에 화상만남 방식을 활용하는 것에 국한되지는 않지만, 그와 같은 간극을 메우게 될 것이다.

제3부에는 얄롬과『집단정신치료의 이론과 실제The Theory and Practice of Group Psychotherapy』5판을 함께 저술한 몰린 레쉬Molyn Leszcz를 인터뷰한 내용이 담겨 있다. 그 인터뷰에서 우리는 제3부 중 내가 맡은 장에서 요약한 많은 요소들에 대하여 논의하였다. 레쉬가 집단 응집성과 줌을 활용한 집단에서는 응집성에 어떠한 영향이 있는가에 대하여 논의하게 된 질문은 특히 언급할 가치가 있다. 응집성은 얄롬의 치료적 요인 중 하나이며, 연구를 통하여 집단의 긍정적인 효과와 상관관계가 있다는 것이 밝혀져 있

다. 어떤 면에서 집단 응집성은 개인 상담에서의 성과와 상관관계가 있는 치료 동맹이라는 요인을 대체한다. 이러한 개념에 강조점을 두고, 온라인 집단의 응집성이 어떻게 강해지는지에 대하여 고려하면서, 온라인 집단의 리더가 이 요인을 강화시킬 수 있는 방법을 제시하는 것이 집단의 성공에 중요할 수도 있을 것이다.

이 인터뷰에서 다룬 많은 주제들에 관한 논의는 하임 와인버그Haim Weinberg가 맡은 장에서 더욱 발전되었다. 온라인 상담에 대한 논문의 저자들은 실제로 모이지 않고서 집단이 이루어지는 것과 관련된 주제에 신경을 집중하게 된다. (대인관계 신경생물학interpersonal neurobiology, IPNB의 관점에서) 사람들의 물리적인 현존이 서로의 정서를 조절하게 된다는 점을 고려할 때, 이러한 조절이 온라인에서도 발생하는가에 대해서 의문이 제기될 수 있다. 그러나 와인버그는 몸이 부재하는 것을 보상하기 위하여 온라인 집단상담의 효과를 증가시키는 방법들을 제안한다. 그는 또한 온라인 집단을 진행할 때 배경에서 발생하는 중요한 사건들이 흔히 무시되고 있다는 점을 강조한다(앞에서 언급한 고양이의 예시 참고). 또 다른 중요한 점으로, 그는 상담자가 직접 만나는 집단 상황에서처럼 통제하지 않는다는 점에 초점을 맞추면서, 그것이 집단 관리의 역동에 어떠한 의미를 갖는지 궁금해한다.

제3부의 또 다른 챕터는 라울Raúl과 라라 베임버그Lara Vaimberg가 담당하였다. 그들은 두 가지 다른 종류의 온라인 집단에 대하여 설명한다. 하나는 인터넷 게시판을 활용한 3년짜리 장기 집단이다. 이 집단이 대면 집단으로부터 시작되었기 때문에, 대면 상담과 온라인에서 문자를 기반으로

하는 상담을 비교하기가 수월하였다. 두 번째 집단에서는 온라인 비디오 게임을 활용하여 자폐스펙스럼장애가 있는 아동과 청소년을 치료한다. 게임을 통하여 아이들은 타인과 협동하는 방법을 배우게 된다.

제3부는 또한 다른 부section에서와 같이 온라인 집단상담 실시를 위한 실무적인 고려사항들을 포함하고 있다.

온라인 집단의 핵심은 무엇인가? 다음의 일화를 통해 요약해 보고자 한다.

온라인 집단에서 한 집단원이 스트레스를 준 사건에 대해 이야기를 하고서는 자신은 괜찮으니 자기를 걱정하거나 그 일에 대해 더 이야기를 해 보라는 요청을 하지 말아 달라고 하였다. 집단원들은 그의 요청을 존중하고 싶은 마음과 그를 염려하는 마음 사이에서 갈등하면서도, 그가 부인하고 있어 그들의 도움을 진정 필요로 한다고 느꼈다. 집단은 교착상태에 빠졌고, 그 집단원도 이를 감지하였다. 마침내 그는 집단 리더에게 "온라인이라서 알아차리기 힘들겠지만, 나는 지금 당신을 보고 있고, 이 난관에서 벗어날 수 있는 방법을 당신이 찾아주기를 바라고 있어요."라고 말하였다. 그 덕분에 집단 리더는 개입할 수 있었고, 그들이 처한 딜레마에 대하여 논의하게 되었다.

결론: 온라인 집단에서 일부 어려움들이 발생하지만, 이를 극복할 수 있는 창의적인 방법들도 존재한다.

참고문헌

Barlow, S. H. (2011). *Evidence bases for group practice*. In R.K. Conyne (Ed.), The Oxford Handbook of Group Counseling (pp. 207–230). Oxford: Oxford University Press.

Bernard, H., Burlingame, G., Flores, P., Greene, L., Joyce, A., Kobos, J.C., et al. (2008). Clinical practice guidelines for group psychotherapy. *International Journal of Group Psychotherapy, 58*: 455–542.

Burlingame, G., Fuhriman, A., & Mosier, J. (2003). The differential effectiveness of group psychotherapy: A meta-analytical perspective. *Group Dynamics: Theory, Research and Practice, 7*: 3–12.

Burlingame, G.M., MacKenzie, K.R., & Strauss, B. (2004). *Small group treatment: Evidence for effectiveness and mechanisms of change*. In M.J. Lambert (Ed.), Bergin & Garfield's Handbook of Psychotherapy and Behavior Change, 5th edn (pp. 647–696). New Jersey: Wiley.

Oei, T.P., & Dingle, G. (2008). The effectiveness of group cognitive behaviour therapy for unipolar depressive disorders. *Journal of Affective Disorders, 107*: 5–21.

Oei, T.P., Raylu N., & Casey L.M. (2010). Effectiveness of group and individual formats of a combined motivational interviewing and cognitive behavioral treatment program for problem gambling: a randomized controlled trial. *Behavioral Cognitive Psychotherapy, 38(2)*: 233–238.

Weinberg, H. (2001). Group process and group phenomena on the Internet. *International Journal of Group Psychotherapy, 51(3)*: 361–379.

Weinberg, H. (2014). *The Paradox of Internet Groups: Alone in the Presence of Virtual Others*. London: Karnac.

14 몰린 레쉬와의 인터뷰

M = 몰린 레쉬Molyn Leszcz
H = 하임 와인버그Haim Weinberg

H   온라인 집단상담을 많이 해보고, 관련 글들을 읽고, 많은 동료들과 이
    야기를 나눈 뒤에 제가 도달한 결론에 대하여 물으신다면, 온라인 집
    단이 얼굴을 맞대고 하는 집단과 유사하지만 완전히 같지는 않다는 것
    입니다. 그리고 어려운 점은, 너무나 유사하기 때문에 대다수의 상담
    자들이 작은 차이점들 또는 작게 보이는 차이점들을 간과한다는 것입
    니다. 저는 이게 실수라고 생각합니다.

M   아시다시피, 개입을 위한 세팅으로 집단을 활용한다면 과정의 여러
    차원들은 배경으로 사라질 것입니다. 그러나 집단을 주체agent로 활용
    한다면 더 많은 과정 변인들이 전경으로 드러날 것입니다.

H   정말 맞는 말씀입니다. 저에게도 실제로 도움이 많이 되는 말씀입니
    다. 온라인 치료로 전환할 때 겪는 어려움 중 하나는 세팅의 변동으로
    인한 것입니다. 말씀해주신 대로 어려움이 있을 수도 있다는 점은 이
    해했습니다만, 여전히 중요한 문제는 과정process에 집중해야 하는가

아니면 세팅setting에 집중해야 하는가 하는 것입니다. 이 결정이 가장 근본적이고 중요하다고 생각합니다. 이 점에 대해 좀 더 말씀해주시기를 부탁드립니다.

M 네. 저는 증거 기반 상담자가 된다는 개념에 더 집중해서 설명하고 있습니다. 인터넷을 면대면 집단상담의 수단으로 사용할 때에도 증거 기반 상담을 하는 것이 중요하기 때문에 응집성에 집중해야 합니다. 우리는 면대면 집단과 줌Zoom 집단이 응집성에서 어떤 차이가 있는지 알지 못합니다. 어떤 점에서는 인터넷이 더 유리할 수 있는데, 예를 들어 문자를 활용하여 답을 할 때 내담자 편에서는 더 기꺼이 위험을 감수하게 될 수도 있기 때문입니다. 일종의 잠재의식적인 공간subliminal space에 해당하죠 … 우리는 얼굴을 맞대고 있긴 하지만 실제로 같은 방에 있을 때와는 조금 차이가 납니다. 상대방은 내 얼굴만 볼 수 있을 뿐, 그 외에 내가 뭘 하고 있는지는 볼 수 없습니다. 나 역시도 상대방의 얼굴만 볼 수 있을 뿐이고 … 그래서 분명하게 드러나지 않는 소통에 대해서 훨씬 더 주의를 기울여야 합니다. 처음에 제가 하던 이야기로 돌아가자면, 집단을 주체로 사용하는 것은 집단이 고군분투하는 원인 중 하나인데, 여러 사람들의 책임 하에 개입을 위한 설정으로 집단을 활용하는 것입니다. 만일 심리교육 집단, 지지 집단, 화학 요법chemotherapy으로 인한 어려움에 대처하는 방안을 배우는 집단이라면 이런 방식은 문제될 것이 없습니다. 유용하고 의미 있는 방법이라고 생각합니다. 하지만 집단 자체를 자각, 대인관계 학습, 자기이해 등을 촉진하기 위한 수단으로 본다면, 과정에 집중하는 것은 매우 중요한 일이 됩니다. "과정"은 저에게 본질적으로 "그것이 이런 방식으로 이

시점에 벌어지고 있는 이유"라는 뜻입니다. 저에게 무슨 일이 벌어지고 있고, 누가 누구에게 이야기하고 있고, 무슨 이야기를 하고 있으며, 누가 이야기하지 않는가를 기억하기 위한 간단한 방법입니다. 사람들이 드러내고 이야기하지 않는 내용은 무엇인지, 왜 이 일이 이런 방식으로 이 시점에 발생하고 있는지, 이것이 집단에서 더 좋은 결과를 예측하기 위한 두 개의 주요 개념인 응집성의 발달 그리고 공감의 표현과 어떻게 관련이 있는지에 대하여 기억할 수 있게 해줍니다.

H   과정과 관련된 모든 요인들과 지금–여기는 온라인과 대면 방식에서 똑같이 적용되지 않습니까?

M   감히 추측해보자면 그렇습니다. 게다가 …

H   더 하실 말씀이 있으신가요?

M   제가 근무하는 병원에서 집단을 운영할 때 저는 특수한 사회문화적 배경 속에 존재합니다. 병원 업무에서 제가 지지받고 있는지, 사람들이 제가 하는 일을 인정 및 존중하고 있는지, 내가 일하는 병원의 의료진이 자신의 일을 할 때 자비심을 느끼며 하고 있는지, 이러한 모든 것들이 저에게 영향을 미칩니다. 불평등하고 사회 정의에 대한 관심이 부족하다고 느낀다면 그 역시도 저에게 영향을 미칩니다. 당신이 인터넷 집단이나 줌 집단을 한다면, 그 역동을 둘러싼 모든 힘에 관심을 기울여야 합니다. 사람들은 지리적으로 모두 흩어져 있고, 어떤 사람은 해외에 있을 수도 있습니다. 그래서 보다 커다란 힘들이 상황을 더욱 복잡하게 만들 수도 있습니다.

H   아, 그 이야기를 덧붙이고 싶으셨군요. 우리는 문화적·사회적 요소들도 함께 이야기합니다. 사회적으로 의식하지 못하고 있는 이슈들도

요. 이는 여러 문화권이나 세계 각지에서 집단을 하게 될 때 더 분명해지지요.

M 맞습니다. 줌을 활용한 집단을 보다 더 현실에서의 면대면 집단처럼 만들고, 부가적인 특징들을 더욱 활용한다면, 집단을 더 성공적으로 진행할 수 있을 것입니다. 그래서 준비하고 선발하고 공식화해나가는 것 모두 도움이 될 것입니다.

H 동의합니다. 앞에서 말씀하신 치료적 요인으로 돌아가서, 문자로 진행되는 집단(온라인 게시판forum)의 경우에는 응집성이 발달한다는 충분한 증거가 있습니다. 그러나 줌이나 화상만남을 활용한 경우에 대해서는 충분한 연구나 증거가 없습니다. 그렇지 않나요?

M 그렇게 볼 수 있습니다. 이 내용은 박사님의 전문 분야이니 누구보다도 더 잘 아시겠지요. 온라인으로 하는 면대면 상담에 대한 연구 결과는 거의 보지 못했습니다. 연구가 있는 경우에도, 대부분은 더 전통적인 인터넷 집단에 관한 것이었습니다. 방금 말씀하신 내용은 줌을 활용한 면대면 집단에 대한 연구는 별로 없다는 것이었지요?

H 맞습니다. 별로 없어요. 그래서 이 책에서 커플상담이든 집단상담이든 화상만남에 대하여 더 집중적으로 다루고자 하는 것입니다. 기존 연구들을 보충하고 완성시키기 위해서요.

M 맞습니다. 매우 중요한 일이라고 생각합니다. 또한 다른 관련 변인이 있는데요. 현재 상담을 받고자 하는 20~30대들은 40~50대들보다 인터넷에 더 익숙합니다. 세대와 관련된 현상도 있는 것이지요. 우리에게 방해가 될 수도 있다고 생각하는 것들이 다른 세대의 내담자들에게는 아닐 수도 있어요.

H 그럴 수도 있겠네요. 아마도 젊은 세대는 온라인을 더 쉽게 활용하겠지요. 어쩌면 온라인을 사용하는 것이 더 이익일 수도 있겠습니다. 하지만, 젊은 세대에게 가해지는 불이익에 대해서도 이야기해보면 좋겠습니다. 제 말씀은 의도적으로 반대 입장에서 한 번 생각해 보자는 것입니다. 온라인 심리상담을 제공한다는 것은 결국 늘 인터넷만 하는 문화와 빨리 답을 찾으려고 하고 만족을 지연시키지 못하는 경향을 우리가 지지하게 된다는 의미가 아닐까요? 여기에 대해서는 어떻게 생각하십니까?

M 정말 생각해볼 내용입니다. 온라인 집단상담을 할 때, 의도하지 않았지만 발생할 수 있는 결과들에 대한 윤리적 검토가 필요하다고 생각합니다. 예를 들어 위기 내담자는 어떻게 할지, 한 사람이 급성 스트레스를 겪고 있는데, 상담자는 400마일 떨어진 곳에 있는 경우에는 어떻게 할지, 안전을 확보하기 위하여 상담 계약에 포함시켜야 하는 내용은 무엇인지와 같은 내용들이 있습니다. 제가 잘 알지는 못하지만 호기심이 느껴지는 부분은, 기상천외한 방식으로 살아가는 사람들이 상당히 많이 집단에 참여한다는 것입니다. 가상의 삶은 진짜 삶이 아니기 때문이지요. 그래서 줌을 활용할 때, 우리가 바라는 대로 참여자들을 더 가깝게 만들 수 있을까요? 아니면 "집 밖으로 나가지 않아도 돼. 내 방에서도 전 세계와 연결할 수 있어."와 같은 생각을 키우게 될까요? 한편으로, 제가 만나는 내담자들은 사회 불안이 높고 우울한데, 이 방법을 통해 상담에 대한 접근성을 높일 수 있지만, 의도치 않게 타인에게 노출되는 것을 정말 통제할 수 있고, 세상 밖으로 나가지 않아도 된다는 생각을 강화시키는 것은 아닐까 하는 의문도 듭니다.

H   제가『인터넷의 역설The Internet Paradox』에서 저술했던 내용과 같은 이
야기를 언급해주셨네요. 정말 역설적인 부분들이 있습니다. 또한 셰
리 터클Sherry Turkle의 책,『외로워지는 사람들: 테크놀로지가 인간관
계를 조정한다Alone Together』에도 나와 있는 바와 같이, 이건 역설이기
도 한데, 시작할 때 말씀하셨던 것과 같이 심리상담에서 경계에 대하
여 평소보다 더 많은 주의를 기울일 필요가 있다는 의미가 됩니다. 상
담 상황에 대한 내용이 매우 구체적이어야 하구요. 언급하신 것처럼
상담자와 내담자 사이에 동의할 내용을 작성할 때, 온라인에서 지켜
야 할 윤리나 규범이나 규칙을 포함시킬 필요가 있습니다. 위기 상황
일 때 무엇을 할 것인지에 대해 정해놓는 것도 필요합니다.

그리고 다른 내용에 대해서도 이야기해보고자 합니다. 물리적으로
함께 하지 않는 환경에서는 어떤 일이 벌어질까요? 신체가 부재한 상
황이지 않습니까. 여기에 관해서 어떻게 생각하십니까?

M   줌을 활용한 집단에서 더 주의를 기울이고 우리가 모르는 부분이 있다
는 것을 인정하기 위해서는 집단 리더가 필요합니다. 눈에 보이는 것
이 뭔가를 말해주고 있다는 추론을 하기에는 훨씬 무리가 있기 때문입
니다. 또한 전체를 보기가 어렵기 때문입니다. 방에 앉아 있다면, 노련
한 집단상담자라면 재빨리 그 방을 훑어볼 수 있습니다. 하지만 컴퓨터
에서 8명의 얼굴을 훑어보기 위해서는 다른 기술이 필요할 것 같습니다.

H   그래요, 몸이 부재하는 상황이지요. 또한 눈맞춤도 부재하는 상황입
니다. 이로 인해 또 하나의 역설이 발생합니다. 즉, 집단에서 보는 것보
다 상대방을 훨씬 더 자세히 볼 수 있고 얼굴 표정에도 집중할 수 있지
만, 서로 눈맞춤을 할 수는 없습니다.

M 그리고 한 사람에게만 과도하게 집중할 경우에는 동시에 다른 사람들을 보기는 어려울 것입니다. 한 방에 있을 때 집단에서 발생하는 모든 일을 알아차리기는 어렵습니다. 그리고 앉아 있는 자세도요. 집단에서 만큼 앉아 있는 자세에 집중해서 조율하지 못하지만, 팻 옥든Pat Ogden이 미국 집단상담학회AGPA에서 감각운동sensori-motor 관점에 대하여 한 강연은 좋았습니다.

H 그러니까, 한 사람에게 집중하게 될 때 집단 전체에 대한 집중을 놓치게 된다는 것이군요.

M 네, 그럴 것 같아요. 모든 것이 우리에게 무언가를 줄 때 다른 것은 앗아가는 것 같습니다. 그래서 여기에서 중요한 점은 우리가 무엇을 얻고 무엇을 잃는지 알아차리고 신경을 쓰는 것입니다. 우리가 얻는 것은 접근성입니다. 더 큰 집단의 힘에 연결될 수 있는 것이지요. 우리가 잃는 것은 사람들이 전체적인 방식으로 하는 감정 표현을 실제로 활용할 수 있는 잠재성입니다. 여기에서 당신은 내 얼굴을 볼 수 있지만 손은 볼 수 없지요. 지금은 단지 두 사람이지만, 여덟 명이 더 있다면 훨씬 더 복잡해집니다.

H 맞습니다. 흥미롭네요. 저는 미국 상담자들과 교육용 과정 중심 집단을 하고 있는데, 한 회기에서 참여자들이 신체 전체를 볼 수 없다고 이야기 하더군요. 그리고 나서 했던 것이, 전체 모습을 보여주기 위해 다리를 보여주고 신발을 보여주고 하는 것이었습니다.

M 구체적으로 실행을 했네요. 하지만 그런 방식으로는 지속적으로 신체 전체를 보여주지는 못합니다. 하지만 인터넷이 아니었다면 그 집단원들은 집단에 참여하지 못했겠지요. 그래서 우리는 무엇을 얻고

무엇을 잃는지를 살펴봐야 합니다.

H 구체적인 것과 구체적이지 않은 것의 차이에 대해서 이야기를 하자면, 신체 전체를 볼 수 없을 뿐만 아니라 정확히 무슨 일이 발생하고 있는지를 감지할 수 있는 능력도 제약을 받습니다. 왜 그런지 모르겠지만, 컴퓨터를 매개로 할 때 단절됩니다. 동의하십니까?

M 네. 줌으로 가르칠 때 느꼈습니다. 인터넷이든 와이파이든 기술에 차이가 있을 때 기본적인 것 때문에 집중이 흐트러집니다.

H 맞습니다. 방해가 되지만, 어쩌면 우리가 그것을 활용할 수도 있을 것 같습니다. 예를 들어 연결이 잘 되지 않을 때나 대화 중에 끊겼을 때 어떻게 하십니까? 흔히 우리는 "당신 인터넷이 약해서 그래요."라며 다른 사람을 탓합니다. 그 상황을 활용해서 "괜찮아요. 기분은 어떤가요?"라고 할 수도 있습니다. 어떤 사람은 자극을 받아 더 부정적인 경험을 할 수도 있습니다. 일대일로 만나는 세팅에서 더 자주 발생하는 일이지만, 집단에서도 해볼 수 있을 겁니다.

M 와인버그 선생님, 지금 여기에서 과정에 주의를 기울일 때, 현장에서 벌어지는 모든 일들을 활용할 수 있다는 좋은 예시네요. 저희 병원에서 실시하고 있는 집단을 진행하던 중에 화재경보기가 울린 적이 있습니다. 소리가 꽤 시끄러웠고, 결국 "우리는 안전한가? 상담자가 우리의 안전에 대해 결정하는 내용을 신뢰할 수 있는가? 이전에는 화재경보기가 울린 적이 한 번도 없었는데, 어떻게 된 상황인가?"와 같은 내용으로 의논하게 되었습니다. 권위, 신뢰, 안전과 관련된 주제를 다루게 된 것이죠. 이 내용은 집단에서 잠재적인 주제가 되는 것들입니다. 그리고 인터넷이 새로운 영역들을 열어줄 것입니다. 첨단 기술에 익

숙한 노련한 집단상담자는 일반적인 상황에서 이루어지는 집단에서 하듯이 온라인 집단에서도 과정을 잘 다룰 수 있을 것이라고 생각합니다. 하지만 어떤 점을 염두에 두어야 하는지, 무엇이 드러나고 있고 또 무엇이 드러나지 않고 있는지 알아야 하겠죠.

H   네, 좋은 말씀입니다. 전에 말씀하셨던 내용과 연결될 수도 있을 것 같습니다. 과정에 집중하고, 일반적인 면대면 집단과 다소 다른 일들이 발생할 때 무시하고 넘어가지 않는다면, 온라인에서도 더 깊이 있는 작업을 할 수 있고 집단이 잘 이루어질 것이라는 말씀이지요. 제 온라인 집단상담 계약서에는 집단원이 각자 자신의 집에서 상황을 통제하기 때문에 혼자 있는 방에서 문을 닫고 다른 사람이 들어오거나 방해할 수 없도록 하고, 이메일이나 휴대폰을 사용하면 안 된다는 내용이 있습니다. 그런 내용을 일반적인 집단상담 계약서에 넣지는 않습니다. 제가 그 장소에 대해 관리하고 관여할 수 있기 때문이지요. 그리고 한 번은 고양이가 탁자 위에 올라왔습니다. 처음에는 꼬리만, 그 후에는 나머지가 보이게 된 것이죠. 이런 경우 어떻게 할 수 있을까요? 우리가 집단상담실에 모여 있는 게 아니지 않습니까. 사람들이 고양이를 집단에 데려오는 일은 거의 없습니다. 그래서 거기에 대한 이야기를 꺼냈습니다. 사실 계약서에 의한 것은 아니었습니다. 이런 일들에 대해 주의를 기울여야 합니다. 하지만 대부분의 상담자들은 그냥 무시해버립니다.

M   면대면 집단에서 많은 상담자들이 과정과 관련된 중요한 요인들을 무시합니다. 공감적으로 조율하지 않는 경우도 많습니다. 그래서 집단원이 자기의 고양이가 집단 중에 보이도록 놓아두는 경우, 이건 무슨

의미일까요? 그 집단원은 의식적으로 그렇게 한 것일까요? 문을 닫아 버리면 고양이가 가만히 있지 않고 들어오려고 문을 긁으면서 방해가 될 테니까요. 고양이가 옆에 있으면 마음이 편해져서 더 큰 위험을 감수할 수 있게 되는 것일까요? 아니면, 그 집단원은 고양이를 활용해서 혼자만 있는 공간에 둘이 함께 있으면서 다른 집단원들 전체에 맞서고 있는 것일까요? 여러 가지 의미가 있을 수 있습니다. 그리고 때로는 그냥 아무 의미 없는 경우도 있습니다.

H 네, 그래서 그냥 무시하지 말고 탐색을 해보라는 말씀을 하시는 것이지요. 그리고 대면 상담에서조차 탐색하지 않는 상담자들이 있는데요, 온라인에서는 일종의 배경 속에 있다 보니 거기에 대해 충분히 생각해보지 않아서 더 큰 위험이 발생할 수 있습니다.

M 집단에서 졸고 있는 집단원을 본 집단상담자들이 많을 겁니다. 특히 저녁에 하는 집단에서요. 그런 경우에 어떻게 하십니까? 무시하시나요? 집단 리더로서 거기에 대한 이야기를 꺼내시나요? 어떻게 아무도 여기에 대해 이야기를 꺼내지 않느냐고 집단 리더로서 물어보시나요? 이런 일이 최근 제 집단에서 있었습니다. 이런 상황은 집단상담의 상호주관성에 대해 보여줍니다. 이 집단원은 젊은 아빠였는데 졸고 있었습니다. 정신을 차리려고 노력하고 있었죠. 제가 말을 꺼낼 때까지 아무도 여기에 대해 이야기를 하지 않았습니다. 아무도 여기에 대해 말을 꺼내지 않을 수 있었을까요? 그 집단원은 사과를 했습니다. 그러자 한 사람이 그에게 무례하다고 했습니다. 그리고 또 다른 사람은 그 집단원이 평소 그런 사람이 아닌데 오늘은 왜 졸았는지 이유를 들어보고 싶다고 했습니다. 그 집단원이 전날 밤에 딸을 데리고 응급실

에 다녀왔다고 했습니다. 피곤하고 잠도 얼마 못 잤지만, 집단에 오기로 마음을 먹었다고도 했습니다. 집단에서 졸았기 때문에 비난을 받아야만 하는 것일까요? 아니면 집단에 오기 위해 노력한 것을 칭찬을 받아야 할까요? 그 상황은 "가능한 여러 측면에서 모든 것을 이해할 필요가 있다"는 점을 잘 보여주고 있습니다. 그리고 줌으로 집단을 한다면, 우리는 열 군데 집에서 집단에 참여하게 될 테니 더 많은 일이 발생할 것입니다.

H 말씀하신 내용이 두 가지로 나뉩니다. 하나는, 결국 다시 돌아가서, 인터넷을 활용하지 않는 집단에서도 발생하는 일들입니다. 그리고 나머지 하나는, 온라인에서 벌어지는 일들은 그냥 넘어가기 쉽기 때문에 주의를 더 기울여야 한다는 점입니다. 마치 짝을 이루는 것처럼… 좀 더 이야기를 해주실 수 있겠습니까?

M 제 경우에는 윤리적인 문제들에 대한 의문이 있습니다. 개인정보보호는 어떻게 할지, 비밀보장은 어떻게 해야 할지, 아무도 비디오 녹화를 하지 않는다는 것을 어떻게 보장할지, 극도로 심각한 스트레스를 겪고 있거나 자살 사고나 행동의 위험이 있는 경우에 계약서를 받고 계시는 것으로 알고 있는데 집단원이 바다 건너에 있다면 그런 계약서에 어떤 조항을 넣어야 할지. 또 다른 문제는 자격증 관할권역과 관련해서, 상담자가 매사추세츠주에 살고 있는데 줌을 활용한 집단에 참여하고 있는 집단원이 사는 다른 주에서는 자격증이 없다면, 그리고 소송에 휘말리게 된다면 … 정말 취약한 상황이 됩니다.

H 네, 그 모든 것들을 고려해야 하고 아마도 상담 계약서에 넣어야 하겠지요. 여기에서 하나 여쭤보겠습니다. 우리가 집단에 대하여 나눈 이

야기 중에서, 원을 만들어서 앉는 이유에는 자궁, 그릇 등 어떤 식으로든지 심오한 신화적 의미가 있다는 내용이 있었습니다. 하지만 줌을 활용할 때에는 원을 만들어 참여할 수 없고 화면에 사각형의 형태로 배열이 될 텐데, 이러한 모습이 집단에 어떤 영향을 미치게 될까요?

M 좋은 질문입니다. 결국 이러한 종류의 집단에서의 응집성에 대하여 이해할 필요가 있습니다. 어떤 집단원 배치가 다른 것보다 더 낫거나 부족한 것일까요? 언급하신 상담 계약서가 응집성을 향상하기 위하여 도움이 될 것입니다. 만나서 하는 집단보다 온라인으로 하는 집단에서는 계약서가 훨씬 더 중요할 것 같습니다. 관련된 경험을 하신 적이 있을 겁니다. 만나서 하는 집단에서 사람들은 계약서에 서명을 하고 나면 그 내용을 잊어버립니다. 나중에 "아, 정말 그렇게 하는 건가요?"라고들 하지요. 필요한 질문입니다. 그런데 누군가가 결석을 한다면, 빈 의자를 놓아두시나요? 아니면 치우시나요?

H 중요한 지점이네요. 저는 의자를 놓아둬서 거기에 없는 집단원의 존재감을 남겨둡니다. 하지만 온라인에서는 그렇게 할 생각을 하지 못했어요. 어떻게 하는지도 모르고요.

M 저는 오지 않은 사람이 있으면 의자를 치워버리기 때문에, 이러한 상황이 문제가 되지는 않아요.

지난주 집단에서 저와 제 공동진행자(상담자)와의 관계에 대해서 이야기하게 되었어요. 그녀는 레지던트이고 집단원들이 "두 분이 나란히 앉는 일은 없는 것 같네요."라고 말을 했습니다. 그래서 두 상담자가 집단에서 서로 바라보고 의사소통을 쉽게 할 수 있는 방식으로 자리를 잡는다는 점을 이야기 했습니다. 집단원들이 매우 흥미로워했습니다. 선생님은 인터넷으로 집단을 할 때 혼자 하시지요?

H 보통은 혼자 합니다. 하지만 싱가포르나 이스라엘에서 학생들과 함께 과정중심집단을 할 때에는 공동상담자와 함께 하는데, 서로를 이해하지 못한다고 느끼는 경우가 있었습니다. 보통 한 명의 공동상담자와 함께 여러 집단을 하게 되면 서로를 잘 알아차리고, 격려하기 위해서 서로 바라보고 진행하는데요. 제 말씀 이해하시지요? 그런데 온라인에서는 그게 잘 되지 않습니다.

M 그래서 이런 질문을 드리고 싶습니다. 선생님께서는 온라인 집단을 하고 계시고 그 일을 좋아하시지만, 모든 집단상담자들이 온라인 집단상담을 해야 하거나 할 수도 있다는 점을 염두에 두어야 할까요? 아니면 상담자에 따라서 온라인 집단상담을 더 잘할 수 있는 경우와 일반적인 방식으로만 하는 게 좋은 경우가 있는 것일까요?

H 한 번도 생각해본 적이 없는 좋은 질문들입니다. 우선 말씀드리고 싶은 내용은 일반적인 집단에서 온라인 집단으로 넘어가기 위해서는 상담자에게 구체적인 교육이 필요하다고 생각합니다. 마치 개인상담을 하다가 집단상담을 하기 위해서는 개별적인 교육이 필요한 것 처럼요. 온라인 집단상담에 대한 교육을 포함시킬 필요가 있습니다. 즉, 온라인에서 어떤 어려움이 있는지 이해하고, 작지만 결코 작지 않은 것들을 알아차릴 필요가 있는 것입니다. 모두가 온라인 집단상담을 해야 하는 건 아니고, 모두가 할 수 있는 것도 아니라고 생각합니다. 푹스 Foulkes가 온라인에서 "역동 관리dynamic administration"라고 한 것처럼, 기술적 문제를 어렵지 않게 해결할 수 있어야 하므로 온라인에서 의사소통에 어려움이 없는 사람이 진행할 수 있을 것입니다. 온라인에서

소리가 울리거나 하는 문제가 생겼을 때 어떻게 해결해야 하는지 모른다면 온라인 집단을 진행하기가 어려울 것입니다. 그러므로 무엇보다 기술적인 문제를 다루는 데 익숙해야 할 것입니다. 그리고 기술뿐만 아니라 온라인 환경에 익숙해야 할 것입니다. 어떤 사람들은 온라인으로 하는 의사소통을 좋아하지 않습니다. 우선 떠오르는 것들이 이런 내용입니다. 어떻게 생각하십니까?

M 온라인 상담을 진행하는 사람은 기술 측면의 안전보장 조치를 취해야 할 필요가 있을 것 같습니다. 집단을 진행할 때 모든 것에 주의를 기울이고 있어야 하니까요. 만일 기술적인 문제 때문에 주의가 분산되어 있다면 집단 안에서 충분히 현존하기 어려울 것입니다. 실제 만나서 하는 집단보다 줌으로 하는 집단에서 더욱 현존해야 할 것 같습니다. 가정을 해보는 것인데요 … 면대면 집단에서는 "오늘 좀 전에 당신의 얼굴 표정이 좋지 않았는데 이야기할 기회가 없었어요. 지금이라도 돌아가서 거기에 대해 이야기해보고 싶습니다." 라고 말하는 경우들이 종종 있어요. 하지만 줌에서 집단을 할 때 이렇게 쉽게 할 수 있을까요? 집단원들의 단서를 더 많이 놓치게 될 것 같습니다.

H 현존에 대한 중요한 질문을 하신 것 같습니다: 현존한다는 것은 무엇을 뜻하는가? 그리고 온라인에서 어떻게 현존할 수 있는가? 제 생각에 이것은 개인이든 집단이든 온라인 심리상담에서 매우 중요한 질문입니다. 현존한다는 것은 무슨 뜻이고 온라인에서 우리가 현존한다는 것을 어떻게 드러낼 수 있을까요? 선생님께서 하신 말씀을 제가 반복해봤습니다. 한 공간에 모여서 하는 집단보다 현존이 더 강조되어야 하고, 더 많이 노력해야 하고, 더 좋은 방법을 찾아야 할 것입니다. 동의

하시는지요?

M   네. 온라인 집단에서는 심리상담자가 직접적으로 접근할 수 없는 것
    들이 더 많아서 일반적인 집단보다 집단상담자가 더 많은 노력을 해야
    하는 것 같습니다.

H   네, 이 정도면 중요한 내용에 대하여 거의 다 이야기를 나눈 것으로 보
    입니다.

15 온라인 집단상담
새로운 이론이 필요한가?

하임 와인버그Haim Weinberg

새로운 발상-새로운 개념

유럽, 이스라엘, 영국, 호주에서 가장 많이 활용된 집단상담의 방식인 집단 분석group analysis의 창시자인 푹스Foulkes(1964)가 집단을 시작했을 때, 그는 카우치에서 원으로 (존 슐래포버스키John Schlapobersky가 2016년에 저술한 집단에 관한 책 제목을 따라 표현하자면) 옮겨가는 것이 단순히 상담 기술의 변화일뿐만 아니라 새로운 이론과 개념도 포함한다는 것을 이해하고 있었다. 숄츠Scholz(2011)는 "프로이트Freud처럼 우선 푹스는 방법론적인 혁신을 만들었다. 카우치에서 원으로, 자유 연상이라는 규칙에서 자유 대화라는 규칙으로 세팅을 바꾸었다. 푹스는 세팅setting을 바꾸기 위해서는 이론을 바꾸는 것이 필요하다는 것을 매우 잘 알고 있었다. 집단에서 무의식적인 주제를 드러내어 나누고 이해하는 것이 중요하다는 사실을 이론적 사고 형식으로 통합해야 했다."(p. 268)고 적고 있다. 카우치에서 화상으로 옮겨갈 때나 집단에 대하여 의논하기 위해 원을 이루고 앉는 것에서 화상으로 옮겨갈 때 세팅과 기술에서 상당히 극적인 변화가 필요하다.

그 정도의 변화를 위해서는 이론의 변화가 반드시 뒷받침되어야 할 것이다.

대부분의 집단상담 이론가들은 자신의 학파와 사상을 정립하는 데 동일한 딜레마에 처했다. 새로운 이론을 만들어야 하는가에 대한 질문에는 새로운 이론을 활용하는 것의 딜레마가 포함된다. 일반적으로 새로운 이론을 창조한다는 것은 예전 이론에서 말하는 동일한 이론과 개념을 말하는 것이 아니라는 점을 분명히 하기 위하여 새로운 용어 정의를 만들어낸다는 것을 의미한다. 정신역동 집단 이론가들은 집단에서도 전이 및 저항과 같은 개념을 사용하는 실수를 저질렀고, 독자들은 개인상담에서와 같은 현상을 이야기하는 것이라고 혼동했다. 루탠Rutan, 스톤Stone, 섀이Shay(2014)와 같은 사람들은 집단에서 다중전이multi-tranferences가 발생할 수 있고, 개인상담에서와 마찬가지로 수직적인 차원뿐만 아니라 수평적인 차원의 전이가 발생한다고 강조하였지만, 그들도 여전히 전이라는 같은 개념을 활용하였다. 푹스 자신도 이 딜레마 때문에 곤혹을 겪다가, 결국은 상담자를 향한 전이Transference; 대문자 'T' 사용와 다른 집단원을 향한 전이transference; 소문자 't' 사용를 구분하였다. 푹스와 얄롬Yalom만이 이처럼 중요한 측면을 고려한 것으로 보인다. 푹스는 집단에서의 변화 기제를 묘사하기 위하여 거울반영mirroring, 공명resonance, 교환exchange이라는 용어를 사용하였고, 얄롬(1970)은 응집성cohesion, 보편성universality이라는 단어를 사용하여 집단에서의 치료적 요인에 대하여 설명하였다. 얄롬의 응집성 개념은 특히 유익했다. 연구에서 집단과 관련하여 치료적 동맹 대신 응집성 개념을 사용하면서, 개인 상담에서 상담자와의 동맹은 긍정적 상담 성과와 높은 상관을 보이고(Safran and Segal, 1990) 집단에서는 집단 응집성이 긍정적인 집단의 성과와 높은 상관을 보인다는 점(Yalom and Leszsz, 2005)을 알 수 있게 되었다.

　온라인에서의 관계와 집단에는 어떤 새로운 개념을 적용해야 할까? 이 책의 '시작하는 글'에서 언급한 바와 같이, 'E-친밀감E-ntimacy'은 면대면으로 이루어지는 상호작용에서 경험하는 일반적인 친밀감과 다른 온라인 현상의 한 예시이다. 친밀감은 흔히 사랑, 가까움, 자기개방, 지지, 유대, 애착, 섹슈얼리티와 관련이 있는 개념이다. 친밀감은 개인적이고 사적인 것의 공유를 포함하는 교환으로 정의할 수 있다(Prager, 1995). 온라인 상호작용으로 옮겨갈 때 물리적인 가까움이 사라지고 사생활 보호가 취약해지면서 새로운 방식으로 친밀감을 경험하고 실현하는 결과를 낳는다. 대집단Large Group 역동에 대하여 알게 될 때, 온라인에서의 상호작용이라는 개념과 면대면 상호작용과의 차이를 더 잘 이해할 수 있을 것이다. 다수가 참가하여(약 30~40명의 집단원) 집단원이 하나의 작은 원을 만들어 앉을 수 없는 이러한 과정 중심의 정신역동 집단에서 사람들은 다른 사람들과 친밀해지고 서로의 얼굴을 바라볼 수 있는 능력을 잃고, 일반적인 작은 규모의 집단에서 볼 수 있는 친밀함을 경험하지 못한다(Weinberg and Schneider, 2003; Weinberg and Weishut, 2012 참조). 그러나 특정한 집단원에게 친밀감을 느끼지 못한다 하더라도 여전히 전체 집단과 집단원들에게 연결감을 느낄 수 있다. 이러한 친밀감은 "그대는-내-안으로-들어와-본다네into-me-you-see"[1]와 같이 사람들이 흔히 생각하는 친밀감보다는 모임confluence

---

1　미국 대중가요 제목이다. 개인적 관계에서 느끼는 친밀감에 관한 내용으로, 빨리 읽으면 친밀감intimacy 같이 들린다.

과 소속감에 근거하고 있다. 와인버그Weinberg(2014)는 구글 그룹Google groups 과 같은 인터넷 게시판에서 대집단에서 발생하는 과정이 있음을 발견하였고 이와 같은 대집단은 소집단처럼 보인다고 묘사하였으므로, 온라인에서 형성된 친밀감은 큰 집단에서 형성된 친밀감과 유사하다고 보는 것이 적절할 것이다.

와인버그는 온라인에서의 친밀감('E-친밀감')에 대하여 다음과 같은 결론을 내렸다.

> "정신분석은 서로 성관계를 갖지 않기로 동의한 두 사람이 서로 무슨 이야기를 할 수 있는가에 관한 것이다"(Bersani & Phillips, 2008: 1). 정신분석/심리치료 장면에서 가능한 친밀감은 두 사람이 치료적 규칙에 얽매이지 않았을 때 생길 수 있는 친밀감과 똑같은 것이 아니다. E-친밀감은 두 사람이 신체를 관여시키지 않기로 동의했을 때 서로에게 무슨 이야기를 할 수 있는가에 관한 것이다. 이는 인간미가 없는 친밀감이 아니라, 다른 종류의 친밀감이라는 의미이다. 사실 E-친밀감은 독립성이라는 서구적 규범에 이의를 제기하는데, 협동적 자기collaborative self를 통해 연결감을 지속적으로 느끼게 되기 때문이다. (p. 147)

이러한 설명이 사실이라면, 우리가 (문자만을 사용하는) 인터넷 게시판을 활용하여 집단상담을 하게 될 때 가상공간에서 길을 잃은 듯한 느낌이 들거나 자신의 정체성과 주관성에 위협을 느끼는 것(Turquet, 1975)과 같은 대집단 현상을 마주하면서 고려해야만 할 것이며, 사람들이 친밀감이 아닌 E-친밀감을 느낀다고 가정할 수 있다.

온라인 집단상담에 관한 새로운 이론이 필요한지 탐구할 때, 우리는 새로운 개념뿐만 아니라, 집단상담의 효과를 가져오는 요인에 대하여 설명해야 할 것이며, 면대면 집단과 차이가 있는지에 대하여 탐색할 필요가 있다. 얄롬의 유명한 치료적 요인들(1970)은 모든 집단상담에서 변화를 증진하는 데 도움이 되지만, 온라인 집단상담에는 적용되지 않는 것들이 있을 수도 있다. 사실 인터넷 게시판에서의 역동에 관한 와인버그의 책(2014)에서 와인버그와 로프먼Raufman은 연구와 개인적 경험에 근거한 증거를 요약하였는데, 인터넷 게시판에도 응집성이 있으며 보편성이 사이버공간에서도 공통 요인이 된다고 하였다. 연구를 통해 감정 정화, 희망 주입, 정보 제공, 이타주의 역시 인터넷 지지 집단에 도움이 된다는 점이 드러났다. 그러나 원가족 경험의 교정적 반복corrective recapitulation은 일부에게만 도움이 되었다. 게다가 그들은 대집단에서 흔히 볼 수 있는 다른 두 가지 요인, 즉 사회의 재현, 권력을 향한 노력이 인터넷에서도 존재한다는 것을 밝혔다.

인터넷 게시판과 대조적으로, 영상을 활용하는 온라인 집단에서 이와 같은 치료적 요인들이 적용되지 않을 것이라고 생각할 이유는 없을 것이다. 그러나 온라인에서는 소속감과 응집성이 발달되는 데 더 오랜 시간이 걸릴 수도 있기 때문에, 변화를 경험하기까지 더 오랜 시간이 걸릴 수도 있다. 반면, 문자 기반의 게시판에서와 같이 온라인에서는 보편성과 실존적 요인들이 더 강화된다. 시간과 장소를 초월하여 인간의 범위를 확장하고 신체적으로 존재하는 것에서 비롯된 제약에서 벗어나서 신체가 개입되지 않는 상호작용이 가능해지고, 경계를 넘는 경험들을 할 가능성이 매우 크다. 집단을 사회의 축소판으로 볼 때(Yalom and Leszsz, 2005), 온라인에서는 다양한 문화에서 온 사람들이 모일 가능성이 더 크기 때문에, 다양성이 두드러지게 되고 집단은 종종 와인버그와 와이스헛Weishut(2012)이 대집단에서 흔히 보이는 요인으로 설명한 사회의 구체적인 재현을 드러낼 것이다.

전체로서의 집단group-as-a-whole에 대한 전이는 개인상담과 집단 세팅을 구분하는 가장 중요한 요인 중 하나이다. 면대면 집단에서, 상담자(집단의 경우 집단 리더)를 향한 일반적인 전이와 역전이 외에도 다른 집단 참가자를 향한 수평적인 전이(위에 언급한 바에 의하면 푹스가 설명한 다른 집단원을 향한 전이)와 전체 집단을 향한 전이(그리고 상담자가 하는 역전이)가 존재한다. 이러한 요인들이 온라인에서도 나타날 것인가? 앞에서 언급한 바와 같이 면대면 집단에서 가능한 원으로 앉는 방식이 문자 기반 인터넷 게시판과 비디오를 활용한 집단에서는 가능하지 않다. 이 때문에 집단을 전체로 보는 것을 경험하기 어려울 수도 있으며, 온전히 상상에 의존해야만 할 수도 있다. 그러나 사실 전체로서의 집단은 추상적인 개념에 불과하며, 우리가 집단을 하나의 실체로 인식할 때는 늘 상상력을 활용한다. 와인버그(2016)는 사이버공간이 크고, 경계가 없고, 담아주기에는 너무 광범위하여 안전감, 개인정보보호, 비밀유지를 위협하기 때문에 온라인 집단을 "충분히 담아주기를 하지 못하는 환경에서도 발전하고 번성하는 믿기 어려운 집단"의 예시로 들었다. 그는 이러한 집단이 성공할 수 있는 이유는 집단을 이끄는 사람이 반영적 공간을 자신의 마음속에서 안아주며 안정적인 현존을 유지할 수 있고, 집단원들이 마음속에서 보이지 않는 집단에 대한 환상을 갖기 때문이라고 하였다. 온라인에서는 그렇게 되기까지 더 오랜 시간이 걸릴 수도 있겠지만, 여전히 가능한 일이다.

세팅과 역동 관리

이 책의 「시작하는 글」에서 우리는 대면 상담과 온라인 상담에서 간과하기 쉬운 차이는 온라인 상담에서 상담자가 세팅에 대한 통제권이 없다는 점이라고 언급하였다. 우리는 이것이 미묘한 차이처럼 보일 수도 있겠지만, 치료적 과정에 세팅이 미치는 영향 때문에 상담 회기에 큰 영향을 준다고 설명하였다. 집단상담에서는 이러한 변화에서 구체적인 의미와 강조점을 발견할 수 있다.

푹스는 "역동 관리dynamic administration"의 중요성에 집중하였다. 집단 리더는 집단의 환경을 관리하는 일을 담당하고, "지금 여기"에 대한 의사소통의 역동적 흐름과 관련된 주제로서 적절하게 경계를 지키면서 떠오른 "외부 자료external material"에 대하여 설명한다. 이 때문에 푹스는(1975: 6장) 집단원들이 집단 경험을 더 잘 이해하기 위해서 그러하듯 집단의 경계에 있거나 경계를 넘어서는 사건들에 주의를 기울이는 것을 포함하는 과업을 "역동 관리"라고 불렀다. 이러한 개념은 집단을 관리하고, 집단 세팅과 물리적 상황들을 돌보는 것이 깊은 역동적 의미를 가진다는 메시지를 전달한다. 관리 기능을 통해 집단은 안전감과 연속성을 느끼고 역동적 흐름의 의사소통을 할 수 있게 된다. 상담자들은 보통 심리적 과정에 더 집중하기 때문에 자신들이 내담자에게 하는 물리적 행동의 영향에 대하여 간과하는 경향이 있다. 그러나 집단에 충분히 편안한 의자를 마련하고(모든 의자가 비슷하게), 사람들 사이에 적절한(너무 멀지 않은) 거리를 두게 하고 집단을 원형으로 만드는 등의 행동은 건강한 집단 기능에 중요한 역할을 한다. 상징적으로 집단 분석가는 집단을 위해 안아주는 환경을 만드는 어머니와 같은 존재[모성상]로서 행동한다.

소규모 면대면 집단에서 집단 리더의 안아주기 기능은 생산직에 종사하는 육체노동자들이 하는 업무와 유사하다. 집단 리더는 집단 환경이 편안하게 느껴지도록 기본적인 조건들을 제공한다. 집단원이 심리적 주제에 대하여 작업하기 위하여 물리적 환경에 대한 걱정이 없는 환경이 필요하다. 집단 리더는 인터넷에서(게시판과 영상을 활용한 집단 모두) 어떻게 이러한 기능을 할 수 있을까? 가장 단순하게는 기술적인 것에 관한 질문에 응답하고 기술적 문제를 해결하는 데 즉각적으로 관여할 수 있을 때 안아주기가 일어난다. 우리는 가상현실의 의사소통에 참여하는 많은 성인들이 미지의 나라에 도착했지만 그곳의 규범과 언어를 알지 못하기에, 아이들의 능력과 기술에 의존하여 그 두려운 곳에서 길을 찾아가는 이민자처럼 행동하며 불안감을 느끼고 있음을 기억할 필요가 있다. 물론 인터넷 시대에 태어난 젊은 집단원들의 경우, 집단 리더의 기술적인 도움이 필요하지 않을 수도 있다.

인터넷을 통하여 집단상담을 할 때, 이러한 역동 관리에 심각한 어려움이 발생한다. 문자를 사용하는 비동시적인 게시판(구글그룹이나 왓츠앱 WhatsApp과 같은 문자 애플리케이션)을 사용할 때, 앞에서 언급한 물리적으로 안아주는 환경을 만드는 것은 불가능하다. 문자를 기반으로 하는 인터넷 집단들은 기술적으로 익숙하지 않은 참여자들에게는 경계가 없고,

새롭고, 안전하지 않은 미지의 환경과 더 닮아 있다. 그러나 때로는 집단 상담자가 기술적 문제를 해결할 수 있다는 사실, 또는 심지어 집단원을 온라인 게시판에 가입시킨다는 사실만으로도 그들은 누군가가 자신을 돌봐준다고 느낀다. 기술적 능력이 더 많이 필요한 화상 집단에서는 상담자가 기술적으로 도움을 주는 것이 더 중요해진다. 그렇다고 해서 집단상담자가 기술 전문가여야 하는 것은 아니지만, 집단원들에 비해서 기술적 문제를 다루는 데 더 능숙해야 할 것이다. 어떤 면에서 집단상담자는 온라인에 적절한 관리 기능을 개발함으로써 환경에 대한 통제 상실을 보충하여야 할 것이다.

위에서 언급한 고려사항에 더하여, 온라인 집단에서는 원으로 둘러앉는 고전적인 방식이 불가능하다. 집단상담자가 의자를 원으로 만들 수 있는 면대면 집단에서(적어도 개인상담소에서는 가능할 것이다), 이처럼 닫힌 원형구조는 원형적으로 자궁을 연상시키며 무의식적으로 완벽한 엄마의 담아주기라는 의미를 전한다. 대부분의 집단상담 이론에서는 무의식적으로 깊숙이 이루어지는 집단의 심리적 과정을 작업해내기 위하여 이와 같은 안전하고 이 정도면 괜찮은good enough[2] 컨테이너가 강조된다. 물리적인 실재에서 사이버공간으로 옮겨갈 때 이러한 컨테이너가 여러 조각으로 쪼개진다. 문자에 기반하는 집단에서는 원형을 만들어낼 수 없다. 화상만남 시스템을 활용하는 집단에서는(예를 들어 줌Zoom을 활용하는) 집단원들이 화면에서 네모로 옆과 위·아래로 순서 없이 나열된다. 사실

---

[2] 이 용어의 번역에 대해서는 제5장의 각주 1번(p. 126) 참조.

각자의 컴퓨터에서는 참가자들이 각각 다른 방식으로 배열되기 때문에 화면마다 집단원의 순서가 달라진다.

집단원들이 집단 모임을 어디에서 접속할지 결정할 수 있다는 사실 때문에 자신의 배경을 통제할 수 있고 자신이 선택한 방식으로 집단 공간을 어떤 방식으로든 "치장"할 수 있게 된다. 어떤 사람들은 자신의 사무실에서 접속하고, 어떤 사람들은 집에서 접속한다. 때로는 어떤 의미가 있는 그림이 배경이 되도록 무의식적인 선택을 하고, 어떤 경우에는 배경에 대하여 구체적인 인상을 주기 위하여 미리 숙고해서 환경을 "연출하기도" 한다. 집단 리더는 필요한 경우에 환경을 꾸민 것에 대하여 알아차리고 그 의미를 탐색하여야 할 것이다. 내가 이끌었던 한 집단에서, 매번 한 여성의 배경에 장군이 말에 올라탄 큰 그림이 보였다. 시간이 얼마간 지난 후, 집단원들이 그 그림에 대하여 언급하였고, 한 집단원은 그 그림이 강력한 인상을 준다고 하였다. 그러자 그 여성은 "사실 그런 강렬한 인상을 주고 싶어요."라고 답하였다.

앞에서 언급하였던 다른 주제는 상담실에서 집단을 할 때는 상담자가 간과할 수 없는 경계 넘기나 경계 침범이 선명하게 드러나는 반면 온라인 집단에서는 간과하고 넘어가기 쉽다는 점이었다. 많은 사람들이 화면에 보이는 영상을 사용하는 집단에서는 이러한 경향이 더 강해지고, 누군가 경계를 넘었을 때 집단은 보통 침묵하게 된다. 다행히 집단상담자가 "배경에서" 무슨 일인가 일어나고 있다는 것을 알아차리게 된다면 집단의 주의를 모아 그것에 대하여 작업해나갈 수 있고, 혼자서 그 사건을 다루어야 하는 책임을 떠맡지 않아도 된다. 다음의 예시는 그러한 상황을 잘 보여준다.

화상만남을 활용하는 한 온라인 집단에서, 집단참가자 씨마Sima는 그전 집단 회기에 결석한 후 참석하게 되었는데, 택시로 보이는 차의 뒷좌석에 앉아 있었고 자신의 아이폰을 사용해서 집단에 참석하고 있었다. 집단원들은 지난번 집단에 그녀가 왜 참석하지 못하였는지 알고 싶어 했지만, 아무도 그녀가 다른 누군가가 운전하고 있는 차 안에서 집단에 참석하고 있다는 점에 대해서 언급하지 않았다. 얼마 후, 집단 리더가 집단원들이 계속 그 상황을 간과하고 있다는 점을 인식하고, 씨마가 택시 안에서 아이폰으로 연결하고 있다는 것을 알아차린 다른 집단원은 없는지, 그리고 다들 거기에 대하여 어떻게 느끼고 있는지 물었다.

집단원인 노라Nora가 자신은 안전하지 못하다고 느끼며 비밀보장에 대하여 걱정된다고 하자, 씨마는 운전수가 모르는 사람이기 때문에 괜찮고, 자신이 원하는 주제에 대하여 편하게 말할 수 있다고 대답하였다. 그녀의 답을 듣고 어떤 집단원들은 그녀가 비밀보장을 무시하고 있다고 생각하며 분노를 느꼈다. 다른 집단원인 피오나Fiona는 씨마가 길에 신경써야 하기 때문에 집단과 정서적으로 연결되지 못할 것이라고 염려하였다. 반면 헬라Hella는 씨마가 집단 회기에 결석하지 않기를 바라고 있고, 집 밖에 있는 와중에도 집단에 참여하기 위하여 노력하는 점이 기쁘다며 씨마에 대한 연민을 표현하였다. 씨마는 이 공감 반응에 감동하였고, 자신이 중요한 사업상 회의에 가는 것과 집단에 참석하는 것 둘 중 어떤 것도 포기하지 않으려 한다는 점을 인정하였다. 그녀는 자신이 어떻게 해야 할지 집단에 물었다. 노라는 여전히 안전하지 못하다고 느끼면서 씨마가 오늘은 집단을 중단하고 다음 집단에는 집에서 접속하기를 바란다고 말했다. 데이빗David은 노라의 의견에 동의하며, 씨마가 집단을 시작할 때 모두가 함께 만든 규칙과 동의사항을 위반했다고 말했다.

긴 시간에 걸친 의논이 이어지고 나서, 집단 리더는 결정을 내리기로 하였다. 그는 씨마가 오늘 집단은 중단하고, 다음에 참석하여 오늘 경험에 대하여 의논하기를 바란다고 제안하였다. 씨마는 매우 화가 나서 집단과 집단 리더가 기계 같고 비인간적이라며 더 이상 집단에 참여하고 싶지 않다고 소리쳤다. 그녀는 아이폰에서 접속을 끊고 사라졌다. 집단원들은 남은 시간 동안 씨마나 집단 리더에 대한 (그들의 생각에 의하면 집단 리더가 더 빨리 개입하지 않았기 때문에) 분노를 표현하거나, 집단의 규범을 지키지 않으면 거절당하게 될 것이라고 두려워하는 것 사이에서 오가며 자신들의 감정에 대해 작업해 나갔다. 집단 리더는 다른 의견과 태도를 표현하는 것이 매우 중요하며, 안전감은 경계를 세우는 것뿐만 아니라 어려운 주제에 대하여 자유롭게 말할 수 있는 것과도 관련된다고 말하며 집단원들이 자신의 감정을 표현하도록 격려하였다.

다음 주 씨마는 예전처럼 집에서 집단에 참석하였고, 모두 (집단 리더도 포함하여) 안도하였다. 모두가 안도감과 앞으로 나아가고 싶다는 바람을 표현하였고, 집단 리더는 지난번에 있었던 드라마틱한 사건에 대하여 이야기해보자고 제안하였다. 얼마간 대화를 하고 나서 씨마는 자신이 지난번 일과 자신의 격한 감정 반응에 대하여 생각해 보았다면서 모두에게 감사하다고 하였다. 그녀는 원가족과 또래 친구들에게 거절당했던 기억이 떠올랐다고 하였다. 살면서 거절당했다고 느낀 적이 있는 다른 집단원들도 그녀에게 공감하였다. 이 두 번의 회기는 집단에서 중요한 전환이 되었고, 집단원들이 타인과 다른 의견들을 표현하고 자신을 편안하게 개방하는 역량을 향상할 수 있게 되었다.

집단원들이 집단 환경에 대하여 대부분을 결정하고, "역동 관리"에 대한 어느 정도의 통제감을 회복할 수 있도록, 집단상담자는 집단원들이 책임을 질 수 있는 적절한 환경을 형성하는 방법에 대하여 미리 안내해야 한다. 안내의 일부는 사전 모임prepanation meeting(s)에서 이루어져야 할 것이다. 몇몇 집단원들이 수천 마일 떨어진 곳에 거주한다 하더라도 상담자는 온라인을 활용해서라도 일반적인 대면 집단상담에서와 마찬가지로 집단 후보자와 사전 모임을 반드시 해야 할 것이다. 사전 모임에서 상담자는 그 집단원이 일반적인 관점에서 집단에 적절한지 그리고 참여하고자 하는 집단에 적절한지 확인하고, 집단상담에 참여할 수 있도록 준비시키고, 안전함과 비밀보장을 위하여 집단원들이 반드시 준수해야 할 사항들에 대한 교육을 제공한다. 집단 동의서(집단원에게도 문서로 제공되어야 한다)에는 온라인 "예절"이 포함되어 있어 상담자가 더 이상 집단원들의 환경을 통제할 수 없다는 점에 적응할 수 있도록 도와야 할 것이다. 영상을 활용하는 집단에서 내가 사용하는 내용은 다음과 같다. "집단원들은 특별한 경우를 제외하고 영상 및 음성을 모두 연결하기로 동의한다. 사생활이 보장되고 다른 사람이 방해하지 않는 조용한 공간을 확보하여 참석하기로 동의한다. 여기에는 집단상담 모임 동안 휴대전화, 이메일, 문자를 사용하지 않는 것이 포함된다. 집단에서 상호작용에 집중하는 것에 동의한다. 멀리 여행을 가게 되어 이러한 상황에 대하여 집단에 미리 알리는 경우를 제외하고는 매번 같은 장소에서 접속하기로 동의한다."

이 책의 「시작하는 글」에서 설명한 것과 같이, 온라인 상담에서는 우리는 매체를 통해 발생하는 장애와 끊김과 집중하기 어려운 상황이 야기되는 의사소통 상황에서도 매체의 장애를 극복해가는 것과 현존할 수 있는 방법을 찾는 것이 필요하다. 이를 위해서 집단상담자는 상담 회기에 연결감을 유지하기 위한 특별한 집중력을 쏟아야 하고 모든 집단원들에게 주의를 기울여야 한다. 그러나 기술적인 장애로 인하여 때때로 가까운 관계에서 발생하는 문제들을 선명하게 이해하지 못하게 되고 집단원들이 서로 관계를 맺고 정서적으로 연결감을 느끼지 못하는 것에 대하여 온라인 방식을 "비난하는" 덫에 쉽게 빠질 수 있다.

또 다른 집단상담 예시를 보자.

캐린Karin은 저자가 전문가 회의에서 이끌었던 집중 워크샵에 참석한 후 그가 이끄는 온라인 과정중심 집단상담process group에 참석하였다. 과거 워크샵에서 그녀는 저자의 집단 리더로서의 기술에 깊은 감명을 받았고, 그가 자신을 깊은 수준에서 이해해줄 것이라고 느꼈다. 그녀는 저자가 자신에게 특별한 관심을 기울이고 있으며 그녀에게 잘 맞춰주고 수용적이라고 지각하고 있었다. 하지만 매주 진행되는 집단상담에 몇 달간 참석한 후, 그녀는 매우 실망하였다. 면대면으로 진행한 집중 워크샵에서처럼 자신이 특별한 대우를 받는 것 같지 않았고, 기대만큼 리더의 관심을 받지 못한다고 생각했기 때문이다. 그녀는 그의 관심을 잃는 것에 대하여 무엇인가를 이야기했지만, 그 주제를 깊이 있게 탐색하지는 못하였다.

몇 주 후, 그녀는 집단 리더에게 이메일을 보내서 집단을 그만둘 생각을 하고 있음을 전하였다. 그녀는 온라인 환경에서는 대면하여 진행하는 집단상담에서 가능했던 연결감을 발달시키기 어렵다는 점을 이유로 들었다. 온라인으로 하는 방식이 자신에게 잘 맞지 않는다고 하였다. 또한 물리적으로 같은 공간과 시간에 있을 수 없다는 점이 집단 과정에 어려움을 더하고 있다고도 하였다.

집단 리더는 그녀가 집단상담에서 그 주제에 대하여 나눠볼 것을 제안하였다. 이는 집단 과정과 관련한 내용을 집단의 밖에서 다룬 것이 있을 경우, 특히 집단 참가자가 집단상담을 종결하려고 할 경우에 그 내용을 집단 내에서 다루어야 한다는 대면 집단상담의 일반적인 방식을 고수할 것이다. 그녀는 동의하였고, 그다음 집단 모임에서 온라인 방식이 자신에게 맞지 않는 것 같다고 하였다. 그런 말을 할 때 흔히 볼 수 있듯이 집단원들은 애석해하였고, 매우 슬퍼하거나 짜증을 느끼는 등 다양한 반응을 보였다. 그들은 그녀의 동기에 대해 더 탐색해보라고 제안하지 않았다. 마침내 집단 리더가 집단원들이 온라인 집단상담이라는 방식 때문에 "진짜" 연결감을 느끼지 못한다는 그녀의 말에 동의하는지 물었다. 이러한 개입 방식으로 인하여 더 진솔한 대화를 나눌 수 있었고, 한 집단원은 그녀가 연결감을 느끼기 어렵게 하는 다른 이유가 있을지도 모른다고 제안하였다. 집단 리더는 그녀가 자신에게서 충분한 관심을 받지 못했을 때 매우 실망했다는 것을 상기시키며, 그녀가 스스로 상상하거나 체험할 수 있었던 것 이상으로 의미심장한 일이었는지 여부를 궁금해하였다.

이 대화에 캐린과 리더 외에 다른 집단원들이 참여하게 되었을 때, 니나 Nina는 다음과 같이 말했다. "캐린, 난 당신과 하임Haim(집단상담자) 사이의 연결감이 바로 여기에서 중요하다는 것을 느낄 수 있고, 당신이 연결감을 느낄 수 있기를 바래요. 당신이 연결감을 느낄 수 있도록 내가 할 수 있는 일이 있다면 뭐든지 돕고 싶어요." 캐린의 눈에 눈물이 고였고, 이러한 관심에 깊은 감명을 받았다. 그녀는 자신의 원가족 내에서 막내 여동생이 늘 아빠의 관심을 독차지하였고, 자신도 아빠의 관심을 받을 수 있기를 희망하면서 고통스러워했다는 것을 기억해냈다. 그녀는 이 집단의 "자매"가 자신이 예상했던 역할을 하지 않았다는 점에 충격을 받았다. 모든 집단원들이 니나의 관대함에 감명을 받았다. 집단 리더가 니나에게 자신의 동기가 무엇이었는지 성찰해보도록 요청하였고, 니나는 캐린도 자신의 "자매"라는 사실을, 즉 그 당시에 니나의 아버지는 암 말기였는데, 자신의 자매가 아빠와의 관계에서 너무나 인정받고 싶어 했다는 사실을 이해하게 되었다. 니나는 자매가 아버지로부터 인정을 받고 싶어 하는 바람이 미치는 영향이 얼마나 고통스운지 알아차릴 수 있는 기회를 가졌다.

우리는 이 예시를 통해 온라인에서 "진짜" 연결감을 느끼기 어렵다는 주장을 유일한 진실로 인정하기 쉽고, 다른 장애들에 대하여 탐색하는 것의 중요성을 간과하기 쉽다는 것을 알 수 있다. 우리가 다른 면들을 탐색해야 한다는 점을 기억하게 될 때, 집단원들은 다시 연결감을 느끼고 매우 만족스러워 할 수도 있다.

신체가 개입되지 않는 집단

안아주는 환경holding environment을 형성하는 것(Winnicott, 1960)은 집단 상담자의 주요 임무 중 하나이다. 집단원들은 어머니가 해주듯 안아주는 경험을 통하여 안전함을 느낄 필요가 있다(Rutan, Stone and Shay, 2014). 집단의 외적 경계를 유지하는 것은 집단을 안아주고 집단원들이 보호받는다는 느낌을 받게 하는 하나의 방법이며 온라인에서 이러한 방법을 활용하기 어렵다는 점에 대하여 위에서 논의하였다. 집단에서 안아주는 또 다른 방법은 리더의 시선을 활용하는 것이다. 마치 엄마가 유아에게 반영해주고 유아를 반짝이는 눈으로 바라봄으로써 자신이 받아들여지고 있고, 가치 있으며 존중 받는다는 느낌이 들도록 해주는 것과 같이, 집단상담자는 각 집단원을 바라보고 시선을 유지하며 집단원이 이야기를 하도록 격려하고 자신이 나눈 이야기가 소중하게 여긴다는 느낌을 받도록 한다. 이러한 시선은 코헛Kohut(1971)이 개인상담에서 상기하는 바와 같이 집단원들이 반영mirroring받고자 하는 욕구를 충족하는 데 핵심이 된다. 물론 집단원들은 서로를 바라봄으로써 인정을 받고, 반영을 통한 전이의 욕구를 충족시킬 수도 있다. 이처럼 시선은 중요한 역할을 하지만, 온라인 집단에서는 활용할 수 없다. 집단상담자들이 화상만남에서 특정한 집단원을 바라보려고 할 때에도 그 집단원은 그 시선을 지각할 수 없을 것이다.

일반적으로 시선은 상담, 특히 집단상담에서 신체가 관여될 때 중요한 여러 요인 중 하나일 뿐이다. 대인관계 신경생물학interpersonal neurobiological(IPNB)의 관점을 통하여 임상가들은 대인관계와 연관되는 뇌 기능의 측면들을 이해하게 되었고, 특히 사회적 뇌의 발달이라는 측면을 이해하게 되었다

(Badenoch, 2008; Cozolino, 2006). 이러한 이해는 집단상담에도 성공적으로 적용되고 있다(수잔 갠트Susan Gantt와 폴 콕스Paul Cox가 편집한 본 주제에 대하여 다룬『집단상담 국제 학술지International Journal of Group Psychotherapy』특별호 참조). 신체, 변연계, 신피질의 통합은 안녕감에 필수적이다. 시겔Siegel 이 다음과 같이 설명하였다. "통합은 건강의 핵심이다. 변용적인transformative 체험을 통하여 관계 내에서의 정보와 에너지 흐름을 공유함으로써, 결국 시냅스가 정체되었던 뇌를 능동적이고 새로운 방식들로 점화시키며 통합을 향해 조형하게 된다."(2010: 484) 대인관계 신경심리학 접근법에서는 집단상담자의 신체적, 정서적 현존이 다양한 집단원들에게 미치는 정서조절의 역할이 강조된다(종종 집단원들이 서로에게 제공하는 조절도 강조된다). 가상공간에는 이 모든 것들이 존재하지 않는 것 같으므로, 이를 다른 것으로 대체할 수 있겠는가 하는 의문이 남는다. 이에 대한 나의 답은 집단상담자가 현존하면서 "신체 상실loss of body"을 보상하는 다른 방법들이 있다는 것이다.

집단상담자의 현존

"매체의 장벽the media barrier"을 극복하기 위한 한 가지 방법은 상담자 자신을 (대면 집단상담과 비교하여) 더 집중적으로 활용하는 것이다. 이는 대부분의 경우 집단상담자가 어떤 특정한 자기개방을 했을 때 가능하다. 전통적인 정신분적 접근에서는 집단상담자가 자신의 삶이나 역사에 대한 개인적인 내용들을 노출하지 않도록 하고, 상담자는 빈 스크린으로 남아서 투사와 순수한 전이를 발달시킬 수 있도록 권장한다. 얄롬Yalom과 레쉬 Leszsz(2005)는 자기개방을 상담자의 개인적인 삶에 관한 개방(그때-그곳의 정보)과 집단 안에서의 감정에 대한 개방(실제로 지금-여기를 강조하는 것), 이렇게 두 가지로 분류하였다. 이들은 집단상담자가 두 번째 종류의 투명성을 활용하도록 권장하였고, 분별력 있게 자신의 인간적인 면을 활용하게 될 때 집단의 치료적 힘을 향상시킬 수 있다는 주장을 하였다. 그러한 투명성은 집단원들에게 서로에 대한 감정을 드러내기 위한 좋은 본보기가 될 수 있다. 물론 이러한 방식으로 자신을 사용할 때에는 신중해야 하고, 궁극적인 목표는 상담자가 아닌 집단원들의 이익이라는 점을 늘 명심해야 할 것이다. 온라인에서 이러한 투명성을 유용하게 사용하여 집단원들이 화면을 바라보며 상담을 할 때 겪는 어려움을 극복하는 방법을 집단원들에게 보여줄 수 있다. 이러한 방식은 보수적인 태도의 상담자들보다는 조절과 공감을 강조하는 간주관성을 숙지하는intersubjectively-informed 자기심리학자들에게 더 쉬울 수도 있을 것이다. 이러한 방식은 온라인으로 진행하는 개인상담에도 적용될 수 있겠지만, 개인상담과 달리 집 세팅에서는 상담자가 내담자에게 전이적 투사의 유일한 대상이 아니라는 점에서 집단상담에 잘 적용할 수 있을 것이다(Durkin and Glatzer, 1997).

코헨Cohen과 셔머Schermer(2001)는 집단에서 언제 투명성을 사용하는가에 대한 방향을 제시하였다. "상담자의 자기개방은 다음과 같은 경우에 총체적 치료 과정에서 효과적인 요소로 작용할 것이다: 1) 집단의 발달 단계상 집단원들이 개방을 '시스템에 충격'을 가하도록 놔두지 않고 담아둘 contain 수 있을 때(Rachman, 1990), 2) 개방 행위가 자발적이고, 집단에서 진행되고 있는 대화의 내용에 적절하다고 인식될 때, 3) 상담자의 개방을 통해 명백히 또는 암묵적으로라도 해당 집단원의 행위에 '반응을 보임으로써responsive' 타당성을 부여해줄 때"(Bacal, 1998). 요약하자면, 나는 집단이 후기 발달 단계에 이르렀을 때에만 집단상담자가 집단에 대한 긍정적인 태도를 노출하도록 권장한다(Berman and Weinberg, 1998 참조).

상담자가 어떤 집단원에 대한 개입을 하려고 할 때 실수를 했다면, 거기에 대하여 책임을 지는 모습을 보일 때 매우 강력하고 연결감이 강화되는 효과가 발생한다. 상담자가 집단원이 불만족을 미묘하게 표출하는 것을 알아차리게 되었을 때(예를 들어, 온라인 집단에서 클로즈업을 하게 되었을 때, 얼굴 표정을 더 쉽게 알아차리게 될 것이다), 자신의 개입 방식에 대하여 성찰하고 참가자들에게 확인 후 자신의 잘못을 인정한다면, 일반적으로 그 집단원과 전체 집단에 강력한 영향을 주게 된다. 대부분의 집단원들에게 그러한 경험은 한 번도 잘못을 인정하지 않았던 부모와 대조가 되면서 교정적 체험corrective experience으로 작용한다. 어린 시절에 부모의 둔감한 태도로 인하여 상처를 받았고 여전히 그 상처에 머물러 있는 많은 사람들은 부모가 자신에게 용서를 빌 것이라는 환상을 가지고 있다. 집단상담자가 온라인에서 그러한 상처를 알아차리고 자신의 실수를 인정한다면, 그러한 행동은 "화면이라는 장벽"을 극복하게 되고, 집단원들이 온라인에서의 연결감의 한계에도 불구하고 민감하고 연민의 마음을 낼 수 있다고 느끼도록 도울 것이다.

다음의 예를 보자.

화상만남을 활용하는 온라인 집단에서 집단원 실라Sheila는 자신의 삶에 대체로 만족하고 행복감과 편안함을 느끼지만 무엇인가를 부인하고 있는 것은 아닌지 궁금하다며 피드백을 요청하였다. 어떤 집단원들은 그녀가 항상 만족감을 느끼고 있다는 점을 믿기 어렵다고 하였다. 집단 리더가 집단원들의 반응을 요약하면서 그녀의 제한된 감정 표현이 집단원들에게 피상적으로 보인다고 반영하였다. 집단 리더는 화면에서 몇몇 집단원들의 얼굴 표정을 통해 그들이 충격을 받았거나 짜증이 났다는 것을 알아차렸다(실라의 표정에 대해서는 그렇지 못했지만). 집단 리더는 잠시 숙고한 후에 실라에게 자신의 의도는 실라가 피상적인 사람이라고 말하려고 한 것이 아니었지만, 그렇게 오해할 수 있으므로 표현을 수정하고 싶다고 말하였다. 집단 리더는 실라에게 기쁨만 드러내고 짜증이나, 불만족이나 다른 부정적인 감정을 전혀 드러내지 않는다면 집단 리더로서 실라를 가깝게 느끼기 어렵다고 고쳐서 이야기 하였다. 실라는 이러한 개입에 대하여 강한 정서적 반응이 올라오는 것을 느꼈다. 이후에 실라는 자신의 부모님이 강렬한 정서적 반응은 어떤 것이든지 금지했고, 실수를 인정한 적도 없다는 것을 명료하게 알아차리게 되었다.

위의 예시에서 집단 리더의 개입에는 앞에서 언급한 두 가지 요소를 모두 포함하고 있다. 즉, 실수를 인정하고 투명성을 유지한 것이다. 온라인 상담이라는 요소로 인하여 실라와 다른 집단원들은 이러한 개입의 힘을 강렬하게 느낄 수 있었다.

요 약

집단상담자는 온라인 집단에서 특별한 어려움을 경험하게 될 수 있으며, 이러한 어려움은 집단원들의 다양성과 전체로서의 집단 역동을 포함한 여러 요인들 때문에 온라인 개인상담보다 더 강화된다. 현존과 집중과 조율의 상태에 머무는 것의 딜레마가 더 강렬해지고, 집단상담자가 환경을 통제하기 어렵기 때문에 "역동 관리"가 힘들다는 사실로 인하여 집단을 이끄는 것이 훨씬 더 어려워진다. 하지만 장애물을 충분히 알아차리고, 배경에서 발생하는 미묘한 사건이나 장식들을 무시하지 않으려고 노력하며, 연결감을 유지할 수 있는 방법을 찾으려 함으로써 집단은 다소 느릴지라도 잘 진행될 것이며, 대면 상담보다 부족하지 않을 것이다. 온라인 집단상담을 하게 된다면, 이 장에서 지적한 유사점과 차이점들을 명심하여야 할 것이다. 아마도 새로운 개념이 필요할 것이고, 이를 위한 교육을 반드시 받아야 할 수도 있다(대면으로 하는 집단을 충분히 경험한 후에). 새로운 이론이 필요한가에 대한 답을 하자면, 온라인 집단상담이 면대면 상담과 똑같지는 않겠지만 그렇게 큰 차이가 있는 것도 아니라는 것이다.

참고문헌

Bacal, H. (1998). Notes on optimal responsiveness in the group process. In H. Harwood & M. Pines, (Eds) *Self Experiences in Group: Intersubjective and Self Psychological Pathways to Human Understanding* (pp. 175−180). London and Philadelphia: Jessica Kingsley and Taylor & Francis.

Badenoch, B. (2008). *Being a Brain-wise Therapist: A Practical Guide to Interpersonal Neurobiology.* New York: Norton.

Berman, A., & Weinberg, H. (1998). The advanced stage therapy group. *International*

Journal of Group Psychotherapy, 48(4): 499–518.

Bersani,L., & Phillips,A.(2008). *Intimacies.* Chicago:The University of Chicago Press.

Cohen,B.D., & Schermer,V.L.(2001).Therapist selfdisclosure in group psychotherapy from an intersubjective and self psychological standpoint. *Group, 25*(1–2).

Cozolino, L. (2006). *The Neuroscience of Human Relationships: Attachment and the Developing Social Brain.* New York: Norton.

Durkin, H.E., & Glatzer, H.T. (1997). Transference neurosis in group psychotherapy: The concept and the reality. *International Journal of Group Psychotherapy, 47*: 183–199.

Foulkes, S.H. (1964). Therapeutic Group Analysis. London: George Allen and Unwin.

Gantt, S., & Cox, P. (2010) Introduction to the special issue: Neurobiology and building interpersonal systems: Groups, couples, and beyond. *International Journal of Group Psychotherapy, 60(4)*: 455–460.

Kohut, H. (1971). *The Analysis of the Self: A Systematic Approach to the Psychoanalytic Treatment of Narcissistic Personality Disorders.* New York: International Universities Press.

Prager, K. J. (1995). The Psychology of Intimacy. New York: The Guilford Press. Rachman, A.W. (1990). Judicious self-disclosure in group analysis. *Group, 14(3)*: 132–144.

Rutan, S.J., Stone, N.W., & Shay, J.J. (2014). *Psychodynamic Group Psychotherapy,* 5th edition. New York: Guilford Press.

Safran, J.D., & Segal, Z.V. (1990). *Interpersonal Process in Cognitive Therapy.* New York: Basic Books.

Schlapobersky, J. R. (2016) *From the Couch to the Circle: Group-analytic Psychotherapy in Practice.* London: Routledge.

Scholz, R. (2011). *The foundation matrix and the social unconscious.* In E. Hopper&H. Weinberg(Eds) *The Social Unconscious in Persons, Groups and Societies,* Volume 1: Mainly Theory (pp. 265–285). London: Karnac.

Siegel, D.J. (2010) Commentary on "integrating interpersonal neurobiology with group psychotherapy": Reflections on mind, brain, and relationships in group psychotherapy.

International Journal of Group Psychotherapy, 60(4): 483−485.

Turquet, P. (1975). *Threats to identity in the large group*. In L. Kreeger (Ed.), The Large Group: Dynamics and Therapy (pp. 87−144). London: Karnac.

Weinberg, H. (2014). *The Paradox of Internet Groups: Alone in the Presence of Virtual Others.* London: Karnac.

Weinberg, H. (2016). Impossible groups that flourish in leaking containers: Challenging group analytic theory. *Group Analysis, 49(4)*: 330−349.

Weinberg, H., & Schneider, S. (2003). *Introduction: Background, structure and dynamics of the large group*. In S. Schneider&H. Weinberg (Eds) The Large Group Revisited: The Herd, Primal Horde, Crowds and Masses. London: Jessica Kingsley.

Weinberg, H., & Weishut, D.J.N. (2012). *The large group: Dynamics, social implications and therapeutic value*. In J.L. Kleinberg, (ed.) The Wiley-Blackwell Handbook of Group Psychotherapy (pp. 457−479). New York: Wiley-Blackwell.

Winnicott, D.W. (1960). The theory of parent−child relationship. *International Journal of Psychoanalysis, 4*: 585−595.

Yalom, I.D. (1970). *The Theory and Practice of Group Psychotherapy*, 1st edition. New York: Basic Books.

Yalom, I.D., & Leszcz, M. (2005). *The Theory&Practice of Group Psychotherapy*, 5th edition. New York: Basic Books. 장성숙, 최혜림 공역.『최신 집단정신치료의 이론과 실제(제5판)』하나의학사. 2008.

16 테크노 거울을 통한 변용

라울 베임버그Raúl Vaimberg · 라라 베임버그Lara Vaimberg

들어가며

최근 몇 세기 동안 기술이 상당히 발전되면서, 집단을 형성하는 방식과 사회적인 삶에 대한 이해뿐만 아니라 우리의 마음도 두드러지게 변하였다.

토템 사회totemic societies에서 문화의 기원을 찾는 정신분석 문헌(Freud, 1913)과 더불어, 지구촌global village이라는 개념(McLuhan, 1967)으로 인하여 우리는 이러한 미시적 및 거시적 사회 변화에 대한 비전을 세울 수 있었다. 지구촌 이론에 의하면 현대 사회는 마치 작은 원시적인 집단에서 조직화한 토템이 현대 기술로 대체된 전지구적인 마을과도 같다.

화면 위의 삶life on the screens(Turkle, 1995)은 오늘날 우리 세계의 양극단에서 중요한 부분을 차지한다. 하나는 모든 새로운 사회문화적 진보가 야기하는 두려움으로서 이는 과도하게 서로가 연결된 세계 속에서도 고독한 삶을 떠올리게 되면서 갖게 되는 것이고, 다른 하나는 가상현실과 면대면 방식을 혼합한 기능성이라는 양상이다. 이러한 기능성으로 인하여 특히 현대의 젊은 사람들은 가상현실과 면대면 공간에서 동시적으로 연결될 수 있고, 지역에 국한되지 않고 전 세계적인 매트릭스 관계 그리고 문명 발전상에서 전례 없는 디지털화된 기억 능력에 접속하게 되었다.

온라인 집단상담 분야를 위하여 위에서 설명한 거대한 잠재력을 활용할 수 있을 것이며, 기술을 사용할 때 정신병리가 미치는 결과와 기술들이 의미하는 바를 고려해야 할 것이다.

우리는 온라인 집단상담을 면대면 집단상담과 동일한 목표를 추구하되, 집단을 연결하기 위하여 온라인 의사소통 기기를 도구로 활용하는 심리적 절차로 정의한다.

이 장에서 우리는 온라인 집단상담과 면대면 집단상담의 유사점과 차이점에 대하여 논의할 것이다. 기술과 심리 구조mental apparatus에 관한 기초 수준의 이론들과 온라인 심리상담의 기본적인 내용 및 핵심적인 사항들에 대하여 자세히 설명할 것이다. 가상현실, 면대면, 혼합적인 환경에서 적용 가능한 사항들과 이러한 내용들이 집단 참가자들의 정신병리적 특성에 어떻게 적용될 수 있는지 조사할 것이다.

마지막으로 3년에 걸쳐 이루어진 기술을 활용한technology-mediated 심리치료 집단과 자폐스펙트럼장애가 있는 아동과 청소년을 위한 집단에서 비디오 게임을 활용한 두 개의 연구를 소개할 것이다.

정신 장치와 기술

우리는 기술을 매개로 하는 집단을 개발하고 체계화함으로써 공적·사적 정신건강 체계에 존재하는 수요와 공급의 불균형에 근본적인 변화를 일으킬 수 있다고 생각한다.

"사이버 공간cyberspace"이라고 부르는 새로운 가상 공간은 정보통신기술ICT 덕분에 가능해진 네트워크 연결에 의하여 만들어졌다. 정신건강 분야에 적용되는 다양한 방식에 따라 다음과 같이 분류된다(Vaimberg, 2005).

1. 정신건강에 대하여 일차적으로 홍보하고 예방하기 위한 수단
2. 이차·삼차 예방에서 정신건강 문제에 개입하기 위한 수단
3. 공공 시스템과 정신건강 관리를 개선하기 위한 수단
4. 정신건강 관련 인력을 훈련시키기 위한 수단

기술과의 관계는 정신 장치 표상mental apparatus representation에서의 인공삽입물[의지義肢], prosthesis로 생각해볼 수 있을 것이다. **자기애적 관계 유형**narcissistic relationship type에서 타자(그림 16.1, 어두운 회색 부분)는 오직 자기 자신의 일부분으로서 존재한다(타자는 자기자신에게 포함되는 것이다). **지지적 관계 유형**support relationship type에서 자기의 일부가 타자를 만나기 위해 연장되었고, 이제는 자기에게 마치 외부의 것처럼 경험되는 것이다. 기술적 보조가 있는 관계 유형technological prosthesis relationship type에서 검은 부분은 자기의 연장extension으로서의 기술을 나타내며, 이는 감각지각 기관sensoperceptive apparatus 전반에 영향을 주면서 타인과의 관계를 매개한다. 그것은 간주관성에 영향을 미치고 간주관성에 의하여 영향을 받는 일종의 간객관적 관계이다(그림 16.1).

세 번째 관계 모델인 기술적 보조가 있는 유형은 일반적인 사람에게 발

생하는 가상 환경의 매트릭스를 잘 보여주며, 이러한 다른 기술적 보조 기구 간의 상호연결로 인하여 자신과 가상의 타자를 디지털화할 수 있고 의사소통이 가능해진다.

　인터넷 연결의 양과 질에 따라서 심리적 어려움과 사회적 고립을 보여주는 증상을 발달시키는 사람들이 있다. 이러한 중독적인 관계에서는 다른 병리적인 현상들과 특히 사회적 고립감이 나타나는 경향이 있다.

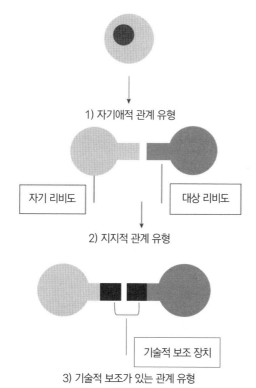

1) 자기애적 관계 유형

자기 리비도　　　　대상 리비도

2) 지지적 관계 유형

기술적 보조 장치

3) 기술적 보조가 있는 관계 유형

그림 16.1 자기애적, 지지적, 기술적 보조가 있는 관계들

나르시스 신화와 테크노 거울

나르시스 신화는 자기애와 타인에 대한 사랑 사이의 끝없는 딜레마를 보여주고 있다. 심리적인 삶의 시작점은 두 사람에게 오직 하나의 몸과 마음만이 존재한다는 환상을 야기하는 융합 경험이다. 엄마-자녀의 관계가 "이 정도면 괜찮은good enough"[1](Winnicott, 1979) 경우, 어린 자녀의 심리가 구조화하는 가운데 자녀의 신체 그리고 외부적 신체의 첫 표상으로서의 어머니의 신체 그 사이에서 점진적인 분화가 이루어진다.

기술에 의하여 매개되는 관계에서 성격 구조가 자기애적 특성을 보인다면, 타인은 오직 자신의 반영물이거나 자신이 타인의 반영물, 즉 메아리일 뿐이므로 간주관적인 의사소통이 어려울 가능성이 높다.

이러한 개념을 활용하여 인터넷을 통한 의사소통에서 보이는 일련의 병리들을 잘 설명할 수 있다. 타인의 이미지와 의사소통에 개입하는 신체적 요소들을 보지 못함으로써(특히 접촉이나 냄새), 자기애적인 관계가 강화된다. 게다가 문자를 활용하는 의사소통의 경우에는 거리감이 느껴지고 시간 차이를 두고 발생하기 때문에, 타인 구별을 촉진하는 공간의 혼란을 야기한다. 우리는 나르시스의 연못에 비친 이미지와 같은 다른 이미지를 반영하는 '테크노 거울technological mirror'을 대면하게 된다. 화상만남을 활용하는 온라인 의사소통을 할 때, 집단원들을 볼 수 있을 뿐만 아니라 자신의 이미지를 화면에서 볼 수 있다는 점이 온라인 집단 의사소통의 특징에 영향을 미칠 수 있다.

---

1 이 용어의 번역에 대해서는 제5장의 각주 1번(p. 126) 참조.

'테크노 거울'은 전자적 네트워크를 통해 상호 연결되고, 인식할 수 있고, 기억할 수 있으며, 하이퍼텍스트를 만들 수 있는hypertextualizing[2] 다양한 기술적 인공물에 의하여 형성된다. 몇 가지 문자와 이미지들이 화면에 동시적으로 나타날 수 있는데, 이로 인하여 참가자들은 각자 다른 버전으로 보게 되거나, 과도한 문자들을 능동적이고 개인적으로 해석하게 된다. 테크노 거울의 풍부함 또는 빈곤함[반영] 그리고 가상의 거울과 면대면 거울의 연결에서 보이는 특징으로 인하여 자기애적인 위치성이 강화되거나 간주관적인 구조가 촉진될 것이다.

온라인 심리치료의 기초

기술 - 사회 구조와 정신병리적 구조

온라인 개입이 효과적이려면 가상 소통을 할 때 기술적이고 사회적인 특징과 개인의 정신병리적 구조의 특징 또는 특정한 기술-사회적techno-social 기기에 연결된 집단의 특징 간에 적절한 조절이 이루어져야 한다.

개인의 성격 구조가 네트워크와 연결될 때, 개인은 가상 환경에서 자신과 타인과의 관계를 인식하는 다른 주관적인 경험들을 생성한다. 이러한 주관적 경험으로 인하여 가상현실과 면대면, 즉 온라인-오프라인 환경 사이의 접점을 통해 움직이는 다양한 방법들이 결정된다. 예를 들어, 신경

---

2 하이퍼텍스트는 용자에게 비순차적인 검색을 할 수 있도록 제공되는 텍스트를 말한다.

증 환자들이 참여하는 집단에서(다음 1번 사례 참조) 편집증적 특성을 보이는 환자들은 가상현실에서 효과적으로 의사소통하는 것을 굉장히 어려워했으며, 개입을 삭제할 수 없고 변경할 수 없다는 점을 위협으로 느꼈고, 면대면 환경에서 대화하는 것을 더 편하게 느꼈다. 반대로, 보통 가상현실에서 더 편하게 자신을 표현하는 공포증 환자들은 직접 접촉하는 경우에는 불안을 느끼게 된다.

다른 예시에서, 가상현실 플랫폼을 활용하는 자폐스펙트럼장애 환자들의 경우에(다음 2번 사례 참조), 동료 관계에서 발생하는 어려움을 온라인 공간에서 조절하였고, 더 쉽게 도움을 받을 수 있었다. 가상공간에서의 접촉은 직접 대면하는 접촉보다 더 구체적이고 보호받을 수 있다. 예를 들어, 한 상담 회기에서 집단원 한 명이 온라인 게임에서 활동을 따라가지 못하였고, 같이 하는 사람들이 그를 불러도 응답하지 않았다. 치료팀은 그들의 성격을 고려하면서도 게임을 통해 아이들의 경험을 활용하여 고립의 욕구와 아이들의 의사소통에 대하여 다룰 수 있었다. 이러한 기회를 통하여 아이들은 적절한 거리를 두고 자신들이 좋아하는 게임을 통해 개인적 문제를 간접적으로 다룰 수 있었다.

가상의 관계와 면대면 관계

장점을 늘리고 단점을 줄이기 위하여 우리는 가상과 면대면의 틀을 최대한 혼합하고자 한다. 혼합된 각 환경의 장점과 단점을 고려해볼 수 있다(표 16.1 참조).

표 16.1 가상 · 면대면 · 혼합 환경의 장단점

	면대면 환경	가상 환경	가상과 면대면을 번갈아가며 활용하는 환경
장점	• 동시적으로 이루어지는 다중감각 지각multi-sensory perception이 의사소통의 강도와 질을 높인다. • 집합적인 현상 그리고 감정을 공유하는 경험이 가능하다.	• 시간과 공간의 경계가 존재하지 않기 때문에 만남을 촉진한다. • 기억 저장 공간이 넓다. • '탈억제 효과'나 '화면 효과'로 인하여 자신의 두려움이나 갈등을 알아차리고 표현할 수 있다. • 메시지와 응답 사이의 시간이 지연되기 때문에, 성찰하고, 생각과 감정을 표현하며, 자기 자신을 연구할 가능성이 발생하여 유익할 수 있다.	• 면대면 회기 사이에 온라인 만남을 활용하여 지속적인 가상공간이 만들어지면, 면대면 회기의 시공간적 제약을 넘어서 상호작용을 하게 되고 집단 응집성과 치료적 동맹이 촉진된다. • 가상현실과 면대면 환경을 영구적으로 오가게 될 때, 구체화하고 성찰할 수 있는 공간이 형성된다. 심리가 파편화되는 경험이★ 온라인/오프라인 의사소통이라는 혼합 방식에 의하여 편안해질 수 있다.
단점	• 경계선 같은 어떤 정신병리적 구조에서, 직접적인 현존은 지나치게 강렬하고 위협적인 전이를 일으킬 수 있다. • 스케줄 조정, 결석, 자리 재배치 등과 관련하여 주된 어려움이 발생할 수 있다.	• 가상의 의사소통 구조로 인하여 대량 투사를 포함하여 이야기한 내용의 의미를 오해할 수 있다. • 온라인 게시판에 의해 영구적인 현존을 경험함으로써, 편집증적 방어 기제와 통제 경험 및 융합에 대한 환상이 생길 수 있다. 온라인 게시판에서는 수동성과 침묵의 의미를 이해하거나 이를 담아두기가 더 어려워진다. '탈억제 효과'나 '화면 효과'로 인하여 폭력적이거나 사회적으로 바람직하지 못한 면을 표현하게 된다.	• 면대면과 가상의 경험 사이에서 분열을 느낄 가능성이 있다. • 가상 공간에 적극적으로 참여하지 않는 집단원의 경우에는 면대면 회기에서 소외감을 느끼게 될 수도 있다.

★: 다음과 같이 자기의 세 가지 구성물의 존재를 고려하였다: 통합된 자기(신경증적 증후군), 파편화된 자기(경계선 증후군), 융합된 자기(정신증적 증후군). 심리의 파편화(psychic fragmentation)로 인하여 자기가 다양한 조각들로 나누어진 상태가 어떤 것인지 이해할 수 있다. 파편화된 조각들 사이에 존재하는 틈의 깊이와 넓이에 따라서 자기를 구성하는 다양한 부분(parts)들을 알아차릴 수 있는 정도가 달라진다. 경계선 장애(border disorders)의 경우 이러한 심리적 파편화는 정체성 변화(identity alteration) 증상으로 보이고, 신경증의 경우에는 심리적 파편화로 고통의 강도가 약화되고, 부분들이 내면에서 어떤 변용을 통하여 이후에 통합됨으로써 그러한 상황들이 해결될 수 있는 가능성을 허용한다.

온라인 의사소통 특징의 활용

컴퓨터 화면은 온라인에서 만나고 있는 집단뿐만 아니라 연결감을 느끼는 참여자들의 성격적 특성에 의하여 결정되는 다양한 투사를 야기한다는 점에서 전통적인 공간과 같다. 다음과 같은 온라인에서 일반적인 특징들에 대하여 생각해볼 수 있다.

1. **몰입**immersion: 정신분석적 관점에서 가상공간은 심리 내적인 공간의 연장으로 볼 수 있다. 자신과 타자 사이의 과도기적 공간으로서 경험되며, 부분적으로 자기 자신이면서 부분적으로 타인이기도 하다. 이러한 특징으로 인하여 우리는 화면 안에 존재하는 경험을 할 수 있다.

2. **탈억제 효과**disinhibition effect, **화면 효과**screen effect: 자신의 행동을 현실세계 및 자신의 정체성과 분리할 때, 사람들은 자신이 취한 행동의 효과에 대하여 책임감과 취약하다는 감정을 덜 느끼게 된다. 자신과 구체적인 상황에서 드러나는 자신의 특성 사이에 조작적 해리operational dissociation가 일어난 것이다.

3. **특정되지 않은 공간**non-specific space: 사이버 공간에서 지구촌이 확장되고 있는 것은 대단한 잠재력을 지닌 특징이다. 이를 통하여 지리적인 한계나 제약을 넘어 사람들이 연결되기 때문이다. 기술에 의하여 매개되는 집단상담에서 이러한 의사소통 특징으로 인하여 집단 응집성이 강화될 수 있다.

4. **제약 없는 시간**timeless time: 모든 종류의 온라인 의사소통에서 메시지와 응답 사이에는 몇 초, 몇 분 또는 며칠이라는 지연이 발생하며, 이

러한 시간 차이는 면대면 의사소통과 확실히 다른 점이다. 이러한 시간 차이로 인하여 유용하게 활용할 수도 있는 성찰과 지연이 가능하다. 글, 이미지, 소리를 수정할 수 있다는 가능성으로 인하여 경험되는 사건의 시간적 순서가 변경될 수도 있다.

5. **자기의 파편화**fragmentation of the self: 예를 들어 온라인 게시판과 같이 비동시적인 문자 활용 의사소통방식을 사용할 때, 두려움이나 문제를 파편화된 방식으로 투사할 수도 있다. 이와 같은 파편화는 자기의 새로운 보호적이고 풍부해진 방어적 측면일 수도 있고, 공격적이고 파괴적이며 통합되지 않은 내적인 세계의 억압을 풀고 표현하는 것으로 해석할 수도 있을 것이다.

온라인에서 심리치료자의 역할

온라인에서 상담자는 온라인에서의 비밀보장과 관련된 윤리적 문제들에 특별히 주의를 기울이고 필수적인 전문가 자격증을 확보하면서 전문가 윤리 강령에 맞는 규칙을 준수해야 할 것이다. 온라인만의 특별한 의사소통 역동과 심리치료 과정을 고려하여, 온라인 상담과 온라인에서 심리상담자의 역할에 대한 특별한 이론적-기술적 교육이 요구된다.

다양한 환경에 따른 적용 방법들

온라인 집단상담에 관한 이 연구에서 우리는 양식, 상호연결성, 동시성, 이 세 가지 근본적인 요인에 대하여 묘사할 것이다. 문자, 하이퍼텍스트,

온라인 가상현실 플랫폼, 집단 창작 플랫폼 형성, 화상만남[1]과 같은 집단에서 다양한 방식에 접근할 수 있다. 이러한 모든 양식들은 한 명의 사용자나 다양한 사용자가 접속할 수 있는 형태이거나 여러 집단이 사용할 수 있는 구조였고, 동시 접속이거나 비동시 접속 방식 또는 두 가지 모두 가능한 방식이었다.

지난 15년간의 경험을 통하여 우리는 문자 중심과 비동시적 양식에서 동영상과 동시성 방식으로 의사소통이 진보해온 것을 목격하였다. 과거에는 다양한 사용자가 참여하는 화상통화 의사소통은 오래 사용할 수 없었고 기술적 문제도 있었다. 정신병리나 치료 집단의 구체적인 특징에 따라서 다른 기술−사회적 비용을 적용하도록 구분하는 법을 배우고 있다.

표 16.2에서 보는 바와 같이 온라인 의사소통에서 문자와 하이퍼텍스트 양식은 비언어적 표현을 사용할 수 없기 때문에 종종 메시지를 해석하기 어렵다는 문제가 발생하고 이는 정신병리가 더 심각해지는 것과 연결된다. 반면에 집단 창작 플랫폼collective creation platforms과 같이 전언어적preverbal 자원을 사용하는 환경에서는 보다 깊게 퇴행하는 상태들이 발생하는 병리를 가진 사람들 사이의 의사소통 과정이 촉진된다.

과도기적 공간과 창조적인 능력이 매우 발달하는 신경증적 병리에서 문자를 활용하는 의사소통은 숨겨진 내용을 드러내는 것이 촉진될 수 있다. 화상만남은 개인과 가족에 대한 개입을 할 때 매우 유용하지만, 소규모나 중간 크기의 집단과 관련해서는 여전히 기술적 문제가 있다. 마지막으로, 가상현실 플랫폼은 특정한 공포증들과 같은 구체적인 증상을 치료하기 위하여 유용하고, 다양한 아동 및 청소년 집단에도 대단히 도움이 된다.

사례 연구

제3부에서 온라인 집단상담에서 이루어진 두 개의 연구에 대하여 설명할 것이다. 첫 번째 연구는 삼 년 동안 지속되었고, 신경증 환자를 위한 면대면 집단치료와 결합된 가상의 집단으로 구성되었다. 이 집단에서는 월 1회 4시간 동안 면대면으로 진행하는 상담 회기와 함께 비동시적 문자 중심 온라인 게시판을 활용하였다. 두 번째 예시는 가상현실 플랫폼을 사용하는 자폐스펙트럼장애가 있는 청소년 환자 집단을 대상으로 한 것이다.

표 16.2 온라인 방식과 이를 다양한 정신병리 집단에 적용한 종류

(XX: 잘 적용되는, X: 덜 적용되는)

방법	신경증	성격 장애	정신증
문자	XX	XX	X
하이퍼텍스트	XX	XX	X
화상 만남	XX	XX	–
가상현실	X 구체적인 증상의 경우 XX	X	XX
집단 창작 플랫폼	X	XX	XX

사례 1 금요일 집단

금요일 집단은 전통적인 방식, 즉 매주 한 번 두 시간씩 면대면 방식으로 2년간 진행되었다. 15년 전 그 당시에 일상생활과 일에서 새로운 역동이 생겨나면서 사람들의 결석이 늘어나게 되었고, 집단에도 영향을 미쳤다. 한 번은 나 역시 집단에 지각을 하였고, 사람들이 내 휴대폰으로 문자를 보냈다. 이 우연한 경험으로 인하여 나는 집단을 온라인으로 진행해볼 수도 있겠다는 생각이 들었다.

처음에는 그러한 생각을 농담처럼 가볍게 받아들였지만, 갈수록 더 진지하게 생각하게 되었고, 집단에서도 집단 참석자만을 위한 비공개 게시판을 열면 좋겠다는 의견이 나왔다. 모두가 이러한 생각을 좋아했고, 컴퓨터 공학자였던 한 참가자가 게시판을 만들어주기로 하자, 우리는 집단을 한 달에 한 번 네 시간짜리 면대면 모임과 온라인 게시판으로 바꾸기로 결정하였고, 새롭게 만든 온라인 공간이 도움이 될지 탐색해보기로 하였다. 비동시적으로 참여할 수 있고, 휴일을 포함하여 날마다 언제든지 접속할 수 있는 문자 게시판이 만들어졌다.

미지의 혁신적인 영역으로 처음 들어갔을 때, 새로운 의사소통 방식이 생성되었다는 것에 대한 엄청난 열정이 느껴졌다. 점차 새로운 가능성과 문제를 겪게 되었다. 면대면 상담 모임에 오게 되었을 때, 한 달 동안 많은 양의 작업이 이루어진 상태였기 때문에 시작부터 빠르고 강렬하였다. 온라인 게시판에서는 집단적으로 꿈을 분석하고, 갈등 상황이 매달, 심지어 주말마다 발생하였으며, 토론도 하고 오해도 일어났고, 어떤 날은 메시지가 순환되는 속도가 매우 빨랐다. 새로운 방식의 리더십이 등장했는데, 일부는 실제 공간에서와 일치하였고, 어떤 면은 매우 새로웠다. 우리는 어떤 사람은 어느 한 가지 환경에 더 많이 참석하는 반면, 어떤 사람들은 두 환경에 비슷하게 참석한다는 것을 알아차렸다. 이러한 주제를 구체화하여 물리적 환경과 가상 환경이 각 집단원들에게 어떻게 주관적으로 경험되고 있는지 흥미로운 점을 알아가게 되었다. 예를 들어, 문자가 기록되는 것에 대하여 대단히 불편해하는 참가자들이 있었는데 아마도 자신의 말이 오래 남는다는 점과 정보를 수정하거나 삭제할 수 없기 때문이었을 것이다. 다른 참가자들은 온라인에서 부재의 효과를 강렬하게 경험하며 침묵이 있거나 응답이 늦어질 때 강하게 반응을 보였다. 온라인에 참석하면서 때로는 영원할 것 같은 유대감 속에서 영원한 결합을 이루는 것에 대한 환상과 관련하여, 만남을 이상화하는 감정을 느끼기도 하였다. 이러한 경험은 5년 동안 지속되었으며, 그중 3년은 연구에 활용되었고, 나머지 2년 동안 집단의 과업을 마무리하게 되었다.

문자를 사용하는 온라인 집단상담에서 치료의 거시적 과정과 미시적 과정에 관한 연구

리더십, 의사소통 패턴, 집단 응집성, 무의식, 집단의 마음, 필수 경험, 집단적 창조성과 같이 집단 역동에 관한 여러 고전적인 사회–심리학적 원칙은 온라인 집단을 이해하고 발전시키기 위하여 적용될 수 있다(Weinberg, 2014). 그러나 '사이버 공간'에 대한 특별한 심리적 특징들로 인하여 온라인 집단의 역동이 매우 달라질 수도 있다(Suler, 2000). 우리는 의사소통이 더욱 평등해질 수 있는 가능성이나 참가자들이 정체성을 바꾸거나 숨길 수 있는 기회와 같이 문자와 하이퍼텍스트 의사소통에 의하여 제공되는 특징들에 주목하였다.

본 집단은 신경증 진단을 받은 여덟 명의 참석자로 이루어졌고, 그중 절반은 남성이고 절반은 여성이었다. 이 연구는 박사 학위 논문으로 출판되었다(Vaimberg, 2010).

연구 설계

이 연구에서 우리는 체계적 관찰기법에 기반을 둔 혼합방법 설계를 활용하였다. 이 방식에서는 초기 관찰 시기에 모은 질적 자료를 양적 자료로 변형하고 이후에 질적인 방식으로 해석한다.

심리치료 집단에서 생성된 자료들은 매일 24시간 동안 하루도 빠지지 않고 일 년 동안 문자를 사용하는 비동시적 온라인 게시판에 전자적으로 자동 등록된다. 그 양은 텍스트 페이지 약 300장으로 대략 300,000개의 단어가 되었다.

간접 관찰 도구의 생성

간접 관찰과 관련된 비표준화된 도구는 이론적 틀과 형성된 문자를 기본으로 하여 본 연구를 위하여 만들어졌다. 자료 분석에는 현존의 정도 degree of presence, 타인과의 관계relationship to the other, 정서성emotionality, 사고 능력capacity for thought, 긍정성positivity, 현실성realism 등과 같은 주제들이 기준으로 활용되었다. 이러한 기준을 활용하여 범주 체계를 만들었다(표 16.3 참조).

평정 척도의 형태로 각 차원에 대한 측정 도구를 구성하였다. 각 차원의 중심에 마음의 평정 상태를 나타내는 범주를 넣었고, 점차 중간에서 끝으로 멀어지면서 마음 상태의 과잉 또는 결핍을 표현하도록 하였다.

결과에 의하면 처음에는 집단이 중간에서 양극으로 주기적 순환하였는데, 집단의 그러한 주기에 따라 위기가 발생하였다. 집단 과정이 발전하면서 집단과 개인의 수준에서 집중화하고 균형을 잡는 모습을 보였다.

표 16.3 PSICAT.G 도구에 대한 설명. 연구 차원들

현존의 정도	과도한 존재 경험에서 유기까지: 한쪽 끝은 타인에 대하여 완전히 통제하는 것을 나타내고, 중간은 관계에서 균형 잡힌 거리를 의미하고, 다른 쪽 끝은 타인이 존재하지 않는다고 느끼거나 극단적인 외로움을 나타냄
타인과의 관계	타인에 대한 과잉동일시에서 자기 내부의 고립감까지: 한쪽 끝은 타인과의 융합이고 중간은 자기 사랑과 타인에 대한 사랑의 균형, 나머지 끝은 우울한 동일시 감정과 자기 몰두를 나타냄
정서성	과잉감정에서 감정표현상실까지: 한쪽 끝은 과잉감정표현 경험과 감정 불안정, 중간은 감정의 균형상태, 나머지 끝은 감정적 차가움, 감정표현 상실이나 정신신체적 질병을 나타냄
사고 능력	과도한 이성주의에서 비이성적인 행동까지: 한쪽 끝은 추상화하는 능력과 이성적으로 이해하려는 경향, 중간은 사고와 행동의 균형 상태, 나머지 끝은 충동적 분노, 폭력적 상황, 자살 행동을 나타냄
긍정성	경조증적 긍정성에서 우울한 비관주의까지: 한쪽 끝은 완전한 낙관성과 극도의 행복감, 중간은 자신과 대인관계에 대한 긍정적이고 부정적인 면에 대한 균형 잡힌 평가, 나머지 끝은 불만족, 쾌감을 느끼지 못하는 상태, 무감각증을 나타냄
현실성	극사실주의에서 비현실감까지: 한쪽 끝은 현실에 적응, 중간은 현실과 환상을 오가면서 조절하는 상황, 나머지 끝은 환상의 세계에 몰입하여 섬망, 환각의 상태를 나타냄

결과 해석

여러 거시적이고 미시적인 치료 과정을 발견하여 결과에 대하여 질적인 해석을 실시하였다. 치료의 거시적 과정(장기간에 걸친)은 다음의 맥락적 특징에 의하여 부분적으로 조건화되어 단계적으로 두드러지게 발달하는 경향을 보였다: 1) 틀, 2) 집단의 과업 목적, 3) 집단 밖 현실의 특징. 치료의 미시적 과정은 집단의 단기적이고도 계속적인 집단의 문자 순서 text sequence를 분석하여 수집하였다.

치료의 거시적 과정

치료의 거시적 과정은 한 달 또는 집단 역동에 따른 단계같이, 집단 상호작용에서 연장된 순서에 따라 관찰된 치료적 변형에 관한 연구로 보았다. 르윈Lewin, 터크먼Tuckman, 피숑 리비에르Pichon Rivière 등 여러 저자들이 집단상담이 거치는 단계에 대하여 설명하였다. 우리는 5단계(Vaimberg, 2012)로 설명하였고 이는 온라인 심리치료와 유사점 및 차이점을 보이고 있다.[2] 이러한 거시적 과정에서 우리는 집단의 정서적이고 간주관적 상태의 발달뿐만 아니라 다른 의사소통 리더십을 분석하였다. 우리는 또한 각자의 귀인과 형성된 여러 관계들을 근거로 하여 네트워크상에서 모든 집단원의 위치를 분석하였다.

치료의 미시적 과정

치료의 미시적 과정에 관한 연구에서는 집단의 상호작용에서 짧은 순서나 숨겨진 패턴에서 관찰된 치료적 변용therapeutic transformation의 순간들을 대상으로 하였다. 이와 같은 미시적 과정에 대한 체계적 연구를 통하여 집단 상호작용의 현상들이 만들어내는 간단한 특징들과 주관성 변용subjectivity transformation이 발생하는 데 영향을 미치는 정서적인 경험들의 교차지점들을 선명하게 시각화할 수 있었다.

사례 1 결론
온라인 집단상담의 장점과 단점

집단상담 모임 사이에 이용할 수 있는 지속적인 가상공간이 형성되자,

집단 상호작용이 면대면 모임의 공간과 시간을 넘어서 발생하게 되면서 집단 응집성이 촉진되었다. 가상현실만 이용하거나 면대면 환경만을 이용하는 것에서 두 장소 모두에서 더 구체화할 수 있는 장소가 형성되었고 이를 통하여 상호주관적인 관계가 분화되고 안정화되는 과정이 촉진되었다

문자를 사용하는 온라인 게시판의 의사소통 구조로 인하여 가끔 메시지를 해석하는 데 오류가 발생했고, 이러한 가능성들은 가상현실에 뿌리를 내리고 있었다. 우리는 온라인 게시판에서 수동성과 침묵을 해석하는 것이 더 어렵다는 것을 알게 되었다.

온라인 집단상담의 유익 및 위험과 관련하여, 우리는 가상현실과 면대면 치료를 오가는 환경으로 인하여 새로운 치료 가능성이 생기고 각 위험을 줄이며, 혁신적인 해결 방법 개발을 필요로 하는 새로운 문제들을 발생시키는 등 관찰된 문제들을 뛰어넘는 일련의 유익을 더 많이 얻을 수 있다고 결론내리고자 한다.

집단 역동의 특징

네트워크에 연결된 개인들의 성격 구조의 특성에 의하여 가상현실과 실제 현실, 온라인과 오프라인 환경에서 다른 방식으로 행동하게 될 뿐만 아니라, 가상 환경에서 다른 주관적인 경험을 하게 된다.

온라인 의사소통의 특징 중 하나로 떠오르고 있는 심리적인 파편화 경험은 온라인과 오프라인을 모두 이용하는 의사소통 시스템, 즉 혼합 방식에 의하여 감소되었다. 그럼에도 불구하고, 우리는 이러한 심리적 파편화의 존재를 확증하기 위하여 충분한 질적 자료를 수집하였다. 우리는 또한

다른 참가자들에게 이러한 현상이 발생했을 때 치료적 과정에 긍정적인 영향을 끼치거나 새로운 어려움이 발생하였으며, 뚜렷하게 드러나는 다른 경향들이 각 참여자의 이전 성격 구조와 관련이 된다는 것을 관찰하였다. 예를 들어, 한 집단원이 투사적 동일시 기제를 주로 사용하면서 대면 집단 모임에서 다른 집단원들과 혼란이나 갈등이 발생하는 상황을 자주 경험하였다. 문자를 활용하는 온라인 집단에서, 그는 자신과 그 동료들의 내적 세계 경험을 언급하는 은유나 이야기를 통하여 문학적 창조를 할 수 있는 능력을 개발할 수 있었다. 온라인 기기에 의해 발생하는 일시적인 공간적 거리로 인하여 그는 간주관적인 집단 경험에서 유익한 효과를 얻을 수 있었다.

사이버공간은 어떤 순간에 네트워크에 연결된 사람들 사이에 발생하는 간주관적 경험을 가능하게 하는 네트워크에 연결된 전자 기기들을 통한 물리적 도움을 받으면서, 내부와 외부 사이에서의 어떤 전환transition을 하게 되는 특별한 공간(과도기적 공간transitional space)으로 구성된다.

집단의 거시적 과정과 관련해서 중심이 되는 범주centered categories/극단적 범주extreme categories를 활용한 상세한 연구를 통하여 순환적 특징들을 보이는 집단의 거시적 과정의 존재 그리고 각 집단 발달 단계에서 보이는 구체적인 특징들을 발견할 수 있었다.

마지막으로, 우리는 집단 역동이 발전함에 따라 새로운 문제와 갈등을 통하여 집단 역동이 진전되기 때문에, 일반적인 집단 과정에서 위기가 전개되는 특징을 보인다고 생각한다.[3] 집단 과정은 나선형으로 움직인다. 각 단계마다 비슷한 문제를 가지고 작업하지만, 더 깊은 수준에서 작업이 이루어지는 것이다.

치료적 변용 기제에 대한 분석

우리는 변용의 순간들 또는 개인이나 집단의 통찰을 고려해볼 때, 온라인 집단상담에서 특정한 치료적 과정과 미시적 과정이 존재한다는 것을 발견하였다. 우리는 치료적 변용을 일으키는 미시적 과정을 해석하여 치료적 변용이 발생하는 순간들을 74군데에서 발견하였다. 이 연구를 통하여 여러 종류의 차원들에서 범집중화의 특징이 드러났다는 점이 발견되었다.

마지막으로, 우리는 집단상담 과정의 발달과 관련하여 온라인 집단상담으로 인한 가능성에 대하여 충분히 설명하였다는 점을 강조하고 싶다. 우리는 이 연구에서 전문화된 소프트웨어를 사용하여 치료적 과정과 미시적 과정을 탐색하는 데 도움을 받았다. 이와 같은 방법은 임상 연구에 도움이 될 것이고, 치료적 과정 평가의 방법들을 발전시킬 것이다.

사례 2 자폐스펙트럼장애 진단을 받은 아동과 청소년을 위한 집단 접근에서 비디오 게임 활용

다음의 사례에서는 가상현실 플랫폼을 사용하여 자폐스펙트럼장애 진단을 받은 아동들을 대상으로 한 집단치료 방법에 대하여 다루었다. 이 집단은 11살에서 14살 사이의 네 명의 어린이들과 비디오 게임을 활용해 본 적이 있는 심리학자와 교육자, 즉 두 명의 치료자로 구성되었다.

이 집단에서는 기본적으로 참여자가 이미 알고 있던 마인크래프트 Minecraft라는 비디오 게임(그림 16.2 참조)을 활용하였다. 마인크래프트는 가상의 별에서 집단적으로 건설을 하는 온라인 건축 게임이다. 베임버그 Vaimberg (2012)에 의하면 자기 자신과 경쟁하는 솔리테어 카드 게임Solitaire Game의 경우, 완전히 자기애성을 철회하는 방식으로 컴퓨터에 접속하게 된다고 한다. 온라인 게임은 다른 사람들과 가상의 방식으로 접촉하는 것을 조장한다. 네트워크에 연결된 사람들의 다양한 욕구에 따라 사람들은 즉흥적으로 컴퓨터 게임을 선택한다.

그림 16.2 마인크래프트의 한 장면

게임을 선택할 때 부분적으로는 집단 참가자의 흥미에 따라 결정하기도 한다. 1) 참가자 간 상호작용을 촉진할 것, 2) 집단 참가자들을 자유롭게 결정할 수 있으며 줄거리는 결정되어 있지 않을 것, 3) 수행해야 할 임무가 있고, 그 임무는 창의적이고 협동적이며 공동의 목표를 세우도록 격려할 것과 같은 필수적인 특징을 충족하기 위한 가상의 지원 방식을 활용하는 것이 중요하다.

이러한 관점에서 가상현실은 사실적인 현실에서 비롯된 표상과 감정을 옮겨가는 것이 가능하고 심리적 현실에 영향을 미치는 전환적 공간이다. 화면은 참가자들의 내적인 세계와 그들 사이에서 발생하는 상호작용에서 비롯된 상황을 연출하는 장소로 구성되고, 화면상의 가상공간에서 발생한 상황들은 이후에 직접 만나서 구체화할 수 있다.

자폐스펙트럼장애와 가상현실 집단을 위한 일반적 목표

첫째, 우리는 이러한 심리 장애에 의하여 관계 및 의사소통에서 겪게 되는 어려움에 대하여 작업할 집단이 참여할 수 있는 공간을 형성하였다. 특히 이러한 종류의 심리 장애를 위하여 면대면 만남을 포함하여 놀이도 하고 성찰도 할 수 있는 혼합 공간, 즉 같은 상담 회기에서 현실공간과 가상 공간을 동시에 활용하였다.

둘째, 이러한 심리 장애가 야기하는 모든 제약을 경험하게 되는 현실에서의 집단과 어린이들의 환상, 나쁜 기억, 어려움과 역량을 탐색하고 구체화 할 수 있는 가상현실의 세계 사이를 오갈 수 있는 과도기적 공간을 활용하고자 하였다. 화면은 표상representation을 위한 공간일 뿐만 아니라, 물리적 접촉이나 타인의 직접적인 시선이 없는 보호받는 환경을 제공한다.

마지막으로, 집단 활동을 즐거운 순간으로 떠올릴 수 있도록 재미있는 공간을 만드는 것이 중요하다. 이러한 활동은 종종 집에서 혼자 하도록 했지만, 이번에는 다르게 실행하였다. 자폐스펙트럼장애 진단을 받은 어린이들이 비디오 게임을 혼자서 절제하지 못하고 많이 하게 될 뿐만 아니라 제한적이거나 강박적인 흥미를 느끼면서 그 강렬함과 끈질김이 비정상적인 수준에까지 이를 수 있다는 점을 목격하였기 때문이다.

상담 회기 구성

각 상담 회기는 매주 한 시간 반으로 구성되었다. 기본적으로 다섯 단계로 이루어졌으며, 각 단계마다 기간과 중요도에서 차이가 있었다.

첫 번째 단계(면대면 모임)에서 집단원들과 상담 회기의 구조에 대하여 의논하였고, 중요한 순간들을 기록하고, 그 전 회기가 어느 시점에서 멈췄는지 환자들이 떠올릴 수 있도록 알려주었다.

두 번째 단계(온라인 모임)에서 우리는 주된 활동을 위한 준비 과정으로 짧은 비디오 게임을 하였다. 그 게임은 해당 회기를 위한 어떤 분위기를 형성하기 위하여 치료팀이 선택한 것이었다. 처음에는 함께 협동하며 즐겁게 게임을 하면서 집단원 간 집단 응집성과 다정한 태도를 촉진할 수 있도록 하였다. 집단이 진행됨에 따라 경쟁을 부추기는 게임들이 추가되면서 집단원들은 더 강렬한 감각이나 감정을 느꼈고, 개인적이거나 관계상의 갈등이 떠올라 이에 대하여 다루게 되었다.

세 번째 단계(면대면 모임)에서는 준비 단계에서 발생한 일들에 대하여 대화를 짧게 나누었고, 마인크래프트 공간에서 집단의 목표를 설정하고 필요한 사항에 대하여 합의하였다. 어떤 창조적 과업을 시작할 때뿐만 아니라 집단의 초기에 이 공간에서 치료팀의 개입이 더 많이 요구되었다.

네 번째 단계(가상현실)에서 마인크래프트를 하며 활동을 수행하였다. 활동은 건물을 협동하여 세우는 일로, 한 회기에서 두 달까지 소요되었다. 이 공간에서 집단원들과 치료자-교육자가 모두 게임에 참여하였지만, 치료자-심리학자는 게임이 진행되는 동안 참여적 관찰자로 머물러 있었다. 집단은 게임의 '쉬운 모드'에서 단순하게 개별적으로 공사를 하는 수준에서부터 보다 더 어려운 '생존 모드'에서 애를 쓰며 공사를 위한 자원을 획득하는 수준으로 발전할 수 있었다.

마지막 단계에서 집단은 그 회기에서 무슨 일이 발생하였는지 자세히 이야기를 나누었다. 처음에 어린이들은 여전히 게임에 빠져 있었고, 활동의 종결에 대하여 매우 좌절감을 느끼고 있었기 때문에 이러한 대화에 참여하기 어려웠다. 하지만 그들은 점차 무슨 일이 있었는지에 대하여 이야기하게 되었고 회기를 마무리하게 되었다.

집단의 구체적 목표들

개인과 집단의 구체적 목표들이 설정되었다. 개인을 위한 목표는 집단에서 참가자들의 역할과 활동에서 발생한 구체적인 상황 이전에 참가자들이 보였던 정서적 반응들에 대한 관찰과 개입에 연결되어 있었다. 집단을 위한 목표를 세우기 위하여 각 개인의 욕구, 한계, 특징에 과업을 맞추었을 뿐만 아니라 집단 정체성과 소속감을 형성하였다.

치료자의 역할

이 집단에서, 가상현실과 면대면 현실을 오가는 것을 촉진하는 치료 팀의 역할을 두 가지로 구분하였다. 첫 번째 역할은 치료자-심리학자로서 성찰 공간(첫째, 셋째, 다섯째 상담 회기)을 이끄는 것이다. 게임이 시작되었을 때, 치료자-심리학자는 가상현실 활동의 밖에 머물면서 참가자들의 언어적 상호작용, 신체 자세, 감정 상태를 관찰하고 해석하였다.

두 번째 역할은 치료자-교육자 역할로서, 성찰을 위한 시간에 집단에게 게임에서 무슨 일이 있었는지 정보를 제공하는 것이다. 그는 놀이 시간에 참여하고 치료자-심리학자와 합의한 대로 구체적인 상황을 만들면서 놀이 시간(둘째, 넷째 상담 회기)을 이끌었다.

두 공간을 모두 가꿔야 하는 치료자들 사이의 핵심적인 조정에 대하여 주목할 만한 가치가 있다. 예를 들어서, 한 집단원이 병원에 입원하게 되어서 여러 회기에 결석을 하게 되었을 때, 다른 집단원들이 일시적으로 작별 인사를 하는 것을 어려워하자, 다음의 내용을 치료 팀이 제안하였다:

어떤 집단원들은 한 집단원의 결석에 대해 매우 유감스러워 하고, 어떤 집단원들은 집단 역동 속에서 이러한 변화를 감지하지 못하고 있어서 회피하려고 했음에도 불구하고, 치료자-심리학자는 그러한 상황에 대하여 의논하였다. 게임 중 두려움의 성城 프로젝트에서 각 집단원을 위한 공간을 만들어서 게임으로 촉진하는 상황을 활용하기로 결정하였다. 집단원들은 결석하는 아동을 위하여 함께 방을 만들기로 결정하였다. 모두 함께 방을 만드는 동안, 치료자-심리학자는 참석자들의 행동에 대하여 이야기하고, 이러한 태도가 결석한 아동과 집단에 참석한 아동들에게 무엇을 암시하는지 언어로 설명하였다. 이후의 상담 회기에서 집단은 동료인 참가자가 없는 빈 공간을 복구하려고 했던 시도에 대하여 평가하였다.

결론

결론적으로, 우리는 사람들의 삶과 심리치료가 현재 가상현실과 실제현실에서 발전하고 있다고 말할 수 있을 것이다. 우리는 모든 연령대와 정신병리에서 발생하는 새로운 형태의 정신적 기능을 이해하고 거기에 개입할 수 있는 독창적인 이론과 기술이 필요하다.

기술 및 새로운 마음 구조들에 의하여 매개되는 의사소통에 의하여 간주관적 현상에 대하여 다양한 방식으로 이해하고 새로운 심리치료 개입 방법을 개발하도록 자극하는 새로운 시대로 발전하였다. 제시된 두 사례를 통하여 우리는 신경증 환자와 자폐스펙트럼장애 어린이들을 위한 온라인 집단상담에서 발전을 이루어냈다고 생각한다. 앞으로 더 많은 연구를 통하여 발전해나갈 가능성의 세계가 열려 있다.

 주석

1 **하이퍼텍스트**: 문자, 음성 파일, 이미지 파일과 여러 파일 사이의 하이퍼링크로 구성된 환경.

　가상현실 플랫폼: 가상 시뮬레이션 환경에서 상호작용 경험을 할 수 있도록 함

　집합적 창작 플랫폼: 문자, 이미지, 소리를 활용하여 작거나 중간 또는 큰 집단에서 온라인으로 창조적인 작업을 할 수 있도록 함

2 **1단계**: 형성: 이상화 과정을 돕는 융합적이고 편집성의 불안이 구체화

　2단계: 이상적인 집단 응집성: 전체로서 집단 의식 형성. 동일시, 의존, 반의존 counterdependence 현상을 실험. 권위적 관계에 대한 수동성과 굴복 실험

　3단계: 현실적 집단 응집성: 집단 내에서 심리내적이고 간주관적 갈등을 경험하고, 구별과 분화 능력을 확장. 하위 집단과 배제 경험 구체화 형성

　4단계: 집단 성숙: 핵심적 갈등의 심화. 심리적이고 간주관적 변용을 시도. 잠재 능력의 개발과 한계 수용

　5단계: 집단 종료: 애도, 분리, 작별 인사, 마감과 미래의 과제에 대한 경험을 구체화

3 예를 들어, 집단 형성 단계에서 우리가 B차원을 "타인과의 과잉동일시부터 자기의 고립까지" 분석하는 경우 탈중심화나 고립 또는 과잉동일시 상태들로 이루어지는 연속적인 위기들이 관찰되는데, 이러한 위기는 자신에 대한 사랑과 타인에 대한 사랑이 균형을 이루는 중심 잡힌 간주관적 상태로 발전해나간다. 그 뒤에 집단이 새로운 단계에 들어설 때마다 다른 방식으로 새로운 위기들이 반복된다.

참고문헌

Freud, S. (1913). *Tótem y tabú y otras obras*, en vol. XIII, O.C. Buenos Aires: Amorrortu editores. 김종엽 역.『토템과 타부』문예마당. 1995.

Freud, S. (1914). *Introducción al narcisismo*, en vol. XIV, O.C. Buenos Aires:Amorrortu editores.

McLuhan, M. (1967). *The Medium is the Message*. UK: Penguin Books.

Suler, J.R. (2000). Psychotherapy in cyberspace: A 5-Dimensional Model of Onlineand Computer-Mediated Psychotherapy. *CyberPsychology & Behavior, 3(2)*.doi:10.1089/109493100315996.

Turkle, S. (1995). *Life on the Screen: Identity in the Age of the Internet*. New York:Simon and Schuster. 최유식 역.『스크린 위의 삶』민음사. 2013.

Vaimberg, R. (2005). Psicoanálisis y Sociedad de la información. *Intercambios, 14*:63−71.

Vaimberg, R. (2010). *Psicoterapias tecnológicamente mediadas (PTM). Estudio de procesosy microprocesos terapéuticos a partir de participación online*. Tesis doctoral, Facultad dePsicología, Universidad de Barcelona.

Vaimberg, R. (2012). *Psicoterapia de Grupo. Psicoterapia de Grupo online*. Barcelona: Octaedro.

Vaimberg, R. (2015). Psicoterapia de grupo y psicodrama. Teoría y Técnica. Barcelona:Octaedro.

Weinberg, H. (2014). *The Paradox of Internet Groups: Alone in the Presence of Others*. London: Karnac.

Winnicott, D.W. (1971). *Playing and Reality*. London: Tavistock Publications. 이재훈 역.『놀이와 현실』한국심리치료연구소. 1997.

17 온라인 집단상담을 위한 실무적인 고려사항들

하임 와인버그Haim Weinberg

집단원 선별과 준비

심리치료 집단을 진행할 때, 온라인으로 하는 경우에 대면 상담을 할 때 처럼 각 집단원과 사전 만남을 갖는 것을 강력하게 추천한다. 이 만남은 집단원 선별, 준비, 집단원과의 관계 형성을 위한 것이다. 그 시간에 기술적 문제나 온라인 예절에 관한 설명도(문서로 된 동의서에 포함된 경우에도) 포함시키도록 한다.

집단 동의서

실무적인 고려사항들(제7장)에서 권장한 바와 같이, 집단 동의서에 온라인 예절과 관련된 내용을 반드시 포함시켜야 한다. 제1부에서 언급한 부가적인 내용들은 개인 상담과 동일하지만, 다음 내용은 변경하도록 한다.

"회기 동안 만남에 집중을 유지한다"를 "집단에서의 상호작용에 집중한다"로 변경한다.

집단 외부에서의 접촉에 대하여

치료 집단에서 우리는 집단원들이 집단 밖에서 만나거나 연락하지 않도록 권한다. 이메일을 활용하여 집단 밖에서 온라인으로 연락하는 것도 가능하다는 것을 감안할 때, 집단 내에서 형성된 관계를 집단 밖에서 유지하는 것, 특히 온라인을 활용해서 연락하는 것도 안 된다는 설명을 잊지 않도록 한다.

비밀보장

집단원의 이메일 주소나 전화번호를 다른 집단원에게 보내지 않도록 주의한다.

기술에 대한 설명

당신이 기술을 잘 다룰 수 있을 때 집단원들에게 안아주는 환경을 제공할 수 있다는 점을 기억하고 집단에서 활용하는 애플리케이션에 대해서 잘 배워두도록 한다. 집단을 시작하기 전, 집단원들에게 애플리케이션(예: 줌Zoom)을 사용하는 방법에 대한 설명을 보내고, 간단한 기술적 문제(예: 소리가 들리지 않을 경우)를 해결할 수 있는 방법에 대하여 배워둔다.

문자 기반 의사소통
(예: 이메일, 온라인 게시판, 구글그룹에 관한 구체적 안내)

1. 문자 기반 의사소통은 대규모의 투사에 의해 영향받기 쉽다는 점을 유의한다.

2. 인터넷 문자 집단은 소집단으로 변장한 대집단이다. 소집단 역동뿐만 아니라 대집단Large Group에서 발생하는 역동에 대해서도 준비를 한다.

3. 친밀감은 나－너 관계I-thou[1]에서의 자기개방과는 거리가 있는 E－친밀감으로 대체된다(Weinberg, 2014).

화상만남 집단(줌)에 관한 구체적 주의사항

1. 온라인 집단 리더는 환경을 통제하지 않으며, 적절한 환경에 대하여 설명한다는 것을 기억하도록 한다.

2. 배경의 일부처럼 보이는 사건들(예: 화면에 등장한 고양이) 또는 자극에 대해 무시하지 말고 과정에 포함시키도록 한다.

3. 기술적 문제와 의사소통의 어려움은 역동의 일부이기 때문에 거기에 대하여 탐색하도록 한다.

4. 줌을 활용할 경우: 집단을 진행할 때, 모든 집단원을 한번에 볼 수 있

---

[1] 자신의 전체 인격을 기울여 타자를 대하는 관계를 의미하는 마르틴 부버Martine Buber의 개념. 나－그것 관계와 대조된다.

으므로 갤러리 보기가 발표자 보기보다 적절하다.

5. 줌을 활용할 경우: 집단원들이 자기 얼굴이 보여서 방해가 되는 경우에 자신의 영상을 가리는 방법이나, 자신의 얼굴이 보이는 곳에 종이 조각을 붙이는 방법을 알려준다.

6. 줌을 활용할 경우: 집단을 진행하는 중에 채팅 기능을 사용하면 집단원들에게 집중하기 어렵고, 특히 사적인 이야기를 하게 된다면 집단 외 의사소통을 하는 것이 되므로, 채팅 기능을 사용하지 않도록 주의를 준다.

7. 스마트폰으로 연결하게 되면 화면에 모든 집단원 얼굴이 보이지 않게 된다. 태블릿이나 노트북을 사용하도록 한다.

8. 집단원이 차에서 연결하지 않도록 주의를 준다. 운전을 하지 않는 경우라 하더라도 비밀보장과 사생활 보장이 어려울 수 있으며, 해당 집단원도 지속적으로 집중하지 못할 수 있기 때문이다.

집단 리더의 현존

온라인 화상 집단에서의 주된 어려움은 현존하는 것이다. 현존하는 느낌을 증가시킬 수 있는 방법을 찾도록 한다. 지금-여기와 관련된 적절한 자기개방을 하는 것도 한 가지 방법이 된다. 집단원의 비언어적 의사소통에서 드러나는 감정 상태를 알아보는 것도 방법이 될 수 있다. 실수에 대하여 책임을 인정하고 수용하는 것은 매우 강력한 영향을 주는 방법이 된다.

집단 리더의 중심성

온라인 집단 리더들은 중심 위치를 차지하는 경향이 더 많다는 점을 유념한다. 중앙으로 집중되는 의사소통 구조를 최대한 피하고, (리더가 의사소통의 중심에 있을 때) 집단원 간 상호작용을 격려하도록 한다.

온라인 집단을 위한 교육

개인상담에서 집단상담으로 전환할 때 집단에 대한 교육이 필요하듯이, 면대면 집단에서 온라인 집단으로 넘어갈 때에도 교육이 필요하다. 면대면 상황과 온라인 상황이 똑같지 않기 때문이다.

시간 제약이 있는 집단을 위한 최적의 모델

이삼일 정도 연속해서 진행하는 집중적인 집단(마라톤 집단)으로 시작하고, 90분짜리 주 1회 집단으로 지속한 다음, 다시 이삼일 정도 진행하는 면대면 집중 집단으로 마무리하도록 한다.

집단원 몇 명이 한 공간에 있을 때

한 집단원은 온라인에 있고, 나머지 집단원들은 같은 공간에 모이는 방식은 권하지 않는다(적어도 이러한 방식을 지속하는 것은 바람직하지 않다). 온라인에 있는 집단원이 연결감을 느끼기 위해 더 많은 노력을 들여야 하고, 집단 리더도 온라인에 있는 집단원이 배제되지 않도록 더 많은 주의를 기울이게 되므로 경쟁과 시기심의 역동이 쉽사리 발생한다.

4부

온라인 조직컨설팅

라케프 케렛–카라바니Rakefet Keret-Karavani · 아넌 롤닉Arnon Rolnick

18 온라인 조직컨설팅에 대하여

라케프 케렛-카라바니Rakefet Keret-Karavani · 아넌 롤닉Arnon Rolnick

알렉스는 좌절스럽고 혼란스러웠다. 도대체 이 친구들과 하는 일이 어떻게 된 것인가? 10분전만 해도 회의를 성공적으로 진행한 것에 대해 무척 만족스러웠다. 특히 업무를 새롭게 할당하는 것을 잘 해냈다. 알렉스의 팀은 세계 여러 지역, 서로 다른 문화권의 팀원들로 구성되었다. 그 점이 그가 팀을 관리하면서 겪는 어려움 중의 하나였다. 그런데 상사가 프로젝트가 지연되는 걸 더 이상 용납하지 않겠다는 것을 강조하였다. 고객사에서 총괄매니저에게 직접 항의를 하였기 때문이다.

지난 두 달 동안 프로젝트 팀은 어느 정도 일을 잘 해내고 있었다. 팀원들은 매우 숙련되고 경험이 풍부하였다. 그리고 알렉스는 자신이 데려온 두 명의 촉망받는 '신참자들'에게 멘토도 붙여 주었다. 그의 팀은 매우 효과적인 주간 화상회의를 마쳤다. 비록 중간에 두 개 지역의 인터넷이 다운되기는 하였지만, 그 전의 음성회의에 비해서는 커다란 진일보였다. 알렉스는 모든 직원을 화면으로 볼 수 있어서 통제가 훨씬 쉽다고 느꼈으며, 직원들도 서로 얼굴을 보고 알게 되어서 좋다고 얘기하였다.

회의는 실행보다는 계획수립에 대한 보고에 초점이 맞추어졌고, 데이터를 공유하게 되었다. 문제에 대해서는 함께 토론도 하였다. 커다란 문제는 없어 보였다. 그저 다른 팀원 한 명이 "누군가"가 보고서를 제시간에 전달하지 않았다고 불평할 때, 팀원들 모두 그가 누구인지 알고 있었지만 그 누군가는 침묵을 지키는 정도의 사소한 순간들이 있었다. 또는 세 명의 네덜란드 팀원들이 예민해 있었다. 그들은 팀원 모두에게 프로젝트 시트를 작성하라고 자료를 보냈는데 필요한 기술적인 입력을 거의 받지 못했기 때문이었다. 그로 인해 언쟁이 생겼지만, 알렉스가 이제부터 자기가 책임을 지고 다른 팀원들도 입력하도록 하겠다고 말하면서 더 이상의 '갈등의 드라마'로 발전하지는 않았다. 최소한 방금 전까지는 그렇다고 알렉스는 생각하였다. 화근은 인터넷 속도였다. 알렉스는 집에서 제일 조용한 방에서 회의를 진행하였는데, 하필 그 방의 인터넷 연결이 느렸다. 회의 과정에서 파일을 업로드하는 데 시간이 한참 걸렸다. 그리고 업무를 재분배하고 마감을 강조하던 시점에 팀원들의 얼굴이 화면상에서 사라지기 시작했다. 그 와중에 두 명의 팀장이 그에게 질문하기 시작했다. 한 명은 3번 과제를 누가 맡아야 할지에 대해 강한 이의를 제기하였고, 다른 한 명은 아무런 말도 없이 상당히 먼 거리에 있는 것처럼 보였다. 인터넷 기술상의 문제로 인해 이의를 제기한 팀장과 관련자들의 의견은 제대로 소통되지 못하였다.

알렉스는 과거에 "이 일은 꼭 해야 돼. 더 이상의 말은 하지 마."와 같은 메시지를 얼굴 표정과 함께 힘주어 전달하였다. 또는 상대방의 어깨에 손을 얹으며 "내가 여기 있잖아. 난 너와 함께하고 있어."와 같은 말을 하며 격려하기도 하였다. 하지만 이제는 더 이상 그렇게 할 수 없다. 인터넷 문제로 회의를 계속 진행하는 것이 불가능하다고 말하면서 알렉스는 다음 주에 다시 보기로 하고 회의를 서둘러 마쳤다. 당연히 그는 회의가 끝난 후 동료들과 티타임조차 가질 수 없었고, 동료들이 무슨 생각을 하고 어떻게 느꼈는지 전혀 알 수 없었다. 이제 현장 미팅을 위한 시간이 되었다.

어쩌랴… 회의를 짧고 미진하게 끝낸 알렉스는 그나마 내일 예정된 프리젠테이션 준비를 할시간을 번 것에 만족해야 했다.

위 사례를 통해 나올 수 있는 질문은 다음과 같다.

- 회의를 더 이상 진행하기 어려웠던 이유는 무엇인가?
- 관리적인 문제인가? 기술적인 문제인가? 다른 요인이 있다면 무엇인가?
- 어떤 점을 예상하고 대비를 해야 했는가? 예상하지 못한 일이 발생했을 때 어떻게 해야 했을까?

아마도 우리는 조직적, 관리적, 기술적 요소가 문화나 기타 다양한 요소들과 뒤섞여 문제를 일으켰고 회의를 그렇게 만들었다는 것을 알게 될 것이다.

모든 회의의 핵심은 무엇보다 사람들의 관계 및 의사소통이다. 버나드 쇼Bernard show는 "의사소통의 가장 큰 문제는 의사소통이 되었다고 착각하는 것이다."라고 말한 적이 있다. 우리는 쇼가 자신이 살던 20세기 전반기를 언급했다는 사실을 상기해야 하는데, 즉 그 당시 사람들은 물리적으로 같은 공간에서 대화를 했고 소통을 중재할 기술적 장치가 전혀 없었으며 다른 문화권의 사람들을 만나는 것도 드문 시대였다.

조직개발O.D. 이론 및 실천의 창시자 중 한 명인 크리스 아지리스Chris Argyris는 사람들이 의사소통 과정에서 겪는 어려움에 관해 다수의 저서를 출간하며 학계와 현장의 주목을 끌었다. 아지리스(1990: 87)에 의하면, 자신의 주관적인 정신적 모델 및 가정을 이해하는 한 가지 방법은 인식체계인 "추론의 사다리ladder of inference"를 아는 것이라고 했다. 사다리는 여러 단계가 있는데 각 단계를 거치면서 상대방의 의도와 행동을 알아차리고 해석하는데 영향을 주며, 실제로 사람들이 의사소통 과정을 거치면서 오해와 대립이 왜 생길 수밖에 없는지를 설명해준다. 게다가 의사소통의 중개자 역할을 하는 기술이나 여러 다양성, 조직적 맥락과 같은 프로세스 구성요소가 더해질 때 의사소통은 훨씬 복잡하고 어려워진다.

제4부 온라인 조직컨설팅은 이 문제를 오랫동안 연구한 동료들이 작성했음을 밝히는 바이다.

제4부의 목적은 다음과 같다.

1. 경험의 공유 및 관련 프로세스 분석에 필요한 이론의 소개를 통해 조직 화상회의의 특성을 탐색하기
2. 효과적인 화상회의를 위한 지침 제공하기

제4부는 두 종류의 이론을 다루는 장으로 구성되는데, 각기 다른 이론적 각도와 리더십 역할에 대한 다른 관점에서 작성되었다. 첫 번째 장은 관리적 관점에서, 두 번째와 세 번째 장에서는 외부 컨설턴트의 관점에서 서술했다. 다양한 각도에서 보아야 현상에 대해 더 깊이 이해하고 지침을 더 잘 적용할 수 있다고 믿는다.

이 장에서는 조직 프레임을 각 장의 내용에 적용하는 데 필요한 몇 가지 개념을 소개할 것이다.

우리의 경험을 바탕으로 조직 화상회의에 영향을 미치는 주요 맥락을 네 가지로 나누었고, 그중 세 가지 개념을 이번 장에서 다루었다.

1. 다양성을 창출하는 광의의 **가상적 맥락**
2. 원거리 통신을 가능하게 하고 여러 방면에 영향을 미치는 **기술적 맥락**
3. **화상회의 맥락**, 매체의 특성과 그것의 역설적 특성
4. **조직적 맥락**

가상적 맥락

오늘날의 비즈니스는 글로벌하고 역동적이며 끊임없이 빠르게 변한다. 뉴욕타임즈 칼럼니스트 토머스 프리드먼Thomas Friedman(2016)은 증가하는 변화의 속도에 대해 '기술향상과 완성의 가속도 시대(예: 무어의 법칙[1])'라는 표현을 썼으며, 지구를 하나의 마을로 만들어 버리는 글로벌화가 그다지 놀랍지 않다고 했다. 그가 기술의 변화가 외부 세계에 미치는 영향에 주목했다면 우리는 내면 및 대인관계의 세계에 초점을 맞추려고 한다.

지난 20년간 업무 수행방식에 있어 주요한 변화 중의 하나는 가상 팀 virtual teams의 성장이었다(Hassell & Cotton, 2017).

가상 팀은 다른 시간대나 다른 나라에 살면서 지리적으로 흩어져 있는 업무 집단에 속한 개인들의 협업에 기반하고 있다(Lauring, 2013). 해셀과 코튼(Hassell & Cotton, 2017)은 조직의 46%가 가상 팀을 활용하고 있다는 최근 설문조사(Minton-Eversole, 2012)를 인용하며, 이러한 팀의 활용은 갈수록 증가할 것으로 보았다(Dobson, 2011).

가상 팀이 조직의 유연성과 자원 활용도를 높일 것이라는 약속을 하지만 동시에 그만큼의 어려움도 있다.

주도바Chudoba, 루Lu, 왓슨-만하임Watson-Manheim, 와인Wynn(2013)은 기술이 협업의 장애요소를 걷어내는 동시에 더 이상 활용되지 않으면서 머릿속의 모델(Hammer & Champy, 1993)로 맴돌기만 하던 구조를 드러나게 하고, 작업환경의 응집성을 떨어뜨릴 가능성도 열어놓았다고 주장했다. 스캇과 티머맨(Scott & Timmerman, 1999)은 "직장인들이 꿈꾸는 자유와 유연성을 제공하는 바로 그 기술이 그들을 주요 조직으로부터 멀어지게 할 수도 있다."고 지적했다. 왓슨-만하임 등(Watson-Manheim et al., 2002)은 이러한 장애물을 일컬어 불연속성discontinuties이라고 했다. 그들은 불연속성이 보이지 않는 경계로 생기는 근본적인 프로세스 문제와 잠재적인 문제에 주목하게 한다고 지적했다. 그들은 가상에 관한 문헌연구를 바탕으로, 가상 팀을 구성할 때 영향을 미치는 환경에서 오는 독특한 측면의 여섯 가지 불연속성을 지리, 시간, 문화, 업무관계, 조직, 기술이라고 정의했다.

불연속성 외에도 가상 팀들은 업무 위주로 집중하고 사회 및 정서적인 부분은 소홀히 하는 면이 있다(Powell, Piccoli & Ives, 2004, Hassell & Cotton, 2017). 이러한 경향으로 가상 팀은 전통적인 팀과 비교하여 상대적으로 상호작용, 관계, 집단 결속 및 신뢰가 부족해 사전에 계획되지 않은 기회들을 포착하는 것에는 취약할 수 있다(Hassell & Cotton, 2017).

따라서 비즈니스 조직에서의 합리적 과제 지향은 사회 및 정서적인 면을 강조하는 업무에 잘 맞지 않을 수도 있지만, 사회 및 정서적인 면은 효과적인 의사소통과 관계를 위한 초석이 된다. 이에 대한 논의 기회는 보통 팀 구축이나 리더십 워크숍 같은 특정 조직 계발 계획을 할 때 생긴다. 또한 프로세스 회의 참석자들이 흔히 듣는 현실적인 조언들이 있다. "여기서 경험한 일이 위대해 보이겠지만, 사무실로 돌아가면 거기에는 또 다른 세상이 펼쳐질 것입니다." "아무리 사회정서적 담론이 필요한 상황이더라도 매일 반복되는 일상에서 그런 담론을 발전시키는 것은 쉬운 일이 아닙니다."

지금의 비즈니스 환경을 고려할 때 팀의 결속력과 신뢰는 더욱 중요해지고 있다. 딜로이트 보고서(2017)에 의하면 오늘날의 작업환경이 빠른 속도와 변화를 요구함에 따라 인해 직원들은 더 신속하게 작업해야 하며, 제때 작업을 마치기 위해 직원들 간에는 더 효율적인 협업이 필요하다고 한다.

젠센Jensen과 데니스Dennis는 제20장에서 이 점에 대해 자세히 설명하면서 효과적인 의사소통을 할 수 있는 체계로 게슈탈트 접근법을 제안했다.

제21장에서 덴트Nuela Dent는 공간, 문화, 시간이 각기 다른 집단과 함께 일해야 하는 어려움에 대해 컨설팅의 관점에서 이야기했다. 덴트는 다양한 집단에서 보이는 현상을 시스템 정신역동 접근법으로 설명하며 이 접근법으로 일하는 컨설턴트는 집단이나 조직에 내재된 역동에 다가가기 위해 보다 창의적인 질문을 시도해야 한다고 본다.

조직개발 분야의 권위자인 아디제스Adizes는 어려움에 처한 팀워크를 개선할 목적으로 일명 "조직치료organizational therapy"라는 매우 구조화된 방법론을 만들었다. 여기서 규율과 규칙은 의사소통의 흐름을 훨씬 편하고 명료하게 만든다. 그 작업은 실제 회의실과 화상회의에서 이루어졌는데, 각각의 장점이 있었다. 그는 제4부의 주제를 위해 인터뷰에 응해주었다.

요약하자면, 실제로 사람들이 모인 전통적인 팀과 가상 팀 간의 조직 의사소통에서 공통적으로 다음의 두 가지가 나타났다.

- 가상 공간에서의 의사소통은 출발부터 여러 가지 불연속성에 놓여 있기 때문에 필연적으로 참가자는 어려움과 장벽에 부딪친다.
- 직원들이 일을 빠르게 하면서도 협업이 필요할 때, 그리고 업무가 복잡한 성적을 띨 때 가능한 한 가장 분명하고 원활한 의사소통이 요구된다. 더 나아가 모든 팀 구성원이 업무를 동일하게 이해하고 있을 때

때 협업이 쉬워지며 고품질의 결과를 얻는다.

다르게 말하면 분명 의사소통의 장벽이 있음을 알지만 한편으로는 서로 간에 원활한 의사소통 과정이 필요하다는 사실은 누구나 절실히 느낀다. 불연속적인 환경에서 연속성을 절실히 요구하고 있다.

기술적 맥락

구오 등(Guo, D'ambra, Turner, Zang, 2009)은 기술적 경로 간의 차이를 구별하여 그들의 다양한 특성을 이해해야 한다고 말한다. 컴퓨터를 매개로 하는 기술은 사회적 맥락 신호를 전달하는 정도에서 상당한 차이가 있다(Straus & McGrath, 1994). 사회적 맥락 신호는 모호함을 줄이는 필수적인 역할을 하며, 이는 팀 회의의 친밀도 및 품질을 결정하는 데 있어 중요한 사회적 결과를 가져온다(Martin & Tom, 2003). 따라서 우리가 가상 팀을 논할 때, 가상 팀이 다른 유형의 통신 기술 환경에서 운영될 수 있고, 통신 기술 유형이 팀의 상호작용에 상당한 영향을 미친다는 사실을 알고 있어야 한다(Driskell & Radtke, 2003).

미디어 풍요성 이론Media richness theory(Daft & Lengel, 1986, Daft, Lengel, Trevino, 1987)과 사회적 실재감 이론Social presence theory(Short, Williams & Christie 1976)에 따르면, 매체는 팀 사정에 따라 차이가 있다.

(a) 시간, 위치, 영속성, 분포 및 거리와 같은 다양한 통신 제약

극복하기
(b) 의사소통의 사회적, 상징적, 비언어적 신호 전달하기
(c) 다의적 정보 전달하기

(Rice, 1993)

연구의 결론은 팀원들이 상호작용을 조절하고, 정보가 되는 행위를 표현하며, 타인의 피드백을 모니터하고, 상식적인 이해 및 근거를 형성하려면 사회적 맥락 신호가 중요하다는 것이다(Guo et al., 2009).

사회적 맥락 신호 외에도 풍부한 정보는 비언어적이고 즉각적인 피드백을 포함하므로 의사소통에서의 모호성과 불확실성을 감소시킨다(Pearroja et al., 2013).

실증적 증거를 통해 알 수 있듯이 언어 및 비언어적 신호는 대화의 흐름을 조절하고, 발표자의 순서별 진행을 중재하고, 즉각적인 피드백을 주며, 미묘한 의미를 전달하는 데 도움이 된다. 이는 조화와 협력을 위해 중요하다(Pearroja et al., 2013, Montoya-Weiss, Massey & Song, 2001).

브라운 등(Brown, Poole. Rodgers, 2004)은 팀이 어떤 매체를 사용하든 "참석자의 신기술 수용도가 효과적인 협업의 또 다른 요인"(130)이라고 말한다. 또한 사용 편의성, 기술의 통제, 그리고 컴퓨터 불안증과 같은 요소들에 따라 참석자들 간에 차이가 생기며 팀의 역동에 영향을 미친다. 따라서 기술 자체가 신뢰의 대상인지 불신의 대상인지는 가상 작업을 할 때 결정된다.

제20장에서 젠센과 데니스는 기술이 인간의 사고방식에 내재된 휴리스틱스heuristics[1]를 증폭시킨다고 말한다. 결과적으로, 기술에 의해 매개되는

인간의 상호작용은 인간의 판단을 빠르게 하고 행동을 자동화시킨다.

제21장에서 덴트는 새로운 관점을 제시했는데, 기술은 중개자일 뿐만 아니라 그 자체가 주체라고 보았다. 그녀는 비온Bion의 기본전제basic assumptions을 인용하여, 참석자의 싸움/도망[투쟁/도피] 사고방식, 의존성 사고방식 또는 여타 기본전제들은 기술과 관련이 있다고 했다. 예를 들어, 사람들이 관계에 대한 문제를 쉽게 말하지 못하는 것에 대해 기술이 "비난을 받게" 된다.

화상회의

화상회의는 매체로써 어떤 특징이 있는가? 그것은 회의의 과정과 산출물에 어떤 영향을 주는가?

동시 화상회의 시스템은 지리적으로 멀리 떨어진 팀원들이 오디오와 비디오 통신 기능을 통해 면대면 상호작용에 가까운 상호작용을 가능하게 한다(Guo et al., 2009).

웹캠은 2003년 애플, 마이크로소프트, 로지텍이 판매를 시작한 이후 널리 보급되었다. 2005년에 최초의 고화질 화상회의 시스템이 도입되었다(Olson et al., 2014).

우리는 화상회의를 현명하게 활용하는 조직이 생산성이 높고 더 효율적이라고 믿기 때문에 조직 화상회의를 제4부에 추가하기로 하였다. 조직

---

1 복잡한 과제를 간단한 판단작업으로 단순화시켜 의사결정하는 경향으로 논리적인 근거가 아닌 어림을 통해 답을 도출하는 경향을 말한다.

행동을 심리학적 관점에서 접근하는 우리는 영상을 통한 대면 만남이 팀의 조정작업과 협동을 강화시킬 수 있다고 확신한다.

우리가 세운 가정들은 포브스Forbes와 줌Zoom의 보고서 '화상회의의 특징과 업무현장에 미치는 영향Report on video conferencing characteristics and their effect in the workplace'을 토대로 한다. 2017년 포브스 인사이트Forbe insight와 줌 글로벌Zoom global이 실시한 설문조사를 참고하라(www.forbes.com/forbes-insights/our-work/the-connected-culture).

화상채팅은 그나마 면대면 만남에 가장 가까운 채널이지만, 여전히 시선이나 몸짓 같은 비언어적 신호를 보내기엔 부족하다(Fullwood, 2007 in Shin et al.,, 2017). 실제로 여러 비언어적 행동연구를 보면, 눈맞춤은 누가 말할지 누가 들을지 등의 순서를 눈으로 계속 신호를 주고받으며 대화의 흐름을 원활하게 이어가고(Duncan, 1972 in shin et al., 2017), 친밀감을 전달하기(Mehrabian, 1969 in shin et al., 2017)위해 중요하다고 강조한다.

제4부의 세 개 장 전반에서 우리는 화상회의 특성과 그것이 회의과정에 미치는 영향에 대해 넓게 살펴볼 것이며, 업무 중에 경험하는 회의참석자와 회의 진행 과정에서 일어날 수 있는 몇 가지 사항에 주목할 것이다. 이번 화상회의 논의에서는 대화의 원활함이나 자발성 수준은 다루지 않겠다.

• 화면을 통해 상대방의 이미지를 볼 수 있지만 대부분의 경우 실제 대면처럼 자연스럽지는 않다. 자신의 모습을 자주 보게 되면 때로는 당황스럽기도 하지만 자기 자각을 증가시켜 특정 행동을 절제하거나 강화한다.

- 동시에 말을 하면 소음처럼 들리기 때문에 한 번에 한 사람만 말할 수 있다. 따라서 교대로 손들기를 통한 순서 정하기로 대화를 통제하지 않는다면 누군가 말을 할 때 다른 사람의 말과 충돌할 위험을 감수해야 한다.
- 인터넷 연결 장애나 화면의 정지와 같은 기술적 문제가 생길 때, 참석자는 자신의 말이 잘 들리지 않거나 자신이 모습이 잘 보이지 않을 수 있다고 우려하므로 말하기 전에 한 번 더 생각하게 될 수도 있다.

위와 같은 상황에서 사람들은 자연스럽게 대화에 뛰어들지 못할 수 있으며 동시에 사람들로 하여금 자신의 행동을 치밀하게 계획하고 통제하도록 만들기도 한다. 비영어권이거나 충동적 성향을 가진 참석자와 업무 중심의 회의를 할 때 이렇게 속도를 조절하는 게 종종 효과적일 때가 있다.

한 가지를 더 고려한다면, 참석자들의 배치방식이다. 조직 맥락을 논의할 때 이 문제를 다시 다루겠지만, 지금은 참석자가 각각 떨어져서 앉아있다고 가정한다. 글로벌화와 끊임없는 기술개선 등으로 이 형태는 가장 흔한 패턴이 될 것이라 본다.

- 참석자가 화면 앞에 있기 때문에 인터넷이 제공하는 모든 기능에 쉽게 접근할 수 있다. 이 점은 토론에 필요한 자료를 가져와야 할 경우에 매우 유용하지만 회의를 하면서 멀티태스킹과 기분전환을 하려는 유혹이 끊임없이 올라올 수 있다.
- 집, 사무실, 기타의 장소 어디든 앉아 있으면 되므로 편리하지만 동시

에 회의에 적합한 물리적, 기술적 환경이 갖춰진 곳을 찾아야 하는 불편함도 있다.

위 마지막 항목은 좀 더 넓은 관점에서 보면 화상회의는 태생적으로 역설적 특성을 가진 매체임을 알게 한다.

- 참석자끼리 각각 떨어져 있어 소외감이나 단절감을 느끼기도 하지만 얼굴표정을 가까이 볼 수 있어 연결감과 소속감을 가지기도 한다.
- 화상회의 참석자는 '숨기'가 쉽다고 느낀다. 일부 참석자는 카메라 시야 밖으로 숨기도 하고 일부는 이메일 작업 등을 하며 화면에 있지만 있는 것이 아닌 상태가 되기도 한다. 실제로 참석자 전원의 얼굴을 가까이서 보면 주의가 흐트러진 참석자는 금방 드러난다.
- 다른 사람을 알아가는 데 화면이 장벽이라고 여길 수 있다. 하지만 참석자의 이미지에서 보이는 배경은 보통 집이나 사무실의 일부인데 이런 요소는 개인적 취향에 맞는 소소한 사적인 대화를 할 수 있는 촉매 역할을 한다. 그런 경우 좀 더 쉽게 관계형성이 된다.

관리 측면에서도 역설은 작동한다. 예를 들어, 화상회의에는 상사의 집무실에 참석자들이 모두 모이거나 회의실 상석에 상사가 앉아 있는 것과 같은 전통적인 회의 장면이 없다. 화상회의에서는 인터넷 연결, 참석자의 장비 등과 같은 여러 변수들로 인해 회의 상태를 장담할 수가 없다. 실제로 평평한 화면은 린 조직lean organization과 같은 유연하고 위계가 최소화된 조직의 모습을 보여준다. 반면에 관리자는 음소거 버튼이라는 강력한 관리도구를 통해 참석자 전원을 통제할 수 있다. 그리고 주로 관리자가 역할을 맡는 회의주재자는 회의 내용을 녹화할 수 있어서 정보의 통제권을 갖는다. 녹음된 정보를 보관할 것인지 공유할 것인지는 회의주재자의 선택에 달려 있다.

정기적으로 진행되는 화상회의에서 사람들은 보통 해당 업무에만 관심과 에너지를 쏟는다. 앞서 우리가 설명한 내용들을 그들이 안다고 해도 대부분 논의되지 않을 것이다. 왜냐하면 성과와 관련이 없거나 중요한 내용이라고 여기지 않기 때문이다. 종종 회의 참석자들은 관리자, 동료, 상황 등에 일종의 양면성이 있다는 것을 알기도 하지만 정확한 이유를 설명하지는 못한다. 역설의 징후는 화상회의에 늘 존재한다.

조직의 맥락

두렌 등은 조직의 맥락을 "현 조직 내에 존재하는 관리 프로세스, 조직 문화, 조직 시스템"으로 정의했다(Doolen, Hacker, Van Aken, 2003). 우리는 이 정의를 사용할 것이다.

여기서 두 가지 측면을 다룰 것인데, 하나는 '조직 문화', 다른 하나는 분산된 장소에서의 참여를 표상하는 '화상회의 화면 표시'이다. 우리는 화면상에 드러나는 장면을 관리 프로세스와 조직 시스템의 결과로 볼 것이다.

응우엔과 모하마드(Nguyen and Mohamed, 2011)는 조직 문화는 눈에 보이는 속성과 보이지 않는 속성이라는 두 가지 개념이 층을 이루고 있다는 샤인Schein의 정의를 인용했다. 눈에 보이는 속성은 그야말로 외적인 모습, 건물, 옷, 행동양식, 규율, 민담과 신화, 언어, 행사의식을 말하며, 눈에 보이지 않는 속성은 공동의 가치, 규범, 믿음이 해당된다. 조직 문화는 정해진 목표를 달성하기 위해 직원들의 일상 활동을 통합하는 역할 외에도 조직이 외부 환경에 신속하고 적절한 대응을 할 수 있도록 돕는다(Nguyen & Mohamed, 2011).

제21장에서 덴트는 사례 연구를 통해 "디지털과 전자양식, 두 가지 형태로 정보를 이중 처리하고 문서를 보관하는 것은 기술에 대한 신뢰와 확신이 부족해"라고 설명했다. 실제로 기술에 대한 조직의 전제organizational assumption는 분명히 존재하고 이는 팀워크에 영향을 미치며 컨설팅 과정에도 반영된다. "조직원들은 하나의 팀으로 작업을 할 수 있는 기술적 지원을 요구한다. 하지만 조직은 충분한 성능을 가진 기술시스템을 제공하지 못하고 결과적으로 팀의 협업에 영향을 끼친다."

제19장에서 아디제스는 "효과적인 업무를 위해서는 규율이 필요하다."라고 했다. 그는 기존의 모여서 하는 회의와 비교하여, 기술이 참가자들에게 어떻게 한 번에 하나씩만 말하도록 강요하는지 설명했다.

우리는 화상회의가 기성 조직과 자유로운 분위기의 스타트업 조직에서 다르게 진행되고 있음을 볼 수 있다. 기성 조직의 화상회의는 모든 직원이 카메라를 켜고 제 시간에 연결해서 조용히 자리에 앉아 있다. 반대로 비교적 자유로운 분위기인 스타트업 조직 같은 곳에서는 관리자가 카메라 켜기를 강요하지 않고 늦는 것에 대해 엄격하지 않으며 심지어 회의를 커피숍에서 진행할 수도 있다.

우리는 일찍이 참석자의 위치 분포를 하나의 요소로 보았다. 참석자들이 함께 앉아 있을 때 조직의 맥락 자체가 역동을 가져오며 영향을 끼친다. 덴트는 이를 잘 설명한다.

> 내가 있던 장소에 관리자와 팀장이 참석했는데, 참석자들은 "활동" 능력이 떨어진 것처럼 보였다. 사람들은 그들의 보고라인에 다른 사람들과 같이 있을 때 더 힘들어 하는 것처럼 보였다. 아니면 연구자와 같은 장소에 있었던 것이 영향을 미쳤을 수 있다.

아디제스는 컨설턴트의 입장에서 말하길, 그가 혼자 다른 방에 앉아서 직원들이 모여 있는 다른 회의실의 큰 화면에 나타날 때 권위를 세우기가 더 쉬웠다고 한다.

우리는 다른 측면을 강조하고 싶다. 화상회의 화면을 볼 때 종종 팀원들이 함께 앉아 있는 모습을 보는데 화면의 각 이미지에 장소 또는 사무실이 나타난다. 매체 덕분에 조직의 분포를 시각적으로 생생하게 볼 수 있다.

어떤 조직을 다루고 있는지는 중요하지 않다. 이런 화면 이미지는 언제나 장소 보여주기 그 이상의 의미를 갖고 있다. 본부 대 현장 사무소 간의 권력관계를 드러내는 표시일 수도 있고, 각 사업장마다 어떤 프로젝트가 진행되고 있는지를 보여주기도 하고, 팀 내에 어떤 문화가 주류인지 비주류인지를 나타내기도 한다. 관리자는 어디에 앉아 있나? 관리자와 같이 앉은 직원들은 대략 몇 명인가? 일부 직원들이 따로 앉았다면 그들은 어떻게 느끼고 행동하는가?

집단이 함께 앉아 있다는 것은 회의의 흐름, 내용, 그 이상에 영향을 미치는 어떤 역동을 만든다. 서로 다른 방에 앉아 있는 집단은 다른 역동을 만들어낸다. 집단끼리도 상호작용을 하므로 "전체로서의 집단" 행동과 결과를 만들어내는 집단 간 다양한 역동도 상상해볼 수 있다. 따라서 그런 설정하에서 화상회의를 사용하면 팀의 행동을 구조화하고 일부 조직적 요소를 시각적으로 분명히 표시하게 된다.

앞부분에서 본 관리자 알렉스의 사례로 돌아가면, 정기적으로 화상회의를 이끄는 사람이 있다면 그 사람을 훈련시킴으로써 조직은 많은 혜택을 누릴 수 있다. 화상회의는 단순히 기존 집합형 회의의 복사판이 아니다. 화상회의는 그 나름의 고유한 특징을 가진 또 다른 방식의 관리이다.

이 장의 끝부분에서 화상회의 실행 시 고려해야 할 사항들을 요약해서 소개할 것이다.

 주석

1 무어의 법칙은 인텔의 공동 창업자인 무어Gordon Moore가 만든 법칙이다. 무어는 칩의 트랜지스터 수가 매년 두 배씩 증가하면 비용은 절반으로 줄어들 것으로 예측했다. 무어의 법칙을 컴퓨터에 확장하면, 통합 회로의 트랜지스터 효율성이 높아짐에 따라 컴퓨터를 움직이는 기계들은 시간이 지남에 따라 크기는 더 작아지고 속도는 더 빨라진다.

 참고문헌

Argyris, C. (1990). *Overcoming Organizational Defenses: Facilitating Organizational Learning. Needham Heights*, MA: Allyn & Bacon.

Brown, H.G., Poole, M.S., and Rodgers, T.L. (2004). Interpersonal traits, complementarity, and trust in virtual collaboration. *Journal of Management Information Systems*, 20(4): 115–137, doi: 10.1080/07421222.2004.11045785.

Chudoba, K.M., Lu, M., Watson-Manheim, M.B., and Wynn, E. (2005). How virtual are we? Measuring virtuality and understanding its impact in a global organization. *Information Systems Journal*, 15(4): 279–306, doi:10.1111/j.1365-2575.2005.00200.

Daft, R.L., and Lengel R.H. (1986). Organizational information requirements, media richness and structural design. Management Science, 32(5): pp. 554–571. Available online at www.jstor.org/stable/2631846?seq=1&cid=pdf-reference#references_tab_ contents.

Daft, R.L., Lengel, R. H., and Trevino, L. K. (1987). Message equivocality, media selection, and manager performance: Implications for information systems. *Management Information Systems Quarterly*, 11(3): 355–366, doi:10.2307/248682.

Deloitte (2017). The digital workplace: Think, share, do. Transform your employee experience. Available online at www2.deloitte.com/content/dam/Deloitte/mx/Documents/human-capital/The_digital_workplace.pdf.

Dobson, S. (2011). Virtual teams expected to Grow: Survey. *Canadian HR Reporter.*

Doolen, Toni L., Hacker, Marla E., & Van Aken, Eileen M. (2003) The impact of organizational context on work team effectiveness: A study of production team. *IEEE Transactions on Engineering Management*, 50(3): 285–296, doi: 10.1109/ TEM.2003. 817296.

Driskell, J.E., and Radtke, P.H. (2003). Virtual teams: Effects of technological mediation on team performance. *Group Dynamics: Theory, Research, and Practice*, 7(4): 297–323, doi: 10.1037/1089-2699.7.4.297.

Forbes Insights (2017). *The Connected Culture: Unleashing the Power of Video in Everyday Collaboration.* Available online at www.forbes.com/forbes-insights/ourwork/the-connected-culture.

Friedman, T.L. (2016). *Thank You for Being Late: An Optimist's Guide to Thriving in the Age of Accelerations.* New York: Farrar, Straus and Giroux. 장경덕 역.『늦어서 고마워: 가속의 시대에 적응하기 위한 낙관주의자의 안내서』21세기 북스. 2017.

Guo, Z., D'ambra, J., Turner, T., and Zhang, H. (2009). Improving the effectiveness of virtual teams: A comparison of video-conferencing and face-to-face communication in China. *IEEE Transactions on Professional Communication, 52*(1): 1−16, doi: 10.1109/TPC.2008.2012284.

Hammer, M., and Champy, J. (1993) *Reengineering the Corporation.* New York: Harper Business.

Hassell, M.D., and Cotton, J.L. (2017). Some things are better left unseen: Toward more effective communication and team performance in video-mediated interactions. *Computers in Human Behavior, 73*: 200−208, doi:10.1016/j. chb.2017.03.039.

Kirkman, B.L., Cordery, J.L., Mathieu, J., Rosen, B., and Kukenberger, M. (2013) Global organizational communities of practice: The effects of nationality diversity, psychological safety, and media richness on community performance. *Human Relations, 66*(3): 333−362, doi:10.1177/0018726712464076.

Klitmuller, A., and Lauring, J. (2013). When global virtual teams share knowledge: Media richness, cultural difference and language commonality. *Journal of World Business, 48*: 398−406, doi:10.1016/j.jwb.2012.07.023.

Lauring, J. (2013). International Diversity Management: Global Ideals and Local Responses. *British Journal of Management, 24*(2): 211−224, doi:10.1111/j.1467-8551.2011.00798.x.

Martin, T., and Tom, P. (2003). Social cues and impression formation in CMC. *Journal of Communication, 53*(4): 676−693, doi:10.1111/j.1460-2466.2003.tb02917.x.

Minton-Eversole, T. (2012). Virtual teams used most by global organizations, survey says. *Society for Human Resource Management.* Available online at www.shrm.org/ hrdisciplines/ orgempdev/ articles/pages/virtualteamsusedmostbyglobalorganizations, surveysays.aspx. Section 4 Practical Considerations 221

Nguyen, H.N. and Mohamed, S. (2011). Leadership behaviors, organizational culture and knowledge management practices: An empirical investigation. *Journal of Management Development, 30*(2): 206−221, doi:10.1108/02621711111105786.

Olson, J.D., Appunn, F.D., McAllister, C.A., Walters, K.K., and Grinnell, L.(2014). Webcams and virtual teams: An impact model. *Team Performance Management*, 20(3/4): 148–177, doi:10.1108/TPM-05-2013-0013.

Pearroja, V., Orengo, V., Zornoza, A., and Hernandez, A. (2013). The effects of virtuality level on task-related collaborative behaviors: The mediating role of team trust. *Computers in Human Behavior, 29*: 967–974, doi: 10.1016/chb.2012.12.020.

Rice, R.E. (1993). Media appropriateness: Using social presence theory to compare traditional and new organizational media. *Human Communication Research, 19*(4): 451–484.

Scott, C., & Timmerman, C. (1999) Communication technology use and multiple workplace identifications among organizational teleworkers with varied degrees of virtuality. *IEEE Transactions on Professional Communication,* 42(4): 240–260.

Shin, S.Y., Liu, W., Jang, J., and Bente, G. (2017) The benefits of distance and mediation: How people react to conflicts in video chat vs. ftf. *Computers in Human Behavior*, 73: 1–8, doi:10.1016/j.chb.2017.03.022.

Short, J., Williams, E., and Christie, B. (1976). *The Social Psychology of Telecommunications*. New York: Wiley.

Straus, S.G., and McGrath, J.E. (1994). Does the medium matter? The interaction of task type and technology on group performance and member reactions. *Journal of Applied Psychology*, 79(1): 87–97.

Watson-Manheim M.B., Crowston, K., and Chudoba, K.M. (2002). Discontinuities and Continuities: A New Way to Understand Virtual Work. *Information, Technology, and People*, 15(3): 191–209, doi:10.1108/09593840210444746.

19 아이잭 콜드론 아디제스와의 인터뷰

A = 아이잭 콜드론 아디제스Ichak Kalderon Adizes
Ra = 라프켓 케렛 카르바니Rafeket Keret-Karavani
Ro = 아넌 롤닉Arnon Rolnik

Ra 시간을 내주셔서 정말 감사합니다. 당신은 직접 개발한 기법으로 기업 및 정부와 다수의 작업을 진행하고 계신 것으로 유명합니다.

우리는 가상세계가 당신의 연구에 미친 결과에 대해 이야기를 나누고 싶습니다. 가상소통에 관한 현재 및 미래의 동향에 대해 어떻게 보십니까? 또한 컨설팅 세계에는 어떤 영향을 줄까요?

A 가상소통을 이야기하기 전에 먼저 당신이 "컨설팅 세계"라고 부르는 것부터 시작하겠습니다. 저는 단순한 컨설팅이 아니라 "조직치료organizational therapy"라 부르는 새로운 분야를 만들고 싶었습니다. 컨설팅은 보통 의료행위에 비유됩니다. 당신이 나한테 오면 나는 당신에게 처방전을 줍니다. 당신은 내 조언을 따를 의무가 있습니다. 치료를 통해 우리는 환자가 자신의 문제를 해결할 수 있도록 돕습니다. 우리는 환자로 하여금 문제를 직접 다루고, 그가 고통 받고 있는 환경에 스

스로 대처할 수 있는 도구를 줍니다. 결국 그 일은 환자를 외부 도움으로부터 벗어나게 하는 것입니다.

가족 치료에서는 개인을 치료하는 것이 아니라 가족 간의 상호작용을 다룹니다. 기업도 마찬가지입니다. 상호작용이 둔화되고 조직 내에 에너지가 원활하게 흐르지 않으면 파괴적인 충돌이 발생하여 기업이 환경에 더 이상 대처할 수 없게 됩니다.

저는 함께 방에 들어갈 사람이 누구인지를 말하게 하는 기법을 만들어 조직의 문화와 상호 작용, 행동 및 성과를 변화시키려고 했습니다. 가상의 변화관리에 대해 논할 때 이런 차이는 중요합니다.

이 방에 꼭 있어야 할 사람이 누구인지는 문제가 무엇이냐에 따라 다릅니다. 이 문제를 해결하기 위해 누가 필요할까요? 누가 그 문제에 대한 권한과 영향력을 쥐고 있고, 누가 억압하거나 방해하고 있나요? 종종 가족상담에서는 시어머니가 그 주인공입니다. 그런데 만약 당신이 남편과 아내를 앉혀놓고 상담하고 있다면 시간낭비를 하고 있는 겁니다. 그 방에는 바로 시어머니가 있어야 합니다.

이러한 집단은 20명에서 30명 미만이어야 합니다. 만일 30명이 모였다면, 그러한 집단을 가상으로 진행할 수는 없습니다. 방에 사람이 너무 많으면 모든 사람의 얼굴을 볼 수 없습니다. 저는 모든 이들의 얼굴을 봐야 합니다. 제가 관심을 기울여야 사람들이 저에게 질문을 하거나 대답을 합니다. 또한 신체언어도 주의 깊게 관찰합니다. 저는 제가 만든 기법을 엄격한 규율에 따라 작업에 적용합니다. 즉, 누가 말하는지, 무엇에 대해 말하는지, 어떤 순서로 말하는지를 놓치지 않으려고 합니다.

저의 기법은 매우 체계적이어서 참석자들은 해결책을 찾는 과정을 함께 해나갑니다. 최대 7명까지 줌Zoom 회기에 참석할 수 있습니다. 30명 중에서 핵심이 되는 사람들을 고를 겁니다. 최소한의 핵심은 CEO, 영업 책임자, 인적 자원 관리자, 재무 책임자, 운영 책임자입니다.

그 이유는 영업 및 마케팅을 하는 고객대면 시스템, 금융 시스템, 인적자원 시스템, 운영 시스템, 이 네 가지 하부 시스템이 모든 조직에서 주요한 역할을 하기 때문입니다. 즉, 이들이 하부 시스템을 대표하는 핵심들입니다. 모든 문제는 통합되지 못한데서 나옵니다. 마케팅이 생산량을 앞서면 문제가 발생합니다. 생산량이 자금조달능력을 앞질러도 문제가 됩니다. 분열disintegration이 모든 문제의 원인이라면 그 해결책은 통합integration입니다. 모든 하부 시스템이 함께 나아가야 합니다. 어느 하나도 뒤처지면 안 됩니다.

처음부터 줌으로 상담을 시작하지는 않습니다. 왜냐하면 제가 상대방을 개인적으로 알지 못한 상태에서 줌으로 만나게 되면 상대를 제어할 수 없습니다. 감정을 자극하는 주제가 나오면 사람들은 카메라를 신경 쓰지 않으며 심지어 저한테도 개의치 않습니다. 첫 대면을 통해 권위를 만들어 두어야 합니다. 충분한 권위가 확보되었다는 느낌이 들기 전까지는 줌상담을 시작하지 않습니다.

우리는 위의 네 사람과 함께 초안에 해당하는 해결책을 만듭니다. 그리고 핵심집단을 구성해서 초안을 다듬습니다. 이 핵심집단에는 네 사람이 만든 해결책의 허점을 지적할 수 있는 사람이 포함되어야 합니다. 그런 후에 우리는 30명 모두가 이 해결책을 수용하도록 그들을 만납니다. "무엇이 문제일까요? 어떻게 해결할까요? 그 해결책은 효과가 있을까요? 효과가 없다면 이유는 무엇일까요?" 이런 과정을 통해 30명은 처음 4~7명이 만든 해결안을 수용하게 됩니다. 그러면 우리 일은 끝납니다.

Ra 그래서 당신은 먼저 면대면 만남을 하고 줌으로 후속 회의를 하는군요. 그리고 이 방에 30명이 모였을 때 다시 면대면 만남을 한다는 말씀이군요.

A 맞아요. 저는 먼저 면대면으로 4~7명을 만납니다. 30명 모두가 제 규칙을 따를 필요는 없습니다.

Ro 다른 심리치료자처럼 당신은 자신을 조직치료자로 보고 있습니다. 당신은 처음 하는 회의는 면대면으로 하여 규율을 세워야 한다고 말합니다. 다른 심리치료자들은 친밀감을 형성하기 위해 면대면 회의를 먼저 한다고 하는데, 당신은 친밀감보다는 규율에 대해 먼저 이야기하는 군요. 맞습니까?

A 네, 그렇습니다.

Ra 당신 기법의 핵심 요소라고 할 수 있는 상호신뢰와 존중에 대해 질문하려고 합니다. 예전에 당신은 자신의 지위와 지지를 확보한 후 줌에서 2명, 3명, 6명의 참석자와 회의를 진행하였습니다. 줌과 같은 플랫폼의 활용은 면대면 방식과 어떤 차이가 있습니까?

A 차이는 없습니다. 제 기법에서 상호신뢰와 존중은 의지가 아닙니다. 태도도 아닙니다. 행동입니다. 제가 당신의 행동을 제어할 수 있으려면 규율을 만들어야 합니다. 당신이 규칙을 따르면 상호신뢰와 존중의 행동은 저절로 생깁니다.

예를 들겠습니다. 라프켓Rafeket, 당신과 제가 감정적인 갈등을 심각하게 겪고 있다고 가정해보죠. 당신이 말을 하다가 당신의 말이 끝났다는 것을 아는 유일한 사람은 누구입니까? 당신이지요. 그렇죠? 우리 모두가 하는 흔한 실수인데요, 당신이 말을 멈추면 저는 당신의 말이 끝났다고 생각하고 제 말을 시작할 겁니다. 사실은 그렇지 않은데 말이죠. 왜냐하면 당신이 감정적인 주제에 대해 말하기를 멈추었던 이유는 당신이 말한 것이 자신이 하고 싶은 말이었는지를 스스로 확인하기 위해서일 것입니다. 그래서 당신이 말을 멈춘 후 당신은 누구의 말을 듣고 있나요? 당신 자신이지요. 그래서 제가 말을 하면, 당신은 제 말을 듣지 않아요. 사실 저는 당신이 당신의 말을 듣는 걸 방해하고 있는 거죠. 제가 당신의 화를 돋우고 있는 거죠.

그래서 "아디제스 규칙Adizes rule"에서는 말을 마치면 오른쪽으로 돌아갑니다. (사람들은 반원형으로 앉아 있습니다). 당신은 자신이 말을 끝냈다는 것을 의식할 수 있어야 합니다. 다음에 말하고 싶은 사람은 손을 듭니다. 만약 당신이 여전히 말하고 있는데 다른 사람이 손을 든다면, 벌칙을 받아야 합니다! 왜일까요? 당신을 방해했기 때문입니다. 그리고 당신은 다른 사람을 부를 때 성도 아니고 별명도 아닌 이름으로만 불러야 합니다. 성으로 부르면 격식이 생기고 거리감이 듭니다. 저는 격식이 없는 모임을 만들려고 합니다.

처음에 사람들은 다른 사람들이 듣고 있는지 아닌지 잘 모르기 때문에 길게 말합니다. 대화 순서가 세 번째 정도 돌면 그들은 아주 짧게 말합니다. 사람들은 "나는 찬성해요. 그 이유는… 다음." 무슨 일이 일어난 걸까요? 상당한 존중심입니다. 어떻게 이렇게 될 수 있을까요? 바로 경청이에요. 놀라운 일이죠! 서로가 듣고 있어요! 경청하는 거죠! 당신이 이 규칙을 따른다면 존중심이 생겨요. 그다음에는 신뢰가 따라옵니다.

Ra 좋아요. 우리는 다수의 규칙을 가진 매우 구조화된 기법에 대해 이야기를 나누고 있습니다. 질문이 있습니다. 당신의 작업 방식에 플랫폼이 영향을 미치나요? 예를 들어, 지금 당신이 나에게 벌칙으로 팔굽혀펴기를 시키고 싶다면, 당신은 같은 방에 있는 사람들에게 여러 동작들을 설명할 것입니다. 화상회의를 통해 작업을 할 때는 어떻습니까? 유사한 점은 무엇인가요? 또 차이점은 무엇인가요?

A 저는 회기에서 30% 정도만 말하는 거 같아요. 대부분의 시간동안 말은 그들이 하고 저는 관찰만 합니다. 저는 그들이 규칙을 잘 지키는지 지켜봅니다. 저는 도구와 규칙을 가르치기만 합니다. 그런 후에 참석자가 자유롭게 될 수 있도록 도구를 나눠주고 점검합니다. 참석자가 올바른 방향으로 가고 있는 한 저는 그냥 그들을 내버려둡니다.

Ra 면대면 회의와 화상회의 모두에서 일어나는 일인가요?

A 물론이죠. 참석자들은 "말의 편자" 모양으로 둘러 앉아 서로 얼굴을 마주 봅니다. 저는 원을 이루는 첫 번째 남자의 뒤로 조금씩 몸을 숨깁니다. 그들이 저를 쳐다보지 못하게 하려고 그런답니다. 줌에서도 마찬가지에요. 저는 거기에 없는 듯 있어요.

Ra 그래서, 지금 방에 그들은 앉아 있지만(줌이라면 당신을 쳐다보고 있겠죠) 당신은 그 방에 없는 유일한 사람이다. 이것이 당신이 말하는 바입니까?

A 만약에 그들이 모두 한 방에 앉아 있다면 나는 말하는 사람에게 카메라가 향할 수 있도록 작동할 수 있어야 합니다. 다른 공간에 서로 떨어

져 앉아 있을 때는 차라리 더 쉬워요. 왜 일까요? 말하는 사람이 화면에 자동으로 나타나거든요. 참석자들이 모두 한 방에 있을 때 저는 전체 집단을 다 볼 수 있어요. 제가 보고 싶은 사람에게 카메라가 향할 수 있도록 할 수 있습니다. 저는 줌을 통해 누가 말하는지를 볼 수 있고 그 기술을 다룰 수 있습니다.

Ra 네, 그래서 당신이 말하고자 하는 바는 이것이군요. '이 기술을 통해 다른 사람이 말하는 것을 볼 수 있다. 컨설팅 작업에서 신체언어와 같은 매우 섬세한 신호들은 중요한데 영상은 많은 정보를 주기 때문에 매우 유용하다. 그래서 당신은 당신의 작업을 할 수 있다.' 맞습니까?

A 맞아요. 저는 모든 회기를 녹화해서 참석자가 볼 수 있도록 테이프를 주죠. 기계와 장비 덕분에 가능한 일입니다. 1 : 1로 회기를 하면 녹화를 할 수 없어요. 한다고 하더라도 매우 거슬리는 일이죠.

Ra 우리는 줌에서 우리 자신의 모습을 볼 수 있습니다. 면대면 회의에서는 상대방만 볼 수 있죠. 이 또한 매우 중요한 요소입니다. 오랜 경험을 통해서도 그렇고, 많은 연구결과에서도 보여주듯이 우리는 항상 스스로를 보고 있다는 사실에 의해서 영향을 받습니다. 저는 저 자신을 잘 알고 있습니다. 이런 요소가 당신에게도 영향을 미쳤나요? 아니면 내담자에게 영향을 미치는 것을 알고 있나요?

A 이상하게도 많은 사람들이 토론에 참여하면 카메라를 잊은 채 심지어 제가 보고 있다는 사실조차 잊어버려요.

Ra 화상회의를 통해 가상 작업을 함으로써 출장시간과 비용을 줄이는 장점 이외에 다른 장점은 없나요? 아니면 가능하다면, 면대면 상담만 하고 싶습니까?

A   가상은 면대면이 갖지 못한 장점이 있습니다. 직접 만나서 친하게 지내면 규칙을 깨려고 할지도 몰라요. "당신과 나는 서로 아는 사이가 되었고, 점심도 같이 했죠. 그럼 저녁도 같이 먹으러 가요." 이러면 아마 당신은 난감할 겁니다. 줌으로 회의를 하게 되면 매우 재미있는 권위가 생겨요. 멀리 떨어진 곳에서 큰 화면을 통해 말을 하면 마치 하늘에서 말하는 것 같아요. 그렇게 권위를 갖게 됩니다. 결국 줌은 거리를 유지하도록 도와줍니다.

Ra   당신이 원하는 면대면 관계의 형태를 만들면서도 일정한 거리를 유지할 수 있어서 줌을 통한 이런 관계를 유지하는 것이… 당신에게 도움이 되는군요.

A   맞아요.

Ro   화상회의에 대해 이야기를 하다 보니, 쇼햄 아디제스Shoham Adizes와 니르 벤 라비Nir Ben Lavi가 당신의 기법을 바탕으로 쓴 책『회의 참석자들에게 권한 위임하기Empowering Meeting』에 대해 묻고 싶군요. 그 책에서도 가상 회의를 언급하고 있습니다.

A   좋은 책입니다. 생각해보니 아마도 앉아 있는 순서에 따라 말하는 규칙을 말하려고 인용한 거 같습니다. 우리는 다른 장소에 각자 떨어져 앉아 있는 참석자들에게 종이에 "말 편자"를 그려서 참석자 이름이 순서대로 적히게 해달라고 부탁합니다. 그래서 그들 모두 같은 방에 앉아 있는 것처럼 상상하게 합니다. 이렇게 하면 누가 언제 말해야 하는지 순서가 물리적인 방에서 하는 것처럼 유지됩니다.

Ra   엄격한 기법과 규칙은 사람들이 같은 방에 앉아 있을 때 마음대로(종종 통제가 힘든) 의사소통을 하려는 것을 규제하려고 만들었습니다.

제 경험상 화면 앞에 각각 앉아서 화상회의를 통해 만남을 하면 자동적으로 다른 조건들이 형성됩니다. 그래서 단순히 우리가 면대면 회의를 중재하는 방식대로 할 수는 없습니다.

A   화상에서 토론하는 것을 관리하는 것이 더 쉽습니다. 왜냐하면 참석자들이 대면회의에서 하듯 동시에 말을 할 수 없기 때문입니다. 그들은 한 사람씩 "말 편자" 모양의 순서로 차례차례 말을 합니다. 이런 방식의 토론은 더 빠르게, 더 쉽게 관리가 가능합니다.

Ra   당신은 이 책에서 회의를 두 종류로 구분합니다. 문제해결을 위한 회의와 실행을 위한 회의입니다. 실행을 위한 회의가 화상회의에 더 적합하다고 생각하십니까?

A   네, 그렇습니다. 그 이유는 실행을 위한 행위는 하향식으로 진행되고 명령과 제어 환경을 필요로 합니다. 문제해결을 위한 회의의 목표는 해결책을 찾는 것이므로 학습 환경이 필요하고, 참석자는 자신의 생각을 자유롭게 말할 수 있어야 합니다. 이런 회의는 협력을 얻기 위한 자리이므로 비계층적인 소통이 요구됩니다.

Ra   맞아요. 모든 문제해결을 위한 회의는 보다 원활하고 유연한 상호작용이 필요해요. 덜 자발적인 의사소통 방법들을 고려하는 것은 관리의 한계 때문인 것 같습니다.

A   그래서 처음 상담구조를 짤 때 대면만남으로 시작하라고 강력히 권고하는 것입니다.

Ro   우리는 개인적으로 잘 모르는 사이였는데 마칠 때가 되면서 당신을 좀 더 잘 알게 된 것 같아 흥미롭습니다. 정말 감사드립니다.

20 지금, 모두 함께
조직업무에서의 화상회의

이반 젠센Ivan Jensen · 도나 데니스Donna Dennis

우리는 언제나 함께 일한다. 오래된 조직이든 새로운 조직이든 조직 안이나 조직 밖 또는 조직 대 조직의 방식으로 함께 일해왔다. 이것이 바로 조직의 존재 이유이다. 수천 년 전에 협업은 생존 수단으로서 가족, 소집단, 부족 또는 씨족의 범위 내에서만 제한적으로 이루어졌다. 당시의 모든 협업은 물리적 근접성과 동시에 인지적 근접성이 특징이었다. 지금 우리는 다른 시간대를 살고 있다. 직업과 사업의 종류는 1인 스타트업 기업부터 가내수공업 또는 마을산업까지 다양해졌고, 직업과 사업의 영역은 도시와 지역 그리고 대륙을 넘어 전 세계로까지 확대되었다. 21세기는 물질적이든 비물질적이든 무언가를 창조하거나 만들려면 거의 대부분 경계가 확장된 협업의 요소를 피할 수가 없다. 조직 크기, 분산 정도, 복잡성 그리고 직·간접적으로 관여하는 주주 숫자의 증가와 변동 같은 역동으로 인하여 협업은 어려운 도전에 직면하고 있다(Stacey, 2010; Lojeski, 2010).

이런 환경에서 그저 잘 산다는 차원을 넘어 효과성과 효율성 두 마리 토끼를 모두 잡기 위해서는 고객, 납품업자, 프리랜서 전문가뿐만 아니라 부서, 분야, 기능, 국가 또는 민족 문화의 경계를 넘나드는 협업이 필요하다.

빠르게 발전하는 기술로 인해 산더미처럼 생겨나는 정보를 가공하고 공유하며 의미를 부여하는 능력은 협업의 전제조건이다.

이 모든 변화와 복잡성 때문에, 기술이 최근 놀라운 속도로 발전 했음에도 불구하고 기본적인 인간 상호작용과 의사소통은 수천 년 동안 근본적으로 변하지 않았다는 사실을 간과하기 쉽다. 인간은 '게으른 뇌'(Haselager, Dijk & Rooij, 2008; Gazzaniga, Ivry & Mangun, 2009)를 갖고 있다. '게으른 뇌'는 개인적 또는 문화적으로 발달되어 온 휴리스틱heurisitcs이나 범주에 기반 하여 인간의 행동을 유발한다. 그래서 진화를 통해 우리는 중요한 의사소통관련 활동을 할 때는 연어連語, collocation¹를 더 선호한다.

> 우리 뇌는 주입된 데이터의 혼돈을 질서 있게 정리하고, 삶을 이해할 수 있도록 정보를 연결하려고 한다. 우리는 질서 속에 있을 때 더 편안하게 느끼고, 모든 것이 어떻게 연결되어 있는지 알 때 내적 균형감을 더 많이 느낀다. (Rock, 2006: 4)

사람들은 저마다 독특한 차이점이 있다. 이런 차이점들이 중요하다. 모든 의사소통과 관련한 노력의 목표는 내 마음의 인지적, 정서적 또는 의욕적 요소들을 상대의 마음에 투사하는 것이다. 우리는 이런 과정이 가상 작업과 집합 작업collocated work에서 원칙적으로는 유사하다고 본다. 그러나 피드백, 대화, 토론 등의 역동적인 정보에 대한 접근이 가상 작업으로 인해 차단되거나 불완전해질 경우에는 사람들끼리의 복잡한 관계를 더 꼬

---

1 두 개 이상의 단어가 결합하여 의미적으로 하나의 단위를 이루는 말을 말한다.

이게 만들어 결과적으로 조직의 불확실성과 비효율성을 더 높게 만들 수 있다.

시간, 자원, 혁신, 품질의 분산으로 인해 어느 누구도 의미 있는 성과를 낼 수 없을 것 같은 상황에서 공통 목표 달성을 위하여 흩어져 있던 기여자들이 함께 작업하는 것을 가상 작업이라고 정의한다. 그러므로 우리가 정의한 진정한 협업은 항상 상호의존적이며 종종 개인의 자율성과 집단적 규율 사이의 균형이 위태로워지기도 하기 때문에 원활한 소통과 관계가 강조된다. 가상 작업을 강조하는 이유는 가상 작업이 아니었으면 불가능했을 다양한 능력, 경험, 역량, 가능성 등을 활용할 수 있기 때문이다. 그런데 다양성은 가상 작업에 영향을 미치는 많은 문제의 근원이기도 하다. 이것을 출발점으로 삼아, 협업을 가능하게 하고, 복잡하게 하고, 방해하기도 하는 의사소통 관련 역동을 주로 설명할 것이다. 여행 시간 및 비용 감소를 기반으로 많은 문제에 대한 해결책으로 가상 작업을 제공하는 것은 너무 쉽지만 원래 예상했던 절감액에 비해 비용이 더 발생하는 경우가 자주 있다.

조직 작업에서 화상회의에 내재된 위험들을 참석자들이 인지하고 있다면 생산적인 가상 작업이 가능하다고 확신한다.

이 장에서는 전통 조직 및 분산 조직dispersed organization에서 개인과 집단을 대상으로 관리자, 컨설턴트, 교사로서 30년 이상 축적한 저자의 이론과 경험을 알려줄 것이다. 이 장에서는 조직 내 가상 작업의 핵심 도구인 화상회의를 이해하기 위하여 인지적 접근 방식을 제시한다. 이 장은 다음 세 부분으로 구성되어 있다.

1. 가상 작업과 관련된 협업의 인지적 속성에 대한 이해

2. 가상 작업의 의사소통 관련 역동에 대한 리더의 도구로서의 게슈탈트 관점에 대한 이해

3. 화상회의를 사용하는 리더와 팀의 집중적 성찰을 돕는 도구인 체크리스트를 갖고 함께 모여 마무리 짓기

이제 시작해보자. 상상해보라. 당신이 전문분야와 문화적 배경이 각각 다르고 지리적으로도 여기저기 떨어져 사는 6명의 프로젝트 구성원과 함께 가상 공간에서 개발 프로젝트를 진행할 프로젝트 매니저로 임명되었다. 당신은 협업이 소통과 조정에 좌우된다는 것은 잘 알고 있겠지만, 도전과제가 무엇인지, 화상회의 활용에 어떻게 접근해야 할 것인지도 알아야 한다.

가상 작업과 가상 조직에서 협업의 인지적 속성

가상 조직과 분산 작업은 20세기 후반부터 보편화되었으며, 점점 더 많은 사람들이 지리적으로 시간적으로 지식적으로 분리된 상황에서 공동목표를 향해 협업하고 있어 가상 조직과 분산 작업의 추세는 계속될 것으로 보인다.

- 사람들이 느끼는 거리, 소속된 조직의 특성, 그리고 기타 요인들이 면대면 상호작용을 막거나 줄이게 되면 겨우 몇백 야드 또는 그 이하의

거리에서도 위치상의 분산은 발생한다(Lojeski & Reilly, 2010; Nemiro, Beyerlein & Bradley, 2008).

- 시간의 분산은 두 가지 요소로 구성된다:

  1. 먼저 시간대와 관련이 있다. 예를 들어, 서유럽의 누군가가 뉴질랜드의 사람과 협업한다면, 그 시차는 12시간이다. 그래서 정상 근무 시간 내에 의사소통하기가 어렵다. 아라비아 걸프 지역과 서유럽의 시차는 불과 3시간이지만 금요일은 걸프 지역이 공휴일이므로 근무시간이 겹치는 시간은 주당 20시간에 불과하다.
  2. 다른 하나는 프로젝트 시간이다. 서로 분산되어 있는 협업자들은 보통 다른 작업도 병행하기 때문에 업무 기간 중 다른 포지션에 있을 가능성이 크다. 이는 교란 요인이 되기 쉽다. 시간은 한정되어 있는데 가상 공간의 노동자들은 여러 프로젝트에 참여하고 있으므로, 적절하게 관리되지 않으면 각 프로젝트 간에 초점과 에너지를 두고 쟁탈전이 발생할 수 있다(Cummings & Hass, 2012).

- 지식의 분산은 개인의 인지적 차이로 인해 생긴다. 직업과 문화, 국가와 민족의 다양성, 그리고 의사소통 채널의 선택 및 사용을 포함하여 의사소통 접근에 대한 관리방식의 차이로 인해 지식의 분산은 더욱 심해진다.

협업이 너무 흔하다 보니 협업이 갖는 의미를 잘 생각하지 않게 된다. 이 장의 맥락을 고려하면 협업의 정확한 의미를 이해하는 것이 중요하다.

공동목표를 달성하기 위해 세 명 또는 그 이상의 사람이 함께 일하며, 서로를 상호책임질 때 **협업**collaboration은 일어난다. 따라서 협업은 각 참석자(작업자openator)가 미리 정한 계획에 따라 자신의 결과물을 독립적으로 생산하는 **협력**cooperation과는 확연히 다르다. **협업**의 핵심 쟁점은 서로 정확하게 이해한 공동목표가 있는 상황에서 당사자 간의 상호의존성이다. 협업 과정에 어려움과 장애물이 반드시 있는 것은 아니다. **협력**의 핵심 쟁점 각 작업자의 결과물 간의 접점을 어떻게 사전정의하느냐인데, 혁신 관련 작업을 할 때에는 잘 되지 않는 경우가 종종 있다.

우리의 경험에 비추어 보았을 때, 협업은 의사소통과 조정coordination으로 구성된다.

협업 ≈ 의사소통 · 조정

위 공식을 쉽게 이해하기 위해 극단적인 예를 들면, 두 요소 중 하나가 0에 가깝거나 0이 되면 협업은 일어나지 않는다. 대화는 많았지만 행동이 없었거나, 행동은 많았지만 대화는 없었던 경우이다. 즉, 협업은 의사소통과 조정의 상호의존적 관계로 볼 수 있다.

의사소통과 인식

의사소통은 "비동의에 대한 동의" 같은 극단적인 입장까지 포함하여 모든 지식 콘텐츠에 대한 이해 또는 의미가 공유될 때까지 관련 직원 모두가 참여하는 적극적인 대화 중심의 프로세스이며, 또 그런 프로세스여야만 한다(Bjørn, Ngwenyama, 2009). 이렇듯 의사소통은 상호의존적인 과정이다. 비외른Bjørn과 응외나마Ngwenama가 말하길 "우리는 업무 프로세스 차원에서 모든 의사소통 장애가 명백해지고 참석자들이 그것을 경험한다는 것을 발견했다. 장애를 해결하려면 다른 수준에서의 성찰이 필요하다." 혼자 세상을 이해하려면, 인식하기가 매우 어렵다. 그리고 이해할 것이 많아질수록 훨씬 더 복잡해진다(Weick, 1995; Malhotra, 2000; Klitmøller & Lauring, 2013). 의사소통은 정보의 단방향 전송이라고 할 수 있는 "정보 유통"과는 구별된다. 이러한 차이의 유감스러운 사례로는 '문자를 보냈어…', '하지만 배경 자료는 서버에 있어…', '아젠다 정보를 보냈어…', '나는 우리 동의했다고 생각했어…' 등과 같은 것들이 있다.

조정과 인식

협업의 두 번째 요소인 조정은 협업자끼리 의사결정 및 행동 선택과정에서 상호의존적인 의사소통과 나란히 일어난다. 가상 작업에서 개인은 종종 혼자 명령의 영역 밖에서 일하므로 어느 정도 자율적이고 자기 주도적일 수밖에 없다. 집합팀의 팀원처럼 그날그날의 상호작용을 자주 나누지 못하고, 의미 없는 궤도수정을 요하는 결과물만 많아지다 보면 가상 팀의 팀원들은 정례적으로 진행되는 화상회의 사이에서 부유하기 쉽다. 여기에는 의사결정 관리자, 표준 운영 절차, 매뉴얼, 실행 공동체CoP와 같은 체계화된 원칙이나 메커니즘이 필요하다. 어떤 조직 원리를 실제로 선택하는지와 상관없이 시간, 위치, 지식의 분산은 내부집단 의사소통과 메타 의사소통에 더 의존하게 된다. 특히 복잡하고 변화율이 심하며 과업이 불확실할수록 더욱 그렇다. 조정 메커니즘이 제대로 작동하는지 확인하는 것은 (아마도 위임을 통해) 가상 팀의 "책임자owner"의 몫이 된다.

가상 작업 및 정보통신 기술(ICT)

가상 작업은 수천 년 전에도 있었다. 예를 들어, 과거 로마와 그 점령지의 지휘관들 사이에, 그리고 인도의 영국 총독과 런던의 외무부 사이에도 빈번했다. 사실상 횃불 봉화, 수기 신호, 전보 같은 것들이 ICT의 시초다. 지난 세대에 인터넷의 정점에 ICT가 출현함으로써 가상 노동자의 보급 및 분산과 전송속도가 폭발적으로 증가했다. 기가비트 대역폭, 휴대폰, 소셜 미디어, 클라우드 컴퓨팅, 빅데이터 분석, 머신러닝, 신경망, 증강 현실은 숨 가쁘게 빠른 속도로 ICT 분야를 변화시키고 있다(Mosco, 2017). 우리는 "미디어 풍요성media richness"(Daft & Lengel, 1984)이라는 ICT 분류체계에 화상회의를 잠시 배치하면서 다양한 미디어가 대량의 정보를 어떻게 전송하는지 개략적으로 설명하며, 나중에는 "미디어 자연성media naturalness" (Kock, 2005; Smith, 2014)까지 포함하는 것으로 범위를 확장할 것이다.

크게 놀라운 사실은 아니지만 선호하는 ICT 미디어는 세대차이가 정말 크다. 각 세대의 성장 시점에 무엇을 이용할 수 있었느냐에 따라 현재의 ICT 미디어가 결정된다.[2] 현재 몇 가지 성능이 우수한 화상회의 도구가 있는데, 일부는 문서/파일 공유, 학습, 지속적인 채팅, 화면 공유, 사용자를 팀이나 채널로 분할하는 옵션, 회의달력 옵션, 도움을 요청하기 위해 대화할 수 있는 T-봇(챗봇Chat-robot)을 지원하는 내장된 위키(예: 위키백과)가 패키지로 되어 있다. 이러한 패키지는 팀의 생산성을 크게 향상시킬 수 있으나 IT 지식이 부족한 팀원은 정보 및 기술 과부하에 절망감을 느낄 수 있다. 초보들에게는 시뮬레이션 게임을 통해서 가상 작업에 대해 소개하는 것도 고려해볼 만하다(Gilson, Maynard, Bergiel, 2013; Devine, Martin, Bott, Grayson, 2004)

게슈탈트와 가상 작업

앞에서 우리는 가상 작업이 부재, 불충분, 부정확한 의사소통 및 조정으로 균형을 잡지 못하는 점을 제외하고는 원칙적으로 가상 공간의 협업 작업과 집합형collocated 협업 작업 사이에 차이가 없다는 주장을 폈다. 가상 작업과 집합 작업이 본질적으로 동일하고, 두 가지 맥락 모두로 각자 인식cognition하는 개인 간의 우발적이고 복잡한 상호의존을 요구하는데, 그럼에도 왜 가상으로 일하는 것이 더 어려울까? 추상적인 수준에서의 답은 간단하다. 즉, 가상적 맥락 안의 역동을 완전히 파악하는 능력이 감소되었기 때문인데 이는 가상적 맥락과 의사소통 매체의 특성에서 비롯된다. 이 점을 설명하기 위해, 여러분이 집합 회의를 할 때 눈을 가리거나 귀를 막았을 때 어느 정도를 인지할 수 있을지 상상해보라.

"장애를 고치려면 다른 수준의 성찰이 필요하다"라는 비외른과 응외나마(2009)의 통찰에서 확인되듯이 보통 우리가 알지 못하는 것은 알 수 없으므로, 결국 우리는 메타 인식, 즉 "게슈탈트[3]"가 필요하다. 이어서 간략하게 설명할 "게슈탈트"의 구성요소는 이전 인식과 메타 인식의 "안내자"이다. 인지 능력과 경험 능력을 갖게 되면, 다른 영역들 사이에서 우리 자신의 인식을 끊임없이 움직이는 데 더 능숙해진다. 그중 가장 중요한 것은 다음과 같다.

- 내용(또는 과제) 인식content (or task) awareness
- 프로세스 인식process awareness
- 맥락 인식context awareness
- 메타 인식meta awareness

여전히 논의 중이지만(Blom, 2013) 우리는 게슈탈트gestalt를 4대 영역을 보완하는 종합적인 인식체계로 간주한다. 한 영역씩 설명이 끝날 때마다, 인식과 메타인식이 어떻게 도움이 되는지 보여주기 위해 우리의 실제 사례를 짧은 글로 추가했다.

1. 게슈탈트 심리학은 20세기 초 실험심리학으로 발전하였으며, 의미 있는 지각을 하고 조직화하는 우리의 능력에 숨겨진 법칙을 이해하려 했다. 게슈탈트 심리학은 마음이 전체를 형성한다고 상정하여, 우리는 가능한 단순하고, 규칙적이고, 질서정연한 방식으로 "좋은 게슈탈트"로 실현하는 경향이 있다(Ellis, 1997; Rock, 2006). 오늘날 게슈탈트 심리학은 신경생리학적 이론에 기반한 인지심리학에 의해 흡수되었다(Sternberg, 2016). 하지만 중요한 사실은 우리는 객관적인 현실을 결코 알 수 없고, 매 순간 이미 진행되고 선택된 세상에 대한 이미지만 알 수 있을 뿐이라는 것이다. 그러나 우리는 알아차릴 수 있다:

루빈의 꽃병을 생각해보라. 전경figure과 배경ground을 알아차리는 차이를 보여준다(Hoffman, 2000; Chabris, Simons, 2011). 뇌는 매 순간 우리의 지각을 가로채는데(Gazzaniga, Ivry & Mugun, 2009), 이것은 크리스 아지리스Chris Argiris가 처음 설명한 추론의 사다리ladder of inference 같은 더 높은 수준의 인지 처리에도 적용된다(Senge, 2006). 설상가상 참가자들은 영상 출력과 음성 출력 사이의 여러 가지 지연이나 화면의 픽셀레이션pixellation[2]과 같은 기술적 문제로 인지 부조화를 겪을 수도 있다.

> 화상회의를 하는 동안 관리자는 팀이 목표를 향해 전진하지 못하는 모습에 주목한다. 따라서 그녀는 팀원들이 사물을 같은 방식으로 보지 않음을 알아차리고 포커스를 바꾼다. 즉, 팀원들이 각자 다른 해석을 하고 남의 말을 잘 듣지 않는다면, 팀 전체가 멈추고 자기의 참여 과정을 생각할 필요가 있다는 신호로 여긴다. 관리자는 회의를 잠시 뒤로 하고 팀원들에게 루빈의 꽃병을 예로 들어 전경과 배경 간의 차이에 관심을 가져보라고 한다. 화상회의를 녹화하면, 팀원들은 자신이 해석했던 신체언어의 실제 모습을 볼 수 있다. 즉, 무관심하고, 에너지가 떨어졌으며, 하위집단이 형성되어 서로 자신의 관점이 '맞다'고 설득하려 애쓰고 있는 모습 말이다. 프로세스를 고려하기 위해 잠시 멈추는 것은 중요한 기술이며 관리자나 퍼실리테이터의 도움을 받아 배울 수 있다.

2. 장이론field theory은 커트 르윈(Kurt Lewin, 1997)이 창시하였다. 그는

---

2 화소를 크게 키워 이미지가 늘어지는 현상이다.

사람의 행동Behavior, 사람Person, 환경Environment의 상호의존에 대한 심오한 통찰력을 보여주었으며, B=f[P, E](f는 "함수function of"를 의미한다)라는 공식을 제시했다. 결국 행동은 항상 수반적隨伴的, contingent이며, 르윈의 "생명 공간life space"이라는 개념과 연결된다. "생명 공간"이란 "순간에 존재함"이라는 말이며, 여기서 "존재existence"는 (심리적) '에너지'를 끌어당기거나 지휘하는 것을 의미한다. 이 공식은 집단으로 확장될 수 있는데. 푹스Foulkes의 "집단 매트릭스group matrix"(Foulkes, 1964)에서 B는 집단행동, P는 집단 구성원, E는 집단 환경이다. 유의미한 결과 중 하나는 집단을 단지 수동적인 집합으로 이해할 수 없다는 것이다. 즉, "전체는 그 부분의 합이 아니다"(Sansone, Morf & Panter, 2004). 이것은 또한 인과관계의 문제와도 관련이 있다. 다시 말해 집단에서는 실제로 개인과 같이, 선형적이거나 결정론적일 수 없다(Couldry & Hepp, 2016).

팀 전체의 업무보다 더 큰 (심리학적) 에너지 장이 생기면, 주제, 쟁점, 정체성 요소, 필요 등에 따라 하위집단을 형성하기가 더 쉽다. 하위집단은 형성되는 목적에 따라 일시적일 수도 있고 장기간 지속될 수도 있다. "기능적 하위집단functional subgroup"이라는 주제는 애거자리안Agazarian(2004)이, "까다로운 집단difficult groups"은 와이스보드(Weisboard & Janoff, 2010)가 연구했다. 보통 인간은 순간적으로 집단이나 하위집단을 "우리"에 속하는 구성원과 "그들"에 속하는 비구성원으로 양극화하려는 특징이 있다(Johnson, 2014; Berreby, 2005). 흔히 가상 업무와 관련된 하위집단은 직업, 민족성, 조직, 역할, 기능, 지위를 고려해서 만들어지지 않는다. 가상 영역에서의 또 다른 측면은 신뢰인데, 가능한 한 초기단계부터 이를 정착시키기 위한 논의를 해야 한다. 신뢰는 초기에는 깨지기 쉬우므로 강화와 교정calibration이 필요하다 (Crisp & Jarvenpa, 2013). 가상 영역의 복잡성은 확실히 팀원의 수와 그들의 다양성에 달려 있다(Jensen & Jackson, 2007). 이러한 이유 하나만으로도 팀 크기는 제한되어야 한다. 가상 팀 구성원으로 정확하게 몇 명이 적당하다고 정해져 있지는 않지만(Lim & Klein, 2006), 모호하게나마 정의된 집합 팀의 적당한 구성원 수를 고려하면 다섯 또는 여섯이면 적당할 것 같다(『모든 미팅을 중요하게 만들기 위한 HBR 안내서HBR Guide to Making Every meeting Matter』(2016)).

> 관리자와 팀은 두 팀을 하나로 통합하는 과정에서 팀원들의 관계가 복잡해지는 것을 우려했다. 화상회의는 새로운 팀이 새로운 상황을 보고 팀원 간의 관계를 새롭게 구축하는 데 도움이 되었다. 관리자는 특히 팀 차원에서 어떤 일이 벌어지는지 주시했다. 그들은 가능한 큰 규모의 집단 회의를 피하면서 하위집단을 활용하여 팀워크에 도움이 되도록 팀을 재구성하기로 했다. 소규모로 진행하는 회의로 그들은 서로에 대해 더 알고, 상대의 경험을 배우고, 전체적으로 효율을 높일 수 있었다.

3. 현상학은 게슈탈트 인식체계의 마지막 부분으로, 자신에 대한 중요한 질문들, 의식, 정체성 그리고 어떻게 존재가 경험되는지와 같은 고민을 해결하려고 노력한다(Zahavi, 2014). 다소 중복되는 면이 있지만, 철학으로서의 영역과 방법론으로서의 영역 두 개의 영역으로 존

재한다. 조직 내 게슈탈트 작업에서 인간을 가장 형상화하는 영역은 후자다. 조직 내에서 사람은 세계–내–존재로서 체현되며 사회적·문화적으로 내재하는 세계–내–존재이다. 정확히 이러한 이유로, 책임과 선택뿐 아니라 매초마다 일어나는 인지 처리, 주체와 환경 간의 상호의존성 등을 고려할 때, 우리는 후설이 말한 "사물 그 자체the things themselves"(Husserl, 2014)뿐 아니라 '지금–여기'에도 현상학적 초점을 맞출 필요가 있다. 따라서 "괄호 넣기bracketing[3]"나 "판단 중지epoche"를 통해 범주, 편견, 선입견 등과 같은 "현상학적 환원phenomenological reduction"의 계통적 절차로부터 벗어났을 때, 우리는 다른 모든 신념에 대한 판단을 유보할 수 있을 것으로 여겨진다. 이런 방법을 통해 최초에 의식한 현상을 점검한다.

> 이 팀의 관리자는 여느 가상 팀 관리자들처럼, 여러 시간대와 문화권에 퍼져 있는 팀원들을 상대하고 있다. 그녀는 팀원들로 하여금 사려 깊지 않거나 순간적인 생각과 느낌을 갖기보다는 실제 듣고 본 것들에 관심을 가질 것을 끊임없이 강조하면서, 실제 일어나고 있는 일에 대하여 팀원이 어떻게 이해하고 해석하는가에 대한 그녀 자신의 호기심 ―알아차림― 을 개발하는 기법이 중요함을 배웠다. 만약 중대한 오해로 팀워크가 방해된다면, 팀원과 관리자가 녹화해놓은 화상회의를 보는 것이 좋다.

---

3   현상학자는 심리현상을 면밀히 연구해야 하며, 심리–외적 대상들의 세계를 괄호 안에 넣어야 한다bracketing고 보았다. 현상학자는 심리–외적 세계의 실존에 대해 에포케epoché; 판단중지라고 했던 판단 중지의 태도를 가져야 한다고 보았고 이는 '현상학적 환원phenomenological reduction'이라고 일컬어졌다.

4. 인본주의적 실존주의는 장 폴 사르트르Sartre(2007)와 시몬 드 보부아르의 영향으로 게슈탈트 사고의 중요한 요소가 되었다. "존재가 본질보다 우선한다", 우리는 "자유롭도록 저주받았다", "인간은 삶에서 자신이 내리는 선택에 대한 책임을 져야 한다."는 것인데, 그렇지 않은 삶은 부조리하다는 것이 실존주의의 공리이다(Sartre, 2007). 인간의 궁극적인 책임은 환상과 허영으로부터 벗어나 진정한 자신이 되는 것이다. 왜냐하면 오직 이런 방법만이 인류에게 최선의 공헌이 될 수 있기 때문이다.

> 1:1 미팅에서 관리자는 팀원들에게 일과 경력 목표와 자신의 선택에 대해 잘 생각해보라고 격려해주었다. 대화는 각자의 의도와 그 의도가 팀원들에게 어떤 영향을 미치고 있는지에 초점을 맞춘다. 집단 화상회의를 하는 동안, 관리자는 언제 어떻게 팀원들이 의사결정을 하고 그 선택에 대해 책임지는지 팀원들의 책임감을 강화시키는 방법을 예를 들어 보여주었다.

모두 통합하기

우리는 가상 작업과 집합 작업은 원칙적으로는 동일하다고 주장한다. 다만 가상 작업은 불가피하게 의사소통 관련 단점을 강하게 노출한다. 그래서 집합 작업 환경을 모방하고 싶은 유혹이 들지만, 이것은 가상 작업의 존재 이유, 즉 팀원들이 출장 시간과 비용 문제를 피하면서 다른 팀원들과 지리적으로 분산된 업무를 해낼 능력을 부정하는 것이다. 그러나 집합 작업과 가상 작업은 둘 다 '의사소통과 조정'이 결합된 협업에 관한 것이다. 의사소통과 조정이라는 기본에 충실하여 기초와 기본 규칙을 마련하는 것은 두 작업 환경 모두에 중요하다. 이 점은 가상 팀의 관리자와 팀원에게도 해당된다. 다소 추상적 차원에서 말하면, 그것은 단지 콘텐츠뿐만 아니라 메타 의사소통과 메타 조정에 대한 이해를 공유하는 것과 아울러서, 팀에 요구되는 미션, 비전, 전략, 가치에 대한 이해의 공유를 창출하는 것에 관한 것이다.

여기까지 오면, 해야 할 것들과 하지 말아야 할 것들을 길게 펼쳐 보이고 싶은 유혹이 생기겠지만, 그렇게 하면 우리가 지지하고 있는 인식지향적인 접근으로부터 벗어나게 되는 것이다. 리더는 맥락 및 콘텐츠와 매 순간 지금여기에 초점을 맞추는 프로세스 사이를 넘나들 수 있도록 메타인식을 개발하고 연마할 필요가 있다.

가상 작업과 집합 작업에서 조직 선도와 리더십은 여러 면에서 크게 다른 점이 없지만 한 가지 측면에서 종종 차이가 난다. 대체로 가상 작업의 리더가 이끄는 사람들은 위치와 시간 그리고 지식의 분산으로 인한 고립 탓에 자기 주도성이 필요한 사람들이다. 이것은 리더와 자기 주도자 사이의 상호보완성에 대한 겸허한 이해를 요구한다. 이것에 대한 영감은 예를 들면 "가시성, 알아차림, 책임감의 삼각화와 같은 반투명성translucence"(Bjørn & Ngwenyama, 2009)과 "배움learn과 다시 배움relearn 그리고 잊어버림unlearn의 필요"(Caulat, 2012)에서 찾을 수 있다. 가상 팀의 리더는 특히 모든 것이 마법처럼 사라지는 잠재적인 "버뮤다 삼각지대"를 알고 있어야 한다.

- 달성할 필요가 있는 목표에 대한 정확한 상호이해
- 관련된 사람 모두의 직업적, 개인적 자율성과 수행 과제 그리고 수행 방법
- 집단의 니즈와 제약조건

가상 팀 구성원들은 말할 사람, 말할 대상, 말할 시점 그리고 말하는 방법에 대해 상호작용할 사람이 누군지를 좀 더 명확하게 이해하고 있어야 한다. 그들에게는 에어컨 주변, 구내식당, 복도를 지나다니다가 서로 마주치면서 각자의 개인적 인식을 바로잡을 수 있는 기회가 없다. 그렇다고 정보를 유통시키는 것만으로는 각자 이해한 바를 충분히 공유할 수 없다. 뇌가 인도하는 대로 믿기보다는 **실제 있는 그대로**를 인식해야 한다. 그래서 다소 이상적이기는 하지만 가상 팀은 팀 전체를 고루 인식할 수 있는 메타인식을 가져야 하며 어떠한 경우에도 함께해야 한다. 화상회의 때 퍼실리테이터를 선임하는 것도 현명한 방법이다. 이때 퍼실리테이터[촉진자]의 역할은 회의 내용이 아니라 회의 과정을 주의 깊게 관찰하는 것이다.

여기에는 세 가지 주의사항이 있다.

1. 팀 리더는 팀의 출발 시점에, 최소한 어느 정도는 팀 구성원들의 자율성을 제한할 것이라는 것을 염두에 두고 팀에 필요한 '허용 영역'이나 '기본 규칙'을 분명하게 밝혀야 한다. 이것은 다른 누구에게도 전가할 수 없는 팀 리더의 책임이다. 다음 예시를 참고할 수 있을 것이다.
   - 회의 시작 몇 분 전에 체크인을 한다.
   - 모든 회의마다 명확한 목표를 갖고 임한다.

- 멀티태스킹 금지, 즉 회의 중에 전화, 메일, 휴대폰 메시지를 사용하지 않는다.
- 주변 소음을 줄이거나 제거하기 위해 말하지 않을 때 마이크 음소거를 한다.
- 모든 회의 참가자는 각 모임에서 작은 무언가라도 기여한다.
- 참고 자료와 회의 안건은 항상 회의 전에 배포한다.
- 필요한 경우 회의록을 작성하는 사람을 정한다.
- 화상회의에서는 발표자에게 집중해야 최대한 잘 알아들을 수 있다. 예를 들면, 정상적인 스테레오 스피커는 소리를 정확하게 분류하여 개인별 목소리를 구분시켜준다. 하지만 보통 화상회의에서 사용하는 스피커는 '모노mono'로 설정되어 있어, 주변이 시끄럽거나 여러 참석자가 동시에 말을 하면 각각의 목소리를 거의 구분할 수 없다. 게다가 발표자가 바로 확인되는 기능이 없는 화상회의 소프트웨어를 사용하면 입모양, 얼굴표정, 신체언어 등과 같은 시각적 단서조차 얻지 못해 상황이 더 악화될 수도 있다.
- 화상회의에는 대면 참석자 없이 전원 가상으로 회의에 참석해야 한다. 대면 참석자가 있을 경우 그들이 회의를 지배하는 경향이 뚜렷해지기 때문이다.

2. 리더와 구성원 간의 관계는 문화적 규범에 의해 영향을 받는다. GLOBE 연구(House, Hangs, Javidan, Gupta, 2004)에서 상세히 기술한 홉스테드Hofstede(2016)의 "권력 거리power distance", "개별성individuality" 및 "불확실성 회피uncertainty avoidance" 같은 지표가 문화적 규범의 예

이다. 리더와 구성원 간의 관계에 따라 리더와 다른 기대를 갖는 팀원이 있을 수 있다. 예를 들어, 당신은 권력 거리가 적은 리더이지만 팀원들이 권력 거리가 크거나 개별성이 낮은 문화권에서 왔다면, "모두 동의하나요?"와 같은 질문에 "아니오"라는 부정적인 답을 기대할 수 없다. 마찬가지로 "우리 모두 그것을 시도해보고 무슨 일이 일어나는지 봅시다"라는 접근법은 불확실성 회피가 강한 문화권 출신 팀원들로부터의 열렬한 지지를 기대하기 힘들다. 업종간의 문화 차이도 만만치 않다. 원격의료 문제를 협업해야 하는 의사와 IT 전문가가 한 예이다. 문제 발생 소지가 있다면 시작부터 이러한 가능성을 명확히 하고, 이로 인해 팀에 문제가 발생했을 때 처벌하지 않는 방식으로 처리될 수 있도록 준비하는 것이 현명하다. 가상 공간에서 대인관계의 심각한 불확실성은 상당히 실존적으로 나타나는데, "끼리끼리", "사일로 사고silo thinking[4]"를 가진 사람들끼리 하위집단을 형성하는데 심하면 퇴사를 유발하기도 한다(Jensen & Jackson, 2007). 이런 현상은 일부 또는 전체에 상당한 스트레스를 준다. 만약 에너지와 초점이 팀 목표를 향하는 대신 개인의 정체성 유지 또는 방어로 향한다면 팀워크를 심각하게 손상시킨다. 가장 극단적인 하위그룹은 '나' 단 한 사람만으로 구성되는데, 하위그룹 압력이 아주 강해지면 스스로를 자기 일만 하는 사람으로 한정짓는다. 다시 말해 팀워크 증진과는 전혀 상관없는 자리가 된다는 말이다. "상아탑 고립" 경향을 막고

---

4 자기 부서만 챙기고 그 외엔 무관심한 사고방식을 말한다.

팀 정체성과 팀 정신의 발전을 도모할 수 있는 방법이 하나 있는데, 실제 모여서 하는 회의 분위기를 연출하는 간단한 회의를 정기적으로 하는 것이다. 그 회의에서는 업무 이야기는 하지 않고 세상 돌아가는 이야기와 팀 복지에 대한 이야기만 한다.

3. 화상회의 기술과 소프트웨어는 상당한 수준으로 발전하여 중요한 보조 기능들을 활용할 수 있게 되었다. 그러나 카메라나 마이크가 작동하지 않거나 인터넷이 불통되는 등 의도하지 않은 상황이 발생하면, 누군가 그 문제를 해결해주기만을 기다리며 팀 전체가 귀중한 시간을 낭비한다. 이렇게 가상 팀의 첫 화상회의가 기술적인 문제로 얼룩져버리면, 팀원들이 이런 작업 방식에 전념하기가 어렵다. 따라서 본회의에 앞서 전체 팀원들과 함께 팀원 개개인이 장비 하나하나를 처음부터 끝까지 다룰 수 있는 역량이 되는지를 점검하는 실습시간을 가져볼 것을 강력히 권고한다.

결론이다. 우리가 이 장을 시작할 때 의사소통 관련 행동과 그 구성 요소 몇 가지 그리고 기본적 믿음에 대하여 가졌던 자명한 가정은 가상 작업과 집합 작업 간에는 원칙적으로 차이가 없다는 것이었다. 그런데 실상은 사람들끼리 가상공간에서 행하는 가상 작업은 복잡한 역동성, 결함, 불완전한 지식, 불확실성 또는 공유하는 의미의 결여와 같은 부정적인 결과를 가차 없이 증폭시키고 있다. 정보통신기술은 가상 조직 작업의 중요한 조력자이면서 동시에 역설적이게도 상황을 어렵게 만드는 방해자이기도 하다. 리더와 직원 모두 지속적으로 부적절한 의사소통 및 조정을 경계하고 해결할 수 있어야 하는데, 이는 곧 메타 대화가 가능해야 함을 의미한다. 우리는 중요한 화상회의와 그 과정에서 요구되는 리더십 선택들에 대한 성찰 기준을 설명하였다. 화상회의는 이제 우리생활의 일부가 되었다. 화상회의가 갖고 있는 잠재적 함정을 지속적으로 알아차리고 효과적으로 다루며 잘 활용한다면 다양한 맥락에서 화상회의는 가상 작업에 큰 기여를 할 것이라고 굳게 믿는다.

부록에 의미 있는 질문 및 성찰에 필요한 영감을 주는 체크리스트와 현재 사용 중인 화상회의를 개선할 수 있는 방법을 찾고 있는 리더와 직원을 위한 차이분석표를 포함시켰다.

부 록: 가상 작업 체크리스트와 차이분석표

다음 지표에 기반하여 가상 팀의 의사소통과 조정의 효과성을 성찰해 보길 바란다. 이것은 맞고 틀린 것이 아니라 있고 없음에 관한 것이다. 이 체크리스트의 가치는 우리가 잘하는 것과 더 잘할 수 있는 것은 무엇인가에 대한 이해를 팀이 공유할 때 나타난다. 가상 작업이 진행됨에 따라 체크리스트를 다시 사용할 수 있으므로 준비해둔다.

"4＝매우 동의, 3＝동의, 2＝비동의, 1＝매우 비동의" 점수를 사용하여 가상 팀의 각 영역에 대한 리더와 팀의 효율성을 측정한다. 또한 당신과 팀이 어디에 있는지(A), 당신이 어디에 있기를 원하거나 필요로 하는지(B)를 표시함으로써 차이분석에 이 양식을 사용할 수 있다(예: 1부터 5까지 척도).

표 20.1 가상 작업 체크리스트

리더	팀	A	B

기술
우리는 필요한 정보통신기술(ICT)을 가지고 있다.
우리의 ICT를 능숙하게 사용할 수 있는 훈련을 우리는 받았다.

목표
개인의 목표가 팀/조직의 목표에 어떻게 부합하는지 알고 있다.
우리는 에너지, 추진력, 그리고 마무리의 필요성을 가지고 개인과 팀 목표를 추구한다.
우리 팀은 공유된 비전을 가지고 있다.

의사소통
우리는 서로 솔직하고 개방적으로 소통한다.
우리는 타인의 관점에 진정한 호기심과 관심을 보인다.
우리는 업무전용회의 사이에 가상의 "워터 쿨러[5]" 회의나 "모닝 커피" 회의가 있다.
우리는 회의에 높은 수준의 참여도를 가지고 있다.
우리는 열린 마음으로 다른 생각을 듣는다.
우리는 이 팀에서 즐거운 시간을 보낸다.

조정
우리는 서로 협력하고 조정한다.
우리는 다른 문화를 존중한다.
우리는 시차로 인한 어려움에 유연하게 대처한다.

하위집단
우리 팀에는 이너서클이나 다른 하위집단이 없다.
우리 모두는 각자 능력이 있기 때문에 이 팀에 있다.

가상 작업의 결과 및 산출
우리는 적시에, 적합한 품질로 예산에 맞춰 결과를 산출한다.
우리는 개선의 단서를 찾기 위해 우리의 성공과 실패를 분석한다.

리더십
우리는 직업적 자율과 리더의 지시가 균형을 잘 이루고 있음을 경험한다.

참고: Permission © 2018, Donna Dennis, Ph.D. 및 Ivan Jensen, MD, Gettalt International Study Center와 함께 사용

---

5   사무실 직원들이, 예컨대 음료수 마시는 곳 근처와 같이, 격의 없이 이야기를 나누는 곳[곳]을 가리킨다.

주석

1 "Plus Ça change, plus c'est la meme" (더 많이 변할수록, 더 오래 유지된다): 이 인용
문은 르피가로의 한때 편집자였던 프랑스 작가 Jean-Baptiste Alphonse Karr가 사
용한 말이다.

2 https://pages.avanade.com/rs/857-NHG-455/images/Avanade-Office365-
neue-Tools-Mehrwert.pdf

3 "게슈탈트"는 영어 번역이 없는 독일어로, 대략 "형태나 모양" 또는 "형태나 모
양을 만들다"라는 의미의 명사와 동사로 사용될 수 있다. 오늘날, "게슈탈트"는
게슈탈트 심리학, 게슈탈트 치료, 그리고 게슈탈트 기반의 (조직)작업을 의미
한다.

참고문헌

Agazarian, Y.M. (2004). *Systems-Centered Therapy for Groups*. London: Karnac Books.

Berreby, D. (2005). *Us and Them: Understanding Your Tribal Mind*. New York: Little,
Brown and Company. 정준형 역. 『우리와 그들 무리 짓기에 대한 착각』 에코리브로.
2017.

Bjørn, P., & Ngwenyama, O. (2009). Virtual team collaboration: Building shared meaning,
resolving breakdowns and creating translucence. *Information Systems Journal, 19*:
227–253.

Blom, S. (2013). *"Identy Work" in the Context of Organizational Change: A Gestalt Perspective*.
Derby: University of Derby.

Caulat, G. (2012). *Virtual Leadership: Learning to Lead Differently*. Faringdon: Libri
Publishing.

Chabris, C., & Simons, D. (2011). *The Invisible Gorilla: How our Intuitions Deceive Us*.
New York: HarperCollins Publishers. 김명철 역. 『보이지 않는 고릴라, 우리의 일상
과 인생을 바꾸는 비밀의 실체』 김영사. 2011.

Couldry, N., & Hepp, A. (2016). *The Mediated Construction of Reality.* Cambridge: Polity.

Crisp, C., & Jarvenpaa, S. (2013). Swift trust in global virtual teams: Trusting beliefs and normative actions. *Journal of Personnel Psychology, 23*: 45–56.

Cummings, J., & Haas, M. (2012). So many teams, so little time: Time allocation matters in geographically dispersed teams. *Journal of Organizational Behavior, 33*: 316–341.

Daft, R., & Lengel, R. (1984). Information richness: a new approach to managerial behavior and organizational design. In L. Cummings & B. Staw (Eds), *Research in Organizational Behavior.* Homewood, IL: JAI Press.

Devine, D.H., Martin, K., Bott, J., & Grayson, A. (2004). Tinsel Town: A top management simulation involving distributed expertise. *Simulation and Gaming, 35*: 94–134, doi:10.1177/1046878103258193

Ellis, W.E. (1997). *Gestalt Psychology.* Gouldsboro, ME: The Gestalt Journal Press.

Foulkes, S.H. (1964). *Therapeutic Group Analysis.* London: George Allen&Unwin Ltd.

Gazzaniga, M.S., Ivry, R.B., & Mangun, G.R. (Eds). (2009). *Cognitive Neuroscience: The Biology of the Mind.* New York, NY: W.W. Norton.

Gilson, L., Maynard, M., & Bergiel, E. (2013). Virtual team effectiveness: An experiential activity. *Small Group Research, 44*: 412–427.

Haselager, P., Dijk, J. v., & Rooij, I. v. (2008). A Lazy brain? Embodied embedded cognition and cognitive neuroscience. I. P. Calvo & T. Gomila (Eds), *Handbook of Cognitive Science: An Embodied Approach.* Oxford: Elsevier.

HBR *Guide to Making Every Meeting Matter.* (2016). Boston: Harvard Business Review.

Hoffman, D. (2000). *Visual Intelligence: How We Create What We See.* New York: W.W.Norton.

Hofstede, G.H. (2016). *Culture's Consequences: Comparing Values, Behaviors, Instiitutions and Organizations Across Nations.* Thousand Oaks, CA: SAGE Publications.

House, R.J., Hanges, P.J., Javidan, M., Dorfman, P.W., & Gupta, V. (Eds). (2004). *Culture, Leadership, and Organizations.* Thousand Oaks, CA: Sage Publications.

Husserl, E. (2014). *Ideas for a Pure Phenomenology and Phenomenological Philosophy I.*

Cambridge MA: Hackett Publishing Company, Inc.

Jensen, I., & Jackson, P. (2007). Social Uncertainty in virtual organizations: A preliminary ontology of the constituent elements. In J.J. Klobas, *Becoming Virtual: Knowledge Management and Transformation of the Distributed Organization*. Heidelberg: Physica-Verlag. 242 I. Jensen and D. Dennis

Johnson, B. (2014). *Polarity Management*, 2nd edition. Amherst, MA: HRD Press.

Klitmøller, A., & Lauring, J. (2013). When global virtual teams share knowledge: Media richness, cultural difference and language commonality. *Journal of World Business, 48*(3): 398–406.

Kock, N. (2005). Media richness or media naturalness? The evolution of our biological communication apparatus and its influence on our behaviour toward e-communication tools. *IEEE Transactions on Professional Communication, 48*(2): 117–130.

Lim, B., & Klein, K.J. (2006). Team mental models and team performance: A field study of the effects of team mentalk model similarity and accuracy. *Journal of Organizational Behaviour, 27*: 403–4018.

Lojeski, K.S. (2010). *Leading the Virtual Workforce: How Great Leaders Transform Organizations in the 21st Century*. Hoboken, NJ: John Wiley & Sons.

Lojeski, K.S., Reilly, R.R. (2010). *Leading the Virtual Workforce: How Great Leaders Transform Organizations in the 21st Century*. Hoboken, NJ: John Wiley & Sons.

Malhotra, Y. (2000). *Knowledge Management and Virtual Organizations*. London: IDEA Group Publishing.

Mosco, V. (2017). *Becoming Digital: Toward a Post-Internet Society*. Bingley: Emerald Publishing, Ltd.

Nemiro J., Beyerlein M., Bradley L., & Beyerlein S. (2008). *The Handbook of High Performance Teams: A Toolkit for Collaborating Across Boundaries*. San Francisco: Jossey Bass.

Rock, D. (2006). *Quiet Leadership: Six Steps to Transforming Performance at Work*. New York: Harper-Collins.

Sansone C., Morf, C.C., & Panter, A.T. (Eds) (2004). *The Sage Handbook of Methods in Social Psychology.* Thousand Oaks: SAGE Publications.

Sartre, J.-P. (2007). *Existentialism and Humanism.* Slingsby: Methuen Publishing Ltd.

Seibdrat, F., Hoegl, M., & Hogler, E. (2007). How to manage virtual teams. *Sloan Management Journal.*

Smith, R.S. (2014). Collaborative bandwidth: Creating better virtual meetings. *Organization Development Journal, 32*(4): 15−38.

Stacey, R. (2010). *Complexity and Organizational Reality: Uncertainty and the Need to Rethink Management After the Collapse of Investment Capitalism,* 2nd edition. New York: Routledge.

Sternberg, R.J. (2016). *Cognitive Psychology,* 7th edition. Andover: Cengage Learning. 신현정 역.『인지 심리학』박학사. 2016.

Weick, K. (1995). *Sensemaking in Organizations.* Thousand Oaks, CA: Wiley.

Weisboard, M., & Janoff, S. (2010). Keeping difficult situations from becoming difficult groups. In S. Schuman, *The Handbook for Working with Difficult Groups: How The Are Difficult, Why They are Difficult and What You Can Do about It* (s. 1−16). New York: Jossey-Bass.

Zahavi, D. (2014). *Self and Other: Exploring Subjectivity, Empathy, and Shame.* Oxford: Oxford University Publishing. 강병화 역.『자기와 타자: 주관성, 공감, 수치심 연구』글항아리. 2019.

Zemlianski, P., & Amant, K.S. (Red.). (2008). *Virtual Workplaces and the New Nature of Business Practice.* Hershey, PA: Information Science Referenc.

21 자기성찰 보고서
화상회의를 통한 집단 컨설팅

널라 덴트Nuala Dent

이 장은 나 자신을 성찰의 주제로 삼아, 세 집단과 화상회의 플랫폼으로 컨설팅 상담한 경험을 다룬다. 이번 연구에는 대학 수준의 글로벌 교육프로그램에 참가한 학생 집단의 과제와 과정에 대한 컨설팅 경험, 사우디아라비아 여성 학술 지도자 집단에 대한 코칭 경험, 호주 심리상담사 팀과 함께한 성찰적 탐구에 대한 퍼실리테이팅 경험을 담았다. 이 장은 각 사례의 세부사항들을 깊게 다룰 뿐만 아니라 사례들 전반에 걸쳐 주제, 패턴, 유사성 및 차이점을 보다 광범위하게 다룰 것이다.

이 장은 기술이 과업, 물리적 공간과 온라인 공간의 상호작용, 그리고 이러한 것들이 집단 구성원과 전체로서의 집단에 내재화되어 작업 방식에 미치는 영향을 검토한다. 내가 주장하는 바는 '집단은 생각할 심리적 공간이 필요하고, 집단 화상회의의 도전과제는 그런 공간을 만들고 유지할 수 있는 방법을 찾아내는 것이다'라는 것이다.

"면대면"이란 "타인의 시야 또는 현존 속에 있음"을 말한다. "면대면"은 전통적으로는 동일한 물리적 장소에서 사람들의 만남을 의미하는 용어로 사용되었는데, 지금은 화상회의 플랫폼에서 사람 간의 만남에도 사용된다. 이러한 용어의 용법의 모호함은 아직 해결되지 않았는데, 그것은 기술을 통한 만남, 소통, 작업에 대한 또한 현존의 의미에 대한 깊은 불확실성을 반영하는 것일 수도 있다. 디지털 기술 플랫폼 매체를 통해 서로가 현존한다는 것이 의미하는 바는 무엇일까?

　나는 각 면대면 회의에 적합한 용어들을 찾고 있다. 회의는 "물리적인 것"과 "가상적인 것"으로 구분할 수 있는데, 하나는 실재real이고 다른 하나는 실재가 아니다. 화상으로 하는 회의는 "온라인"이라고 하고, 구성원이 모두 같은 방에 모여 하는 회의는 "오프라인"이라고 하자. 이제 업무에 참여하기 위해서는 서로 함께 있어야 한다는 전통적인 개념이 뒤집히고 있다. 나는 이런 역설적 상황을 그대로 반영하고, 이 장을 쓰는 목적을 고려하여, 동일한 물리적 장소에서 하는 집단 회의에는 "면대면face-to-face"이란 용어를 사용할 것이고 컴퓨터 또는 전자 장치의 매체와 기술을 통한 집단 회의에는 "온라인online"이란 용어를 사용할 것이다.

　온라인 집단에 관한 내 첫 번째 연구 경험은, 온라인 자료를 토대로 4주 넘게 문자에 기반한 토론 포럼에 참석한 대규모 학습 집단의 역동을 분석한 것이다. 이 분석의 주요 가설 중 하나는 온라인 경험이 "집단의 전멸을 막기 위해, 구성원으로 하여금 집단 규범을 따르게 하고 집단 생각에 의문을 갖지 않도록 압박을 증대시킬 수 있다."(Dent, 2010)라는 것이다. 이 연구가 계기가 되어 나는 조직의 온라인 작업 공간의 역동 관계를 조사할 새로운 기회를 가졌다. 이런 맥락에서, 글로벌 멤버십을 가진 새로운 조직이 협업적 업무 방식을 촉진할 목적으로 온라인 플랫폼을 통한 구성원 참여에 대한 연구를 추구하고 있었다. 이때 가시성과 비가시성 그리고 연결과 단절의 주제가 등장했다.

원격 참석자인 우리는 우리에게 보이는 시스템의 일부만 보게 되는데 이것은 감각박탈과 유사하다. 우리는 화면상에 나타나는 것을 본다. 하지만 여기엔 동료애, 주변 소음, 눈맞춤, 신체언어, 휴식시간의 대화 등은 없다. 설정된 환경, 시간대, 기후 그리고 업무에 참여하는 활력 수준의 다양성으로 인해 우리는 종종 화면 상에서 고립을 경험한다. 집단 속에서 숨어 컴퓨터 화면에 투사만 하는 것은 어려운 일이 아니다. 이러한 것들을 외부 피드백이 없는 한 마치 거울처럼 움직인다. 그 결과 우리의 투사와 감정들 (단절감, 고립감, 분리감, 무관심, 무력감)이 자기 것으로 내사하 여 이러한 감정들이 더 악화될 수 있다.

(Jennings and Dent, 2012: 4)

이 장은 화상회의를 집단상담에 사용할 때 생기는 역동과 장애가 심리적 공간의 창출 및 발견에 미치는 영향에 대한 더 깊은 이해를 진전시키는 것을 목표로 한다. 이 연구는 시스템 정신역동 렌즈systems psychodynamics lens (Coplin, 1967)를 사용했는데, 그것은 집단 기능에 적용되는 대상관계이론에서 파생된 정신역동적 원리와 "집단 역동group dynamics" 분야의 연구와 실행의 과정에서 생성되어 성장 중인 원리들과 기술들의 실체를 결합한 학제 간 접근 방식이다.

집단의 각 구성원은 세 가지 현실의 영역에 산다. 첫째, 그는 개인 적인 생각과 꿈의 세계에 사는데, 그곳은 의사소통이 없고, 대체 로 말로 표현할 수 없는 세계이다. 둘째, 그는 시간과 공간에 의해 인식되는 세상을 타인과 공유하며 산다. 이 세계는 객관적으로 인식될 수 있는 전형적인 상식의 세계이기 때문에 이 세계에 대한 많은 동의를 큰 어려움 없이 얻을 수 있다. 셋째, 그는 마음, 환상, 태도, 가치관, 가정, 불안과 같은 창조물을 공유하는 세계에 살고 있다. 그 창조물들은 객관적으로 '이것이다'라고 할 만한 구체적인 모습을 드러내지는 않지만, 집단 내에 '공유"된 덕분에 집단 구성원의 삶에 막대한 영향을 미친다. 그런 측면에서 보면 이 세계도 극히 현실적이다. (Gosling, 1977:868)

간단히 말해서, 이것은 집단분류[집단화]groupings와 각 현상들에 대한 연구다(Long, 2013). 본 연구는 눈에 보이는 차원 너머에 있는 내재된 역동을 살펴볼 것이고 이런 역동이 어떻게 연결되는지를 알아볼 것이다.

세 가지 사례

1. 대학 수준의 글로벌 교육프로그램 집단에 대한 컨설팅: 공간과 시간의 최적 자원들로 심리적 공간 찾기

2012년, 나는 새롭게 만들어진 대학 수준의 교육프로그램에 등록한 학생 집단에 대한 조직 분석 작업을 하기로 계약을 맺었다. 조건은 3년 동안 5일간의 현장 워크숍과 온라인 세미나, 역할 분석 형태의 개별 수퍼비전, 소규모 학습 집단, 토론 모임, 온라인 도서관 제공이었다.

온라인 작업이 시작되기 전 첫 면대면 세미나에 참석할 기회가 있었다. 나는 초기 연구와 경험을 통해 온라인 공간에서 작업을 계속하는 경우에 실제 만남이 중요하다는 것을 알고 있었다. 나는 학생들과 같이 실제 공간에서 5일을 보내면서 그들에 대한 감을 잡을 수 있었고, 그들이 "내게 흥미를 갖게" 만들었다. 나한테 내재한 경험이 학생들과 연결고리를 만들었고, 그들과 온라인에서 한 작업은 내 연구에 큰 도움이 되었다. 또한 그들과 시작한 연구의 여정에서 내 역할이 어떤 기여를 할 수 있는지 깨달음도 얻었다.

소규모 온라인 학습 집단에 대한 컨설턴트로서, 나는 학생들의 학습과 제들뿐만 아니라 집단 프로세스에 대한 컨설팅까지 하는 두 가지 과제를 안고 있었다. 이 단체는 7명의 성숙한 학생들로 구성되었으며, 지리적으로 유럽, 아시아, 호주 전역에 흩어져 있었다. 우리는 매 4주마다 "가상" 학교의 "가상 교실"에서 2시간씩 만났다. 가상 교실에는 화상 및 오디오 회의, 참가자들의 시각적 표현이미지, 공유된 화이트보드 및 발표 공간, 공개 및 비공개 대화창이 제공되었다.

경험

이 작업은 새로운 프로그램이었고, 프로그램에 참여하는 직원이 모두 함께 일하는 새로운 방식이었다. 집단과 작업을 할 때, 우리는 짝을 이루어 컨설팅하기로 결정했다. 이 결정은 새로운 방식으로 일하는 것에 대한 나의 불안감을 약간 완화시켜 주었다. 나는 홀로 전지전능해야 할 필요가 없었다. 온라인 환경에서 내가 보거나 듣거나 생각하거나 느끼지 못하는 것들을 나의 공동컨설턴트가 알아차리리라 믿을 수 있었다.

공동컨설턴트와 나는 의도된 "작업 집단work group"(Bion, 1961b)을 하나 만들기로 했다. 작업 집단은 환상과 은밀한 행동에 대한 알아차림을 촉진하는 성찰과정을 활용하면서, 작업을 방해하기도 하고 지지하기도 한다. 우리는 학생들과의 회기를 진행하는 사이사이에 작업 방식을 개발하였고, 그 결과를 성찰하고 작업가설을 세웠다. 작업가설을 통해 나는 "가장 적합한 작업 집단은 현실의 복잡성을 만들어낼 수 있고, 진실에 가까운 새로운 작업 집단이 있으면 언제든 대체될 준비가 되어 있다"(Lawrence, 2006)

고 말했다. 나는 이에 대해 작업을 할 때 내 상담조consulting pair가 집단 작업에서 담아주는 기능containing function을 할 것이라고 제안한다. 그것의 역할은 집단 회기에서 생기는 부정적인 감정을 받아주고 붙들어주는 "컨테이너container"(Bion, 1984) 역할이다.

어느 정도의 역동이 일어난다고 판단될 때, 특히 교사에 대한 지나친 의존을 야기하는 학습 관련 불안감으로 인해 "기본전제 집단의 의존성basic assumption dependence"[1] 사고방식(Bion, 1961a)이 생길 때와 온라인 환경에서 연결과 단절 사이를 계속 넘나들 때, 작업가설을 학생들과 공유하고 테스트했다. 학생들은 회기에 참여할 때는 연결감을 느끼지만 회기와 회기 사이에는 단절감이 든다고 말했다. 그들은 종종 양가감정을 느끼며 들어왔다가 나갈 때는 다시 힘을 얻어 나간다고 말했다. 나는 타인과의 연결감, 즉 집단의 일원이라는 연속성을 유지하기 위해 회기 사이에 최적량의 시간이 어느 정도 필요한지 궁금했다. 위니코트가 말한, 어느 수준이 "이 정도면 괜찮은good enough"(Winnicott, 1971)것인지, 즉 학생들의 니즈를 충족시켜주기 위해서는 어떤 적극적인 적용이 필요한지가 궁금했다. 직원 집단에서 연결의 어려움에 대한 공감대가 형성되었지만 프로그램 예산상 그 당시의 설계를 변경할 수 없었다. 그럼에도 불구하고, 우리는 경험을 통한 학습이라는 과제를 의도적으로 작업할 수 있었다.

지리적 분산 및 다중 시간대는 각 지역에서 작업하는 사람들의 일정에 맞는 시간대를 찾는 데 장애 요소로 계속 작용하였다. 어떤 사람은 아침이

---

1 이러한 집단은 리더를 거의 모든 것을 해결해주는 구원자로 보아 공생적 의존성을 보인다.

었고, 또 어떤 사람은 저녁이었다. 어떤 사람은 하루를 시작할 준비를 하는 반면 어떤 사람은 잠자리에 들 준비를 했다. 회기에 참여하는 나라와 기기 장치가 다양함에 따라 인터넷 연결이 가끔 불안정하였고 그로 인해 우리의 사고능력이 방해받기도 했다. 그래서 임시방편을 마련했다. 작업 중에 연결의 끊김을 줄이기 위해 비디오 기능을 끄고 오디오와 채팅만을 이용하는 방식이었다. 다행히도 우리는 마이크 옆에 있는 이름을 표시하여 방에 누가 있는지 여전히 "볼 수"는 있었다. 우린 이것을 신호로 사용했다. 누군가 말을 하려 할 때, 마이크 볼륨이 그 사람의 들숨을 시각적으로 표시했다. 가끔 인터넷 연결이 특히 불안하고 울림이 심할 때는, 말하지 않는 사람들은 음소거를 해달라고 부탁했다. 그런데 숨소리나 주변 소음이 없으면 방에 누가 있는지 알 수 없다는 게 문제였다. 어떤 사람은 듣기는 되는 데 말하기가 안 되고, 또 어떤 사람은 반대의 경우가 되는 연결 상태가 여러 번 발생했다. 집단 전체 또는 집단 내의 누군가는 강의실의 채팅 기능을 이용하여, 하고 싶은 말을 문자로 전송했다. 각자 다른 색깔의 채팅 문자를 사용하기 시작하면서 이 방식은 대단한 혁신이 되었다.

온라인 집단에 연결하는 물리적 장소와 관련하여 나에게 특별한 배움이 있었다. 저녁에 집에서 진행했던 회기로 기억되는데, 먼저 가족들에게 나를 방해하지 말라고 부탁했다. 가족들은 집의 다른 곳에 있었는데 집에서 기르던 개가 내가 있는 방문 밖에서 들여보내 달라고 짖고 문을 긁어댔다. 처음엔 개가 하는 대로 내버려 두려고 했다. 왜냐하면 개를 신경 쓰지 않아야 집안일을 업무로 끌어 들이지 않는 거라 생각했기 때문이다. 그런데 개가 고집을 더 부릴수록 내 불안은 커져만 갔다. 그때 우리는 비디오 기능을 사용하지 않았고, 나는 다른 참가자들을 방해하지 않기 위해 마이크는 음소거를 했다. 나는 두 역할, 즉 두 가지 세계에 붙들려 있는 내 자신을 알아차렸다. 나는 컨설턴트로서의 업무환경과 애완동물 주인이라는 가사 환경에 동시에 존재하고 있었다. 개를 무시한다는 것은 일종의 가식이며 공상이라 느껴졌다. 이것을 깨닫고 나서 참가자들에게 내 상황을 알렸고, 개를 방으로 데려왔다. 나의 이런 고백 행위는 이전까지는 전혀 생각하지 못했던 것을 경험이 나에게 알려주는 것, 즉 어떤 "생각지 못했던 앎unthought known"이 수면 위로 떠오른 것이라고 말할 수 있다(Bollas, 1987). 내 행동은 집단 내에서 무언가를 변화시켰고, 그들 역시 자기들의 신체적 환경을 통한 경험들을 공유 공간으로 가져왔다. 내가 나의 상황을 인정하기 전까지 그 개가 온라인상에서 있었다는 것을 "알았던knew" 사람은 아무도 없었지만, 무의식적인 수준에서는 이미 "알려져 있었다known"고 나는 생각한다. 이 사례는 우리가 온라인에 접속할 때 자기가 있는 곳의 물리적 현실을 직시하고, 그것이 우리의 참여에 어떤 영향을 미칠지 진지하게 숙고할 필요가 있음을 강조하고 있다.

나는 이 시스템 안에서 2년 동안 일했다. 시간이 지남에 따라 참여를 유지하는 데 어려움이 늘어났고, 급기야 어려움이 장점보다 더 많아지기 시작했다. 학생들과 4주에 한 번 2시간씩 진행하는 작업은 처음 시작할 때 가졌던 연대감을 지속시키기에는 부족했다. 프로그램 기간 동안 학생들은 다른 직원들과는 꽤 정기적으로 만났지만, 나는 첫 번째 워크숍이 끝난 후 물리적 장소에서 학생들을 만나지 못했다. 온라인 세미나 참석이나 토론 모임의 발표를 통해 연결감을 유지하기 위해서는 계약한 일보다 훨씬 더 많은 시간과 에너지를 투자해야 한다는 사실을 알았다. 나는 프로그램을 지속할 수 없었고 결국 그 자리에서 물러났다. 이 사례는 온라인 환경에서 학습을 지원할 심리적 공간을 만들고 유지하려면 면대면 환경에 비해 더 많은 시간과 에너지를 투자해야 함을 시사한다.

2. 학계 지도자 집단 코칭: 문화적 차이를 뛰어넘는 심리적 공간 찾기

2014~2015년에 사우디아라비아에서 한 여성 집단의 코치를 맡았다. 이것은 사우디의 한 여자대학이 의뢰한 고위직 리더십 프로그램의 일부였다. 이 프로그램은 12개월 간 대면 모듈, 온라인 세미나, 개인 및 단체 코칭으로 구성되었다.

나는 다섯 명의 지도자로 이루어진 소집단과 함께 일하기로 계약했다. 개인 및 집단 코칭 둘 다 온라인으로 제공하고, 사우디아라비아에서 대면 모듈을 하는 동안은 그들과 함께 일하기로 했다. 프로그램을 시작한지 두 달만에 참가자들과 첫 교류가 있었다. 이 무렵 그들은 첫 모듈로 360° 리더십 평가를 마친 상태였다. 첫 번째 접촉은 개별적 온라인 회기에서 각각 만나 그들의 리더십에 대해 듣는 시간이었다. 그런 후 5일 동안 집중적인 면대면 모듈 그리고 6회의 온라인 개인별 코칭이 곧이어 이루어졌으며, 그 후 8개월 동안 두 번의 집단 코칭 회기를 진행했다.

그들과 그 나라의 문화 그리고 그들이 어떤 기대를 하고 있는지에 대해 아는 바가 거의 없던 상태에서 첫 회기를 시작하는 게 걱정스러웠다. "천천히" 진행하라는 권고도 받았다. 나는 그들이 니캅(얼굴 베일)을 착용하고 있을 것이라고 예상하면서 전이에 대해 많은 생각을 했으며 또한 시각적인 단서가 어떤 작용을 할지 궁금했다. 내 수퍼바이저는 나에게 일어났던 경험, 그 느낌들을 데이터로 얻게 되리라고 상기시켜 주었다. 이는 도움이 되었고, 기술적으로 불가피한 좌절이 있었지만(당시 사우디아라비아에서는 디지털 플랫폼이 자주 차단되었다) 처음 회기는 상당히 만족스러웠다. 머리 덮개는 남자들 앞에서만 착용하면 되었기 때문에 머리 덮개를 한 여성은 한 명도 없었다. 한 여성은 통역이 필요했지만 나머지 4명은 해외에서 박사 과정을 마쳤기 때문에 영어가 유창했다. 그들은 자신들에 대해 알고 싶었고, 나에 대해 더욱 많이 알고 싶어 했다. 나는 서양 문화와 접촉하고 싶어 하는 그들의 커다란 욕구를 감지했다.

경험

나는 구글 행아웃이 온라인 모임이나 회의를 하는데 가장 안정적인 플랫폼임을 발견하였다. 나는 그들에게 회의가 방해받지 않을 조용한 장소를 찾으라고 부탁했다. 그들은 자신들의 휴무일인 금요일에 나와 만나기로 하고 대부분 집에서 접속을 했다. 아이들이 있는 사람들은 내가 개 곁에 있었던 것처럼 집안 문제로 정신이 분산되기도 했다. 우리는 이런 상황에서 작업을 했다. 가끔 누군가가 뒤에서 그들을 불렀고, 아이들은 엄마가 자신들을 쳐다봐주기를 원했다. 어떨 때는 아이나 갓난아기가 우리 작업에 함께했다. 갓난아기를 꼭 껴안은 엄마가 직장에서 겪는 도전과 열망에 대해 이야기하기도 했다.

그 집단은 공동의 학습 과제를 연구했고, 프로그램이 끝날 즈음에는 자신의 연구 결과를 발표했다. 집단 회기의 목적은 그들이 어떻게 같이 일하는지 함께 생각해보는 것이었지만 그 작업은 거의 불가능하게 느껴졌다. 인터넷 연결이 안정적이지 않아서 비디오 없이 작업하기도 했다. 한 사람이 영어를 못해서 집단 전체가 아랍어로 말하게 되면 분위기가 바뀌는 경우도 있었다. 그럴 때 그들은 느긋하게 말했고 나는 그들이 벌이는 토론의 운율을 감상하며 있었다. 영어로는 더 힘들었다. 이들은 각자 서로 여자

친구처럼 생각하여 나와 연결하는 데 초점을 두고 싶어 했지만, 나는 그들이 역할을 가진 개인person-in-role에 대해 작업하면서 업무와 관련한 역할 관계성role-relatedness에 대해 숙고해보기를 원했다. 이런 나의 제안에 주저하는 태도를 보이는 그들을 볼 때는, 그들이 이 집단의 컨설턴트로서의 내 역할을 인정하지 않는 것인가라는 의문이 들었다. 아니면, 사우디아라비아 문화와 관련이 있을 수 있다. 만약 그랬다면 우리는 완곡한 태도로 과제에 접근해 작업을 해야 할 필요가 있었다.

이런 상황에서 역할의 정의를 "특정 상황과 관련하여 사람이 자신의 행동을 구성하는 생각의 패턴화"(Reed, 2000)로 생각해보면 도움이 된다. 리드Reed는 역할을 심리학적으로 그리고 사회학적으로 다음과 같이 파악하였다.

심리학적 정의: 사람은 일련의 행동 패턴을 "구축"하여 원하는 목표를 달성하기 위해 상황 속에서 행동할 수 있도록 한다.
사회학적 정의: 사람이 어떻게 행동해야 하는지에 대해서 체계 안의 다른 사람들이 갖고 있는 기대와 의도

이 두 가지 측면은 현 상황과 관련하여 사람이 역할로서의 자신을 어떻게 다룰 것인가에 영향을 미친다. 나의 경우에서, 서양의 인식체계를 중동문화로 가져오면 심오하고 견디기 힘든 불안감을 조성하고 "기본전제"(Bion, 1961a) 사고방식이 작동하여 참석자들이 무의식적으로 업무와 관련된 사고나 감정을 회피하는 행동을 하곤 했다.

이 프로그램은 서구 사회에서 생각하는 리더십을 여성들이 발휘할 수 있는 방법을 가르치려고 만들었지만 사우디아라비아에서는 여성들이 이

런 리더십을 발휘할 기회가 거의 없다. 잘 알려진 대로, 이 나라는 여성이 남성에게 예속되고 자기 자신의 주도성을 갖지 못하는 가부장적 사회이다. 성별뿐 아니라 권력과 관련된 경쟁 문제도 있다. 이 여성들은 민주주의가 아닌 왕국이라는 나라에서 서로 다른 지위나 신분의 가족에 속한다. 무의식적으로 그 집단은 아마도 '자신들의 집단은 비집단non-group이어야 한다'라는 암묵적인 가정을 바탕으로 작동하는 "나다움me-ness" 사고방식이라는 기본전제를 재연해오고 있었을 수도 있다(Lawrence et al., 1996).

나는 이러한 맥락에서의 서구 리더십의 역설과 집단 역동에 대한 그들의 경험에 대해 일대일 회기에서 개별적으로 함께 작업할 수 있었지만, 이것을 집단 회기에서는 함께 할 수 없었다. 즉, 그들 세계의 현실에서 여성 지도자에 관한 우리의 두려움과 공상을 한데 모을 수 있는 심리적인 공간을 컨설턴트와 참석자 사이에 창출할 수 없었다.

초기에 열정이 넘쳤지만, 시간이 지남에 따라 일부 사람들이 마지막 개별 코칭 회기에 나타나지 않았는데, 참여자들이 그들과 관계를 유지하는 것을 더 어려워했다. 이는 면대면 만남 이후 시간이 많이 흐른 결과일 수 있고, 또는 전체적으로 끝이 흐지부지된 프로그램 탓일 수도 있다. 그들의 연구결과를 공유할 발표 행사는 두 차례 연기되었고, 결국 두 달이나 지연되었다. 이는 문화를 넘나드는 쟁점에 대해 생각할 수 있는 심리적 공간을 찾기 위한 제도적 차원의 투쟁이었을 수도 있다. 이 사례는 온라인 환경에서 오랜 시간에 걸쳐 문화를 가로질러 작업하는 것의 의미와 집단 코칭을 위한 최적의 공간을 찾고 창출하기 위해 무엇이 필요한지를 고려할 필요가 있음을 나타낸다.

3. 심리상담사 팀과의 성찰적 탐구: 적절한 기술로 심리적 공간 찾기

2015~2016년, 행동 조사 프로젝트의 일환으로 호주 빅토리아 지역의 8명의 심리상담사 팀과 함께 성찰적 탐구를 실시했다. 그 조직은 아동 보호소에 있는, 트라우마를 경험한 아이들을 대상으로 임상 서비스를 제공하고 있었다. 이 조사는 부분적으로 분산된 팀에서 일한 경험에 초점을 맞추었다. 지리적으로 위치가 분산되어 있으면서 적어도 한 곳에 두 명 이상의 사람이 있을 때 팀으로 정의했다. 조사의 목적은 대면과 온라인 작업방식의 접점interface과 이 접점이 팀 기능에 미치는 영향에 대한 이해하는 것이었다. 본 회기는 완전한 컴퓨터 매개 방식이 아니라 조직의 내부 화상회의 시스템을 통한 온라인 방식과 물리적 방식의 혼합으로 이루어졌다.

회기에 앞서, 나는 직원 모두와 인터뷰를 하고 팀 회의를 참관했다. 나는 두 번에 걸쳐 면대면 성찰적 탐구 회기를 이끌었는데, 처음에는 직원들이 하나의 팀으로서 자기 스스로를 어떻게 생각하는지 나누었고, 두 번째에서는 내가 그 팀에 대한 나의 경험을 나누었다.

첫 번째 컴퓨터 매개 회기에서, 나는 관리자와 함께 본사에 있었고, 팀은 다른 두 곳에서 접속했다. 이후 또 한 번의 면대면 및 컴퓨터 매개의 성찰적 탐구 회기 그리고 두 번의 컴퓨터 매개의 검토 회기가 이어졌다. 두 번째 이후 회기들은 지역 사무소 중 한 곳에 관리자가 참석하고 다른 사무실의 회원들이 화상회의로 합류한 가운데 진행되었다. 그 팀의 참석자들은 기꺼이 조사에 참가했고 나와 함께 탐구에도 참여했다. 하지만 나는 기술 때문에 계속해서 좌절했다. 나의 그런 모습은 팀이 기술의 한계를 수용한 것과는 극명한 대조를 이뤘다.

경험

첫 번째 컴퓨터 매개 회기를 준비하면서, 참가자들을 초대하여 소셜 포토 매트릭스social photo matrix에 사용할 그들의 사무실 사진을 공유했다. 소셜 포토 매트릭스 방법을 통해 참가자의 작업 공간 사진을 자유롭게 연결한 집단의 경우 조직의 무의식에 대한 이해가 커진다(Sievers, 2008). 나는 각 장소의 사진들을 무작위로 모아 디지털로 공유할 발표 자료를 만들었다. 노트북과 휴대용 저장장치에 발표 자료를 담아 사무실에 도착했다. 먼저 화상회의 화면을 연결하기 위해 컴퓨터 케이블을 준비해 왔는데 어디에도 연결할 곳이 없었다. 일단 관리자가 내부 공유 드라이브를 통해 볼 수 있게 노력했지만 다른 지역에 있는 팀은 파일에 접근할 수 없었다. 대신 나는 내 노트북을 웹캠 가까이에 대어 다른 지역에 있는 사람들이 그 이미지를 볼 수 있게 하였다. 이런 내 자신이 바보같이 느껴졌다. 나는 내 역할을 잘 해내기가 어려웠고 팀을 자유롭게 연결시키는 과제를 하는 게 힘겨웠다. 그 시스템은 내가 추측했던 가정의 일부를 드러낼 뿐 아니라 작업현장에서의 기술에 대한 경험이나 그 유용성이 차지하는 기술의 가치를 내게 알려 주려고 하는 것 같았다. 조셉Joseph은 정신분석적 환경에서 환자의 개인적 방어체계를 이해하기 위한 수단으로 역전이 사용에 대해 다음과 같이 말한다.

> 만약 분석가가 개인적 연상의 의미를 상세히 해석하기 위해 애쓴다면, 그녀는 이해할 수 없는 세상에 살고 있는 환자의 경험에 접촉을 시도하기 보다는, 내담자의 방어체계 밖에 살면서 이해할 수 없는 거짓 감각을 만들고 있는 것이다.   (Joseph, 1989)

시스템 정신역동 연구systems psychodynamic research에서 역전이 현상은 불안에 대항하는 집단 방어와 시스템 방어에 대한 이해를 연구자에게 제공한다. 내 경험은 기술에 대한 팀의 경험 "밖에서 사는 것"이었다고 감히 말한다. 즉, 느끼지 못하거나 표현할 수 없는 경험이었다. 그들은 한 팀으로 그들의 업무를 지원할 기술을 필요로 하지만 조직은 역량에 못 미치는 기술 시스템만을 제공할 뿐이다. 그 결과 팀의 업무 협력을 저해하는 영향을 미치게 된다.

위 경험으로부터 나는 첫 번째 검토 회기에서 지시를 단순하게 유지하기로 결심하고, 회기 동안 사용할 도면과 촉감 있는 재료를 준비하라고 요청했다. 팀들이 보통 회의에서 주로 사용하는 화상회의를 우리도 사용했다. 나는 내 연구 결과를 공유한 다음 직원들이 각자의 장소에서 동료들과 함께 이 연구에 참여한 경험을 성찰할 수 있는 무언가를 개별적 또는 집단적으로 작업할 수 있도록 초대했다. 일부가 다소 불편함을 느끼기는 했지만 대부분의 사람들이 그 활동에 참여했다.

내가 정해놓은 시간에 우리가 다시 모였을 때 나는 그들이 웹캠 앞에 자신들의 창작물을 공유하도록 하고 휴대폰으로 그 창작물들을 촬영하게 함으로써 그들이 즐거운 분위기에서 성찰의 시간을 갖도록 인도했다. 이를 통해 조직에서 기술이 어떻게 활용되고 있는지 그리고 한 팀이 아니라 각자 개별적인 위치를 가진 두 팀이라는 현실을 "진실로" 성찰하게 하였다. 하나의 시스템으로서의 우리인 그 팀과 나는 경험에 대한 성찰작업 공유를 향해 생산적으로 일할 수 있는 방법을 찾았다.

그러나 일부 참가자들의 주저함에 대해 성찰을 하면서, 그것이 그들의 작업과 어떤 관련이 있는지 궁금했다. 내가 있던 장소에는 관리자와 팀장이 있었는데 참석자들은 '놀이'를 할 역량이 부족해보였다. 이러한 활동은 어린 시절에 경험한 트라우마에 기인한 무의식적 불안을 불러일으킬 수 있다. 어떤 면에서는 놀이가 "어른" 역할을 포기하고 "어린아이" 경험과 접촉하게 할 수도 있다. 사람들은 그들이 보고하는 자리에 다른 사람들이 함께 있는 것은 더 힘들어 하는 것 같았다. 또는 연구자가 같은 장소에 있었던 것이 영향을 미쳤을 수도 있었다. 이 일에서 내 역할은 무엇이었을까? 나는 그들에게 그냥 그리거나 만들어 보라고 하는 대신 다음 회기를 위해 너무 많은 것을 요구하지는 않았는지 곰곰이 생각해본 끝에 그들이 선택할 수 있는 이미지를 제공해보기로 결정했다.

컴퓨터로 볼 수 있는 전자적인 시각 이미지 묶음(이미지만 있는 카드 묶음)을 준비했다. 사람들은 "그 연구에서 당신이 경험한 것은 무엇입니까?"라는 질문에 대한 응답으로 자신이 끌리는 이미지를 선택할 수 있도록 초대받을 것이다. 그다음에는 집단이 다 함께 자유로이 교류하면서 그 경험 속으로 더 깊이 들어갈 것이다.

나는 관리자에게 미리 디지털 파일 링크를 보내 회기의 일부로 사용하고 싶다고 말했다. 그녀는 모든 사람이 파일 링크를 받았을 것이라고 추측하고 회의 때 그것을 따로 준비할 생각을 하지 않았다. 결론을 말하면, 그 기술은 내가 의도한 방식대로 사용되지 못했다.

내가 출력물을 가져왔기 때문에 나와 같은 방에서 면대면 활동을 한 사람들은 참여할 수 있었지만, 다른 곳에 있던 사람들은 참여할 수가 없었다. 나는 관리자의 역할에 다시 충격을 받았고 이런 경우에 그녀의 역할이 궁금했다. 나는 이전에 관리자에 대한 팀의 기본전제인 "의존성"(Bion, 1961b) 사고방식에 주목했었는데, 관리자에 대한 나의 경험도 그와 유사한 것인지 궁금했다. 내가 관리자에 대해 "의존성" 사고방식을 갖고 있었는가? 실제로 그녀는 특별히 기술에 관심이 없는데 내가 그녀에게 그것을 작업해주기를 원하고 있었나? 아니면 팀은 나에 대해 "의존성" 사고방식을 갖고 있는 가운데 내 조사를 통해 여러 지역에 걸쳐 생기는 작업 관련 이슈들을 내가 파악하고 해결해주기를 희망했을까? 그 당시에는 정신 나간 짓 같아 보였지만, 지금 돌이켜보니 예상할 수 있었던 일이었다. 각 장소에 미리 출력물을 보냈다면 미리 대처할 수 있었던 일이었다. 이는 이 작업장에서 내가 사전에 무언가를 반영하고 있다. 그것은 정보의 이중 처리, 즉 디지털과 전자 양식에 문서를 이중으로 저장하는 것이었는데, 기술에 대한 신뢰나 확신이 부족하다는 것을 의미하는 것이었다. 제닝스와 덴트(Jennings, Dent, 2012)가 가상 플랫폼의 사용자 경험을 연구한 결과, 이러한 신뢰 부족은 경계boundaries에 대한 문제와 관련이 있는 것으로 밝혀졌다.

> 가상공간을 신뢰하는 데 있어 내재된 불안감은… 많은 측면에서 경계가 없기 때문이다. 시간 경계도 없고 영역 경계도 없다(어디에나 있고 어디에도 없다). … 매체로서의 플랫폼에 대한 신뢰 부족은 원격 참여에 대한 지속적인 도전이 되며 우리가 기술에 더 익숙해질 때까지 계속될 것이다. … 알려지지 않은 인간 요소와 기술 요소의 조합은 무수한 경험의 가능성을 만든다.
>
> (Jennings, Dent, 2012)

이 글은 이 팀에 대한 나의 경험과 공명한다. 이 팀은 업무관련 기술에 내재된 불편함이 있었다. 그리고 서로 상호작용하기 위해 기술을 사용할 때 잘못된 방식으로 실행되었다. 집단 성찰과 이해형성sense-making[2]에 필요한 심리적 공간을 만들기 위해 최적의 기술이 무엇일지 궁금해진다.

패턴 찾기

내가 함께 일했던 집단마다 목표가 다르고 인원, 성별, 위치, 시간대, 기술 플랫폼도 다양했다. 본 장의 앞에서 보았듯이, 내 경험상 장소, 기술, 문화는 집단 사고방식과 공유된 업무를 협력하여 일할 능력에 상당한 영향을 준다. 내가 말하고 싶은 흥미로운 공통점은 매우 작은 규모의 면대면 집단에서 경험한 물리적 근접성과 관련된 심리적 공간의 한 특징이다

> 심리 분야의 두드러진 특징은 구성원들이 서로의 물리적 근접성, 즉 이웃뿐만 아니라 다른 모든 구성원과의 물리적 근접성과 관련이 있다. 이런 특징은 그들의 손이 이웃의 손에 얼마나 가까운지, 그들의 발이 이웃의 반대 편 발에 닿기 쉬운지 아닌지, 위협적으로 보이지 않으면서 그들의 의자를 얼마나 크게 젖힐 수 있는지와 같은 것들에 대한 구성원들의 자의식에서 발현된다. 이웃의 호흡 상태는 당신이 이웃을 알아차릴 수 있는 대표적인 특징이 된다. 만약 기침을 하고 싶을 때 의도적으로 조심하지 않으면 누군가의 얼굴에 하게 될 것이다. 눈맞춤이 있을 때는 뭔가를 알려주는 것이 있지만, 눈맞춤이 없으면 어색해진다. 눈맞춤의 강도와 지속 시간은 항상 주의 깊게 살펴야 한다. 이런 식으로 아주 작은 집단은 친밀함의 문제, 특히 피해야 할 위험의 하나로서의 친밀감에 늘 노출되어 있다. (Gosling, 1983: 868)

세 가지 사례에서 모두 영상을 사용할 때 집단의 크기에 상관없이 이러

---

2 사람들이 집단적 경험에 의미를 부여하는 프로세스를 말한다.

한 "매우 작은 집단very small group"의 특성이 크게 나타나는 것처럼 보였다. 온라인 집단은 지리적으로 물리적 근접성이 부족함에도 불구하고 사람의 자의식을 심화시키는 친밀한 무엇이 있다. 온라인 집단에서는 마치 숨을 곳도, 사라질 곳도 없는 것 같다. 컴퓨터 앞에 앉으면, 카메라는 당신의 클로즈업한 얼굴을 보여 주며, 마이크는 미묘한 소리, 주변 소음까지 잡아낸다. 집단을 전체로 보는 대신 작은 화소로 된 개별 영상들이 이원적으로 표현되는 조각모음들로 집단을 볼 수 있다. 나는 고슬링Gosling의 "매우 작은 집단"에 대한 설명과 유사하게, 이 경험은 너무 압도적이어서 생각하는 것을 어렵게 만들 수 있다고 본다. 온라인 집단에서 화상을 통한 상호작용의 특징은 더 연구할 필요가 있다.

반대로 영상이 없을 때 관심이 덜 분산되고, 전체로서의 집단을 보는데 좀 더 집중하며, 전이와 역전이를 알아차리면서 작업을 할 수 있다. 웨스턴은 생각할 수 있는 심리적 내부 공간이 필요한데, 이것은 "먼저 물리적 외부 공간을 만들고 꾸며야 형성된다"(Western, 2017)고 지적한다. 온라인 집단의 컨설턴트로서 모든 참석자의 물리적인 공간을 관리할 수 없지만, 그들에게 물리적 경계를 세심히 관리하도록 권할 수 있다. 예를 들어, 방해받지 않는 조용한 곳을 찾고 이어폰을 사용하며 기기의 다른 응용 프로그램을 꺼달라고 부탁한다. 온라인 공간을 물리적 장소와 유사하다고 생각하여, 플랫폼 선택, 공간 작업 방식에 대한 합의, 역할 분담(예: 중재자, 내용 기록자, 시간 기록자)과 같은, 이와 관련된 경계를 어떻게 관리할지 알려줄 수 있다. 또한 인터넷 연결과 같이 통제할 수 없는 요소들에 대해 저항하기보다는 특히 더 주의를 기울이며 작업할 수 있다.

이것은 앞의 세 가지 사례 모두에 공통으로 걸쳐진 주제, 즉 기술로 인한 좌절과 그로 인한 전이를 그순간 알아차리고 작업하기 위하여 분투하는 것과 연결된다. 나는 기술과의 관계에 대해 꽤 오랫동안 호기심을 가지고 있었으며, 어떤 의미에서 그것을 구체화하는 방법 또는 균질하고 차별화되지 않은 성질을 가진 단일한 유형의 도구로 취급하는 방법이 궁금하였다. 이것은 우리가 그것을 완벽하게 통제할 수 있는 자기의 연장extension of the self(Wynn, Katz, 1997)이나 그렇지 않으면 "타자"로 분리되는 상상을 더 쉽게 하도록 만들어 준다. 사회적 차원에서 우리는 기술과의 상호작용이 다른 지리적 위치에 있는 타인들과의 마법적인 연결을 만들어 줄 것이라는 희망을 갖고, 기술/인터넷에 대해 "기본전제"인 짝짓기pairing의 사고방식을 가질 것이다. 그러나 때로 연결은 불만족스럽고 지속되지 못한다. 우리에게 다시 증오(싸움/도망[투쟁/도피]), 절망의 귀환(의존성)이 돌아올 것이며 우리는 다시 짝짓기할 이유를 찾는다. 이것은 비온(Bion, 1961)이 기술한 "기본전제"인 짝짓기와 연결되는 주기적인 패턴과 유사하다.

시스템 정신역동 접근 방식은 "기본전제" 사고방식에서 "작업 집단" 사고방식으로 전환하기 위해 물리적 및 정신적 경계에 대한 관심이 중요하다고 강조한다. 시간, 영역, 역할은 엄격하게 유지되어(Hayden & Molenkamp, 2004) 작업을 하는데 충분히 안전한 심리 공간이나 담아주는 공간container을 제공한다. 위니코트(Winnicott, 1971)는 이것을 과도기적 공간transitional space이라고 부른다. 이 공간은 감정, 공포, 소망, 환상이라는 내적 세계와 역할·관계, 권위와 책임이라는 "현실" 세계 사이의 경계에 존재하고, 주관적으로 인식되는 세계와 객관적으로 지각하는 세계 사이의 경계에 존재한다. 역설적이게도 그것은 창조될 뿐만 아니라 발견된다.

사고하기 위한 심리적 공간을 찾거나 만들려면, 컨설턴트가 온라인 공간에서 집단이 어떻게 작업에 참여하는지 보기 위해 그들과 작업을 해보아야 한다. 집단이 공통의 정체성을 찾는 주요한 과정은 공통의 업무를 하면서이다. 그들의 물리적 환경과 지역적 맥락에 관하여 그들의 선입견 같은 것을 공유하기 위해 참가자들을 초대하는 것은 방에서 그 집단이 "타자"를 내재화하는데 도움이 된다. 그러한 가운데 "그들 간에 서로를 묶어주고 충성과 연대감을 느끼게 해주는 어떤 '동질감'을 인정하는"(Long, 2002) 것이 가능하게끔 해준다." 온라인 공간을 만드는 작업은 반복적이며 집단이 만날 때마다 필요한 부분이다. 그 이유는 집단과 집단의 심리적 공간은 역동적이고, 살아 있으며, 끊임없이 변화하기 때문이다.

마무리

본 장을 쓰면서 온라인 집단을 바라보는 내 자신의 양면성과 마주했다. 이 새로운 공간을 연구하기 위해 물리적 집단에 대해 알고 있는 모든 것을 해체할 위험을 감수해야 했다. 시스템 정신역동의 개념들이 구식이 아니라 유용한 접근이라 안도하기도 했다. 비온(Bion, 1961)은 "집단성groupishness" 이 다른 동물 무리와 유사하고, 사람들의 타고난 성향으로서 집단이 분산되었을 때조차 동원 가능한 본능이라고 말했다. 온라인에서 집단과 함께 작업한 경험은 이 이론을 뒷받침한다.

내 경험에는 한 가지 한계가 있다. 내가 일을 시작할 때 실제로 물리적 장소에서 참석자를 만난 경우처럼 완전한 단독의 온라인이 아니었다. 작업 초기 단계에서 물리적 만남은 연결에 대한 나의 경험과 감각을 확고히 하는 데 도움이 된다는 것을 알았다. 그러나 연결감은 장기적으로 지속되지 않는다, 일정 시간이 지나면 만남의 빈도에 더 의존하게 된다. 온라인 집단에서 연결감을 계속 유지하려면 물리적 공간에서 지속적으로 정기적으로 만날 필요가 있다. 참가자와 작업이 가능하도록 소속감 및 연결감을 강화시켜주는 컨설턴트와 연구자들의 역할이 기대된다(그들의 경험에 대한 연구는 본 장의 범위를 벗어난다).

나는 다음과 같이 제안한다. 우리는 컨설턴트와 집단 구성원의 지역적 맥락에 대한 선입견을 인정함으로써, 다양한 물리적 장소들을 모아서 공유하는 온라인 공간을 만들 수 있다. 이 공유된 장소에서, 차이를 인정하며 일하는 방식을 찾고, 사고와 배움의 공간을 만들 수 있다. 이 결론을 쓰면서 나는 일반화의 위험성을 잘 인식하고 있는데, 사건들은 사회적 맥락에 의해 정의, 예측, 결정되기 때문이다. 이 자기성찰 보고서는 내게 있어 도착점이자 동시에 새로운 출발점이다. 나는 이 작업이 다른 사람들이 더 많은 탐험에 참여할 수 있는 공간을 만들기를 희망한다.

📝 참고문헌

Bion, W.R. (1961a). Experiences In Groups. In Bion, W.R. (Ed.) *Experiences in Groups and Other Papers. London: Tavistock Publications.* 현준 역. 『집단에서의 경험』 눈출판그룹. 2015.

Bion, W.R. (1961b). Group Dynamics. *Experiences in Groups, and Other Papers.* New York: Basic Books.

Bion, W.R. (1984). *Attention and Interpretation.* London, Karnac Books. 허자영 역. 『주의와 해석』 눈출판그룹. 2015.

Bollas, C. (1987). *The Shadow of the Object: Psychoanalysis of the Unthought Known.* London: Free Association Books.

Coplin, H.R. (1967). Introduction. In R. Gosling, D.H. Miller, D. Woodhouse & P.M. Turquet (Eds) *The Use of Small Study Groups in Training.*

Dent, N. (2010). *Integrating Face-To-Face and Virtual in the Study of Group Relations.* Master Of Applied Science (Organization Dynamics) Masters, RMIT.

Gosling, R. (1977). Another Source of Conservatism in Groups. *Group Analysis,* 10.

Gosling, R. (1983). A Study of Very Small Groups. In J.S. Grotstein (Ed.) *Do I Dare Disturb the Universe: A Memorial to W. R. Bion.* London: Karnac Books.

Hayden, C., & Molenkamp, R.J. (2004). Tavistock Primer II. In S. Cytrynbaum & D. Noumair A. (Eds) *Group Dynamics, Organizational Irrationality, and Social Complexity: Group Relations Reader 3.* Jupiter, Florence: A. K. Rice Institute for the Study of Social Systems.

Jennings, C., & Dent, N. (2012). Grubb Guild—Report to Action Inquiry Task Group 31 January 2012. Unpublished.

Joseph, B. (1989). Transference: The Total Situation. In M. Feldman & E. Bott Spillius (Eds) *Psychic Equilibrium and Psychic Change: Selected Papers of Betty Joseph.* London: Routledge.

Lawrence, W.G. (2006). Organisational Role Analysis: The Birth of Ideas. In J. Newton,

S.Long & B. Sievers (Eds) *Coaching in Depth: The Organisational Role Analysis Approach.* London: Karnak.

Lawrence, W.G., Bain, A., & Gould, L. (1996). The Fifth Basic Assumption. *Free Associations,* 6, Part 1.

Long, S. (2002). The Internal Team: A Discussion of the Socio-Emotional Dynamics of Team (Work). In R. Weisner & B. Millet (Eds) *Himan Resource Management: Contemporary Challenges and Future Direction. An Interactive Digital Book On CD Rom.* Wiley.

Long, S. (2013). Socioanalytic Methodology. In S. Long (Ed.) *Socioanalytic Methods: Discovering the Hidden in Organisations and Social Systems.* London: Karnac Books Ltd.

Reed, B. (2000). An Exploration of Role: As Used In the Grubb Institute. In T. G. Institute (Ed.). London.

Sievers, B. (2008). Perhaps it is the Role of Pictures to Get in Contact with the Uncanny: The Social Photo Matrix as a Method to Promote the Understanding of the Unconcious in Organisations. *Organisational & Social Dynamics,* 8(2): 234–254.

Western, S. (2017). Where's Daddy? Integrating the Paternal and Maternal Stance to Deliver Non-Authoritarian Leadership For The Networked Society. *Organisational & Social Dynamics,* 17: 198–221.

Winnicott, D.W. (1971). *Playing And Reality.* London, Routledge Classics.

Wynn, E., & Katz, J.E. (1997). Hyperbole Over Cyberspace: Self-Presentation and Social Boundaries in Internet Home Pages and Discourse. *The Information Society,* 13: 297–327.

22 온라인 조직 컨설팅의 실무적인 고려사항

라케프 케렛-카라바니Rakefet Keret-Karavani · 아넌 롤닉Arnon Rolnick

이 장에서는 회의 진행자에게 필요한 권고사항을 제시하고자 한다. 핵심화두는 다음과 같다.

"온라인 회의를 어떻게 운영하면 정해진 목표를 가장 훌륭하게 달성할 수 있을까?"

소기의 목적 달성을 위해서 이 장을 두 부분으로 나눌 것이다.

1. 회의 설계의 원칙
   - 화상회의를 통해서 회의를 해야 할 경우와 하지 말아야 할 경우를 결정한다.
   - 회의 참석자들의 입장에서 공간을 고려한다. 참석자마다 취향과 소속된 조직의 회의 문화가 다를 수 있다.
   - 참석자들을 준비시킨다.

2. 회의 관리의 원칙

- 환경 설정
- 집중력 유지
- 적극적인 참여 유도

가상 회의든 집합 회의든 어떤 회의에서든 논의해야 할 주요 주제가 있다. 특히 한 집단을 A에서 B로 이끌어가야 할 필요가 있는 상황에서는 적절한 회의 관리의 원칙이 꼭 필요하다. 그리고 다음 두 가지 점에도 유의해야 한다.

1. 기술 및 장비는 회의 경험을 형성하는 요소로서 회의 결과에 영향을 미칠 수 있다.
2. 화상회의 매체는 집합 회의 시 나타나던 현상들을 때로는 더 두드러지게 하거나 더 미묘하게 변화시킬 수 있다.

화상회의를 일상적인 소통도구로 사용하는 독자들은 제4부에서 얻을 것이 많을 것이다. 가끔 "한걸음 떨어져서" 우리가 일상에서 습관적으로 일하던 방식을 점검해보는 것도 가치가 있다. 화상회의 관련 콘텐츠와 프로세스에 대한 조언에 이어, 제4부의 마지막에서는 경영자 교육, 팀 교육과 같은 학습 및 교육을 위한 회의에 대해서 다룰 것이다.

회의 설계의 주요 구성요소들

화상회의는 회의에 적합한 매체인가?

상호작용과 적극적인 참여가 필요한 복잡한 안건을 다루는 회의에서는 회의 참가자들과 대화를 통해 더 많은 정보를 구해야 하는데 이럴 때 화상 플랫폼은 좋은 해결책이 된다. 이런 종류의 회의는 주로 문제 해결, 의사 결정, 갈등 해결, 제품이나 전략 개발, 새로운 아이디어의 발표 등을 목표로 하는 회의다.

반면에 데이터를 오랫동안 분석해야 할 안건은 다루지 않는 것이 좋다. 문서나 보고 또는 발표 작업을 할 때는 소통을 해야 할 모든 참석자들에게 필요한 정보를 공유하기 위한 화면을 제공한다. 사람을 보는 것과 문서를 보는 것이 빈번하게 교차될 경우 참석자들의 이미지를 볼 수 있는 기능이 오히려 회의에 방해가 된다. 이러한 화면 전환은 회의를 산만하게 하고, 시간낭비로 인해 참석자들의 불만을 야기한다.

공간

우리가 "공간"이라고 이야기하는 것은 두 가지 측면이 있다. 하나는 혼자 앉느냐 또는 함께 앉느냐이다. 다른 하나는 회의 관련자들끼리 어떤 장소에 있느냐이다.

회의를 위한 다양한 형태의 자리배치가 있고 그에 따른 효과가 있다.

• 참석자 전원이 커다란 대형 화면을 앞에 두고 카메라 주위에 함께 둘러앉고, 회의 주재자(관리자/컨설턴트)는 다른 곳에 있다. 회의 장소.

가 두 곳이 필요한 자리배치이다.

  - *이런 배치는 관리자·컨설턴트가 집단에서 벗어나 외부에 있음을 시각적으로 보여준다.*

  - *대형 화면을 통해 보이는 회의주재자는 팀과의 거리감이 증대되며 권위가 강화될 수 있다.*

• 일부 참석자와 회의주재자는 화면을 같이 공유하고 다른 참석자들은 독립적으로 앉는다.

  - *이는 흔히 작은 지점들과 함께 있는 본부(큰 장소)의 권력관계를 시각적으로 반영한다.*

  - *관리자와 함께 있는 직원들 간의 친밀도나 긴장관계 등이 드러난다.*

• 일부 참석자는 하나의 화면을 같이 공유하고, 일부는 독립적으로 앉으며, 회의주재자도 독립적으로 앉는다.

  - *이는 종종 작은 지점들과 함께 있는 본부가 하부집단을 형성 중인 권력관계를 시각적으로 반영한다.*

• 회의 주재자를 포함하여 참석자들 모두 화면 앞에 독립적으로 앉는다.

  - *이는 조직구조에 대한 이미지를 '평평하게' 만들어서 권력관계와 위계구조를 흐릿하게 만든다.*

  - *이는 모든 참석자에게 명확하게 각자의 공간을 허용함으로써 구체적으로는 보면서 보여주는 것, 들으면서 들려주는 것이 가능해진다. 그리고 상징적으로는 모든 참석자가 화면에서 각자 공간을 차지하고 자신을 표현하게 된다.*

앞에서 언급한 자리배치 방식들은 참석자 간의 또는 참석자와 주재자 간의 역동에 영향을 미친다. 회의 주재자로서 회의를 계획할 때 스스로에게 다음과 같이 질문해야 한다.

- 화면상에 여기저기 흩어져 있는 팀의 이미지를 시각적으로 강조하고 싶은가? 아니면 뭔가 바꾸고 싶은가? 예를 들면, 특정 작업장의 "함께 하기!"와 같은 구호? 또 다른 어떤 작업장의 중요성? 본사 직원들의 다문화성? 만약 그렇다면 한 회의실에 참석자들을 집합시키는 것이 효과적인 방법이다. 만약 참석자 중 일부가 소외감을 느끼는 것을 방지하려면 그 일부를 함께 참석시키지 않고 개별적으로 연결하는 것이 좋다.
- 함께 앉느냐 또는 혼자 앉느냐가 상호작용에 의미 있는 영향을 주는 문화인가? 예를 들어, 함께 앉을 때 좀 더 반응이 좋다든지 아니면 혼자 앉을 때 참여도를 훨씬 더 높인다든지.
- 상황에 따라 더 적합한 자리배치로 바꿀 수 있는 대안이 계획되어 있는가? 예를 들어, 두 작업장의 갈등을 조정하기 위한 회의에서 한 작업장에 각각의 팀들이 함께 앉게 되면 아마도 대립각은 더 커지게 될 것이다. "우리편 대 상대편"의 이미지가 생생하게 드러날 것이다. 그럴 경우에는 참석자들에게 개별적으로 연결하도록 요청하는 것이 바람직하다. 또 다른 예로 개인적으로 서로 알아가는 비공식적 회의를 할 때에는 참석자들에게 집에서 접속하도록 요청하는 것을 들 수 있다.

참석자 준비시키기

변화 관리(음성회의에서 화상회의로): (전화기를 통해서나 카메라 없는 소프트웨어를 활용하여) 음성만을 사용하던 이전의 음성회의에서 화상회의로 바꾸기로 결정하면 참석자들은 '조직이 나를 신뢰하지 못하나?' '그래서 내가 하는 일을 감시하려고 하나?'와 같은 생각을 하며 화상회의로의 전환을 권리 침해적 행위로 인식할 수도 있다. 아니면 '이제 회의시간에 말을 하는 동안에는 다른 행동을 할 수 없게 되었구나'라고 단순히 짜증을 내는 것으로 그칠 수도 있다.

따라서 회의에서 상호작용과 참여 그리고 집중력을 높이기 위해서 카메라를 사용하는 합리적인 이유를 설명할 필요가 있다.

변화 관리(함께 앉기에서 각자 앉기로): 한 회의실에 함께 앉아 있기에서 각자 앉기로 변경하기로 한 결정은 반드시 사후관리가 필요한 중요한 결정이다. 사람들은 함께 앉았던 경험을 그렇게 쉽사리 포기하지 못할 것이다.

직전 문단에서 밝힌 바와 같이, 같은 장소에 함께 모여 앉아 있는 참석자들은 간혹 혼자 앉아 있는 참석자로 하여금 불편한 감정을 불러일으켜 "불평등"이란 역동이 생기기도 한다. 이러한 현상은 참석자가 다른 문화권에서 왔을 때 특히 두드러진다. 가장 흔한 경우는 모든 참석자가 영어를 모국어로 쓰는 경우가 아닌데 토론이 영어로 이루어질 때이다. 다른 경우는 연설자는 정작 아무것도 모르는데 연설자의 말을 갖고 참석자 사이에서 현지 언어로 내부 토론이 시작될 때이다. 참석자 모두가 같은 문화권일지라도, 함께 앉아 있는 사람끼리는 혼자 앉아 있는 사람에 비해 '동질감 또는 연대감이 더 많이 생긴다. '내 편'이냐 '네 편'이냐의 느낌은 속삭임이나 눈빛 교환 정도만으로도 얼마든지 만들어낼 수 있다.

종종 사무실에서 함께 일하는 참석자가 회의에 접속할 조용한 장소가 없어 곤란한 경우들이 있다. 특히 넓게 트인 공간에서 일하는 조직에는 조용한 대화를 할 수 있는 회의실이 부족한 경우가 많다. 대체로 사람들은 함께 앉아 있는 것이 더 편하고 효율적이라고 생각해서 각자 개별적으로 연결될 수 있는 환경을 만드는 데 노력을 기울이지 않는 편이다.

합동회의를 하기 전에 회의 참석자들끼리 미리 회의에서 사용할 소프트웨어로 개인적인 대화를 먼저 나누어보는 것도 좋은 방법이다. 이런 사전 미팅을 먼저 해봄으로써 참석자의 소프트웨어 사용경험 여부와 참석자가 매체를 어느 정도로 편하게 느끼는지 알 수 있다. 더불어 사전미팅은 물론 첫 합동회의에서 회의 환경설정과 회의 규칙에 대해서 논의하는 것도 권장할 만하다.

다음은 다양한 자리배치방식에 대해서 몇 가지 조언을 하고자 한다.

일부 참석자는 함께 앉고 일부는 혼자 앉는 경우:

- 함께 앉아 있는 사람들에게는, 한 번에 하나의 대화를 하는 것의 중요성을 강조하고, 잡담은 삼가해줄 것과 참석자끼리 대화가 가능한 언어로 말해줄 것을 요청하라.
- 혼자 앉아 있는 사람들에게는, 본격적으로 토론에 참여하려면 어느 정도 시간이나 노력이 필요할 수 있음을 알려주고 의견표현의 중요성을 강조하라.

참석자 모두 개별적으로 앉는 경우:

참석자가 사전 경험이 없는 경우:

- 선택된 소프트웨어를 사용하는 회의 초대: 사전에 시스템에 대해 설명하고, 적절한 장비가 있는지 확인하며, 환경 설정에 대한 기대치를 조정하라.
- 회의가 가상으로 이루어지고 주요한 결정이 "도로 위에서"(문자그대로…) 이루어질 수도 있지만 회의는 진지해야 하고 철저히 개인 전용 공간에서 진행되어야 한다.
- 팀 참여를 위해 반드시 카메라를 켜 놓도록 요청하라. (다른 의견이 없는 한)
- 모든 참석자의 이미지를 크고 편안하게 볼 수 있는 노트북이나 데스크탑을 사용하게 하라.
- 원활한 인터넷 연결, 고품질 카메라와 마이크가 있는지 확인하라.
- 시간 준수를 강조하라.

참석자에게 중단이 발생할 수 있는 사례들을 알려주고 참석자의 능동적 참여와 집중력을 증대할 수 있는 방법을 물어보는 것도 유용한 접근이다.

참석자가 부분적이거나 일상적인 경험이 있는 경우:

- 선택한 소프트웨어를 사용하여 회의에 초대해 그 경험이 얼마나 긍정

적이었는지 물어보라. 관리적 요인과 기술적 요인 그리고 환경적 조건에서 장애요인은 없었는지 확인하라.

• 고품질 장비를 갖추고 있는지 확인하고 환경 설정에 대한 기대치를 조정하라.

효과적인 회의를 위해서는 폐쇄된 조용한 공간이 필수적이므로 참석자가 업무현장에서 연결할 경우 조직이 기술적 또는 물리적 측면에서 어떤 조건을 제공할 수 있는지를 평가하는 것은 중요하다. 예를 들어, 조용한 사무실이나 회의 전용공간과 같은 적절한 공간이 있는가? 만약 그렇지 않다면, (집과 같은) 조직 외부에서 회의에 접속할 경우에 문제는 없는가? 이런 종류의 사전 준비를 통해 나중에 골칫거리가 될 수 있는 것들과 굳이 경험하지 않아도 될 좌절감에서 상당히 벗어날 수 있다. 또한 이러한 사전 준비는 회의 주재자가 회의를 얼마나 진지하게 여기고 있는가를 참석자들에게 알릴 수 있는 기회가 된다.

회의 관리의 원칙

효과적인 회의란 참석자가 집중하면서 참여하는 회의를 말한다. 이 파트에서 기술한 여러 특성을 고려할 때, 화상회의 매체는 참석자들의 집중력과 참여 능력을 높이는 데 어려움이 있다는 결론을 내릴 수 있다. 위에서 언급한 바와 같이 한 화면 앞에 함께 앉아 있을 때 서로 다른 사회적 역동이 전개되고 집중력이 떨어진다. 혼자 앉아 있으면 온라인이나 오프라인으로 다른 일을 하고 싶은 유혹이 생긴다. 화상회의는 오디오 중심의 회의와 비교해 연결성 및 참여성은 높지만 집합 회의와 비교하면 여전히 관리의 어려움이 크다.

환경설정

조직에서 가상 회의는 집합회의보다 경계에 더 도전적이다. 환경설정은 모든 성공적인 집단 프로세스에 있어서 꼭 필요한 결정적인 요소이다. 가상적 맥락에서는 더 많은 혼란이 있기 때문에 환경설정이 두 배로 더 중요하다.

환경설정을 통해 분명한 목적, 정해진 시간과 공간, 공유할 기술 장비와 합의된 문서 작성방법과 준수해야 할 에티켓이 제공된다. 미리 정해진 환경설정은 회의의 진행을 사람이 아닌 상황에 따라 좌우하게 하므로 모호함을 줄이고 명확성과 침착성을 더한다.

화면을 볼 때 다음 두 가지 요소를 고려해야 한다.

1. **화면 표시 옵션**: 다양한 화상회의 소프트웨어에는 여러 가지 화면표시 옵션이 있다. 예를 들면, 줌zoom에서는 발표자 보기speaker view가 있다. 발표자 보기에서는 발표자가 화면에 크게 보이고 집단의 나머지는 작은 사각형들로 있다(그래서 발표자의 이미지가 더 크게 보인다). 그리고 이미지 크기가 모두 같은 갤러리 보기gallery view가 있다. 대부분의 사람들은 이 기능을 알지 못하며, 종종 참석자마다 컴퓨터의 기본 설정에 따라 화면 표시가 다르기도 하다.

   왜 이 부분을 지적하는가? "갤러리 보기"는 참석자들이 동시에 같은 화면을 봄으로써 집단 정서를 형성하고 좀 더 평등하게 느껴진다. 그럼에도 불구하고 다양한 얼굴 표정과 변화된 신체언어, 각기 다른 배경들로 인한 엄청난 "정보"들로 인해 그러한 화면 표출 또한 압도적일 수 있다.

"발표자 보기"는 발표자와 발표자가 전달하고자 하는 콘텐츠에 더 집중할 수 있게 해준다. 동시에, 큰 화면에서 나타난 자신을 본 어떤 참가자는 이런 보기방식을 적극적 참여를 방해하는 요소로 보기도 한다.

회의 주재자는 회의 목표를 고려하면서 참석자들과 상호작용의 상태로 보아 현재의 화면 표시를 계속 동일하게 유지해도 되는지를 결정해야 한다.

2. **자기이미지**: 일반적으로 참가자는 기본적으로 자신의 이미지를 보면 거기에 어느 정도 주의를 기울이게 된다.

- 전문가/관리 팀 회의의 경우 회의 집중력이 떨어지는 것을 방지하기 위해 참석자에게 자기 이미지 "숨김"을 요청하게 하고 다른 이미지를 위해 화면에서 더 큰 공간을 만들 것을 권장한다.

- 학습 및 개발 회의의 경우 자기 이미지를 봄으로써 자각을 높이고 피드백 및 반영 프로세스가 활발해지므로 참석자로 하여금 자신의 이미지를 보라고 권장한다.

주의 집중의 유지

회의의 목적이 조직 업무인 경우(팀 회의/프로젝트 회의 등)

이 파트는 지속적으로 반복되는 정기적인 회의가 대상이지만 일회성 회의에도 적용되는 원칙을 담고 있다.

명료성

기대를 충족하는 환경 설정 및 정의: 실무적으로 오해를 줄이고 정서적으로 신뢰를 창출한다. 기술적 요소로 인해 발생하는 모호함과 잦은 혼란을 최대한 낮출 수 있는 명료함을 만들어야 한다.

첫 번째 회의는 회의 주재자가 모든 참석자가 함께 준수해야 할 규칙을 설명하고 집단이 함께 결정해야 할 행동규칙을 토론하는 것으로 활용되길 권장한다.

회의 주재자가 고려해야 할 주요 이슈에 대한 권고사항

- 시간 엄수, 적절한 환경 조건 및 기술 장비
- 음소거 버튼 소개와 사용법
- 주의집중에 한계가 있는 매체 특성을 고려하여 참석자에게 간략하게 발언할 것을 요청
- 회의 진행상 필요한 경우 발언시간 단축을 요청할 수 있음을 참석자에게 알림
- 기술적 문제가 생겼을 때 회의가 중단될 가능성을 최소화하기 위한 조치 사항을 지침으로 제공

- 문화적 차이 관련: 플랫폼 특성이 다르므로, 회의 주재자로서 몇 가지 조치를 취할 것이라고 설명. 이러한 행동이 특정 문화권 사람들에게 불편할 수 있음을 알지만 회의의 원활한 진행을 촉진하기 위한 것임을 사전에 미리 공지. 예를 들어, 극동 문화권에서 질문을 직접적으로 하는 화법은 최선이 아닐 수 있음
- 미디어에 익숙해지고 집단에 동화하는 데 시간이 걸린다는 점을 설명

집단의사결정을 위한 적절한 주제에 관한 권장사항

- 대화를 어떤 방식으로 관장하기를 원하는가? (손을 들게 해서? 한사람씩 순서대로? 자발적으로?)
- 주의집중을 유지하기 위해 필요한 것은 무엇인가? (예: 토론 활성화를 위해 회의 주재자에게 개인적인 메시지로 요청하는 것은 적합한가?)
- 참석자를 회기에 참여시킬 수 있는 것은 무엇인가?
- 참석자 및 회의 주재자가 연설 단축, 토론 주제 복귀 등 몇 가지 변화가 필요하다는 것을 지적하려 할 때, 어떤 것이 허용될 수 있는가?
- 회의 내용을 기록해야 하는가? 그렇다면, 그 목적은 무엇이며 보관은 어디에 할 것인가?

회의 관리를 위해 권장할 만한 실천사항

현실 공간에서는 심한 통제로 여길 수 있는 방법들이 팀이 매체와 동조되고synchronized 참석자들이 서로 동조되기 전까지 최소한 초창기 몇 번의 화상회의에서는 매우 유용하게 활용될 수 있다.

- 아이스 브레이킹Ice Breakers; 기분을 돋우기 위한 가벼운 농담 등으로 시작하기
- 사람들을 참여시키기 위한 직접적 질문 사용하기
- 가끔 한 번씩 참고자료 요청하기
- 참석자들이 제공한 정보를 모아서 내용 요약하기
- 의견/논평/아이디어 모집에 적합한 설문조사 또는 기타 도구 사용하기

회의의 목적이 학습 및 계발일 경우

개인 계발이나 팀/조직 계발을 목적으로 하는 회의는 관리 및 리더십 개념을 탐구하고, 대인관계 기술을 배양하고 효율적인 팀 관계를 계발하는 데 중점을 둔다.

그러한 목표를 달성하기 위해 참가자들은 매일 조직 회의에서 그들이 가진 모드와는 다른 상태와 사고방식을 취하도록 요청 받는다. 퍼실리테이션[촉진]facilitation 과정을 통해 그들은 자신에 대한 인식과 실제 행동에 대한 자각을 하고, 서로 개인적인 피드백을 주고받으며, 일반적으로 역할 수행을 할 때 자신에게 영향을 미치는 행동 및 정서적 측면을 다룬다. 조직 환경에서 참석자는 정서적 과정을 거의 다루지 않지만, 실제로 이것은 모든 의사소통 및 비즈니스 행동의 기본이 된다.

따라서 회의를 하는 동안, 업무를 효율적으로 진행하기 위해 관계를 규율하는 것에 중점을 두는 것이 중요하다.

이러한 회의를 이끌려면 개인 프로세스뿐 아니라 집단 프로세스를 전문적으로 안내할 수 있는 높은 수준의 퍼실리테이션 기술이 필요하다. 대부분의 경우 이들 회의는 외부의 퍼실리테이터/컨설턴트 또는 훈련된 사내 컨설턴트에 의해 퍼실리테이션 과정을 거친다. 일반적으로 팀이 함께

일하기 시작할 때, 팀의 관리자는 컨설턴트에게 팀 빌딩 프로세스를 요청하고, 팀작업의 근거가 되는 정책 수립을 요청한다.

이 파트는 외부 컨설턴트/어드바이저를 위한 것이지만, 팀과 함께 이러한 과정을 수행하고자 하는 매니저라면 관련 내용을 볼 수 있을 것이다.

무엇보다도 앞의 각 부에서 논의한 고려사항들은 그러한 회의에 모두 적용이 된다.

앞에서 본 바와 같이, 이러한 회의들의 내용은 (비즈니즈 과업이 아닌) 관계 행동 및 감정에 중점을 두므로, 우리는 의식적으로 그리고 무의식적으로 끊임없이 상대방과 의사소통하는 미묘한 신호에 대한 참석자의 자각수준을 높이려 한다. 이것은 참석자로 하여금 자신이 상대방에게 전달하는 것과 상대방이 자신에게 전달하는 것에 관심을 가지고 집중하게 한다. 이런 점은 대면회의와 다르지 않다. 그러나 화상회의 매체는 대면회의와 상황을 다르게 보이게 하는데, 때로는 더 두드러지고 또 어떤 때는 더 미묘해 보인다.

이런 이유로 우리는 퍼실리테이터[촉진자]에게 1) 갤러리 보기를 보여주는 대형 화면의 데스크탑/노트북, 2) 발표자 보기를 볼 수 있는 작은 랩탑/태블릿, 즉 두 개의 다른 장치를 사용하라고 권장한다. 이 두 장치를 활용하면 퍼실리테이터가 발표자를 가까이 따라가는 동안에도 참석자 모두를 고정된 큰 이미지로 볼 수 있다. 퍼실리테이터로 하여금 발표자에 "더 가까이 가서" 시각적인 정보를 계속 취하면서 여전히 전체로서 하나인 집단 역동에 접촉하는 것을 가능하게 한다.

행동의 본보기를 보이기

여기서 "본보기modeling"는 솔선수범을 통해 집단에 기대되는 행동의 풍조를 만들어 내기 위한 퍼실리테이터의 행동을 말한다.

화상에서 형성되는 관계에 영향을 미치는 측면들에 대해서 가능한 자주 목소리를 내도록 한다. 종종 참가자들은 그들의 행동이 화면에서 어떻게 보이는지 어떤 의미를 나타낼지 잘 모른다. 예를 들어, 머리를 돌린 (스마트 폰을 보려고) 모습을 보았을 때 상대방은 어떻게 느낄까? 또는 (인터넷 검색으로) 눈이 다른 곳을 쳐다보는 모습을 화면에서 보았다면? 참석자의 현존에 대해 판단하지 않고 참석자에게 "화상 소통으로는 우리가 서로에게 주의를 기울이고 있는지 매순간 확인할 수 없어요. 지금 당신이 여기에 있다는 것을 알려주세요."라고 요청하는 퍼실리테이터의 모델링은 유용하게 활용할 수 있는 방법이다.

또 하나의 예는 참석자의 영상 품질이다. 어두운 배경, 어색한 카메라 위치, 대형 노트북이나 일반 컴퓨터를 사용하는 대신 작은 화면의 휴대폰 사용 같은 요인들은 참석자의 이미지 **가시성**visibility에 영향을 미치는 단순한 기술 부속품이 아니라 참석자의 실제 현존상태를 전이시키는transfer 것을 도와주는 중요한 도구들이다. 그 외에도 기술은 회의 참석에 대한 양가적 태도와 같이 말로 표현되지 않는 이슈에 대해서도 알려준다.

화상회의는 참가자 모두의 얼굴 표정을 자세하게 보여준다. 퍼실리테이터는 그 얼굴 표정에 특정한 관심을 보이며, 어떤 점이 반영되었는지 질문하기도 한다.

퍼실리테이터가 판단하지 않는 태도를 견지하면서 참석자의 행동이나 모습에 대해서 말하게 되면 참석자 스스로 자신의 행동을 자각하면서 회의에 참여할 수 있게 돕는다.

실질적인 "to do"를 위한 고려사항

- 앞서 언급한 이유로 참석자는 개별적으로 앉게 할 것을 강력하게 권한다.
- 회의 전후에 읽기/보기/듣기 자료를 보내서, 참가자들이 토론 및 대화의 상호작용에 전념하도록 한다.
- 적합한 소프트웨어를 선택해 원하는 분위기를 만들고 메시지를 전달한다. 예를 들어, 참석자의 이미지와는 별개로 다양한 학습도구가 주기적으로 화면에 표시되는 교육 프로그램도 있다. 화면 전체에 참석자의 이미지가 나타나는 프로그램도 있다. 첫 번째 유형의 화면이미지는 강의장 분위기가 많이 나고 두 번째 화면이미지는 워크숍 분위기가 더 많이 난다.
- 참석자가 자신의 개인적이고 정서적인 세상을 열어 개방성을 만들 수 있는 다양한 공유 도구를 사용한다.

끝맺는 글

아넌 롤닉Arnon Rolnick · 하임 와인버그Haim Weinberg

오직 이 책상만이 알고 있다
해석 아래에 있는
벗은 발의 애무를

　　　　온라인 회기, 로니 프리스초프Roni Frischoff

　이제 우리 여정의 끝에 다다랐다. 이 여정에서 우리 편집자와 저자들은
자신의 경험과 함께 다양한 양식의 온라인 심리상담에 대해 나누었고, 기
술을 심리상담/컨설팅과 어떻게 연결할 것인지 고민하였다. 우리는 인간
관계와 그것이 심리치료/컨설팅에 대해 갖는 의미에 관한 질문들을 다루
었다. 이러한 질문들은 우리의 경험에 기초하고 있을 뿐만 아니라, 오랜
세월 축적된 지식에도 기초하고 있는데, 이러한 것들을 우리는 이 책에서
요약해내려고 시도하였다. 하지만 기술―그리고 특히 인터넷 애플리케
이션들―은 그 모든 혁신들을 통해서 지속적인 업데이트와 익숙함을 유
지하기가 어려운 그러한 가속도로 변화하고 있다. 이 책을 끝맺으면서 우
리는 얼마 되지 않아―심지어 이 책이 발간되기도 전에―새로운 기술들
이 나타날 것임을 알고 있다. 단 하나의 예를 든다면, 이 책을 쓰면서 온라

인에서 몸의 부재라는 장애물을 언급한 다음에 —그리고 카메라의 고정된 위치에 대하여 언급한 다음에— 우리는 새로운 기술에 대해 알게 되었는데, 그 기술은 카메라가 움직이면서 주변 환경과 참가자의 몸에 대해 더 많은 것들을 보여줄 수 있다는 것이다. 또한 우리는 관찰자(예: 치료자)의 눈을 표상하면서 내담자(들)에게 치료자가 바라보는 곳을 보여주는 카메라가 있다는 것을 발견하였다. 매우 빠른 시간 내에 온라인 현존이 가상현실 기술들을 통해 발전할 것으로 보인다. 따라서 우리는 원격 심리치료를 지원하고 진전시킬 수도 있는 기술 분야에서의 그 모든 창조적 혁신들을 미리 내다볼 수 없다는 사실을 겸허하게 인정한다. 그럼에도 불구하고 우리는 이 책에서 인간의 '멀리서의' 만남과 관련한 주요한 딜레마들을 다루는 데 성공하였고, 그에 대한 가능한 해법들을 제시하였다고 생각한다.

심리학자, 심리상담자, 심리치료자, 그리고 정신건강전문가들이 수행하는 대부분의 작업은 인간행동 및 대인관계 과정에 대한 이해에 기초하고 있다. 이러한 각 전문 분야에서 친밀감과 신뢰는 매우 중요하다. 클리닉에 기술을 결합하는 것은 —특히 가상공간에 진입하는 것은— 이러한 중요한 조망에 도전과제를 던져준다.

유발 노아 하라리Yuval Noah Harari는 베스트셀러가 된『21세기를 위한 21가지 제언』가운데 자존감과 관련한 주제에 초점을 맞춘 부분에서, '인본주의 종교들humanist religions'이 이전 세기의 특징인데 자유주의liberalism의 개화와 주관적인 경험의 중요성을 촉진하였다고 쓰고 있다. 하지만 21세기는 새로운 종교, 즉 데이터교Dataism라는 특징을 띤다고 말한다. 데이터교의 추종자들은 정보를 신앙하면서 우리로 하여금 정보를 유일하게 진실한 가치의 근원으로 간주하도록 부추긴다. 아마도 우리는—정신건강 전문가로서— 이러한 새로운 종교를 맹목적으로 추종하지 않고, 기술과 혁신에 내포된 위험을 알아차리기 위해서 경계해야만 하지 않을까?

다른 측면에서 보면, 원거리 만남을 통해 열리고 있는 끝없는 가능성들에 대해 포기하는 것 그리고 심리치료와 컨설팅의 새로운 방법들과 창조적인 양식들에 대한 실험을 회피하는 것 역시 극단적인 태도로 보인다. 이러한 양가성은 많은 과학자들이 새로운 혁명적인 기술들을 개발할 때 직면하게 되었던 유사한 딜레마들을 떠올리게 한다. 예를 들면, 노벨상을 두 번 수상하였던 마리 퀴리Marie Curie는 제어되지 않는 방사선을 연구하였다. 그녀의 업적에는 방사능 이론의 개발이 포함되는데, 이는 방사선을 활용하여 의학적 진단을 개선하였지만(예: 엑스레이 활용), 방사선 병이라는 위험을 초래하기도 하였다(그녀 자신이 그러한 과학 연구 과정에서 방사선에 노출되어 사망하였다). 또 다른 사례는 알베르트 아인슈타인Albert Einstein인데, 그가 물리학계에서 새롭게 발견한 것들을 통해서 몇 년 뒤에 핵분열을 성취할 수 있었다. 1930년대에 프로이트와 편지를 교환하면서 전쟁을 어떻게 방지할 수 있을 것인지에 대해 질문을 했던 그가, 몇 년 뒤에는 루즈벨트Roosevelt 대통령에게 우라늄 연구를 위한 실험실을 세울 것을 제안하는 편지를 보내서 원자폭탄 개발에 기여한 사실은 흥미롭다. 그 어떤 과학의 발달도 축복과 저주 모두 가져올 수 있는 것으로 보인다.

본서의 편집자들은 심리치료자와 심리상담자에게 전형적으로 나타나는 기술에 대한 양가감정에 많은 주의를 기울였다. 본서를 위하여 우리는 상담 과정에서 중심적인 역할을 하는 대인관계 만남의 중요성을 믿고 있는 저자들을 선택하였지만, 아울러 감히 새로운 영토를 향해 항해하면서 원격 심리상담의 신세계를 발견하는 저자들 또한 선택하였다. 우리의 최종 결론은 진보주의Progressivism를 멈출 수 없다는 것이다. 우리는 인류의 유익을 위하여 진보주의를 제어하며 이용해야 한다. 우리가 긍정적 성과를 위하여 원자력을 이용하듯이, 인터넷과 원격 심리상담을 채택하여 우리의 서비스와 심리치료적 과정들을 확장해가고 개선할 수 있다. 본서의 각 부문에서 진정 우리는 가능성의 범위를—온라인 심리상담 및 컨설팅 영역에서의 위험과 해법들을— 확장하고자 시도하였다.

본서에서 우리는 관계 및 상호주관적 신경생물학에 힘입은 현대 심리 이론들을 언급하였다. 그러한 접근들은 사람들이 어떻게 관계 속으로 태어나게 되고, 어떻게 관계를 위하여 연결되는지, 그리고 어떻게 타인의 얼굴과 목소리에 대해 연결되는지 보여준다. 본서는 타인에 대한 필요성이 우리의 실존에 깊이 새겨져 있다는 깊은 믿음 속에서 쓰여지고 편집되었다. 우리는 정신건강전문가로서 인간 정신을 믿으며, 만남의 순간들을 위하여 기술을 제어해가며 —비록 멀리에서도— 이를 이용할 수 있다고 확신한다.

감사의 글

본서의 편집자로서 우리는 본서의 2개 부를 편집하는 중요한 역할을 해주신 두 분의 공동편집자의 조력과 기여에 대하여 사의를 표할 수 있게 되어 기쁩니다. 쇼샤나 헬먼은 제2부 온라인 커플 및 가족 치료를 공동편집해주셨고, 라케프 케렛-카라바니는 제4부 온라인 조직컨설팅을 공동편집해주셨습니다. 상당히 많은 수정 요청에 대해 인내하고 작업해주신 것에 대해 감사드립니다.

우리의 지속된 몰두에 대해 관용을 베풀어준 우리의 가족과 친구들에게 커다란 감사를 드립니다. 그들의 지원과 인내가 없었다면 이 프로젝트를 결코 끝낼 수 없었을 것입니다.

끝으로, 하지만 앞서와 마찬가지로 중요한 분들로서, 온라인 치료작업을 어떻게 적절하게 수행할 것인가에 대하여 매우 많은 것들을 가르쳐주신 온라인 내담자/환자들에게 감사드립니다.

하임·아넌

:: 집필진 소개

가일리 에이거 Gily Agar는 이스라엘 임상심리학자이자 해외 이스라엘인을 위한 온라인 화상상담 서비스의 설립자이다. 영상을 통해 어떻게 친밀하고 참여적인 관계를 창출할 것인가에 대해 심리치료자와 여타 건강관리 제공자들을 가르치고 있다.

루 아고스타 Lou Agosta 박사는 사설상담소를 통해 공감 컨설턴트이자 심리치료자이다. 시카고 소재의 세인트앤서니병원의 로스의대에서 의학교육 교수로서 공감수업(심리치료 개입)을 진행하고 있다. 공감에 대한 학술서를 동료 리뷰를 통해 세 권 저술한 저자인데,『공감에 대한 루머A Rumor of Empathy』는 그중 하나다.

루(루이스) 애런 Lew Aron은 관계 정신분석에 중대한 공헌을 하였는데, 정신분석에 대한 강사로서 국제적으로 인정받고 있다. 안타깝게도 2019년 본서의 출간 전에 명을 달리하였다.

개릿 아틀라스 Galit Atlas는 정신분석가로서, 현대의 이론과 실제에서 섹슈얼리티와 욕망의 자리에 대해 재고하는 작업에 대해 알려져 있다.

도나 데니스 Donna J. Dennis 박사는 리더십 개발 전문가로서, 가상 및 원격 팀에서 일하는 리더들을 위한 솔루션을 전문적으로 다루고 있다. 게슈탈트국제연구센터를 위하여 가상으로 작업하기에 대한 연구를 수행하였다.

놀라 덴트 Nuala Dent는 시스템 정신역동 연구자이자 프랙티셔너로서, 면대면 및 온라인 작업방식들의 교차점에서의 집단역동을 이해하는 것에 대해 관심을 갖고 있다.

라이언 얼 Ryan M. Earl 박사는 노스웨스턴대학의 심리학과의 임상 분야 강의교수이다.

줄리 슈워츠 가트맨 Julie Schwartz Gottman **& 존 가트맨**John M. Gottman 두 사람은 가트맨 연구소의 공동 설립자이자 소장이다. 커플을 위한 워크숍 '사랑의 예술과 과학' 의 공동 창설자이자 임상훈련 프로그램 '가트맨식 부부 심리치료'의 공동 설계 자이다. 줄리는 2002년에는 워싱턴주 선정 '올해의 심리학자'로 뽑히기도 했다. 존은 현재 워싱턴대학 심리학과 명예교수이며, 미국국립정신건강연구소 과학 자상을 네 차례 수상하고, 미국심리학협회 평생공로상을 수상하기도 했다.

보니 골드스틴 Bonnie Goldstein(LCSW, Ed.M.) 박사는 로스앤젤레스 소재의 수명심리센터 의 설립자이자 대표로서, 아동, 청소년, 가족을 위한 개인 및 집단 치료를 전문적 으로 수행하고 있다. 남캘리포니아대학의 사회복지대학에서 가르치고 있고, 감 각운동심리치료연구소의 교수진으로서 국제적으로 활동하며 가르치고 있고, 아동, 청소년, 가족의 치료훈련 프로그램을 공동으로 개발하였다.

소샤나 헬먼 Shoshana Hellman 박사는 뉴욕시에 소재한 컬럼비아대학의 교육대학에서 상담심리학으로 박사과정을 마쳤다. 현재 이스라엘과 미국에 있는 사설상담소 에서 개인, 커플 및 가족에 대한 심리상담을 진행하고 있다. 커플 및 가족 치료자 면허를 갖고 있는데, 이스라엘에서는 유일하게 공인된 가트맨 가족 치료자이자 컨설턴트이다. 이스라엘 교육부의 심리서비스 부문에서 20년 넘게 선임 수련감 독자로서 일하였고, 매디슨에 소재한 위스콘신대학의 교수로 근무하였다. 심리 상담자의 수퍼비전 및 전문가적 발달에 대하여 여러 권을 저술하였다.

캐서린 허틀라인 Katherine M. Hertlein 박사는 라스베거스 소재의 네바다대학에서 커플 및 가족 치료 프로그램의 교수로 재직하고 있다.

이반 젠센 Ivan Jensen 의학박사는 리더십 및 조직발달에 대하여 30년 넘게 작업하고 가르치고 연구해왔다. 복합 및 가상 조직들에 대하여 특별한 관심을 기울여왔 다. 스웨덴에 소재한 게슈탈트파트너의 공동설립자이기도 한데, 이곳에서 그는 여러 조직에서 컨설팅을 가르치고 또 제공하고 있다.

아이잭 아디제스Ichak Adizes는 자신의 이름을 내건 조직 치료organizational therapy의 이론과 프로토콜의 개발자이다.

헤더 캐터파이어Heather Katafiasz 박사는 애크론대학의 조교수로 재직하고 있다. 친밀한 파트너의 폭력 그리고 물질사용과의 교차점에 대한 체계적 이해를 확장하는 것에 대해 전문적인 관심을 갖고 있다.

라케프 케렛–카라바니Rakefet Keret-Karavani는 1994년부터 리더십 개발에 초점을 맞춘 조직컨설팅을 해왔다. 박사학위 논문에서 화상회의에 나타나는 가상조직에서의 리더십을 연구하였다.

몰린 레쉬Molyn Leszcz는 토론토대학 정신의학과 교수이며, 미국 집단심리치료학회의 학회장이다. 어빈 얄롬과 함께『집단정신치료의 이론과 실제』를 공저하였다.

다니엘 매갈디Danielle Magaldi 박사는 뉴욕시립대학의 부교수로 재직하고 있다. 기술이 인간관계에 미치는 영향, 심리치료에서의 영성이라는 두 가지 영역에 대해 집중적인 연구를 수행하고 있다. 사설센터에서 성인과 아동을 치료하고 있다.

팻 옥든Pat Ogden 박사는 감각운동심리치료연구소의 설립자이자 임상가, 컨설턴트, 국제적인 강사이자 트레이너이고, 신체심리학 분야의 획기적인 저술을 한 저자이기도 하다.

리키 패튼Rikki Patton 박사는 애크론대학의 부교수이다. 소외된 인구집단에 대해 중독작업에 초점을 둔 치료를 개선하는 데 관심을 갖고 있다.

마이클 페닝턴Michael Pennington은 교육학 석사이고, 애크론대학의 결혼 및 가족 심리상담/치료 프로그램의 박사과정생이다. 치료에서의 기술 활용, 치료자의 자기돌봄, 그리고 온라인 수퍼비전에 대해 관심을 갖고 있다.

아넌 롤닉 Arnon Rolnick 박사는 면허 받은 임상심리학자로서, 심리치료 분야에서의 기술technology 활용에 대해 특별한 관심을 갖고 있다. CBT 및 바이오피드백 분야의 공인 수련감독자이며, 이러한 주제에 대해 다수의 논문을 집필하였다. 이스라엘 텔아비브에 소재한 클리닉의 대표이고, 다양한 심리치료 접근들을 통합하여 적용하고 있다.

리오라 트럽 Leora Trub은 페이스대학의 학교/임상아동 심리학박사 프로그램의 부교수로 재직하고 있다. 이 대학에서 임상치료의 박사후보생들을 훈련시키고 있고, 디지털 및 심리학 실험실을 운영하고 있는데, 여기서는 기술 및 인간 연결의 교차점을 탐색하고 있다. 또한 뉴욕시에 기반한 개업 심리학자로서, 청소년, 성인 및 커플과 치료작업을 하고 있다.

라울 베임버그 그릴로 Raúl Vaimberg Grillo는 정신과 의사이자 심리학 및 심리치료 박사이다. 바로셀로나대학의 '집단 심리치료 및 사이코드라마 대학원 과정'의 책임자로 있다.

라라 베임버그 롬바르도 Lara Vaimberg Lombardo는 일반건강심리학 석사인데, (바로셀로나대학의) 집단 심리치료 및 사이코드라마 대학원 학위를 갖고 있다. 그리고 아동기, 치료 집단, 그리고 자폐스펙트럼장애에 대한 연구 프로젝트에 참여해 왔다.

하임 와인버그 Haim Weinberg 박사는 임상심리학자, 집단 분석가, 공인 집단 심리치료자로서 캘리포니아주 새크라멘토에서 사설상담센터를 운영하고 있다. 사회적 무의식에 대한 여러 권의 저술을 편집하였고, 인터넷 집단에 대한 저술을 하였으며, 동화와 사회적 무의식에 대하여 공동 저술하였다.

:: 색 인

항목에서 고딕체는 그림을, **굵은 글자체**는 표를 의미한다.

/ㄴ/

/영문/

온라인 상담의 이론과 실제

초판 인쇄 | 2021년 11월 10일
초판 발행 | 2021년 11월 17일

편저 | 하임 와인버그(Haim Weinberg), 아넌 롤닉(Arnon Rolnick)
옮긴이 | 신인수, 현채승, 김아름, 홍상희, 최문희
펴낸이 | 김성배
펴낸곳 | 도서출판 씨아이알

책임편집 | 최장미
디자인 | 윤현경, 윤미경
제작책임 | 김문갑

등록번호 | 제2-3285호
등록일 | 2001년 3월 19일
주소 | (04626) 서울특별시 중구 필동로8길 43(예장동 1-151)
전화번호 | 02-2275-8603(대표)
팩스번호 | 02-2265-9394
홈페이지 | www.circom.co.kr

ISBN | 979-11-5610-943-3 (93180)
정가 | 26,000원